大群体决策理论与方法

吴志彬 著

科学出版社
北京

内 容 简 介

在国家实施大数据战略、建设数字经济的大背景下，管理决策的过程和方式也在被重塑。期望人们能给出与理论相一致的理性偏好并不现实，然而制定有效决策需要使偏好尽可能合乎理性。本书在规范性决策理论框架下，从个体偏好与群体偏好的合理性和可靠性视角出发，系统探讨了大群体决策的理论与方法，包括社会选择理论、判断矩阵的理性度量与决策方法、聚类分析方法、偏好演化与舆情动力学模型。全书共分 12 章，每一章的方法均辅以经典的算例说明其具体应用过程，章末对本章主题的最新进展进行了简要评述。

本书可供对决策分析感兴趣的相关科研人员阅读，也可以作为高等院校管理科学与工程、信息科学、系统科学等专业的高年级本科生和研究生的参考教材。

图书在版编目（CIP）数据

大群体决策理论与方法 / 吴志彬著. —北京：科学出版社，2023.8

ISBN 978-7-03-072004-7

Ⅰ. ①大… Ⅱ. ①吴… Ⅲ. ①群体-决策学 Ⅳ. ①C934

中国版本图书馆 CIP 数据核字（2022）第 051977 号

责任编辑：王丹妮 / 责任校对：姜丽策

责任印制：吴兆东 / 封面设计：有道设计

科学出版社 出版

北京东黄城根北街 16 号

邮政编码：100717

http://www.sciencep.com

北京盛通数码印刷有限公司印刷

科学出版社发行 各地新华书店经销

*

2023 年 8 月第 一 版 开本：720 × 1000 1/16

2024 年 1 月第二次印刷 印张：16 3/4

字数：336 000

定价：168.00 元

（如有印装质量问题，我社负责调换）

前　　言

随着互联网+、大数据、人工智能与社交网络等信息技术的发展，大群体决策走进了人们的视野，其相关研究近十年来逐渐受到人们的关注。法国著名社会心理学家勒庞指出，大量的个体聚集在一起不足以构成一个群体。一千个偶然聚集在公共场所的人，没有任何明确的目标，从心理学意义上说，根本不能算是一个群体。一个群体中参与群体决策的成员个体数大于或等于 20 就可以被称为大群体。大群体决策已经在人机交互智能决策、应急管理、风险管理、社会网络分析、公共政策评价、大型工程决策、推荐系统、信息融合、冲突分析、协商民主、医疗健康管理等具体领域取得了重要的应用，其理论与应用领域都在向纵深发展。群体决策的本质是一个决策过程，在该过程中，群体中的成员根据具体的决策目标和决策准则，收集和利用已有的决策信息，针对特定的决策问题进行协商、谈判，采用特定的定性或定量模型和方法，取得使群体成员满意的决策方案。一个有效的群体决策要求在决策过程中体现出群体智慧，个体之间通过信息共享与交互、竞争、合作与协同等达到群体共识或其他群体目标。大群体决策虽然有自身的特点，但其决策的基础仍然是个体的偏好信息。

偏好具有多种解释，如判断、价值、选择等。个体偏好是人的思维活动的结果，由于其建立在个人的情感、信念、经验等概念之上，要精确表述及表达个体的偏好并不容易。本书认为个体偏好是在特定的决策过程中，个体按照决策机制遵从决策程序给出的反映其当前判断信息的外在表示，具有某种数学形式。从数学形式上看，序关系、判断矩阵、基数评价是三种最基本的偏好形式，其他偏好形式如区间序偏好、区间判断偏好、语言偏好、分布式偏好及各种各样的不确定偏好等是基本偏好形式的扩展。因此，本书重点研究这三种基本偏好表示下的大群体决策理论与方法，这具有重要的理论意义与实际价值。对序关系上的决策理论的经典研究可追溯到 18 世纪末法国数学家、哲学家孔多塞发现的简单多数规则引起的孔多塞悖论即投票悖论。20 世纪 50 年代初，阿罗在其后来被认为是社会选择理论里程碑式的著作《社会选择与个人价值》中提出了阿罗不可能性定理，该定理表明，在一些合理的公理和条件假设下，当至少有三个备选对象时，不存在与这些公理和条件相容的从个体偏好序加总为群体偏好序的集结机制。阿罗不可能性定理问世以来，对整个经济与管理学界产生了深远的影响。对判断矩阵这类偏好表达的系统研究起始于20世纪70年代萨蒂（Saaty）提出的层次分析法。判断矩阵的元素是本层次的准则或方案相对于更上一层次的准则的重要性两两比较构成的判断结果，元素的取值受限于事先参照的标度集。判断矩阵用于准则或方案的排序，是应用层次分析法的一部分，但判断矩阵通常单独被研究和应用。直接的基数评价信息是第三种偏好信息，此类基数评价信息可以是个体的效用表示，可以是个体对某个事物的评价，如消费者对购买的商品的评价。舆情动力学的研究通常建立在第三种偏好信息上，其早期的系统研究可追溯到20世纪50年代美国心理学家弗伦奇对群体中的社会权力和社会影响的研究。

本书研究的主题是在大群体决策背景下，在获得个体偏好的基础上，探讨群体偏好是什么及怎么获得群体偏好。尽管在大数据、人工智能蓬勃发展的背景下，决策范式经历着深刻的变革，但个体理性和群体理性仍然是决策理论中备受关注的焦点。微观经济学假定参与决策的决策人是“经济人”，认为人具有完全的理性，可以做出个体利益最大化的决策。西蒙提出了有限理性的概念，认为人是介于完全理性与非理性之间的“社会人”，提出了有限理性决策理论。决策分析人员要做的工作通常是针对特定决策问题建立适当的数学模型，运用系统科学的方法进行分析、推理，为决策人制定正确决策提供逻辑判断，服务于个体决策和群体决策目标的达成。在经济学和社会学中“理性”是一个基本概念，其含义丰富且没有公认的度量标准。在决策分析领域，理性可解读为某种合理性、可靠性。在经典的社会选择理论中，理性分为个体理性和群体理性。阿罗提出了集体理性的要求，即群体的序偏好应该和个体的序偏好一样满足自反性、完备性和传递性。对判断矩阵偏好而言，这要求个体给出的判断矩阵中的元素满足传递性，即次序一致性。传递性被认为是规范决策理论的基石。在社会选择理论框架下，个体的序满足传递性，群体的序不一定满足传递性。同样地，在判断矩阵偏好表达下，个体的判断矩阵满足次序一致性，集结得到的群体判断矩阵也不一定满足次序一致性。由于人的不完全理性，人们期望个体的偏好和群体的偏好满足完全理性就难以实现。很多大群体决策模型和方法即使没有明确地提出个体理性和群体理性的度量，但其决策过程都或多或少隐含着对个体偏好和群体偏好的合理性的计算。

仅从作为被研究对象的个体偏好看，大群体决策与传统的群体决策的研究对象基本一致。群体发表意见的异时异地性，决策问题的复杂性，个体的异质性，以及大数据、人工智能等信息技术的利用似乎都不能明确区分现有的大群体决策和已有的群体决策的差异。从大群体决策的文献看，最明显的标志是群体规模。大群体决策中的群体规模与使用的偏好表示及其应用背景密切相关。社会选择理论涉及的成员可能是某个社会的全体成员，由于其更多的是公理化范式下的理论研究，对成员数量不做要求，因此其成员数量可以说是最庞大的。基于判断矩阵或多属性决策矩阵的大群体决策的相关研究中参与人数基本上都是两位数，其中以 20 人构成的群体最为常见。舆情动力学中的模拟涉及的群体主要是在不同社会网络结构假设下的大规模群体，可以达到万甚至百万的数量级。社会选择理论和舆情动力学研究在大群体这一概念出现之前就已存在，但根据学界对大群体决策的定义，对这两个方向的研究也可归类到大群体决策的研究。本书作者的研究成果主要集中在基于判断矩阵的大群体决策与舆情动力学，但是鉴于社会选择理论本身的重要性，本书也对此方面的研究工作进行了总结性介绍。

全书共分 12 章。第 1 章为绪论，阐述大群体决策的研究背景、偏好的表示及群体行为。第 2 章为社会选择理论，详细介绍了社会选择领域的阿罗不可能性定理、森个体主权不可能性定理、吉伯德–萨特思韦特（Gibbard-Satterthwaite）防操纵不可能性定理，给出了常见的社会选择函数。第 3 章为判断矩阵的理性度量，从基数一致性、次序一致性、保序性与序违反几个方面对个体偏好的合理性进行了讨论。第 4 章研究大群体环境下的互反判断矩阵的共识决策问题，提出了共识达成的离散化方法，提出了同时考虑几何基数一致性与次序一致性的优化共识模型。第 5 章研究大群体环境下的互补判断矩阵的共识决策问题，提出了基于离散化思想的迭代共识、基于多阶段优化方法的共识模型、以多分类共识为目标的优化模型等。第 6 章探讨和总结区间互补判断矩阵的一致性和排序方法。第 7 章从最优一致性和最差一致性两类指标入手，提出改进区间互补判断矩阵最优一致性与最差一致性的理论与方法，进而建立区间互补判断矩阵共识的优化模型。第 8 章讨论大群体决策背景下的聚类分析方法，介绍了距离和相似性的各种度量方法，给出了常见的能够用于判断矩阵的几种聚类方法，提出了基于可变聚类的大群体决策方法。第 9 章为不完全信息下的大群体决策方法，提出了个体决策和群体决策环境下不完全偏好信息补全的优化方法。第 10 章总结了舆情动力学的基本模型。第 11 章研究了社会网络中的舆情动力学模型，提出了基于经典 DG 模型的二阶交互情形下的意见演化模型，并给出了网络的调整与控制策略。第 12 章为动态网络中的混合舆情动力学模型，提出了基于意见相似性的混合舆情演化模型和基于结构相似性的混合舆情演化模型。

每一章的模型或方法均辅以经典的算例对这些方法的应用过程进行分析。这些算例除模拟生成的数据外，主要来源于已有的研究文献，由于本书注重理论和方法的构建，对有应用背景的算例仅提及其来源。每一章末给出了内容总结，并对该章研究主题的最新进展进行了简要评述。

本书参考了国内外许多学者的论文著作，我们从中受益匪浅，在此谨向这些学者表示谢意。本书大部分内容是作者研究团队近年来研究成果的总结。我的学生周沁悦、涂见成、陈雪、袁榕等参与了书稿的整理和撰写工作，感谢他们的辛勤付出。本书的写作得到了四川大学商学院领导和管理科学系各位老师的支持，学院给予了良好的写作环境，在此向他们表示诚挚的谢意。此外，我还要特别感谢我的家人，是他们给予了我宝贵的时间，没有他们的鼓励和全力支持，本书难以按时完成。

本书的研究工作得到了国家自然科学基金项目（No. 71671118，No. 71971148）及“双一流”学科建设经费的资助。由于作者的水平有限，书中难免存在欠妥之处，恳请广大读者和同行指正。意见和建议请发至邮箱，zhibinwu@scu.edu.cn。

吴志彬

2022年11月于四川大学

目　录

第 1 章　绪论……1
1.1　大群体决策概述……1
1.2　决策信息的表示……3
1.3　群体心理与行为……7
1.4　本书的内容结构……11
1.5　本章小结……12
参考文献……13
第 2 章　社会选择理论……15
2.1　社会选择函数……15
2.2　社会选择理论的几大定理……22
2.3　可能性定理……32
2.4　本章小结……36
参考文献……36
第 3 章　判断矩阵的理性度量……39
3.1　互反判断矩阵的理性度量……39
3.2　互补判断矩阵的理性度量……53
3.3　判断矩阵的序违反现象与消除……61
3.4　本章小结……67
参考文献……67
第 4 章　大群体环境下的互反判断矩阵决策……70
4.1　共识达成的离散化修改方法……70
4.2　基于次序一致性和基数一致性的优化共识模型……81
4.3　本章小结……85
参考文献……86

第 5 章 大群体环境下的互补判断矩阵决策 ······ 88
5.1 个体一致性与共识的离散化达成方法 ······ 88
5.2 个体一致性与共识的多阶段优化模型 ······ 97
5.3 考虑保序性的多分类共识决策模型 ······ 105
5.4 本章小结 ······ 114
参考文献 ······ 115
第 6 章 区间互补判断矩阵的一致性与排序 ······ 117
6.1 个体一致性度量 ······ 117
6.2 排序算法 ······ 126
6.3 本章小结 ······ 129
参考文献 ······ 130
第 7 章 区间互补判断矩阵共识决策方法 ······ 132
7.1 最优-最差一致性优化模型 ······ 132
7.2 考虑最优-最差一致性的共识决策 ······ 140
7.3 算例与对比分析 ······ 144
7.4 本章小结 ······ 152
参考文献 ······ 153
第 8 章 大群体决策中的聚类分析 ······ 155
8.1 距离和相似度量 ······ 155
8.2 常见聚类方法 ······ 157
8.3 基于可变聚类的大群体决策方法 ······ 163
8.4 本章小结 ······ 172
参考文献 ······ 172
第 9 章 不完全信息下的大群体决策方法 ······ 174
9.1 残缺互补判断矩阵排序 ······ 174
9.2 残缺互补判断矩阵下的决策理论 ······ 178
9.3 本章小结 ······ 187
参考文献 ······ 188
第 10 章 舆情动力学基本模型 ······ 189
10.1 舆情演化过程 ······ 189
10.2 经典舆情动力学模型 ······ 192
10.3 其他舆情动力学模型 ······ 213
10.4 本章小结 ······ 217
参考文献 ······ 218

第 11 章　社会网络中的二阶交互舆情动力学模型······221
11.1　信任及其传播······221
11.2　社会网络中的二阶交互 DG 模型建模······222
11.3　舆情调整与控制策略······226
11.4　算例分析······231
11.5　仿真模拟实验······233
11.6　本章小结······238
参考文献······239
第 12 章　动态网络中的混合舆情动力学模型······242
12.1　舆情演化规则······242
12.2　动态网络更新规则······244
12.3　算例分析······248
12.4　仿真模拟实验······251
12.5　本章小结······255
参考文献······256

第1章　绪　　论

本章简要论述大群体决策的研究背景，列举大群体决策中常用的决策信息表达方式，讨论群体心理与行为，最后给出全书的篇章安排。

1.1　大群体决策概述

决策和群体决策作为一种人类实践活动，古已有之。决策可定义为在两个以上的不可取消分配的方案之间做出选择（霍华德和阿巴斯，2019）。人们对群体有多种阐释性定义（约翰逊 D W 和约翰逊 F P，2016）：群体是由许多为了实现共同目标而结合在一起的个体组成的；群体是以某种方式相互依赖的个体的集合；群体是彼此间存在互动的一群个体；群体是一个由两个或两个以上人员组成的社会单元，单元中的个体意识到他们自己是群体中的一员。群体与集群不同，站在街角的人们、电影院的观众、超市里的购物人群等都是集群，这类群体仅仅是同一时间同一地点个体的聚集体。群体决策的理论研究源于社会选择和福利经济学，可追溯到 18 世纪末法国数学家博达（Borda）提出的 Borda 群体方案选择方法。群体决策的本质是一个决策过程，在该过程中，群体中的成员根据具体的决策目标和决策准则，收集和利用已有的决策信息，针对特定的决策问题进行协商、谈判，采用特定的定性或定量模型和方法，取得使群体成员满意的决策方案。

管理决策范式作为个人和组织开展管理决策时遵循的理念和方法论，经历了由静态决策到动态决策、由完全理性决策到有限理性决策、由单目标决策到多目标决策的演化发展历程（陈国青等，2020）。随着经济社会的迅速发展、互联网+和人工智能的兴起与繁荣、大数据时代的来临，新的时代背景催生了新的管理决策范式。在商业、经济及其他领域，决策可用的数据信息变得复杂且体量大。在这种新形势下，群体的结构和决策环境呈现出新的特点：参与决策的人员（决策个体）不再局限于某个领域的专家；参与决策的群体规模变大；决策个体来自不同的群体或组织；决策个体可以异时异地发表其意见。具有这些特点的群体决策问题是对传统群决策问题的深化和发展，称这类问题为大群体决策问题。当前，大数据、人工智能、机器学习、社会网络分析、社会物理学、计算社会学等分支学科发展火热。如何利用和结合这些学科充实大群体决策的相关研究已经成为决策科学和管理科学领域一个极富挑战的新课题。

一般认为参与决策的群体人员数量在 20 人及以上即为大群体（陈晓红等，2009；Ding et al.，2020）。大群体决策的具体应用场景包括传统民主票决、协商民主、大型基础设施工程决策、应急管理决策、公共政策制定、社会舆情分析、在线评论数据挖掘等。重大突发事件应急决策问题就是一个大群体决策问题（徐选华，2020）。近年来我国地质灾害（如地震、泥石流等）频发，这些自然灾害造成的经济损失巨大，影响面也十分广泛，其决策涉及多个管理部门。重大自然灾害等重大突发事件本身具有随机性、快速扩散性、高破坏性、高影响力等特点。在重大自然灾害发生后，其应急救援处于一个大数据环境，应急救援小组面对的决策信息来源分散且体量巨大，决策涉及不同层次的组织与成员，如何协调各方面力量快速救援，成为一个典型的协同型大群体决策问题。更具体地，以对救援方案的选择为例，参与决策的群体成员都可以表达自己的偏好，这些偏好可以是直接的序关系，也可以是两两比较构成的判断矩阵。基于判断矩阵偏好的大群体决策理论与方法是目前研究的一个热点方向。

舆情演化是大群体决策的另一个重要研究领域。近年来，在互联网上爆发的社会焦点事件涵盖娱乐、政治、文化、民生、医疗、体育、法律、自然等各个与大众生活息息相关的话题。2019 年“国庆七十周年大阅兵”引发了全国人民线上线下的热议，极大加深了群众的爱国之情。自 2020 年初新冠疫情暴发以来，与防疫抗疫有关的新闻不断通过各种渠道出现在群众面前，牵扯出与之有关的海量的舆情讨论。相较于传统的舆情传播渠道，新型的舆情演化有着更多的参与者、更广的讨论空间及更快的传播速度，因此加强政务公开并做好政务舆情回应，成为政府提升治理能力的内在要求。舆情动力学将真实的舆情演化过程抽象地转化为模型，借助计算机信息技术在复杂网络中进行仿真实验模拟，有利于把握影响社会舆情演化的关键参数，刻画群众舆论表达的特点，帮助舆情管理者把控社会舆论传播的导向，保持社会的稳定与团结，提高群众对社会网络的认知，以及推动社会经济、文化进步。因而研究舆情演化的理论与方法，使之更好地为政府舆情管理部门或企业运营部门服务具有重要的实际意义。

徐选华等（2021）把大群体决策方法分成多属性大群体决策方法、冲突性大群体决策方法与风险性大群体决策方法三类。尽管大群体决策的概念是最近十几年才被提出的，但是其研究的领域覆盖了传统的群体决策研究领域，包括群体心理、群体决策行为、偏好信息的表示与集结、群体共识理论与方法等相对独立又相互关联的方向。更具体的研究领域细分及回顾可参见相应文献（陈晓红等，2009；Palomares，2018；Ding et al.，2020；徐选华等，2021），这里不再赘述。对本书涉及的研究方向的文献回顾可参见具体的章节。

1.2　决策信息的表示

在决策分析中，决策者或专家有不同的含义，专家是提供偏好判断的专业人员，决策者是依据决策分析的结果做决定的人。然而，由于同一人可以同时担任专家和决策者的角色，因此已有文献并不严格区分这两种角色。按惯例，本书也并不区分这两种角色，同时为方便论述，用"决策个体"或"个体"来指代为某一决策提供偏好信息的人员。个体给出的决策信息是群体决策的基础。这些决策信息是个体主观判断和评价的显式表达，可以看作个体的偏好信息。已有文献提出了各种各样的偏好信息表示，本书主要涉及直接评分、序关系、判断矩阵三类偏好信息。下面对这三类信息进行简单介绍。

1.2.1　直接评分

评价泛指从各种角度去评估某个待评价对象的价值。在众多的经济管理情境中，人们都需要对某个事物或事件发表评论或看法。例如，在宏观经济领域，政府部门组织的某项公共政策评价，要求干系人发表对该项政策的看法。在微观经济领域，在电子商务网站如京东、淘宝上，针对不同的商品，有大量的消费者评价信息；在传统的互联网网站或新社交网络媒体上，针对各种时事新闻，有大量的读者评论信息。在互联网+时代，人们对人、事、物的评价产生的决策信息极其丰富，具有视频、声音、图片、语言文字等多种形式。根据目前大群体决策理论的关注点，本书仅关注可以转化为效用值、评分值等的直接评价信息。

在决策理论中，效用是对偏好的量化，用于表示某个方案对决策者的实际价值。效用的意义在于其是描述个体真实行为的一个指标。关于效用理论，感兴趣的读者可以参看一般的多属性决策的著作，如徐玖平和吴巍（2006）的《多属性决策的理论与方法》。

定义 1.1　对于方案集 $X=\{x_1,x_2,\cdots,x_n\}$，每一位决策者利用效用值表示其偏好信息。决策者 e_k 对备选方案集中的方案进行比较，将他对方案集 X 的偏好表示为一个向量，该向量有 n 个效用评估值，表示为 $\boldsymbol{U}^k=(u_1^k,u_2^k,\cdots u_i^k,\cdots u_n^k)^{\mathrm{T}}$，$u_i^k\in[0,1]$。其中，$u_i^k$ 表示决策者 e_k 对于备选方案 x_i 的效用估计。

一般情况下，u_i^k 值越大，表示决策者 e_k 对备选方案 x_i 的效用评估值越高，u_i^k 值越小，表示决策者 e_k 对备选方案 x_i 的效用评估值越低。

在舆情动力学领域，从个体给出的评价信息总结出个体意见。个体意见可以是连续的，也可以是离散的，相应的意见演化模型就分为连续型动力学模型和离散型动力学模型。在连续型模型中，通常假定个体意见的取值范围为[0，1]，这种取值可以视为个体的某种效用值。在离散型模型中，通常假定个体意见分为两类或三类，可分别用集合{0，1}或{−1，0，1}中的元素来表示。可见，舆情动力学中的决策信息可视为直接评价信息。

在线评论中的评分信息也可视为直接评价信息。在所有可能选择的用来收集消费者观点的方法中，直接询问消费者对其购买商品的评分可能是最准确的。星级评分制是最常见的，如京东、当当、亚马逊等电子商务平台均使用五级的星级评分制来让买家对购买的商品进行评分。不同的平台使用的分值及其语义存在差别。京东的 1 星到 5 星对应评分为 1 分到 5 分，语义分别为“非常不满意”“不满意”“一般”“满意”“非常满意”。在总体星级评价后，还可以给出商品符合度、店家服务态度、快递配送速度、快递员服务、快递包装等属性下的评分。当当虽然也采用 5 星评分制，但是每一颗星对应 2 分，用户可以给出 1~10 分中的一种分值，10 种分值对应 6 种不同的语义。评分信息是在线评论数据挖掘的主要信息来源之一。

1.2.2 序关系

在决策理论中，序关系是常见的偏好形式之一。

设 xRy 表示 x 与 y 之间的一个二元关系，如“x 至少与 y 一样好”。如果这一关系不成立，则记作 $\sim xRy$。在集合 S 上确定一个二元关系，就是确定 $S\times S$ 上的一个子集 R，它由属于 S 的 x 和 y 的有序对 (x,y) 定义。xRy 成立也可以说成 (x,y) 属于 R。二元关系在不同的场合具有一些重要的性质，下面是一些常用到的性质。

（1）R 具有自反性：$\forall x\in S: xRx$。

（2）R 具有完全性：$\forall x,y\in S:(x\neq y)\to(xRy\vee yRx)$。

（3）R 具有传递性：$\forall x,y,z\in S:(xRy\ \&\ yRz)\to xRz$。

（4）R 具有反对称性：$\forall x,y\in S:(xRy\ \&\ yRx)\to x=y$。

（5）R 具有非对称性：$\forall x,y\in S: xRy\to\ \sim yRx$。

（6）R 具有对称性：$\forall x,y\in S: xRy\to yRx$。

对某些标准类型的二元关系，赋予特别的名称。关于序的各种不同名称见表 1.1（Sen，1970）。本书第二章的社会选择理论中就主要讨论表 1.1 中的第二种情况——序，这种二元关系满足自反性、传递性和完全性。

表 1.1 各种序关系满足的性质

种类	满足的性质	采用的名称
1	自反性和传递性	拟序
2	自反性、传递性和完全性	序
3	自反性、传递性和反对称性	偏序
4	自反性、传递性、完全性和反对称性	链
5	传递性和非对称性	严格偏序
6	传递性、非对称性和完全性	强序

定义 1.2 对于方案集 $X=\{x_1,x_2,\cdots,x_n\}$，决策个体 e_k 通过对方案集中的备选方案进行比较，给出关于方案集 X 的偏好排序，表示为 $\boldsymbol{O}^k=(o^k(1),o^k(2),\cdots,o^k(n))^{\mathrm{T}}$，其中，$o^k(\cdot)$ 为决策个体 e_k 在索引集 $\{1,2,\cdots,n\}$ 上的置换函数，即 $o^k(i)$ 表示决策个体 e_k 对于备选方案 x_i 的排序。

对决策个体 e_k 而言，$\boldsymbol{O}^k$ 给出了一个从最优的到最差的备选方案的有序向量。例如，对于有限方案集 $X=\{x_1,x_2,x_3,x_4\}$，决策个体 e_k 的偏好排序为 $\boldsymbol{O}^k=(3,2,1,4)^{\mathrm{T}}$，表示 e_k 认为备选方案 x_3 最优，备选方案 x_2 次优，以此类推。

1.2.3 判断矩阵

判断矩阵又称为偏好关系。对判断矩阵这类偏好表达的系统研究起始于 20 世纪 70 年代 Saaty 提出的层次分析法（analytic hierarchy process，AHP）（Saaty，1980）。判断矩阵的元素是本层次的准则或方案相对于更上一层次的准则的重要性两两比较构成的判断结果，元素的取值受限于事先参照的标度集。矩阵用于准则或方案的排序，是应用 AHP 的一部分，但是在理论上对判断矩阵是单独进行研究的。最常见的判断矩阵可分为互反判断矩阵、互补判断矩阵、语言判断矩阵三类。语言判断矩阵本质上可转化为前两类判断矩阵进行研究。互反判断矩阵有时也被称为乘性偏好关系，互补判断矩阵有时也被称为模糊判断矩阵、加性偏好关系（加型偏好关系）。下文主要介绍互反判断矩阵与互补判断矩阵及它们的扩展——区间互反判断矩阵和区间互补判断矩阵。

互反判断矩阵是一类重要的判断矩阵。当决策个体选用 Saaty 的 1~9 标度来表示对方案进行两两比较的判断偏好时，该决策个体的偏好就可以表示为互反判断矩阵。

令 $N=\{1,2,\cdots,n\}$, $M=\{1,2,\cdots,m\}$ ， $X=\{x_1,x_2,\cdots,x_n\}$ 表示方案集。

定义 1.3 （Saaty，1980）建立于某一方案集 X 上的互反判断矩阵可由一个矩阵来表示，$\boldsymbol{A}=(a_{ij})_{n\times n}\subset X\times X$ ，元素 a_{ij} 由 Saaty 提出的 1~9 标度给出。元素 a_{ij} 可以解释为决策个体判断方案 x_i 优于方案 x_j 的程度。矩阵 $\boldsymbol{A}$ 满足互反性，即 $a_{ij}\times a_{ji}=1,\ \forall i,j\in N$ 。

1~9 标度的具体含义如表 1.2 所示。

表 1.2 1~9 标度的具体含义

标度 a_{ij}	含义
1	方案 x_i 和方案 x_j 同等重要
3	方案 x_i 比方案 x_j 略重要
5	方案 x_i 比方案 x_j 较重要
7	方案 x_i 比方案 x_j 非常重要
9	方案 x_i 比方案 x_j 绝对重要
2，4，6，8	为以上两判断之间的中间状态对应的标度值
倒数	若方案 x_j 与方案 x_i 比较，得到判断值为 $a_{ji}=1/a_{ij}$

定义 1.4 （Bezdek et al.，1978）设判断矩阵 $\boldsymbol{B}=(b_{ij})_{n\times n}$ ，若矩阵元素满足以下条件：① $0\leqslant b_{ij}\leqslant 1$ ；② $b_{ii}=0.5$ ；③ $b_{ij}+b_{ji}=1,\ \forall i,j=1,2,\cdots,n$ ，则称 $\boldsymbol{B}$ 为互补判断矩阵（加性偏好关系）。

在定义 1.4 中，偏好元素 b_{ij} 代表备选项 x_i 优于备选项 x_j 的偏好程度，且有如下规定：① $b_{ij}=0.5$ 表示 x_i 与 x_j 无差异；② $b_{ij}=1$ 表示 x_i 绝对优于 x_j ；③ $0.5<b_{ij}<1$ 表示 x_i 优于 x_j 。

互反判断矩阵和互补判断矩阵本质上是同构的，两者之间可以相互转换。对定义 1.3 中的互反判断矩阵 $\boldsymbol{A}=(a_{ij})_{n\times n}$ ，假设其对应的互补判断矩阵为 $\boldsymbol{B}=(b_{ij})_{n\times n}$ ，则有（Chiclana et al.，1998）

$$b_{ij}=\frac{1}{2}(1+\log_9 a_{ij})$$

尽管两类判断矩阵之间可以相互转化，但是由于两类判断矩阵本身的起源不同，其元素表示的意义也有差异，因此对两类判断矩阵的研究通常是分别展开的。特别的是，从现有研究来看，对互反判断矩阵的研究难度要大于互补判断矩阵。

定义 1.5 （Saaty and Vargas，1987）方案集 X 上的区间互反判断矩阵 $\boldsymbol{A}=([a_{ij}^l,a_{ij}^u])_{n\times n}$ 可以写作：

$$
\boldsymbol{A}=\begin{pmatrix} 1 & [a_{12}^l,a_{12}^u] & \cdots & [a_{1n}^l,a_{1n}^u] \\ [a_{21}^l,a_{21}^u] & 1 & \cdots & [a_{2n}^l,a_{2n}^u] \\ \vdots & \vdots & & \vdots \\ [a_{n1}^l,a_{n1}^u] & [a_{n2}^l,a_{n2}^u] & \cdots & 1 \end{pmatrix}
$$

其中，$1/9 \leqslant a_{ij}^l \leqslant a_{ij}^u \leqslant 9,\ a_{ij}^l \times a_{ji}^u = 1,\ a_{ji}^l \times a_{ij}^u = 1$，$[a_{ij}^l, a_{ij}^u]$ 表示备选项 x_i 优于备选项 x_j 的重要性程度。

定义 1.6　（Xu，2004）方案集 X 上的区间互补判断矩阵 $\boldsymbol{B}=([b_{ij}^l,b_{ij}^u])_{n\times n}$ 可以写作：

$$
\boldsymbol{B}=\begin{pmatrix} 0.5 & [b_{12}^l,b_{12}^u] & \cdots & [b_{1n}^l,b_{1n}^u] \\ [b_{21}^l,b_{21}^u] & 0.5 & \cdots & [b_{2n}^l,b_{2n}^u] \\ \vdots & \vdots & & \vdots \\ [b_{n1}^l,b_{n1}^u] & [b_{n2}^l,b_{n2}^u] & \cdots & 0.5 \end{pmatrix}
$$

其中，$0 \leqslant b_{ij}^l \leqslant b_{ij}^u \leqslant 1,\ b_{ij}^l + b_{ji}^u = 1,\ b_{ij}^u + b_{ji}^l = 1$，$[b_{ij}^l, b_{ij}^u]$ 表示备选项 x_i 优于备选项 x_j 的强度。

其他常见的判断矩阵可参见 Xu（2007）的文章。值得指出的是，决策信息的外延相当广泛，既包括个体给出的主观评判信息，也包括统计数据等客观信息。但是，根据学术界的惯例，在群体决策研究领域，决策过程中使用的决策信息是指个人提供的主观评判信息。前述的评分值类信息、序关系、判断矩阵等均是个人提供的主观评判信息。主观评判信息是人们对特定事物持有的信念和见解的外在表现。尽管这些信息是主观的，却是个体根据其经验及知识，根据掌握的决策信息进行分析、推理和综合而给出的。按照规范性决策的设定，个体和群体正是根据他们的判断及决策结果而采取特定行动的。决策结果是否是个体和群体感到满意的结果，决定着个体和群体去执行决策结果的行为。

1.3　群体心理与行为

规范性决策研究的是在给定的决策信息下，人们应该如何做决策。行为决策则研究人们实际如何进行决策，即利用行为科学的观点和方法，对人类的决策活动进行描述、解释和预测。行为决策中的一些思想和方法开始融入大群体决策的模型构建中，扩展了大群体决策的理论研究范畴。本节主要讨论群体的有效性，介绍几种常见的群体心理与行为。

1.3.1 群体的有效性

不是所有群体都是有效群体。公共交通如公交车、地铁上的一群人各不相同，每个人只想安全快速地到达自己的目的地。这种没有任何明确目标聚集在一起的人，从心理学意义上讲，不能算是一个群体（勒庞，2011）。有效群体是指这样一种群体，群体的综合绩效大于个体绩效之和。表 1.3 从群体目标、沟通、权力确定、决策程序、冲突处理等方面给出了有效群体与无效群体的比较。有效群体由于成员之间保持良好的工作关系，能够适应内外部环境的变化，通常能够实现群体的目标。

表 1.3 有效群体和无效群体的比较（约翰逊 D W 和约翰逊 F P，2016）

有效群体	无效群体
目标是清晰的、调整过的，以便达到个人目标和团体目标之间的最佳匹配；目标是合作性的，因而所有成员都对实现这一目标有所承诺	群体成员被迫接受目标；目标是竞争性的，因而每个成员都不得不努力超过其他人
沟通是双向的，强调观点和感受的表达都是开放性的、准确的	沟通是单向的，只有观点可以被表达；感受是被压抑或者忽视的
参与权和领导权在群体成员中是分配的，并且强调群体的目标实现、内在平衡及发展变化	基于权威来指派领导者：成员参与权是不平等的，权力大的成员占据主导；只强调目标的实现
能力和信息决定了影响力和权力；制定合约以确保个体的目标和需要能实现；权力是平等、共享的	地位决定了权力；权力在权威系统里被着重强调；服从权威就是规则
决策过程是与情境相匹配的，在不同的情形下使用不同的决策方法；在重要的问题上，会寻求群体成员的共识；鼓励成员卷入和群体讨论	决策往往由最高权威制定；很少有群体讨论，成员卷入度达底线水平
成员在建设性争论中可以拥护自己的观点，反对对方的观点并陈述自己的理由，这被认为是制定高质量且有创造性的决策及问题解决的关键	压制和回避群体成员的不一致意见；为了避免争论而寻求快速妥协；群体思维普遍存在
利益冲突是通过综合性协商和调解解决的，所以一致的达成使得群体的一致性得到最大化，并且让所有成员都感到满意	利益冲突是通过分散的讨论或回避解决的；有成员是赢家，有成员是输家，或者争论被无视，每一个人都不开心
强调个体间、群体和群体间的沟通技能：在高水平的包含、情感交流、接受、支持和信任中，群体的凝聚力得到提高；鼓励成员个性存在	强调群体成员的功能；成员个性不被强调；群体凝聚力被忽视；严格要求成员服从群体

虽然群体决策的结果并不总是优于个体决策的结果，但是，一般来说，群体能够比个体做出更好的决策，这也就是群体决策得到广泛应用的原因。具体说来，群体中个体成员可以共享其他成员不知道的独特信息；个体之间的相互交流产生的主意、见解和策略是个体独立思考所不能得到的；不正确的解决办法在群体里更容易被识别，人们总是容易发现别人的错误而不是自己的。

1.3.2 群体心理

群体为了解决某个特定问题而存在，群体的聚集可能会产生特定的心理和行为现象，如从众行为、群体思维等。这些心理现象的产生是由于群体决策的过程损失造成的。过程损失是指在群体交流过程中，由于群体成员的能力没有充分发挥等，群体无法达成最优解决方案的情况。为创建一个有效的决策群体，应当尽量避免从众行为、群体思维、群体极化等群体心理现象的产生。

1. 从众行为

从众行为是指人们因为真实或臆想的他人影响而改变自己的行为。当某个决策个体在群体中与多数人的意见有分歧时，会感到群体的压力。有时这种压力会非常大，迫使群体中个体违背自己的意愿产生完全相反的行为。环境因素和个性因素都会导致从众行为产生。然而，把任何遵从群体意见的情况都看成顺从或从众并不正确。

社会心理学发现，从众行为的产生主要有两个原因：信息性社会影响与规范性社会影响（阿伦森等，2005）。信息性社会影响发生在人们不知道怎样做怎么说是正确或最好的时候。人们会观察他人的行为并将其看成重要的信息来源，并据此选择合适的行为方式。当环境模糊不清时，人们最有可能以他人作为相信的来源，这里人们是主动接受他人影响的。专家是强有力的影响因素，因为他们通常拥有做出合适反应的丰富信息。规范性社会影响发生作用的原因有所不同：个体改变自己的行为与群体中他人保持一致，并不是因为其他人看起来更了解情况，而是因为个人希望能够维持群体成员的身份，继续获得这种身份带来的好处，并避免因遭到嘲笑和拒绝而带来的痛苦。社会影响理论认为强度、接近性、群体的规模会影响规范性社会影响是否能发挥作用及发挥作用的程度。当群体对个人而言非常重要、群体成员在观点或行为方面保持一致、群体的成员数是 3~4 人时，群体中的个体最可能出现从众行为。

2. 群体思维

1971 年群体思维的概念由詹尼斯（Janis）提出，它指的是群体为了达成一致而忽略其他成员提出的可行方案（Janis，1971）。联系紧密、凝聚力强的团体常常会出现群体思维现象：对于群体中的成员而言，维持群体的凝聚力和团结比务实地思考事实更重要。群体凝聚力包括群体对其成员的吸引力，以及群体成员之间的相互吸引力两个方面。由于群体成员间相互吸引，成员有维持群体存在的意愿。群体凝聚力本身不会增加群体思维发生的可能性，除非其他危险因素也同时存在。当群体与外部评价隔绝，当领导者善于发号施令，个体感受到群体压力，认为寻求不同于领导或权威支持的解决方案希望较小时，群体中的个体就陷入了群体思维，通常这个群体不能制定有效的决策。这导致群体并没有考虑到所有的可能方案，没有建立应变计划，而且没有充分考虑到偏好选择的风险。有关群体思维理论的案例分析及实验检验方面的研究非常丰富（毕鹏程等，2004）。

尽管有研究表明，群体思维的特征和决策质量之间存在负相关关系，但是已有研究并不能充分说明具有群体思维的特征一定会导致决策质量变差。为避免群体思维的出现，群体的组织者或领导者可以采取以下方法：①保持中立，领导者不应该采取指挥者的角色，而应该保持中立；②寻找外界的观点，领导者应该邀请一些非群体成员来发表见解，因为这些人不太会去关心群体的凝聚力问题；③组建小组，领导者应该将团体分为几个小组，先各自讨论，然后再集体讨论他们的不同建议；④征求匿名意见，这可以通过采取不记名投票或者要求群体成员匿名写下他们的意见来实现，这可以保证群体成员提出其真实看法，不必害怕群体的谴责。

3. 群体极化

群体决策比先前的个人决策倾向更极端的现象，称为群体极化，具体表现为：如果个体先前的倾向是冒险的，则群体决策就可能更加冒险；如果个体一开始倾向保守，则群体决策就可能更加保守。群体极化发生的主要原因有两个（阿伦森等，2005）：第一，根据说服性辩论的观点，所有的成员为了支持自己先前的决策，在群体讨论时，都提出了自己的一套论证观点，其中一些是其他成员单独决策时没有想到的；第二，根据社会比较理论的揭示，当人们在群体中讨论问题时，他们首先会了解其他人的感受，群体赞同的观点是怎样的，是冒险还是保守，为了能够更受欢迎，许多人都会同意其他人的观点并表现得更极端一点。

从众行为本身是中性的，而决策中的盲目从众行为并不可取。群体思维和群体极化现象虽然都对决策的过程和质量有一定的影响，但这种影响有可能是正面的，也有可能是负面的。因此，在设计决策机制的时候应该考虑到这些群体心理现象可能会带来的影响。

1.3.3 沟通与信任

沟通是人类互动和群体运作的基础，在构建有效群体中发挥着重要作用。沟通是一个群体成员将自己拥有的决策信息传给另一个或多个群体成员，并试图改变信息接受者的行为。人与人之间的沟通，主要是通过语言来进行的，不仅限于信息的交流，而且包括情感、思想、态度、观点等的交流。在人与人之间的沟通过程中，交流动机、目的、态度等心理因素有着重要的意义。无论组织如何努力地把有关对其成员期望的信息清晰明确地传递给成员，成员在感知这些信息的过程中，仍容易歪曲地理解，因此在群体决策中如何正确传达决策信息是相当重要的。

对群体沟通影响最大的因素是群体氛围主要是竞争还是合作（约翰逊 D W 和约翰逊 F P，2016）。相对于竞争氛围下，沟通在合作的氛围下更为频繁、开放和诚实。沟通的有效性通过合作、个体间的相互信任而加强，个体之间决策信息的反馈能更及时。在竞争环境下，个体通常只关注自身利益，很可能忽略群体其他成员的需求和感受，降低沟通的效率。其他影响沟通有效性的因素包括群体规范、群体所处的物理环境、群体成员之间的座位安排、幽默感等。

群体成员之间互动频繁、互相依赖，群体成员之间是因为信任，为了实现群体目标而聚集在一起的。群体内的人际信任是组织信任的基础。群体信任的程度对群体决策过程和结果都会产生影响。当群体成员意见出现分歧时，由相互信任程度较高的成员构成的群体，其沟通就会比较顺畅，能够冷静客观地讨论，较少产生错误的归因，群体成员也更加容易达成一致。发展和维持群体成员间的高水平信任关系有助于提高群体决策的绩效。在群体决策的过程中，初始的信任关系很可能会随着决策进程而发生变化。个体建立和维持信任的关键是该个体是值得信任的。个体对其他成员的接纳和支持行为越多，其他成员对该个体也越可能坦诚想法、观念、意见等决策信息。个体表现出是合作还是竞争对建立信任关系有重要的影响。

1.4 本书的内容结构

目前探讨大群体决策模型与方法的期刊文献已经相当丰富，也有数本专著出现。专著《复杂大群体决策方法及应用》研究了基于可变精度粗糙集的群体决策方法、基于 Choquet 积分的群体决策方法、基于直觉模糊集的群体决策方法、网络环境下决策支持系统等（陈晓红等，2009）。专著 *Large Group Decision Making: Creating Decision Support Approaches at Scale* 主要介绍了已有文献中的聚类方法、共识方法、行为建模及大群体决策的决策支持系统及实际应用等，对涉及的模型和方法等给出了主要的决策流程和思路（Palomares，2018）。专著《大数据环境下复杂大群体决策理论方法及应用》系统分析了重大突发事件决策问题的特点，研究了面向重大突发事件的复杂大群体决策模型、方法、支持平台及应用（徐选华，2020）。这几本专著的内容与本书内容差异较大。本书的框架结构如图 1.1 所示。

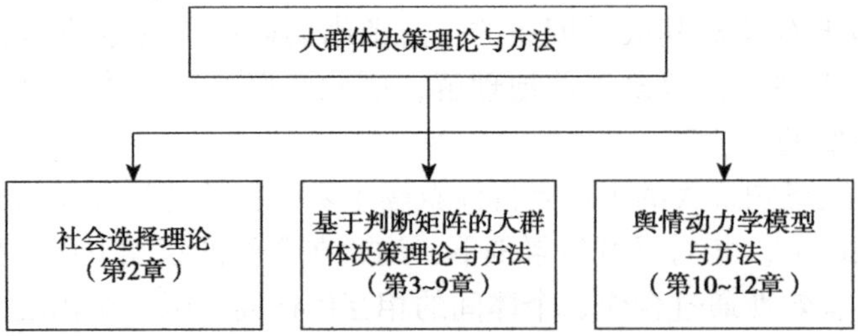

图 1.1　本书的框架结构

社会选择理论的研究属于经典的大群体决策研究领域，因此本书在第 2 章对社会选择理论的基础性内容进行了总结。该章介绍社会选择领域的阿罗不可能性定理、森个体主权不可能性定理、吉伯德–萨特思韦特防操纵不可能性定理，给出了常见的社会选择函数。这个章节的内容相对独立，涉及的基础决策信息是个体给出的序偏好，是本书的第一部分内容。

本书第二部分主要是判断矩阵偏好信息下的大群体决策理论与方法，包含第 3 章到第 9 章的内容。第 3 章针对互反判断矩阵和互补判断矩阵，从基数一致性、次序一致性、保序性与序违反几个方面研究个体偏好中理性的度量。第 4 章和第 5 章研究了大群体环境下，个体偏好信息为互反型或互补型判断矩阵的共识决策问题，提出维持离散化初始标度给出反馈意见、多阶段优化型、考虑保序性与序违反的多分类共识等思想下的各种决策模型。第 6 章和第 7 章探讨的是区间互补判断矩阵，提出了改进区间互补判断矩阵最优与最差一致性指标的理论与方法，建立了区间互补判断矩阵共识的优化模型。第 8 章讨论了大群体决策背景下的聚类分析方法，给出了常见的能够用于判断矩阵的几种聚类方法，提出了基于可变聚类的大群体决策方法。第 9 章为不完全信息下的大群体决策方法，提出了考虑基数一致性与次序一致性的个体决策和群体决策环境下对应的决策方法。

本书第三部分为舆情动力学的研究内容。第 10 章总结了舆情动力学的基本模型。第 11 章研究了社会网络中的舆情动力学模型，提出了基于经典 DG 模型的二阶交互情形下的意见演化模型。第 12 章为动态网络中的混合舆情动力学模型，提出了基于意见相似性的混合舆情演化模型和基于结构相似性的混合舆情演化模型。

1.5　本章小结

大群体决策是近十年来决策科学、管理科学等领域研究的热点之一。本章介绍了大群体决策的研究背景、决策信息的表达、群体心理与行为、本书的内容结构。

决策信息的表示已经丰富多样了，本章仅介绍了评分值类信息、序关系偏好信息、确定型判断矩阵和区间型判断矩阵等几类最基本的个体偏好表示。其他类型的偏好信息特别是分布式语言表示的信息可参见 Wu 等（2021）的文章。在利用大群体决策模型和方法时，往往需要设计合适的个体间的交互机制，因此需要遵循群体工作的原理。本章讨论的群体心理与行为的相关内容主要来自两本心理学著作（阿伦森等, 2005；约翰逊 D W 和约翰逊 F P，2016）。约翰逊 D W 和约翰逊 F P（2016）的著作系统论述了使群体变得有效的理论、方法及实践技能。行为决策的经典研究可参见卡尼曼和特沃斯基（2017）的著作。结合行为决策和心理学特别是社会心理学的发现来发展大群体决策的理论和模型将大有裨益。

参 考 文 献

阿伦森 E，威尔逊 T D，埃克特 R M. 2005. 社会心理学[M]. 5 版. 侯玉波，等译. 北京：中国轻工业出版社.

毕鹏程，席酉民，王益谊. 2004. 群体思维理论的发展及其实证研究综述[J]. 管理科学学报，7（4）：75-84.

陈国青，曾大军，卫强，等. 2020. 大数据环境下的决策范式转变与使能创新[J]. 管理世界，36（2）：95-105，220.

陈晓红，等. 2009. 复杂大群体决策方法及应用[M]. 北京：科学出版社.

霍华德 R A，阿巴斯 A. 2019. 决策分析基础[M]. 毕功兵，宋文译. 北京：机械工业出版社.

卡尼曼 D，特沃斯基 A. 2017. 选择、价值与决策[M]. 郑磊译. 北京：机械工业出版社.

勒庞 G. 2011. 乌合之众：大众心理研究[M]. 冯克利译. 北京：中央编译出版社.

徐玖平，吴巍. 2006. 多属性决策的理论与方法[M]. 北京：清华大学出版社.

徐选华. 2020. 大数据环境下复杂大群体决策理论方法及应用[M]. 北京：科学出版社.

徐选华，尹儇鹏，钟香玉，等. 2021. 大群体决策理论与方法研究综述：问题与挑战[J]. 信息与控制，50（1）：54-64，74.

约翰逊 D W，约翰逊 F P. 2016. 合作的力量——群体工作原理与技巧[M]. 崔丽娟，王鹏，等译. 上海：上海人民出版社.

Bezdek J，Spillman B，Spillman R. 1978. A fuzzy relation space for group decision theory[J]. Fuzzy Sets and Systems，1（4）：255-268.

Chiclana F，Herrera F，Herrera-Viedma E. 1998. Integrating three representation models in fuzzy multipurpose decision making based on fuzzy preference relations[J]. Fuzzy Sets and Systems，97（1）：33-48.

Ding R X，Palomares I，Wang X Q，et al. 2020. Large-Scale decision-making：characterization，taxonomy，challenges and future directions from an Artificial Intelligence and applications perspective[J]. Information Fusion，59：84-102.

Janis I L. 1971. Groupthink[J]. Psychology Today，5（6）：43-46，74-76.

Palomares I. 2018. Large Group Decision Making：Creating Decision Support Approaches at Scale[M]. Heidelberg，Berlin：Springer.

Saaty T L. 1980. The Analytic Hierarchy Process[M]. New York：McGraw-Hill.

Saaty T L，Vargas L G. 1987. Uncertainty and rank order in the analytic hierarchy process[J]. European Journal of Operational Research，32（1）：107-117.

Sen A K. 1970. Collective Choice and Social Welfare[M]. San Francisco：Holden-Day Inc.

Wu Y Z，Zhang Z，Kou G，et al. 2021. Distributed linguistic representations in decision making-taxonomy，key elements and applications，and challenges in data science and explainable artificial intelligence[J]. Information Fusion，65：165-178.

Xu Z S. 2004. On compatibility of interval fuzzy preference matrices[J]. Fuzzy Optimization and Decision Making，（3）：217-225.

Xu Z S. 2007. A survey of preference relations[J]. International Journal of General Systems，36（2）：179-203.

第 2 章 社会选择理论

社会选择，就是根据社会中成员的价值观及其对不同备选方案的排序产生社会的排序，也就是把社会中各成员的偏好集结成单一的、社会整体的偏好，是一种典型的群决策。本章首先介绍一些常见的社会选择函数，然后给出社会选择理论的三大不可能性定理，最后介绍放宽条件下的可能性定理。

2.1 社会选择函数

本节首先介绍简单多数规则，然后介绍一些其他的社会选择函数。

2.1.1 简单多数规则

根据第 1 章对二元关系的相关定义，对于集合 X 上的二元关系 R，如果 R 具有传递性和完全性，那么称 R 是一个弱序。如果 R 具有传递性、完全性、反对称性，那么称 R 是一个线性序。在社会选择理论中，备选方案指候选人，遵照惯例，这里用 a,b,c 或 x,y,z 等表示候选人，候选人的集合记为 A。假设有 n 个参与投票的个体，$i=1,2,\cdots,n$ 表示个体。$\succ$ 和 $\sim$ 分别表示优于关系和无差异关系，对应地，$\succ_i$ 和 $\sim_i$ 表示个体 i 的优于关系和无差异关系，$\succ_G$ 和 $\sim_G$ 表示社会的或群体的优于关系和无差异关系。个体 i 给出 A 上的偏好关系为序关系 R_i，如对三个候选人的集合 $A=\{a,b,c\}$ 而言，个体 i 认为 a 优于 b，b 优 c，则有 R_i：$a \succ_i b \succ_i c$。

民主投票程序中一个基本的特点是匿名性，要求在进行社会决策时，所有的个体被一视同仁。对个体重新编号或改变他们的姓名标签应该对投票结果无关紧要，也就是说，选民之间的排列不应该在社会决策过程中发挥任何作用。对 $x,y \in A$，用 $N(x \succ_i y)$ 表示群体中认为 x 优于 y 的个体的数目，则简单多数规则是指：若 $N(x \succ_i y) > N(y \succ_i x)$，则 $x \succ_G y$；若 $N(x \succ_i y) = N(y \succ_i x)$，则 $x \sim_G y$。

例 2.1 设 60 个成员对三个候选人 $X=\{a,b,c\}$ 的态度如表 2.1 所示。

对候选人做两两比较时，可得如下结果。

（1）$N(a\succ_i b)=33$，$N(b\succ_i a)=27$，结果是 $a\succ_G b$。

（2）$N(b\succ_i c)=42$，$N(c\succ_i b)=18$，结果是 $b\succ_G c$。

（3）$N(a\succ_i c)=25$，$N(c\succ_i a)=35$，结果是 $c\succ_G a$。

表 2.1 个体偏好分布表

个体人数	偏好
23	$a\succ b\succ c$
17	$b\succ c\succ a$
2	$b\succ a\succ c$
8	$c\succ b\succ a$
10	$c\succ a\succ b$

根据简单多数规则，群体有三个判断：$a\succ_G b\succ_G c\succ_G a$。这表明，虽然群体中每个成员的偏好（即对候选人优劣的排序）是传递的，按简单多数规则得出的群的排序不再具有传递性而是出现多数票的循环。这种现象称为 Condorcet 效应，也称为投票悖论（the paradox of voting）。

与简单多数规则相关的另一个规则是绝对多数规则，这个规则是指：对于 n 个成员组成的群体，对 $x,y\in A$，若 $N(x\succ_i y)>n/2$，则有 $x\succ_G y$。通过绝对多数规则的定义，可以得到如下排序：$a\succ_G b\succ_G c\succ_G a$。群体的排序同样存在循环。

2.1.2 其他常见的社会选择函数

如 2.1.1 节所指出的，采用简单多数规则进行群体决策时，可能会出现投票悖论。所以当候选人人数大于等于 3 时，使用简单多数规则是不合理的。为此，很多学者为了克服简单多数规则造成的投票悖论问题，提出了各种社会选择函数来反映社会对各候选人的评价排序。各种选择函数满足的社会选择函数的性质不尽相同。本节介绍几种著名的社会选择函数（岳超源，2003）。

1. Condorcet 函数

如果在基于投票的两两比较中，有一候选人可以完全击败所有其他候选人，那么这个候选人就是唯一的赢家，即 Condorcet 赢家。当不存在 Condorcet 赢家时，Condorcet 提出应该采用函数：

$$f_c(x)=\min_{y\in A\setminus\{x\}} N(x\succ_i y)$$

按 $f_c(x)$ 值的大小来排列候选人 x 的优劣次序。

例 2.2 用 Condorcet 函数求解例 2.1。根据表 2.1 的数据，有

$N(a \succ_i b) = 33,\ N(a \succ_i c) = 25 \rightarrow f_c(a) = 25$

$N(b \succ_i c) = 42,\ N(b \succ_i a) = 27 \rightarrow f_c(b) = 27$

$N(c \succ_i a) = 35,\ N(c \succ_i b) = 18 \rightarrow f_c(c) = 18$

所以，群决策的结果是 $b \succ_G a \succ_G c$。

2. Borda 函数

每个选民在选票上对所有候选人进行排序，将 $m-1, m-2, \cdots, 1, 0$ 这 m 个数分别赋予排在第一位、第二位、……、最后一位的候选人，Borda 积分最高的候选人赢得选举。Borda 函数为

$$f_B(x) = \sum_{y \in A \setminus \{x\}} N(x \succ_i y)$$

各候选人按 $f_B(x)$ 值的大小排序。

例 2.3 用 Borda 函数解例 2.1。根据表 2.1 的数据，有

$f_B(a) = 2 \times 23 + 1 \times (2 + 10) = 58$

$f_B(b) = 2 \times (17 + 2) + 1 \times (23 + 8) = 69$

$f_B(c) = 2 \times (10 + 8) + 1 \times 17 = 53$

所以，群决策的结果是 $b \succ_G a \succ_G c$。

3. Copeland 函数

Copeland 提出了作为一种确定社会选择的合理方法的 Copeland 函数。Copeland 函数定义为

$$f_{cp}(x) = N\{y : y \in A \text{且} x \succ_G y\} - N\{y : y \in A \text{且} y \succ_G x\}$$

并以 $f_{cp}(x)$ 的大小来排定 x 的优劣。

在此，$N\{y : y \in A \text{且} x \succ_G y\}$ 表示 x 能按过半数决策规则击败的方案集 A 中的候选人个数，$N\{y : y \in A \text{且} y \succ_G x\}$ 表示在方案集 A 中能按过半数规则击败 x 的候选人个数，因此 $f_{cp}(x)$ 是 x 在与其他候选人逐一比较时获胜次数与失败次数之差，见例 2.4。

例 2.4 用 Copeland 函数解例 2.1。对各方案进行成对比较，有

$N(a \succ_i b) = 33 > N(b \succ_i a) = 27$

$N(b \succ_i c) = 42 > N(c \succ_i b) = 18$

$N(a \succ_i c) = 25 < N(c \succ_i a) = 35$

因此，$f_{cp}(a) = 1 - 1 = 0$，$f_{cp}(b) = 1 - 1 = 0$，$f_{cp}(c) = 1 - 1 = 0$。

根据 Copeland 函数，此问题的群决策的结果为 $a \sim_G b \sim_G c$，成平局，即不能

做出选择。

4. Nanson 函数

Nanson 函数是英国数学家提出的社会选择函数，其实质是按 Borda 得分进行淘汰的过程。在过程的每一步，得分最低的候选人被淘汰，直到无人可被淘汰为止。Nanson 的淘汰过程可表述如下。

令 $A_1 = A$，对 $j \geqslant 1$，令

$$A_{j+1} = A_j \setminus \{x \in A_j : f_B(x) \leqslant f_B(y), \forall y \in A_j\}$$

且

$\exists y \in A$ 使 $f_B(x) < f_B(y)$

其中，$f_B(x) = \sum_{y \in A \setminus \{x\}} N(x \succ_i y)$ 为 Borda 得分。

上式通过淘汰集合 A_j 中 Borda 得分最小的方案 x 后，得到集合 A_{j+1}。

令 $f_N(x) = \max\{j : x \in A_j\}$，即方案 x 在第 j 次被淘汰，则 x 的 Nanson 函数值等于 j。$f_N(x)$ 的值最大的方案为当选者。

例 2.5 用 Nanson 函数解例 2.1。

先令 $A_1 = A = \{a,b,c\}$，计算 Borda 分：$f_B(a) = 58$，$f_B(b) = 69$，$f_B(c) = 53$。

由于 c 得分最低被淘汰，$f_N(c) = 1$，且得 $A_2 = \{a,b\}$；这时有 $f_B(a) = 33$ 和 $f_B(b) = 27$，b 被淘汰，$f_N(b) = 2$，且 $A_3 = A_2 \setminus \{b\} = \{a\}$；因只剩一人，$f_N(a) = 3$，$a$ 为胜者。社会选择的排序为 $a \succ_G b \succ_G c$。

5. Dodgson 函数

Dodgson 是英国的数学家，他所提出的社会选择函数的基本思路是：根据候选人要能成为简单过半数胜者，或非失败者，以需要改变偏好序的投票人数来给候选人打分，分值越小越好。

设有 n 个投票人，m 个候选人，候选人之间成对比较的结果记为 n_{jk}，即 $n_{jk} = N\ (a_j \succ_i a_k)$，$j,k = 1,2,\cdots,m, j \neq k$。用 n_0 表示候选人 $a_j (j = 1,2,\cdots,m)$ 作为简单过半数胜者（或非失败者）至少应有的票数，则有

$$n_0 = \begin{cases} n/2, & \text{当}n\text{为偶数时} \\ (n+1)/2, & \text{当}n\text{为奇数时} \end{cases}$$

Dodgson 函数定义为

$$f_D(a_j) = \sum_{k=1}^{m} \frac{|n_0 - n_{jk}| + (n_0 - n_{jk})}{2}, j = 1,2,\cdots,m$$

$f_D(a_j)$ 的值越小，a_j 越优。

在计算 $f_D(\cdot)$ 时，也可用候选人之间成对比较的结果构成 Dodgson 矩阵，

$$D=\begin{pmatrix} 1 & n_{12}/n_{21} & \cdots & n_{1m}/n_{m1} \\ n_{21}/n_{12} & 1 & \cdots & n_{2m}/n_{m2} \\ \vdots & \vdots & & \vdots \\ n_{m1}/n_{1m} & n_{m2}/n_{2m} & \cdots & 1 \end{pmatrix}$$

并对第 j 行中 $n_{jk} < n_{kj}$ 的各项求 n_0 与 n_{jk} 之差，然后相加得到 $f_D(a_j)$。

例 2.6　用 Dodgson 函数解例 2.1。

各候选人两两比较的结果如下。

（1）$N(a \succ_i b) = 33$，$N(b \succ_i a) = 27$，结果是 $a \succ_G b$。

（2）$N(b \succ_i c) = 42$，$N(c \succ_i b) = 18$，结果是 $b \succ_G c$。

（3）$N(a \succ_i c) = 25$，$N(c \succ_i a) = 35$，结果是 $c \succ_G a$。

出现了多数票循环：$a \succ_G b \succ_G c \succ_G a$。

将成对比较的结果列入 Dodgson 矩阵，有

$$\begin{pmatrix} 1 & 33/27 & 25/35 \\ 27/33 & 1 & 42/18 \\ 35/25 & 18/42 & 1 \end{pmatrix}$$

其中，由于 $n_0 = 30, n_{13} = 25$，候选人 a 要能与 c 比较时不成为失败者，至少需要 5 位投票人改变偏好序，由原先认为 $c \succ_i a$ 变成 $a \succ_i c$，因此 $f_D(a) = 5$；类似地，有 $f_D(b) = 3$，$f_D(c) = 12$。由 $f_D(b) < f_D(a) < f_D(c)$，可得社会选择的排序是 $b \succ_G a \succ_G c$。

6. Kemeny 函数

Kemeny 提出的社会选择函数要使社会的排序与各投票人对各方案的偏好序有最大的一致性。为了衡量这种一致性，首先定义社会选择的排序矩阵。

$\boldsymbol{L} = (l_{jk})_{m\times m}$，其中 l_{jk} 定义如下：

$$l_{jk} = \begin{cases} 1, & 当 a_j \succ_G a_k \\ 0, & 当 a_j \sim_G a_k \\ -1, & 当 a_k \succ_G a_j \end{cases}$$

同时，记 $n_{jk} = N(a_j \succ_i a_k)$，$n_{kj} = N(a_k \succ_i a_j)$，$n_{jk}^* = N(a_j \sim_i a_k)$。

其次定义比例矩阵为

$$\boldsymbol{M} = (m_{jk})_{m\times m}$$

其中

$$m_{jk} = \begin{cases} (n_{jk} + 0.5n_{jk}^*)/n, & 当 j \neq k \\ 0.5, & 当 j = k \end{cases}$$

m_{jk} 表示群体中认为 $a_j \succ a_k$ 的投票人在全部成员中所占的比例。

再令 $\boldsymbol{E}$ 为经过变换得到的投票矩阵，$\boldsymbol{E} = \boldsymbol{M} - \boldsymbol{M}^{\mathrm{T}}$，其中 $\boldsymbol{M}^{\mathrm{T}}$ 为 $\boldsymbol{M}$ 的转置，则 $\boldsymbol{E}$ 中的元素

$$e_{jk} = n_{jk} / n - n_{kj} / n$$

其含义是群众认为 $a_j \succ a_k$ 的投票人所占比例与认为 $a_k \succ a_j$ 的投票人所占比例之差。

最后设矩阵 $\boldsymbol{E}$ 与 $\boldsymbol{L}$ 的内积为

$$\langle \boldsymbol{E} \cdot \boldsymbol{L} \rangle = \sum_{j}^{m} \sum_{k}^{m} e_{jk} l_{jk}$$

则可以用 $\langle \boldsymbol{E} \cdot \boldsymbol{L} \rangle$ 的大小来衡量社会选择的排序与各成员偏好间的一致性。在此基础上给出以下定义。

Kemeny 函数为：要找 $\boldsymbol{L}$，使 $\langle \boldsymbol{E} \cdot \boldsymbol{L} \rangle$ 取极大值，即

$$f_k = \max \langle \boldsymbol{E} \cdot \boldsymbol{L} \rangle$$

Kemeny 函数与前面介绍的社会选择函数最大的区别在于，前几种社会选择函数是对候选人或方案设定某种指标并据以衡量其优劣，而 Kemeny 函数是一次性确定所有方案的社会排序。

例 2.7 用 Kemeny 函数解例 2.1。

$\boldsymbol{M}$ 矩阵为

$$\boldsymbol{M} = \begin{pmatrix} 1/2 & 33/60 & 25/60 \\ 27/60 & 1/2 & 42/60 \\ 35/60 & 18/60 & 1/2 \end{pmatrix}$$

投票矩阵为

$$\boldsymbol{E} = \boldsymbol{M} - \boldsymbol{M}^{\mathrm{T}} = \begin{pmatrix} 0 & 6/60 & -10/60 \\ -6/60 & 0 & 24/60 \\ 10/60 & -24/60 & 0 \end{pmatrix}$$

在用 Condorcet 函数、Borda 函数和 Dodgson 函数求解此例时所得的社会排序是 $b \succ_G a \succ_G c$。

对此有

$$\boldsymbol{L} = \begin{pmatrix} 0 & -1 & 1 \\ 1 & 0 & 1 \\ -1 & -1 & 0 \end{pmatrix}$$

这时 $\langle \boldsymbol{E} \cdot \boldsymbol{L} \rangle = 16/60$。

用 Nanson 函数解此例时，所得社会选择的线性序为 $a \succ_G b \succ_G c$ ，这时的排序矩阵为

$$\boldsymbol{L}=\begin{pmatrix} 0 & 1 & 1 \\ -1 & 0 & 1 \\ -1 & -1 & 0 \end{pmatrix}$$

相应地，$\langle \boldsymbol{E}\cdot \boldsymbol{L}\rangle = 16/60$ 。类似地，对各种排序，$\langle \boldsymbol{E}\cdot \boldsymbol{L}\rangle$ 的值可求出，由于最大值是 $56/60$ ，因此社会选择的排序应当是 $b \succ_G a \succ_G c$ 。

7. Cook-Seiford 函数

Cook 和 Seiford 研究了如何确定与各成员的排序最为一致的群的排序，即调和序问题。其做法是引入距离函数矩阵来衡量群的排序与个体排序之间的不一致程度，并规定群的排序应该使总的绝对距离极小化。这种想法与 Kemeny 函数相类似，但 Kemeny 函数是使一致性极大，Cook-Seiford 函数则是使不一致性极小。

用 r_{ij} 表示成员 i 把方案 j 排在 r_{ij} 位 $(i=1,2,\cdots,n;\ j=1,2,\cdots,m)$ ；r_j^G 表示群对方案 j 的排序，则成员 i 与群的排序的距离，即不一致为

$$d_i = \sum_{j=1}^{m} \left| r_{ij} - r_j^G \right|$$

总距离

$$d = \sum_{i=1}^{n} d_i = \sum_{i=1}^{n}\sum_{j=1}^{m} \left| r_{ij} - r_j^G \right|$$

若 $r_j^G = k\ (k=1,2,\cdots,m$为排序值$)$ ，则 $d_{jk} = \sum_{i=1}^{n} \left| r_{ij} - k \right|$ 表示群把方案 j 排在第 k 位时，群的排序与各成员排序之间的距离。总的距离为

$$d = \sum_{j=1}^{m} d_{jk} = \sum_{i=1}^{n}\sum_{j=1}^{m} \left| r_{ij} - k \right|$$

由于每个方案只能排在某一个位置上，每个位置上也只能排一个方案，因而此问题是个典型的指派问题，可用如下 0–1 规划来求解，

$$\min \sum_{j=1}^{m}\sum_{k=1}^{m} d_{jk} p_{jk}$$

$$\text{s.t.}\begin{cases} \sum\limits_{j=1}^{m} p_{jk} = 1, & k=1,2,\cdots,m \\ \sum\limits_{k=1}^{m} p_{jk} = 1, & j=1,2,\cdots,m \end{cases}$$

其中，若方案 j 排在 k 位，则知 $p_{jk}=1$ ，否则 $p_{jk}=0$ 。

例 2.8 用 Cook-Seiford 函数解例 2.1。

已知 $i=1,2,\cdots,60,\ j=a,b,c,\ k=1,2,3$ 。

a 排在第一位时的绝对距离：

$$d_{a1}=\sum_{i=1}^{60}|r_{ij}-k|=\sum_{i=1}^{60}|r_{ia}-1|=62$$

a 排在第二位时的绝对距离：

$$d_{a2}=\sum_{i=1}^{60}|r_{ia}-2|=48$$

a 排在第三位时的绝对距离：

$$d_{a3}=\sum_{i=1}^{60}|r_{ia}-3|=58$$

类似可算出 $d_{bj},d_{cj}\,(j=1,2,3)$ ，

$$d_{b1}=\sum_{i=1}^{60}|r_{ib}-1|=51,\ d_{b2}=\sum_{i=1}^{60}|r_{ib}-2|=29,\ d_{b3}=\sum_{i=1}^{60}|r_{ib}-3|=69$$

$$d_{c1}=\sum_{i=1}^{60}|r_{ic}-1|=67,\ d_{c2}=\sum_{i=1}^{60}|r_{ic}-2|=43,\ d_{c3}=\sum_{i=1}^{60}|r_{ic}-3|=53$$

因此，群体排列顺序是 $a\succ_G b\succ_G c$ 。

2.2 社会选择理论的几大定理

本节主要介绍阿罗不可能性定理，森个体主权不可能性定理和吉伯德–萨特思韦特防操纵不可能性定理及其证明。

2.2.1 阿罗不可能性定理

著名经济学家、1972 年诺贝尔经济学奖获得者阿罗在其 1951 年出版的著作《社会选择与个人价值》中，提出了著名的阿罗不可能性定理。该定理不仅是现代社会选择理论的最基本结论，也是阿罗社会福利函数框架的核心定理。

从形式上看，社会选择是典型的群决策问题。社会福利函数是社会状态的一个实值函数，是社会福利的测度。在运用社会福利函数去研究实际情况时，需要回答两个问题：如何评价社会福利函数和谁去评价社会福利函数？存不存在能够集结个体偏好去形成群体偏好的社会福利函数？阿罗认为在一些看起来非常可信

的公理和条件下，不存在这样的社会福利函数，这就是著名的阿罗不可能性定理。

用 $X=\{x,y,z,\cdots\}$ 表示社会状态集，$N=\{1,2,3,\cdots,n\}$ 表示社会成员集。用 ε 表示 X 上偏好排序的集合并且 ε' 代表满足特殊约束的一个序列子集。用 ε'^n 表示笛卡儿 n 次乘积 $\varepsilon'\times\cdots\times\varepsilon'$，$\varepsilon'^n$ 中的一项是 n 元组的偏好序列 $(R_1,\cdots,R_n)$ 或由 n 个社会成员组成的偏好排序。

定义 2.1　阿罗社会福利函数是指这样一个过程或规则，对应于备选社会状态的每一个个体的序关系集合 $R_1,\cdots,R_n$（每人一个排序），都可以得到一个相应的社会排序 R，即

$$f:\varepsilon'^n\to\varepsilon$$

定义 2.2　无约束域条件（U）：映射 f 的定义域包括了在 X 上的所有逻辑可能的 n 元组的个体排序。

无约束域条件意味着对个体的选择不应施加任何约束，同时个体的偏好也不具有任何“倾向性”。

定义 2.3　帕累托准则（P）：设 $x,y\in X$，若 $\forall i\in N, xP_iy$，则 xPy。其中 P 表示群（社会）的排序 R 的非对称部分（优于关系）。

定义 2.4　无关方案独立性条件（I）：如果对于每组个体排序 $(R_1,\cdots,R_n)$ 和 $(R_1',\cdots,R_n')$，社会上的每个个体对于任何两个选择 x 和 y，完全都有同样的偏好，那么对于 x 和 y 的社会偏好就这两组排序而言，也是相同的。换句话说，如果对于任意的一组 x 和 y 和所有的 i，有 xR_iy 当且仅当 $xR_i'y$，且 yR_ix 当且仅当 $yR_i'x$，那么 $f(R_1,\cdots,R_n)$ 和 $f(R_1',\cdots,R_n')$ 对于 x 和 y 的排序必然完全相同。

定义 2.5　非独裁性条件（D）：对于 f 的定义域中所有的和所有在 X 上的每对选择 x 和 y，社会不存在个体 i，如果 xP_iy，那么有 xPy。

定理 2.1　阿罗不可能性定理（Arrow，1951）：对于有限数量的个体并且至少存在三个不同的社会可选择项，那么不存在一个社会福利函数 f 能够满足条件 U、条件 P、条件 I 和条件 D。

阿罗不可能性定理的证明是阿罗社会福利函数框架的重要组成部分。通过对阿罗不可能性定理证明的分析，可以探寻阿罗不可能性定理的本质，并从中发现新的可能/不可能结论。目前，有关证明阿罗不可能性定理的方法有多种。下面给出的证明方法出自文献（Reny，2001）。其他证明方法可参考文献（Arrow，1951；Kelly，1978；Li and Saari，2008；Sen，2017）。其证明过程如下：

证明：

步骤 1　首先考虑任意两个可选择项 $a,b\in X$，对于每一个个体 $i\in\{1,\cdots,n\}$ 可选择项 a 被排列在最高位置，可选择项 b 被排列在最低位置。那么，根据条件 P，

a是严格在顶端的社会排序。现在，把个体1的可选择项b一排一排地提升到排序顶端，但是所有其他人的偏好序列保持不变。根据条件I，社会选择要么是a，要么是b。如果社会选择是a，在个体2的排序中将b提升到顶端，然后，对于个体3、个体4也执行同样的操作……当把每个个体的可选择项b提升到个体排序的顶端，根据弱帕累托条件P，社会排序将b排在a之上。现在，假设个体m，这里，在他的排序中，b已经被提升到了其排序的顶端，使得b首次社会偏好于a。图 2.1 和图 2.2 展现了这种情况，即在b被提升到个体m排序顶端之前和之后的情况。

R_1	…	R_{m-1}	R_m	R_{m+1}	…	R_n		社会排序R
b	…	b	a	a	…	a		a
a	…	a	b	.		.	→	.
.		.	.	.		.		b
.		.	.	.		.		.
.	…	.	.	b	…	b		.

图 2.1　b被提升到个体m排序顶端之前的偏好结构

R_1	…	R_{m-1}	R_m	R_{m+1}	…	R_n		社会排序R
b	…	b	b	a	…	a		b
a	…	a	a	.		.	→	a
.		.	.	.		.		.
.		.	.	.		.		.
.	…	.	.	b	…	b		.

图 2.2　b被提升到个体m排序顶端之后的偏好结构

步骤 2　对图 2.1 和图 2.2 做如下变化得到图 2.3 和图 2.4。对于$i<m$，移动可选择项a到个体i的排序的最低位置，并且在$i>m$的排序中将a移动到倒数第二的位置上。

R_1	…	R_{m-1}	R_m	R_{m+1}	…	R_n		社会排序R
b	…	b	a	·		·		a
.		.	b	.		.	→	.
.		.	.	.		.		b
.		.	.	a	…	a		.
a	…	a	.	b	…	b		.

图 2.3　移动图 2.1 中可选择项a后的偏好结构

R_1	…	R_{m-1}	R_m	R_{m+1}	…	R_n		社会排序R
b	…	b	b	·		·		b
.		.	a	.		.	→	a
.		.	.	.		.		.
.		.	.	a	…	a		.
a	…	a	.	b	…	b		.

图 2.4　移动图 2.2 中可选择项a后的偏好结构

在图 2.2 中，向下移动 a，b 和其他可选择项之间的关系并没有发生任何改变。因为条件 I，b 必然是社会选择。图 2.3 和图 2.4 的唯一区别在于个体 m 关于可选择项 a 和 b 的排序。因为图 2.4 的社会选择是 b，那么图 2.3 的社会选择项一定是 a 或者 b。如果图 2.3 的社会选择是 b，那么根据条件 I，图 2.1 的社会选择将是 b，这与图 2.1 的社会选择是 a 的前提矛盾。故图 2.3 的社会选择必须是 a。

步骤 3　聚焦于任意不同于 a 和 b 的第三个可选择项 c。现在，建立图 2.5 的偏好结构，满足在任何人的排序中，a 和其他另外的可选择项的关系维持和图 2.3 中同样的状况。对于每个个体对 c 的排序均高于 b，根据条件 I，可选择项 a 必须是社会选择。

R_1	…	R_{m-1}	R_m	R_{m+1}	…	R_n		社会排序 R
.		.	a	·		·		a
.		.	c	.		.	→	.
c	…	c	b	c	…	c		.
b	…	b	.	a	…	a		.
a	…	a	.	b	…	b		.

图 2.5　在图 2.3 中加入可选择项 c 后的偏好结构

步骤 4　对图 2.5 的偏好结构按照如下方法进行修正：对于个体 $i>m$，将可选择项 a 和 b 的排列颠倒，如图 2.6 所示。图 2.5 和图 2.6 的偏好结构中，只有 a 和 b 的排列可能不同。因为图 2.3 的社会选择是 a，那么图 2.6 的社会选择只能是 a 或者 b。如果图 2.6 的社会选择是 b，根据帕累托条件 P，c 必须是社会偏好甚于 b 的。因此，在图 2.6 中，a 是社会选择，并且 c 是社会排列高于 b 的。

R_1	…	R_{m-1}	R_m	R_{m+1}	…	R_n		社会排序 R
.		.	a	·		·		a
.		.	c	.		.	→	.
c	…	c	b	c	…	c		.
b	…	b	.	b	…	b		.
a	…	a	.	a	…	a		.

图 2.6　对个体 $i>m$ 将可选择项 a 和 b 的排列颠倒后的偏好结构

步骤 5　根据图 2.6，建立一个具有 a 排序高于 b 的任意排序下的偏好结构，如图 2.7 所示。

R_1	…	R_{m-1}	R_m	R_{m+1}	…	R_n		社会排序 R
c	…	c	a	c	…	c		a
.		.	c	.		.	→	.
.		.	b	.		.		.
b	…	b	.	b	…	b		.
a	…	a	.	a	…	a		.

图 2.7　a 排序高于 b 的一个偏好结构

a 对于 c 的排列和步骤 4 是一样的。因此根据步骤 4，a 必须排列在 c 之前，因为条件I，c 是帕累托优于 b 的。因而，根据社会传递性，a 是偏好于 b 的，并且任何时候个体 m 将 a 排列在 b 之前。因此，每当 a 排列在个体 m 的顶端，社会选择一定是 a。所以，个体 m 是对于 a 的一个独裁者。又因为 a 是任意的，$a \in X$ 都有一个独裁者。但是很明显的是，对于不同的可选择项不可能有不同的独裁者，所以对于所有的可选择项只有一个独裁者。

阿罗不可能性定理的尖锐性和深刻性是前所未有的，其在政治民主问题和市场机制两个方面给出了重要启示。对政治民主问题，阿罗不可能性定理告知，“少数服从多数”的社会选择方法也不满足上述五个条件。因此，不能把民主简单地理解为少数服从多数原则。对市场机制问题，由于市场的本质是用货币投票，阿罗不可能性定理表明市场不能做出合理的社会选择。因此，在经济体制改革中，不能迷信市场的完善，而应积极探索企业与政府之间的多种有效率的联系。

2.2.2 森个体主权不可能性定理

森个体主权不可能性定理是社会选择理论的基本定理。研究个体主权分配与社会选择规则合理指标体系的关系对设计合理的社会选择机制具有重要的理论意义和实际应用价值（Arrow，1977；Aizerman，1985）。

定义 2.6 自由主义条件(L)：对于每个个体 i，有至少一对个体可选择的 $(x,y)\in X$，如此可以使个体在社会决策中能够在两方面进行选择。因此，对于社会而言，$(x,y)\in D_i$（D_i 表示个体的决策集，下同）和 xP_iy 意味着 xPy，并且 $(y,x)\in D_i$ 和 yP_ix 意味着 yPx。

为了加强他的不可能性结果，森进一步减少个体主权的条件。这个条件就是“最小限度个体主权”（条件 L^*）。

定义 2.7 最小限度个体主权（条件 L^*）：对条件 L 做如下限制，要求给定至少一对可选择项——并非对于社会全体成员但至少两个个体。

定理 2.2 森个体主权不可能性定理（Sen，2017）：不存在一个社会决策函数满足条件 U、条件 P 和条件 L^*。

证明：假设个体 i 是在 (x,y) 中进行决策，而个体 j 是在 (z,w) 中进行决策。如果 $(x,y)\in D_i$ 且 $(z,w)\in D_j$，将假设这两对没有共同的项。现在假设，对于 xP_iy 和 zP_jw，以及所有 $k\in N$，有 wP_kx 和 yP_kz。从条件 L^*，得到 xPy 和 zPw。从条件 P，可以得到 wPx 和 yPz，因此得到了 xPy，yPz，zPw，wPx。这个结论显然违背了社会偏好关系中非循环性的性质，因此不存在非约束的定义域下的社会决策函数同时满足条件P和条件L^*。

森个体主权不可能定理的证明在过去数十年里声名远扬。相比上面的证明，森的例子仅仅包含了三个可选择项。这里三个可选择项围绕着劳伦斯写的《查泰莱夫人的情人》进行决策。选项a说的是守礼的A先生来读这本书；选项b指的是好色的B先生来读这本书；选项c是说明没有人来读这本书。A先生的偏好是最希望没有人来读这本书，然后希望是自己来读这本书，最后才是B先生这类人读这本书。因此，有$cP_{A}aP_{A}b$。B先生的偏好排序为$aP_{B}bP_{B}c$。这个社会中不存在其他个体。

现在，森假设$(a,c)\in D_{A}$，$(b,c)\in D_{B}$。在A先生读这本书与不读这本书之间可以做出选择，A先生的偏好将被变为社会偏好。同样在B先生读这本书和没有人读这本书之间选择，B先生的偏好将被转变为社会偏好。根据帕累托原则，得到cP_{a}，bP_{c}和aP_{c}。这说明社会的偏好排序是循环的，因此不存在社会选择函数。

森个体主权不可能性定理给了社会选择理论研究极大的打击。如何将不可能定理的结果转化为一个可能性定理？显然，通过很多方式都能够实现，其中包括对个体偏好的定义域进行限制，约束帕累托原则或者削弱个体主权条件。这三个方式都将成功地消除森的这个消极结果，但是，都需要承担某种相应的代价。

2.2.3　吉伯德-萨特思韦特防操纵不可能性定理

策略行为的存在不仅使集结得到的群体偏好不能真实和正确反映群体的意愿，而且使得谎报偏好的个体获得某种程度的“实惠”，从而导致个体具有谎报其偏好的倾向。因此，在这种情况下，需要设计一种机制，即防策略操纵性社会选择机制，使得集结的偏好能够正确反映群体的意愿。

在阿罗不可能性定理之前，学者们就指出每一种投票表决方法会以某种方式被选举人操纵。在阿罗不可能性定理发表后，人们猜测任何投票表决机制都有受人操纵的倾向。Gibbard（1973）和Satterthwaite（1975）分别证明了这种猜测。他们定义了防策略这一概念。在给定的投票方法下，对所有的偏好分布，如果某个方案变得更受偏爱时该方案获胜的机会至少不会降低，且能保证其结果不受其他备选方案加入与退出的影响，则称该方法是防策略投票的。吉伯德-萨特思韦特防操纵不可能性定理又称为吉伯德-萨特思韦特防策略投票不可能定理。

可选择项的优先集合将被记为S。$\sum$表示在S上所有严格线性排序的集。存在n个个体。函数$h:\sum^{n}\to S$为社会选择函数。$\sum^{n}$的每一项为个体i严格排序的线性排列结构，记为P_i。若S中的每一元素都可以由某些偏好结构对应，那么这个函数h是满射的。

定义 2.8 帕累托有效性：如果可选择项a对于每个个体i的排序P_i始终都在首位，那么$h(P_1,\cdots P_n)=a$。

定义 2.9 单调性：如果始终$h(P_1,\cdots P_n)=a$，并且对于个体i和每一个可选择项b，如果P_i的排序是a先于b，在排序P_i'上也是a先于b，那么就有$h(P_1',\cdots P_n')=a$。

定义 2.10 独裁性：如果当且仅当a是在i排序P_i的首位上，则存在个体i使得$h(P_1,\cdots P_n)=a$。

定理 2.3 吉伯德–萨特思韦特防操纵不可能性定理（Gibbard，1973；Satterthwaite，1975）：h是在严格线性偏好的非限定性定义域下的社会选择函数。如果h至少包含三个可选择项，并且$h:\sum^{n}\to S$是帕累托有效和单调的，那么h是独裁的。

很多学者为吉伯德–萨特思韦特防操纵不可能性定理的证明提供了方法（Svensson and Reffgen，2014）。本书使用 Reny（2001）提供的证明，他的证明受到 Muller 和 Satterthwaite（1977）的启发。

证明：这个证明是基于两个引理，引理 2.1 和引理 2.2。

引理 2.1 如果至少有三个可选择项，并且如果社会选择函数$h:\sum^{n}\to S$是帕累托有效性和单调的，那么h是独裁的。

证明引理 2.1：

步骤 1 首先考虑任意两个可选择项$a,b\in S$和严格排列的组合中，对于每一个个体$i\in\{1,\cdots,n\}$可选择项a被排列在最高位置，可选择项b被排列在最低位置。那么根据条件P，a是严格在顶端的社会排序。将通过提高b的位置来改变个体 1 的排序。由于单调性，只要在个体 1 的排序中b低于a，社会选择仍然为a。当b成为个体 1 的排序的首位时，单调性意味着社会选择为a或者b。如果仍然为a，在个体 2 中提高b的排序直到b达到首位，同理，直到对于某个个体m，当在m的排序中，b排在a的前面时，社会选择从a变成了b。图 2.8 和图 2.9 展示了在b成为个体m的首位排序之前和之后的状况。

P_1	…	P_{m-1}	P_m	P_{m+1}	…	P_n		社会排序P
b	…	b	a	a	…	a		a
a	…	a	b	.		.	→	.
.		.	.	.		.		b
.		.	.	.		.		.
.	…	.	.	b	…	b		.

图 2.8 b成为个体m的首位排序之前的偏好结构

P_1	…	P_{m-1}	P_m	P_{m+1}	…	P_n		社会排序P
b	…	b	b	a	…	a		b
a	…	a	a	.		.	→	a
.		.	.	.		.		.
.		.	.	.		.		.
.	…	.	.	b	…	b		.

图 2.9　b 成为个体 m 的首位排序之后的偏好结构

步骤 2　对图 2.8 和图 2.9 做以下改变。对于$i<m$时，将可选择项a移动到个体i排序的最低端位置；对于$i>m$时，将a移动到个体i排序的次低端位置。这些变化由图 2.10 和图 2.11 来描述。

P_1	…	P_{m-1}	P_m	P_{m+1}	…	P_n		社会排序P
b	…	b	a	·		·		a
.		.	b	.		.	→	.
.		.	.	.		.		b
.		.	.	a	…	a		.
a	…	a	.	b	…	b		.

图 2.10　基于图 2.8 修改后的个体偏好结构

P_1	…	P_{m-1}	P_m	P_{m+1}	…	P_n		社会排序P
b	…	b	b	·		·		b
.		.	a	.		.	→	a
.		.	.	.		.		.
.		.	.	a	…	a		.
a	…	a	.	b	…	b		.

图 2.11　基于图 2.9 修改后的个体偏好结构

由于单调性，因为图 2.9 的社会选择是b，图 2.10 的社会选择必须是b。这是因为单调性并且在从图 2.9 到图 2.10 的改变过程中，没有人在b的排序上相对于其他选择项改变。在图 2.10 和图 2.11 的排序组合中，除了个体m 的排序外，其余个体的排序都是一样的。因为图 2.11 的社会选择是b，由于单调性，图 2.10 中的结果也只能是a或者b。但是如果图 2.10 的结果是b，根据单调性，图 2.8 的结果也只能是b。但是，这与图 2.8 的结果是a相矛盾。因此，图 2.10 的结果只能是a。

步骤 3　引入第三个可选择项$c\in S$，c与a和b都不同。在图 2.12 中，构建一个组合，这个组合a的排列对于其他任何人的可选择项排序与图 2.10 是一样的。因为图 2.10 的结果是a，根据单调性，图 2.12 的结果也是a。

P_1	…	P_{m-1}	P_m	P_{m+1}	…	P_n		社会排序P
.		.	a	·		·		a
.		.	c	.		.	→	.
c	…	c	b	c	…	c		.
b	…	b	.	a	…	a		.
a	…	a	.	b	…	b		.

图 2.12 引入第三个可选择项后的个体偏好结构

步骤 4 对图 2.12 的偏好组合做如下修正，如图 2.13 所示。对于个体$i(i > m)$，将a和b可选择的排序颠倒。图 2.13 的结果同图 2.12 一样都是a，但是需要证明这个结果不是b或c，或者任意其他可选择项d。假设这里结果是c，根据单调性，图 2.12 的结果也是c，这与图 2.12 的结果是a这一事实相矛盾；假设图 2.13 的结果是b，但是在所有个体的排序中，可选择项c排列在b之前，这与帕累托有效性相矛盾；假设图 2.13 的结果是d，不同于a，d在任何的排序中不会低于a或b或c在图 2.12 和图 2.13 中的排序，因此由于单调性，在图 2.13 中，d将会被选择，产生了矛盾。因此，在图 2.13 中，社会选择是a。

P_1	…	P_{m-1}	P_m	P_{m+1}	…	P_n		社会排序P
.		.	a	·		·		a
.		.	c	.		.	→	.
c	…	c	b	c	…	c		.
b	…	b	.	b	…	b		.
a	…	a	.	a	…	a		.

图 2.13 基于图 2.12 修改后的个体偏好结构

步骤 5 从图 2.13 的状况开始，建立一个任意的排序组合，其中a在个体m的排序中处于首位。注意，所有这些组合具有的特征是a的排列在任何个体排序中相对于其他任意可选择项不能化约。单调性导致了这样的结果，社会选择必须选择a，任何时候a是个体m的排序的首位。因此，个体m显示出了对于可选择项a的独裁性。因为a是被任意选择的，这就证明了对于任意一个可选择项$c \in S$，a存在一个独裁者。因为社会选择映射对于每一个可选择集合产生了唯一的结果，换句话说，对于所有的可选择项存在唯一一个独裁者。

引理 2.2 如果$h:\sum^{n} \to S$是防策略影响和满射的，那么h是一个帕累托有效和单调的社会选择函数。

证明引理 2.2：

定义 2.11 满射函数：对于每一个单独的集$S' \subseteq S$，存在一组$(P_1,\cdots,P_n)$，使得$h(P_1,\cdots,P_n) = S'$成立，则函数h是满射的。

定义 2.12 防策略性：社会选择函数$h:\sum^{n} \to S$，如果对于每一个个体i_i，每组

$(P_1,\cdots,P_n)\in\sum^{n}$ 和每个 $P_i'\in\sum$，$h(P_i',P_{-i})\neq h(P_1,\cdots,P_n)$ 意味着根据 P_i，这个个体 i 的真正严格偏好，$h(P_1,\cdots,P_n)$ 的排序在 $h(P_i',P_{-i})$ 之前，这里的 $P_{-i}=(P_1,\cdots,P_{i-1},P_{i+1},\cdots,P_n)$，那么，$h:\sum^{n}\to S$ 是防策略影响的函数。

步骤 1　假设 $h(P_1,\cdots P_n)=a$，并且对于每一个可选择项 b，当 P_i 确立时，排序 P' 将 a 排在 b 之前。现在证明 $h(P_i',P_{-i})=a$。假设存在一个相反的结论 $h(P_i',P_{-i})=b\neq a$。那么防策略影响就意味着根据 P_i，$h(P_1,\cdots,P_n)=a$ 排列在 $h(P_i',P_{-i})=b$ 之前（因为如果不是，那么这个例子就容易被操纵）。但是因为在移到 P_i' 时，a 的这个排列顺序不会下降，因此根据 P_i'，结果是 $h(P_1,\cdots,P_n)=a$ 必须排列在 $h(P_i',P_{-i})=b$ 之前。这与防策略性条件相矛盾，因为对于个体 i 从 P_i' 变为 P_i 是有利的。因此，$h(P_1,\cdots,P_n)=a=h(P_i',P_{-i})$。

步骤 2　假设 $h(P_1,\cdots,P_n)=a$，并且对于每个个体 i 和每一个可选择项 b，在任何 P_i 中，在排序 P_i' 中都将 a 排列在 b 之前。通过每次把个人 i 的排序从 P_i 转变成 P_i'，可以把 $(P_1,\cdots,P_n)$ 转变成 $(P_1',\cdots,P_n')$。根据步骤 1 的结论，必定得到 $h(P_1,\cdots,P_n)=h(P_1',\cdots,P_n')$。因此，$h$ 是单调的。

步骤 3　选择 $a\in S$。因为 h 的映射是满射，就存在 $(P_1,\cdots,P_n)\in\sum^{n}$，使得 $h(P_1,\cdots,$ a。因为单调性，当 a 排序提高到每个个体排序的首位时，社会选择仍旧等于 a。并且，由于单调性，社会选择仍然是 a 而与每个个体如何低于 a 的可选择项无关。因此，这意味着当 a 排列在每个个体的首位，社会选择结果也会是 a。因为 a 是任意选择的，这就证明了 h 是帕累托有效的。

因此，证明了当 h 是防策略影响和满射的，那么 h 是帕累托有效和单调的。

通过结合引理 2.1 和引理 2.2，证明了定理 2.3。

吉伯德-萨特思韦特防操纵不可能性定理是社会选择理论和实施理论中具有标志性的成果，是防策略投票理论的基石。如果一个投票机制能够被操纵，那么它就不是一个令人满意的甚至是不能够接受的机制。然而，著名的吉伯德-萨特思韦特防操纵不可能性定理说明任何投票选择程序在一定条件下，要么是可被操纵的，要么是独裁的。那么是否存在防策略投票的投票程序，即投票选举永远不能被操纵。人们希望能选择一个特别完美的选举系统，这样的系统可以完全避免操纵。人们对如何策略避免操纵的研究，付出了巨大的努力。主要有限制定义域，在设计聚合机制时，就要考虑如何防止操纵行为的产生，以避免被少数人操纵。针对可能存在的不同的操纵目的，建立相应的防策略投票系统。例如，多数选举规则，在选举人数是奇数且个体偏好关系满足单峰性的情况下，多数选举规则就能够完全防止被操控，而在其他情况下，它就很容易被操纵。

2.3 可能性定理

在“序数型”社会选择理论框架下，对任何形式的具体的社会选择规则，不用检验也知道它是存在矛盾的。然而，在“满意型”社会选择研究中，所得到的满意可能性定理表明：在满意选择的意义下，无矛盾的社会选择规则还是存在的（胡毓达，2017）。正如森指出的，如果集体选择不仅仅依赖于个体序，而且也依赖于人与人之间的福利水平或者个体福利的边际得失的比较，那么就会有许多新的可能性出现（Sen，1970）。

本节介绍两个放松无关约束域条件的可能性定理：Black 单峰偏好和基数效用下的可能性定理。

2.3.1 Black 单峰偏好

限制个体偏好定义域，放宽阿罗不可能性定理假设条件，Black（1948）提出的单峰偏好定理提供了一维条件下个体偏好加总得到社会总体偏好的路径，避免了简单多数原则下公众选择的不稳定性。针对社会选择过程中的投票循环难题，解释阐明在个体偏好呈现单峰及单高原状时，选民通过两两比对及简单多数规则得到的社会偏好，存在稳定一致的结果，提出一般定义下的单峰偏好定义可确定唯一的社会最优方案，拓展定义下的单峰偏好定理可确定唯一的社会最优方案区段。此外，投票得到的最优备选方案，是中间投票人最偏好的方案。 通过对单峰偏好定理的探讨，可为现代社会选择制度提供理论支撑，解决直接民主制下投票悖论的问题，具有现实指导意义。

令 S 表示一个严格的排序，当 $x,y\in X$ 且 $x\neq y$，就有 xSy 或者 ySx。故对于任意来自 X 的 x,y,z，并且 x,y,z 都不相同，如果 xSy 并且 ySz，那么 xSz。令 $B(x,y,z)$ 表示 y 在 x 和 z 之间，这意味着 xSy 并且 ySz，或者 zSy 并且 ySx。

定义 2.13 单峰偏好（Black，1948）：一个个体偏好组合 $(R_1,\cdots,R_n)$ 满足单峰性，如果存在一个强排序 S 对于所有的 i，xR_iy 和 $B(x,y,z)$ 意味着 yP_iz，这里 $B(x,y,z)$ 是源于 S 的中间性关系。

这里定义的单峰偏好对于每一个个体偏好施加了一个特别限制。Black 在单峰性偏好下发现了一个可能性定理。

定理 2.4 单峰偏好的可能性定理：假如有关投票人的数目是奇数，如果个体排序在三个可选择项满足单峰性偏好的性质，那么多数决策规则对于任何数量的可选择项都是一个社会福利函数。

单峰偏好的要求在个体偏好序中是一个充分条件。这意味着无论何时，在给定奇数的条件下，个体偏好集满足单峰偏好条件，通过多数决策规则产生的社会关系是一个排序。这也意味着单峰性不是一个获得排序的必要条件（Sen and Pattanaik，1969）。

下面将展示 Arrow（1951）和 Kelly（1988）的证明。

证明：首先需证明，在单峰偏好假设下，多数决策方法产生的社会关系是有序的，即满足完备性和传递性。对于任意$x,y \in X$，令$N(xR_iy)$为x至少与y一样好的投票人的数量，$N(xP_iy)$为严格偏好x甚于y的投票人的数量。显然，$N(xR_iy) \geqslant N(xP_iy)$。

完备性。对于任意$x,y \in X$，显然，$N(xR_iy) \geqslant N(yR_ix)$或者$N(yR_ix) \geqslant N(xR_iy)$。然而，在多数决策方法下，这意味着对于任何$x,y$，要么是$xRy$要么是$yRx$，这是二元关系完备性的定义。

传递性。需要证明R是传递性的。假设zRy和yRx，并且必须证明zRx，其中x，y和z都是不同的。在多数规则下，zRy和yRx对应于$N(zP_iy) \geqslant N(yP_iz)$和$N(yP_ix) \geqslant N(xP_iy)$。关于中间性，必须考虑三种情况：① $B(x,y,z)$；② $B(x,z,y)$；③ $B(y,x,z)$。

情况1 $B(x,y,z)$。

通过单峰值，zR_iy意味着yP_ix。由于个体偏好关系的传递性，得到了zP_ix，从而zR_iy隐含了zP_ix。因此，$N(zP_ix) \geqslant N(zR_iy) \geqslant N(zP_iy)$。根据推断，能得到$N(zP_iy) \geqslant N(yP_iz)$。

从$[zR_iy \to zP_ix]$，能推断出（非zP_ix）意味着（非zR_iy），即yP_iz。因此，（非zP_ix），xR_iz意味着yP_iz。因此，$N(yP_iz) \geqslant N(xR_iz) \geqslant N(xP_iz)$。最后，从以上三个步骤，得到$N(zP_ix) \geqslant N(zP_iy) \geqslant N(xP_iz)$，所以在多数规则下$zRx$。

情况2 $B(x,z,y)$。

通过单峰性，xR_iz意味着zP_iy，因此，连通传递性，得到xR_iz意味着xP_iy。因此，$N(xP_iy) \geqslant N(xR_iz)$。因为根据推测，$N(yP_ix) \geqslant N(xP_iy)$，$|N|/2 \geqslant N(xP_iy)$。因此，$|N|/2 \geqslant N(xR_iz)$，显然，$|N|/2 \geqslant N(xP_iz)$。

$N(zP_ix) = |N| - N(xR_iz)$。如前面所知道的，$N(xR_iz) \leqslant |N|/2$，$|N| - N(xR_iz) \geqslant |N| - |N|/2 = |N|/2$。因此，$N(zP_ix) \geqslant |N|/2$。结合最后两个步骤，得到$N(zP_ix) \geqslant N(xP_iz)$，所以在多数规则下$zRx$。

情况3 $B(y,x,z)$。

这种情况不会发生在假设zRy和yRx的情况下，也不会发生在定理中选民数量为奇数的假设下。

因为单峰性，yR_ix 意味着 xP_iz ，所以，利用传递性，得到 yR_ix 意味着 yP_iz 。所以，$N(yP_iz) \geqslant N(yR_ix)$ 。但是，从假设中有 zRy ，因此 $N(yP_iz) \leqslant |N|/2$ 。所以，$N(yR_ix) \leqslant |N|/2$ 。但是，根据假设 yRx ，$N(yR_ix) \geqslant |N|/2$ 。结合上面两个结果，得到 $N(yR_ix) = |N|/2$ 。但是，这意味着 $|N|/2$ 必须是一个整数值。那么 $|N|$ 必须是一个偶数，与定理中的假设相反。因此，在所有可能有 zRy 和 yRx 的情况下，可以证明 zRx 。这证明了 R 的传递性和完备性。

对于单峰偏好下的可能性定理，关键是知道该定理所要求的条件。单峰性是一个定性的性质，能够对于每个个体的排序给予特别的"规范"，并且其也能够应用于社会的偏好排序。单峰性不仅仅避免了"循环性困境"，它也能够给予个体序一个清晰明了的解释。

2.3.2 基数效用下的可能性定理

1. 确定性方案的基数效用公理化

对于每个个体 I_i ，$i=1,2,\cdots,N$ 给出了备选项 a_j 的基数效用集合 $u_i(a_j)$ ，$j=1,2,\cdots,M$ 希望从 $u_i(a_j)$ 得到每个 a_j 的群基数效用 $u_G(a_j)$ ，这与阿罗的五个假设一致。最好的群体选择是与最高群体效用相关的。所以问题就是找到一个效用函数 u 使得（Keeney，1976）：

$$u_G = u(u_1, u_2, \cdots, u_N) \tag{2.1}$$

与以下的五个假设是一致的：

假设 1 组中至少有两个单独的成员，至少有两个备选方案，并且所有可能的单独成员的效用决定了群体的效用。

假设 2 如果群效用表明选择 a 比选择 b 更适合某一组个体的效用，那么群效用必须暗示 a 比 b 更适合，如果：

（1）个体对 a 以外的备选方案的效用不变；

（2）每个个体对 a 的效用要么保持不变，要么增加。

假设 3 如果从考虑中排除了一个备选方案，则剩余备选方案的新组效用应与这些相同备选方案的原始组效用相等（即正线性变换）。

假设 4 对于每一对可选方案 a 和 b，都有一些个体效用，使得群体更喜欢 a 而不是 b。

假设 5 没有个体拥有这样的权力：只要他选择 a 方案而不是 b 方案，群体也会选择 a 方案而不是 b 方案，而不管另一个体的效用如何。

可以看出，这些假设和阿罗的假设之间的主要区别，也是唯一相关的区别是——用群和个体的效用代替了他的群和个体的次序。

定理 2.5　对于确定的方案，一个群体效用函数$u_G = u(u_1, u_2, \cdots, u_N)$和假设 1 至假设 5 一致，当且仅当：

$$\partial u / \partial u_i \geqslant 0,\ i = 1, 2, \cdots, N \qquad (2.2)$$

并且至少存在两个u_i的值不等于 0。

证明：假设式（2.1）的u满足式（2.2）。那么假设 1 的满足是直接的。如果$\partial u / \partial u_i$是正的，则群体效用$u$会随$u_i$的增加而增加；如果$\partial u / \partial u_i = 0$，那么$u$将保持不变。因此假设 2 被满足。给定$u$，放弃一个选项对剩余选项的$u$值没有影响，所以假设 3 也满足。如果每个个体更喜欢a而不是b，既然$\partial u / \partial u_i$对至少一个$u_i$是正的，对任何$u$都不是负的，用式（2.2）分配给$a$的$u$必须大于分配给$b$的$u$。因此假设 4 的条件也满足。假设 5 也同样被满足，因为总存在一些小数量的ε，因此如果个体I_i偏好a而非b，且效用边际为ε，并且如果所有其他个体偏好b而非a，则由于必须$\partial u / \partial u_i$对其他$N-1$个体中的至少一个为正，备选方案$b$必须分配比备选方案$a$更大的$u$，这意味着群体更喜欢$b$。

2. 不确定性方案的基数效用公理化

检查假设 1 至假设 5 所暗示的公式，当个体的预期效用，而不是某些备选方案的效用，是式（2.1）效用函数u的输入时。注意，在这种情况下，u_G也将是一个预期的效用。

定理 2.6　对于不确定的方案，一个群体效用函数$u_G = u(u_1, u_2, \cdots, u_N)$和假设 1 至假设 5 一致，当且仅当

$$u(u_1, u_2, \cdots, u_N) = \sum_{i=1}^{N} k_i u_i$$

其中，$k_i \geqslant 0$，$i = 1, 2, \cdots, N$并且至少存在两个k_i的值不等于 0。

证明：u是一个基数效用函数，只有对每个个体的预期效用才是重要的，如果每个个体在两个不确定的备选方案之间都是无关紧要的，那么每个个体对于这两个备选方案必须具有相同的预期效用。因为式（2.1）中的u_i现在表示的是期望效用，那么两个选项的群效用必须相等。Harsanyi（1955）证明了，如果两个不确定选择之间的群体是无区别的，那么当个体是无区别的，u必须是可加的。假设 2 意味着k_i是非负的，假设 4 和假设 5 意味着至少两个k_i是正的。

由上述定理给出的表达式在实际中并非表面看上去那么有用。因为这些定理中都以一个重要假设为前提，就是群体中各成员之间的偏好强度有统一的标准，即要求各成员之间的偏好可以相互比较。但是，效用理论中最基本的内容之一是：

效用函数对正线性变换是唯一的，即 $u_i' = \alpha u_i + \beta, \alpha > 0$ ，β 是任意实数，所得 u_i' 仍为个体 i 的效用函数，即使每个成员的 u_i 可以设定，但是该如何调整个体的 α 和 β 使 $u_1, u_2, \cdots, u_N$ 具有公共的标度和原点呢？

需要注意的是，要同一个个体判断 $u_i(a) - u_i(b)$ 与 $u_i(c) - u_i(d)$ 的大小虽然有难度，但是他能够做到；而要判断 $u_i(a) - u_i(b)$ 与 $u_k(c) - u_k(d)$ 的大小则完全是另一回事。这里涉及不同社会成员的价值判断，而个体可测的效用函数不仅与客观状况相关，还与个人的兴趣爱好等主观因素有关，至于效用函数，还与个体的风险态度有关。实际上并不存在任何令人满意的方法可以进行公正、合理、明确的偏好的人际比较，因此上述两个定理并不能提供令人满意的社会福利函数。阿罗之所以用弱序来描述社会选择问题，正是因为他认为没有可能进行人际的偏好比较，在社会选择问题中使用基数效用毫无意义。

2.4 本 章 小 结

社会选择函数和阿罗社会福利函数是社会选择理论的主要组成部分。本章系统地介绍了社会选择函数和阿罗不可能性定理、森个体主权不可能性定理、吉伯德-萨特思韦特防操纵不可能性定理等社会选择领域著名的三大定理。三大定理的其他证明可参见相关文献（Geanakoplos，2005；Li and Saari，2008；Gaertner，2009；Yu，2013）。

本章最后介绍了两个弱化阿罗不可能性定理中无约束域条件的可能性定理。除了本章提到的两个可能性定理，还可以对无约束域条件、无关方案独立性条件及帕累托条件进行弱化，得到新的可能性定理。有兴趣的读者可以参考相关文献（Fishburn，1974；Arrow，1977；Kelly，1978；Bandyopadhyay，1984；Aizerman，1985；罗云峰和肖人彬，2003）。判断矩阵偏好形式下，如果所有的个体判断矩阵不具有完全的一致性，本质上也会存在不可能性定理（Saaty and Vargas，2012；Cavallo et al.，2018）。

参 考 文 献

胡毓达. 2017. 阿罗不可能性定理和社会选择的无矛盾性问题[J]. 自然杂志，39（6）：463-466.
罗云峰，肖人彬. 2003. 社会选择的理论与进展[M]. 北京：科学出版社.
岳超源. 2003. 决策理论与方法[M]. 北京：科学出版社.

Aizerman M A. 1985. New problems in the general choice theory[J]. Social Choice and Welfare，2（4）：235-282.

Arrow K J. 1951. Social Choice and Individual Values[M]. New Haven：Yale University Press.

Arrow K J. 1977. Current developments in the theory of social choice[J]. Social Research，444：607-622.

Bandyopadhyay T. 1984. On the frontier between possibility and impossibility theorems in social choice[J]. Journal of Economic Theory，32：52-66.

Black D. 1948. On the rationale of group decision making[J]. Journal of Political Economy，56（1）：23-34.

Cavallo B，D'Apuzzo L，Vitale G. 2018. Reformulating Arrow's conditions in terms of cardinal pairwise comparison matrices defined over a general framework[J]. Group Decision and Negotiation，27（1）：107-127.

Fishburn P C. 1974. Impossibility theorems without the social completeness axiom[J]. Econometrica，42（4）：695-704.

Gaertner W. 2009. A Primer in Social Choice Theory（revised edition）[M]. New York：Oxford University Press.

Geanakoplos J. 2005. Three brief proofs of Arrow's impossibility theorem[J]. Economic Theory，26（1）：211-215.

Gibbard A. 1973. Manipulation of voting schemes：a general result[J]. Econometrica，41（1）：587-601.

Harsanyi J C. 1955. Cardinal welfare，individualistic ethics，and interpersonal comparisons of utility[J]. Journal of Political Economy，63（4）：309-321.

Keeney R L. 1976. A group preference axiomatization with cardinal utility[J]. Management Science，23（2）：140-145.

Kelly J S. 1978. Arrow Impossibility Theorems[M]. New York：Academic Press.

Kelly J S. 1988. Social Choice Theory：An Introduction[M]. Heidelberg，Berlin：Springer.

Li L F，Saari D G. 2008. Sen's theorem：geometric proof and new interpretations[J]. Social Choice and Welfare，31（3）：393-413.

Muller E，Satterthwaite M A. 1977. The equivalence of strong positive association and strategy-proofness[J]. Journal of Economic Theory，14（2）：412-418.

Reny P J. 2001. Arrow's theorem and the Gibbard-Satterthwaite theorem：a unified approach[J]. Economics Letters，70（1）：99-105.

Saaty T L，Vargas L G. 2012. The possibility of group choice：pairwise comparisons and merging functions[J]. Social Choice and Welfare，38（3）：481-496.

Satterthwaite M A. 1975. Strategy-proofness and Arrow's conditions：existence and correspondence theorems for voting procedures and social welfare functions[J]. Journal of Economic Theory，10（2）：187-217.

Sen A. 1970. The impossibility of a Paretian Liberal[J]. Journal of Political Economy，78（1）：152-157.

Sen A. 2017. Collective Choice and Social Welfare[M]. Cambridge：Harvard University Press.

Sen A，Pattanaik P K. 1969. Necessary and sufficient conditions for rational choice under majority decision[J]. Journal of Economic Theory，1（2）：178-202.

Svensson L G，Reffgen A. 2014. The proof of the Gibbard-Satterthwaite theorem revisited[J]. Journal of Mathematical Economics，55（1）：11-14.

Yu N N. 2013. A one-shot proof of Arrow's theorem and the Gibbard-Satterthwaite theorem[J]. Economic Theory Bulletin，1（2）：145-149.

第 3 章　判断矩阵的理性度量

决策个体对事物进行两两比较所构成的判断矩阵是决策理论中被广泛研究的偏好格式之一。判断矩阵的一致性是对决策个体理性的重要刻画。在实际决策问题中，对给定的判断矩阵仅满足可接受的基数一致性水平并不能保证其也满足次序一致性。传递性是规范决策理论的基石。保持判断矩阵的次序一致性是决策个体思维符合不矛盾律的起码要求，也是对决策个体所提供的判断矩阵信息可被利用的基本条件。当判断矩阵是次序不一致和/或基数不一致时，运用不同的排序方法可能会得到不同的排序结果。本章主要从基数一致性、次序一致性、保序性与序违反等角度对个体偏好的合理性进行研究。

3.1　互反判断矩阵的理性度量

互反判断矩阵来源于 Saaty 的 AHP 方法（Saaty，1980）。目前有两种最普遍的度量互反判断矩阵基数不一致程度的方法：一种是一致性比率（consistency ratio，CR）（Saaty，1980），如果 $CR \leqslant 0.1$，则判断矩阵具有可接受的基数一致性水平，否则，需要对判断矩阵进行调整；另一种是 Crawford 和 Williams（1985）提出的几何一致性指数（geometric consistency index，GCI）。针对判断矩阵不具有可接受的一致性水平问题，很多学者提出了修正判断矩阵的方法。Finan 和 Hurley（1997）提出了一个优化模型，通过找到最接近原始判断矩阵且满足一致性要求的判断矩阵来最优地保留初始信息。CR 和 GCI 只能度量互反判断矩阵的基数不一致性水平，无法检测判断矩阵是否次序一致。一般来说，如果判断矩阵中存在次序不一致的判断，CR 值高于阈值 0.1，因此 AHP 隐含地假设满足 $CR \leqslant 0.1$ 可以显著降低次序不一致的发生次数。然而，满足 $CR \leqslant 0.1$ 的判断矩阵也可能是次序不一致的。

Tversky（1969）认为传递性是规范决策理论的基石。次序一致性为传递性的一种直接表现，被学者们认为是衡量判断矩阵合理性，以及判断决策个体思维不出现自相矛盾的基本要求。次序一致性更为基本，是进行判断矩阵基数一致性检验的前提。魏翠萍（2006）提出从有向图角度，通过计算三向循环的个数来给出判断矩阵的次序一致性水平。Siraj 等（2012）提出了一种 M_Out_flow 方法，通过识别和消除判断矩阵中的三向循环来提高次序一致性水平。

为了确保修正后的判断矩阵达到次序一致性和满意的基数一致性，Li 和 Ma（2007）提出先使用 Gower 图来可视化和检测决策个体判断矩阵中的基数和次序不一致元素，然后使用优化方法对不一致的元素进行调整。Nedashkovskaya（2018）提供了一种改进的 M_Out_flow 方法，用于寻找判断矩阵中的次序不一致和基数不一致的判断，然后使用启发式方法对不一致的判断进行修正。解江和吴诗辉（2020）提出了基于基本回路修正的一致性调整方法。这些方法各有特点，对判断矩阵次序一致性的改善都能起到一定的作用，但仍然存在不足之处：①使用图论法和迭代方法多是从局部视角出发，无法从全局视角给出修改建议，使得修正后的判断矩阵并不是最优的结果；②修正后的判断矩阵与原矩阵差异较大，说服决策个体接受与原始偏好信息相差较大的意见将会花费协调者大量的精力；③很多改进个体一致性的方法得到的结果不属于原始标度，使得与决策个体沟通和说服他们改变偏好变得困难。

本节首先介绍一些互反判断矩阵的基本概念，然后介绍改进判断矩阵次序和基数一致性的方法。本节的内容主要来自吴志彬等（2021）。

3.1.1 互反判断矩阵的基数一致性

定义 3.1 （Saaty, 1980）$\boldsymbol{A}=(a_{ij})_{n\times n}\subset X\times X$，元素 a_{ij} 由 Saaty 提出的 $1/9-9$ 标度给出。元素 a_{ij} 可以解释为决策个体判断方案 x_i 优于方案 x_j 的程度。矩阵 $\boldsymbol{A}$ 满足互反性，即

$$a_{ij}\times a_{ji}=1,\ \forall i,j\in N \tag{3.1}$$

候选方案集的权重排序向量 $\boldsymbol{w}=(w_1,w_2,\ldots,w_n)^{\mathrm{T}}$ 可以通过求解式（3.2）确定：

$$\boldsymbol{A}\boldsymbol{w}=\lambda_{\max}\boldsymbol{w} \tag{3.2}$$

其中，$\lambda_{\max}$ 表示判断矩阵 $\boldsymbol{A}$ 的最大特征值，$\sum_{i=1}^{n}w_i=1,w_i\geqslant 0$。

定义 3.2 （Saaty, 1980）判断矩阵 $\boldsymbol{A}=(a_{ij})_{n\times n}\subset X\times X$ 被称为是完全一致的，如果

$$a_{ij}=a_{ik}\times a_{kj},\ \forall i,k,j\in N \tag{3.3}$$

定义 3.3 （Saaty，1980）判断矩阵 $\boldsymbol{A}=(a_{ij})_{n\times n}\subset X\times X$ 被称为是满意基数一

致的，如果 $\mathrm{CR} \leqslant 0.1$，

$$\mathrm{CR} = \frac{\lambda_{\max} - n}{(n-1)\mathrm{RI}} \tag{3.4}$$

式（3.4）中 $\lambda_{\max}$ 是判断矩阵 $\boldsymbol{A}$ 的最大特征值，RI 是平均随机一致性指标（取值见表 3.1）。

表 3.1　平均随机一致性指标

n	1	2	3	4	5	6	7	8	9
RI	0	0	0.52	0.89	1.11	1.25	1.35	1.40	1.45

3.1.2　互反判断矩阵的次序一致性

定义 3.4　（Wu and Tu，2021）对于判断矩阵 $\boldsymbol{A} = (a_{ij})_{n \times n}$，其次序一致性定义如下：

$$\begin{aligned} & a_{ik} > 1 \wedge a_{kj} > 1 \Rightarrow a_{ij} > 1 \\ & a_{ik} > 1 \wedge a_{kj} = 1 \Rightarrow a_{ij} > 1 \\ & a_{ik} = 1 \wedge a_{kj} > 1 \Rightarrow a_{ij} > 1 \\ & a_{ik} = 1 \wedge a_{kj} = 1 \Rightarrow a_{ij} = 1 \end{aligned} \tag{3.5}$$

定义 3.5　如果存在以下任一情形的 $i, j, k \in N$，称 $\boldsymbol{A}$ 为次序不一致（具有三向循环）的判断矩阵：

$$\begin{aligned} & a_{ik} > 1 \wedge a_{kj} > 1 \wedge a_{ij} < 1 \\ & a_{ik} > 1 \wedge a_{kj} > 1 \wedge a_{ij} = 1 \\ & a_{ik} > 1 \wedge a_{kj} = 1 \wedge a_{ij} < 1 \\ & a_{ik} > 1 \wedge a_{kj} = 1 \wedge a_{ij} = 1 \\ & a_{ik} = 1 \wedge a_{kj} > 1 \wedge a_{ij} < 1 \\ & a_{ik} = 1 \wedge a_{kj} > 1 \wedge a_{ij} = 1 \\ & a_{ik} = 1 \wedge a_{kj} = 1 \wedge a_{ij} < 1 \\ & a_{ik} = 1 \wedge a_{kj} = 1 \wedge a_{ij} > 1 \end{aligned} \tag{3.6}$$

假设决策个体将一组方案 $\{x_1, x_2, x_3, x_4, x_5\}$ 进行两两比较，给出了如下判断矩阵 $\boldsymbol{A}_1 = (a_{ij})_{5\times5}$

$$\boldsymbol{A}_1 = \begin{pmatrix} 1 & 3 & 2 & 1 & 4 \\ 1/3 & 1 & 1/2 & 3 & 1/2 \\ 1/2 & 2 & 1 & 1 & 5 \\ 1 & 1/3 & 1 & 1 & 1/2 \\ 1/4 & 2 & 1/5 & 2 & 1 \end{pmatrix}$$

由于$a_{12}=3$，$a_{24}=3$，$a_{14}=1$，根据定义3.4，决策个体对于候选方案x_1,x_2,x_4的偏好判断是不符合传递性的，$x_1 \succ x_2 \succ x_4 \sim x_1$被称为一个三向循环，其中“$\succ$”表示优于关系，“~”表示同等重要关系或无差异关系。

其他四个三向循环为

$$x_1 \succ x_3 \sim x_4 \sim x_1$$
$$x_1 \succ x_5 \succ x_4 \sim x_1$$
$$x_3 \succ x_2 \succ x_4 \sim x_3$$
$$x_4 \sim x_3 \succ x_5 \succ x_4$$

3.1.3 互反判断矩阵一致性改进的优化模型

本节首先给出刻画次序一致性的新方法，随后提出一个优化模型来消除判断矩阵的次序不一致，接着构建基数一致性的优化模型，最后提出同时控制判断矩阵次序一致性和基数一致性的优化模型。

1. 次序一致性的显式表示方法

M是一个充分大的正整数，设$\overline{A}=\left(\overline{a}_{ij}\right)_{n\times n}$为$A$对应的修正后的判断矩阵。AHP的应用过程中最常用的标度集为Saaty的1/9—9的标度，记为$\mathrm{DS}_{[1/9,9]}=\{1/9,1/8,1/7,1/6,1/5,1/4,1/3,1/2,1,2,3,4,5,6,7,8,9\}$。此标度集为一个离散标度集，决策个体在两两比较过程中的语言判断通常转化为这种标度集中的一个元素。

$\mathrm{DS}_{[1/9,9]}$对应的连续标度集为$\mathrm{CS}_{[1/9,9]}=[1/9,9]$。如果决策个体给出的初始判断矩阵的元素不是这种离散形式，则解释上存在困难。现有的应用性论文中，给出的判断矩阵元素是符合离散标度的。少部分理论性论文并不遵从这一约定。

对于一个判断矩阵A，元素a_{ik}的取值属于以下三种情况之一：$a_{ik}<1$，$a_{ik}=1$和$a_{ik}>1$。对a_{ik}的三种取值情况，引入三个0-1变量：t_{ik},u_{ik}和v_{ik}。a_{ik}与三个0-1变量之间的关系设计如下：

$$\begin{aligned}&(a)\ a_{ij}>1 \Leftrightarrow t_{ij}=1,u_{ij}=0,v_{ij}=0\\&(b)\ a_{ij}=1 \Leftrightarrow t_{ij}=0,u_{ij}=1,v_{ij}=0\\&(c)\ a_{ij}<1 \Leftrightarrow t_{ij}=0,u_{ij}=0,v_{ij}=1\end{aligned} \tag{3.7}$$

命题 3.1 a_{ik}与三个0-1变量之间的关系可以通过下列等式和不等式约束等价表述

$$\begin{cases} a_{ik}+M(1-t_{ik})>1 & (3.8\text{a}) \\ a_{ik}-Mt_{ik}\leqslant 1 & (3.8\text{b}) \\ a_{ik}+M(1-u_{ik})\geqslant 1 & (3.8\text{c}) \\ a_{ik}-M(1-u_{ik})\leqslant 1 & (3.8\text{d}) \\ a_{ik}-M(u_{ik}+t_{ik})<1 & (3.8\text{e}) \\ a_{ik}-M(1-v_{ik})<1 & (3.8\text{f}) \\ a_{ik}+Mv_{ik}\geqslant 1 & (3.8\text{g}) \\ t_{ik}+u_{ik}+v_{ik}=1 & (3.8\text{h}) \end{cases} \tag{3.8}$$

证明　式（3.8h）表明 a_{ik} 属于这三种情况之一：$a_{ik}<1$，$a_{ik}=1$ 和 $a_{ik}>1$。

（1）证 $t_{ik}=1\Rightarrow a_{ik}>1$：当 $t_{ik}=1$ 时，式（3.8h）保证 $v_{ik}=0$ 和 $u_{ik}=0$，式（3.8a）保证 $a_{ik}>1$，式（3.8b）~式（3.8g）都成立。证 $a_{ik}>1\Rightarrow t_{ik}=1$：当 $a_{ik}>1$，式（3.8b）保证 $t_{ik}=1$，式（3.8h）保证 $v_{ik}=0$ 和 $u_{ik}=0$，式（3.8b）~式（3.8g）都成立。

（2）证 $u_{ik}=1\Rightarrow a_{ik}=1$：当 $u_{ik}=1$ 时，式（3.8h）保证 $t_{ik}=0$ 和 $v_{ik}=0$，式（3.8c）和式（3.8d）保证 $a_{ik}=1$，其他式子都成立。证 $a_{ik}=1\Rightarrow u_{ik}=1$：当 $a_{ik}=1$，式（3.8a）使得 $t_{ik}=0$。式（3.8e）使得 $u_{ik}+t_{ik}=1$，因此有 $u_{ik}=1$。其他式子都成立。

（3）证 $v_{ik}=1\Rightarrow a_{ik}<1$：当 $v_{ik}=1$ 时，式（3.8h）保证 $t_{ik}=0$ 和 $u_{ik}=0$，式（3.8f）保证 $a_{ik}<1$，其他式子成立。证 $a_{ik}<1\Rightarrow v_{ik}=1$：当 $a_{ik}<1$，式（3.8g）保证 $v_{ik}=1$，其他式子都成立。综上，完成了命题的证明。

命题 3.1 使得判断矩阵的元素与 1 的大小关系能够用一系列约束等式或不等式来表示。由式（3.8h）可知，$v_{ik}=1-(u_{ik}+t_{ik})$。因此，v_{ik} 是可以省略掉的一个变量，从而只需要两个 0-1 变量就可以表示式（3.7）的三种情况。为直观对应，本书仍然使用三个 0-1 变量对应三种情况。

命题 3.2　基于式（3.7）和式（3.8），以下不等式约束可用于描述定义 3.4 中提到的四个次序一致性的条件：

$$\begin{cases} a_{ij}-M(2-t_{ik}-t_{kj})>1 & (3.9\text{a}) \\ a_{ij}+M(2-u_{ik}-u_{kj})\geqslant 1 & (3.9\text{b}) \\ a_{ij}-M(2-u_{ik}-u_{kj})\leqslant 1 & (3.9\text{c}) \\ a_{ij}+M(2-t_{ik}-u_{kj})>1 & (3.9\text{d}) \\ a_{ij}+M(2-u_{ik}-t_{kj})>1 & (3.9\text{e}) \end{cases} \tag{3.9}$$

证明　在命题 3.1 中，a_{ij} 与三个 0-1 变量 t_{ik},u_{ik} 和 v_{ik} 的关系已被构造。约束（3.9a）对应于定义 3.4 中的情况（1），当 a_{ik} 和 a_{kj} 都大于 1 时，t_{ik} 和 t_{kj} 都等于 1，因此，约束（3.9a）成立。同理可证，约束（3.9b）和（3.9c）分别对应于定义 3.4 中的情况（2）和（3），约束（3.9d）和（3.9e）对应于定义 3.4 中的情况（4）。

2. 次序一致性的优化模型

如果判断矩阵 $\boldsymbol{A}=(a_{ij})_{n\times n}$ 是次序不一致的，决策个体需要在协调者的指导下修正自己的偏好，以消除不可传递的偏好判断信息。令 $\overline{\boldsymbol{A}}=(\overline{a}_{ij})_{n\times n}$ 是修正过后的满足次序一致性的判断矩阵。说服决策个体修改其偏好判断所花费的成本取决于判断矩阵里被修改的元素的个数（number of changed elements，NOC），则目标函数可表示为

$$\text{NOC}=\sum_{i=1}^{n-1}\sum_{j=i+1}^{n}\sigma_{ij} \tag{3.10}$$

其中，NOC 表示决策个体给出的判断矩阵上三角元素中被修改的个数，σ_{ij} 表示一个 0-1 变量，如果 $|\overline{a}_{ij}-a_{ij}|\neq 0$，那么 $\sigma_{ij}=1$，否则 $\sigma_{ij}=0$。为使修正后的判断矩阵满足次序一致性，在最小化修改元素个数意义下，构建优化模型如下：

$$J_1=\min\sum_{i=1}^{n}\sum_{j=i+1}^{n}\sigma_{ij}$$

$$\text{s.t}\begin{cases}\overline{a}_{ij}+M(1-t_{ik})>1 & (3.11\text{a})\\ \overline{a}_{ij}-Mt_{ik}\leqslant 1 & (3.11\text{b})\\ \overline{a}_{ij}+M(1-u_{ik})\geqslant 1 & (3.11\text{c})\\ \overline{a}_{ij}-M(1-u_{ik})\leqslant 1 & (3.11\text{d})\\ \overline{a}_{ij}-M(u_{ik}+t_{ik})<1 & (3.11\text{e})\\ \overline{a}_{ij}-M(1-v_{ik})<1 & (3.11\text{f})\\ \overline{a}_{ij}+Mv_{ik}\geqslant 1 & (3.11\text{g})\\ \overline{a}_{ij}+M(2-t_{ik}-t_{kj})>1 & (3.11\text{h})\\ \overline{a}_{ij}+M(2-u_{ik}-u_{kj})\geqslant 1 & (3.11\text{i})\\ \overline{a}_{ij}-M(2-u_{ik}-u_{kj})\leqslant 1 & (3.11\text{j})\\ \overline{a}_{ij}+M(2-t_{ik}-u_{kj})>1 & (3.11\text{k})\\ \overline{a}_{ij}+M(2-u_{ik}-t_{kj})>1 & (3.11\text{l})\\ t_{ij}+u_{ij}+v_{ij}=1 & (3.11\text{m})\\ |a_{ij}-\overline{a}_{ij}|\leqslant M\sigma_{ij} & (3.11\text{n})\\ \overline{a}_{ij}\times\overline{a}_{ij}=1 & (3.11\text{o})\\ \sigma_{ij},t_{ij},u_{ij},v_{ij}\in\{0,1\} & (3.11\text{p})\\ \overline{a}_{ij}\in \text{CS}_{[1/9,9]} & (3.11\text{q})\end{cases} \tag{3.11}$$

为方便起见，将上述模型表示为模型 P_1。

约束（3.11a）~（3.11m）表明了 $\overline{a}_{ij}$ 和三个 0-1 变量 t_{ij},u_{ij},v_{ij} 之间的关系，这些约束使修改后的判断矩阵 $\overline{\boldsymbol{A}}$ 具有次序一致性；约束（3.11n）用以检查元素 a_{ij} 是否被修改；约束（3.11o）使 $\overline{\boldsymbol{A}}$ 是乘性互反的。模型 P_1 的决策变量为 $\sigma_{ij},1\leqslant i<j\leqslant n$ 以及

$t_{ij}, u_{ij}, v_{ij}, \bar{a}_{ij}, i, j = 1, 2, \cdots, n$。模型 P_1 可以转化为 1 个线性混合整数规划问题进行求解。

定理 3.1　当且仅当 $J_1 = 0$ 时，判断矩阵 $\boldsymbol{A}$ 是次序一致的。

证明　充分性：如果判断矩阵 $\boldsymbol{A}$ 是次序一致的，那么就没有需要调整的元素。因此，$\sigma_{ij} = 0, \forall i, j \in N$，从而 $J_1 = 0$。

必要性：如果 $J_1 = 0$，那么 $\sigma_{ij} = 0, \forall i, j \in N$，这意味着没有对判断矩阵进行调整，判断矩阵本身已经满足次序一致性。

3. 基数一致性优化模型

Finan 和 Hurley 在 20 世纪 90 年代就提出了改进一致性指标 CR 的优化模型。他们给出的模型如下：

$$\begin{aligned} \min \quad & \|\boldsymbol{A} - \bar{\boldsymbol{A}}\| \\ \text{s.t.} \quad & \mathrm{CR}(\boldsymbol{A}) \leqslant \delta \times \mathrm{CR}(\bar{\boldsymbol{A}}) \end{aligned} \tag{3.12}$$

其中，$0 < \delta < 1$，$\mathrm{CR}(\bar{\boldsymbol{A}}) \leqslant 0.1$，$\|\cdot\|$ 表示矩阵范数。

Finan 和 Hurley（1997）虽然给出了抽象的优化模型（3.12），但并未展示具体的应用。也尚未发现对此模型的后续研究。

记修正后判断矩阵 $\bar{\boldsymbol{A}}$ 的权重排序向量 $\bar{\boldsymbol{w}} = (\bar{w}_1, \bar{w}_2, \cdots, \bar{w}_n)^{\mathrm{T}}$。受到 Finan 和 Hurley 的启发，为使修正后的判断矩阵满足基数一致性并且目标为最小化原始判断矩阵元素中被修改的个数，构建如下模型：

$$\min \quad J_2 = \sum_{i=1}^{n-1} \sum_{j=i+1}^{n} \sigma_{ij}$$

$$\text{s.t.} \begin{cases} \sum_{j=1}^{n} \bar{a}_{ij} \times \bar{w}_j = \lambda_{\max} \bar{w}_i & (3.13\text{a}) \\ \dfrac{\lambda_{\max} - n}{(n-1)\mathrm{RI}} \leqslant 0.1 & (3.13\text{b}) \\ \sum_{i=1}^{n} \bar{w}_i = 1 & (3.13\text{c}) \\ \left| a_{ij} - \bar{a}_{ij} \right| \leqslant M \sigma_{ij} & (3.13\text{d}) \\ \sigma_{ij} \in \{0, 1\} & (3.13\text{e}) \\ \bar{a}_{ij} \times \bar{a}_{ji} = 1 & (3.13\text{f}) \\ \bar{a}_{ij} \in \mathrm{CS}_{[1/9,9]},\ \bar{w}_i \geqslant 0 & (3.13\text{g}) \end{cases} \tag{3.13}$$

为方便起见，将上述模型表示为模型 P_2。约束确保调整后的判断矩阵是基数可接受一致的，即满足 Saaty 提出的基数一致性水平，其中约束（3.13c）将特征向量标准化。模型 P_2 的决策变量为 $\sigma_{ij},1\leqslant i<j\leqslant n$；$\bar{a}_{ij},i,j=1,2,\cdots,n$；$\lambda_{\max}$ 以及 $\bar{w}_i,i=1,2,\cdots,n$。

4. 同时处理次序一致性与基数一致性的优化模型

单独使用模型 P_1 和 P_2 后，修正后的判断矩阵可能无法同时满足次序一致性和可接受的基数一致性。为确保修正后的判断矩阵同时满足次序一致性和基数一致性水平，可构建统一的优化模型如下：

$$\min \quad J=d(\boldsymbol{A},\bar{\boldsymbol{A}})$$
$$\text{s.t.}\begin{cases}\bar{\boldsymbol{A}}\text{满足次序一致性}\\ \bar{\boldsymbol{A}}\text{可接受基数一致性}\\ \bar{\boldsymbol{A}}\text{(互反)判断矩阵}\end{cases} \tag{3.14}$$

在本章的背景下，构建的模型为

$$\min \quad J_3=\sum_{i=1}^{n-1}\sum_{j=i+1}^{n}\sigma_{ij}$$
$$\text{s.t.}\begin{cases}\text{(3.15a)\textasciitilde(3.15m)同(3.11a)\textasciitilde(3.11m)} & \\ \text{(3.15n)\textasciitilde(3.15p)同(3.13a)\textasciitilde(3.13c)} & \\ |a_{ij}-\bar{a}_{ij}|\leqslant M\sigma_{ij} & \text{(3.15q)}\\ \bar{a}_{ij}\times\bar{a}_{ji}=1 & \text{(3.15r)}\\ \sigma_{ij},t_{ij},u_{ij},v_{ij}\in\{0,1\} & \text{(3.15s)}\\ \bar{a}_{ij}\in \mathrm{CS}_{[1/9,9]},\ \bar{w}_i\geqslant 0 & \text{(3.15t)}\end{cases} \tag{3.15}$$

为方便起见，将上述模型表示为模型 P_3。模型 P_3 的决策变量为 $\sigma_{ij},1\leqslant i<j\leqslant n$；$t_{ij},u_{ij},v_{ij},\bar{a}_{ij},i,j=1,2,\cdots,n$；$\lambda_{\max}$ 以及 $\bar{w}_i,i=1,2,\cdots,n$。

本书基数一致性指标的定义采用的是 Saaty 给出的 CR。对于其他基数一致性指标对应的优化模型可参见文献 Wu 和 Tu（2021）。

同定理 3.1 类似，容易得到如下结论。

定理 3.2 当且仅当 $J_3=0$ 时，判断矩阵 $\boldsymbol{A}$ 是次序一致的和满意基数一致的。

采用上述优化模型 P_1，P_2 和 P_3 修正后的判断矩阵元素可能不属于 Saaty 原来的 1/9—9 标度。这使得与决策个体沟通和说服他们改变判断变得困难。因此，在实际的交互决策过程中，有必要建立使用离散标度的优化模型。以模型 P_1 为例，模型 P_1 对应的离散模型可以构造如下：

$$\min \quad J_4=\sum_{i=1}^{n-1}\sum_{j=i+1}^{n}\sigma_{ij}$$
$$\text{s.t.}\begin{cases}\text{(3.16a)~(3.16p)同(3.11a)~(3.11p)}\\ \bar{a}_{ij}\in \mathrm{DS}_{[1/9,9]}\end{cases} \tag{3.16}$$

为方便起见，将上述模型表示为模型 P_4。同理，模型 P_2 和 P_3 对应的离散模型记为 P_5 和 P_6。

在实际计算过程中，$\bar{a}_{ij}\in \mathrm{DS}_{[1/9,9]}=\{1/9,1/8,1/7,1/6,1/5,1/4,1/3,1/2,1,2,3,4,5,6,7,8,9\}$ 可以进一步转化为以下约束：

$$\begin{cases}\bar{a}_{ij}=\sum_{m=1}^{17}l_{ijm}c_m\\ c_1=1/9,\ c_2=1/8,\cdots,c_9=1,\cdots,c_{17}=9\\ \sum_{m=1}^{17}l_{ijm}=1\\ l_{ijm}\in\{0,1\}\end{cases} \tag{3.17}$$

其中，c_m 表示离散集合 $\mathrm{DS}_{[1/9,9]}$ 中的第 m 个元素，l_{ijm} 表示一个 0-1 变量，如果 $\bar{a}_{ij}=c_m$ 则 $l_{ijm}=1$，否则 $l_{ijm}=0$，反之亦然。

注 使用模型 P_1—P_6 对案例求解的最优解可能不是唯一的。当最优解不唯一时，可进一步采用多阶段优化模型去精炼最优解。本书选择具有最小调整幅度（amount of change，AOC）的最优解作为算例的结果，其中，$\mathrm{AOC}=\sum_{i=1}^{n-1}\sum_{j=1,j\neq i}^{n}\left|\bar{a}_{ij}-a_{ij}\right|$。特别的情况是，如果模型给出的解只需要修改判断矩阵上三角的一个位置，则为使修改后的标度仍属于离散标度，可通过简单枚举找出符合要求的解。对于模型中有严格不等式要求的约束，在用软件如 Lingo 计算时需要增加一个变量 ε 使得 $<,>$ 变成 $\leqslant,\geqslant$。本书设定 $\varepsilon=0.1$。

3.1.4　算例及比较分析

本节通过对文献中数值算例或应用案例中给出的判断矩阵进行审视和比较分析，来说明本书所提方法的具体计算过程，验证所提方法的有效性和优越性。

1. 应用案例中次序不一致性的例子

本例是为了说明，在实际应用中，如果不考虑次序一致性，所用于决策的判断矩阵的次序一致性就不能得到保证，从而所得结果就不一定完全可靠。作者对一些应用 AHP 方法的论文进行了审视，这种现象时有发现，因此建议在应用 AHP 方法时对判断矩阵的次序一致性加以重视。在一篇讨论各种服务营销策略在目标客户获取时的重要性论文中（邢丘丹等，2012），构建并应用了如下矩阵。

$$\boldsymbol{A}=\begin{pmatrix} 1 & 8 & 2 & 5 & 2 & 1 & 4 \\ 1/8 & 1 & 1/5 & 1/2 & 1/6 & 1/7 & 1/3 \\ 1/2 & 5 & 1 & 2 & 3 & 2 & 4 \\ 1/5 & 2 & 1/2 & 1 & 1/2 & 1/2 & 5 \\ 1/2 & 6 & 1/3 & 2 & 1 & 2 & 3 \\ 1 & 7 & 1/2 & 2 & 1/2 & 1 & 3 \\ 1/4 & 3 & 1/4 & 1/5 & 1/3 & 1/3 & 1 \end{pmatrix}$$

计算得 $\mathrm{CR}(\boldsymbol{A})=0.0742<0.1$，对应的排序向量为 $\boldsymbol{w}=(0.281,0.030,0.224,0.097,0.160,0.156,0.052)^{\mathrm{T}}$。该判断矩阵满足可接受基数一致性，但是 $a_{13}=2,a_{36}=2$ 和 $a_{16}=1$，由此有

$$x_1 \succ x_3 \succ x_6 \sim x_1$$

根据定义 3.5，x_1，x_3 和 x_6 之间存在一个三向循环。同理，x_1，x_5 和 x_6 之间也存在一个三向循环：$x_1 \succ x_5 \succ x_6 \sim x_1$。因此判断矩阵 $\boldsymbol{A}$ 不满足次序一致性。

运用离散标度模型 P_6 可得，$\mathrm{CR}(\bar{\boldsymbol{A}})=0.0653<0.1$，对应的排序向量为 $\boldsymbol{w}=(0.302,\ 0.030,0.223,0.098,0.158,0.138,0.052)^{\mathrm{T}}$。得到的 $\bar{\boldsymbol{A}}$ 上三角区域中仅需将 a_{16} 修改为 $\bar{a}_{16}=2$。调整后的判断矩阵满足次序一致性，同时具有可接受的基数一致水平。

在应用 AHP 方法于政府绩效评估的研究中，构建了如下判断矩阵（彭国甫等，2004）。

$$\boldsymbol{A}=\begin{pmatrix} 1 & 1/2 & 1/2 & 1/3 & 1/2 & 1/2 \\ 2 & 1 & 2 & 1 & 2 & 2 \\ 2 & 1/2 & 1 & 1/2 & 1/2 & 1 \\ 3 & 1 & 2 & 1 & 3 & 1/2 \\ 2 & 1/2 & 2 & 1/3 & 1 & 1/2 \\ 2 & 1/2 & 1 & 2 & 2 & 1 \end{pmatrix}$$

计算得 $\mathrm{CR}(\boldsymbol{A})=0.0432<0.1$，对应的排序向量为 $\boldsymbol{w}=(0.082,0.242,0.153,0.277,0.127,0.119)^{\mathrm{T}}$。方案的排列次序为

$$x_4 \succ x_2 \succ x_3 \succ x_5 \succ x_6 \succ x_1$$

但是此判断矩阵并不满足次序一致性，有三向循环：

$$x_2 \succ x_6 \succ x_4 \sim x_2$$
$$x_6 \succ x_4 \succ x_3 \sim x_6$$
$$x_6 \succ x_5 \succ x_3 \sim x_6$$

运用离散标度模型 P_6，得到

$$\bar{A}=\begin{pmatrix} 1 & 1/2 & 1/2 & 1/3 & 1/2 & 1/2 \\ 2 & 1 & 2 & \underline{2} & 2 & 2 \\ 2 & 1/2 & 1 & 1/2 & 1/2 & \underline{1/2} \\ 3 & 1/2 & 2 & 1 & 3 & 1/2 \\ 2 & 1/2 & 2 & 1/3 & 1 & 1/2 \\ 2 & 1/2 & 2 & 2 & 2 & 1 \end{pmatrix}$$

可得 $\mathrm{CR}(\bar{A})=0.0585<0.1$，对应的排序向量为 $\bar{\boldsymbol{w}}=(0.080,0.272,0.106,0.200,0.127,0.216)^{\mathrm{T}}$。调整后的判断矩阵满足次序一致性，同时具有可接受的基数一致水平。此时方案的排列次序为

$$x_2 \succ x_6 \succ x_4 \succ x_5 \succ x_3 \succ x_1$$

可以发现，此矩阵在修正次序一致性后得到的排序向量与修改前的排序向量有较大的变化。因此，是否考虑次序一致性可能会对实际的决策结果产生重要的影响。

2. 基数一致性模型应用算例

本例用以说明仅控制基数一致性的优化模型的应用。已知 4 阶判断矩阵如下：

$$A=\begin{pmatrix} 1 & 1/9 & 3 & 1/5 \\ 9 & 1 & 5 & 2 \\ 1/3 & 1/5 & 1 & 1/2 \\ 5 & 1/2 & 2 & 1 \end{pmatrix}$$

可得 $\mathrm{CR}(A)=0.172>0.1$，对应的排序向量为 $\boldsymbol{w}=(0.103,0.542,0.081,0.274)^{\mathrm{T}}$。

运用连续标度模型 P_2，A 上三角区域只有一个元素 a_{13} 被修改。修改量最小时得到的判断矩阵如下：

$$\bar{A}=\begin{pmatrix} 1 & 1/9 & \underline{1.935} & 1/5 \\ 9 & 1 & 5 & 2 \\ 0.517 & 1/5 & 1 & 1/2 \\ 5 & 1/2 & 2 & 1 \end{pmatrix}$$

可得 $\mathrm{CR}(\bar{A})=0.1$，排序向量为 $\bar{\boldsymbol{w}}=(0.088,0.548,0.089,0.274)^{\mathrm{T}}$。运用离散标度模型 P_5，同样地，A 上三角区域也只有一个元素 a_{13} 被修改：$\bar{a}_{13}=1$。离散修改时，$\mathrm{CR}(\bar{A})=0.0296$，排序向量为

$$w = (0.071, 0.553, 0.103, 0.273)^{\mathrm{T}}$$

金菊良等（2004）、刘万里和雷治军（1997）使用离散标度对本例进行了调整。金菊良等（2004）利用基于夹角余弦法的迭代方法将 a_{13} 修改成 $1/2$。刘万里和雷治军（1997）利用基于诱导矩阵的迭代方法将 a_{13} 修改成 1，并且利用一种改进一致性指标的加速遗传算法，对 $\boldsymbol{A}$ 的多个元素进行了微小的修改。经过检验，得到的修正后的判断矩阵并不满足条件 $\mathrm{CR}(\bar{\boldsymbol{A}}) < 0.1$。

3. 同时考虑次序一致性及基数一致性模型的应用案例

某家庭在购买住房时考虑了以下 8 项指标（Saaty，2003）：x_1—住宅面积，x_2—出行便利程度，x_3—邻居，x_4—住房年龄，x_5—院子，x_6—时尚度，x_7—自然环境，x_8—房价。为了确定它们的权重，利用 $1/9$—9 标度进行两两比较，得到以下互反判断矩阵。

$$\boldsymbol{A} = \begin{pmatrix} 1 & 5 & 3 & 7 & 6 & 6 & 1/3 & 1/4 \\ 1/5 & 1 & 1/3 & 5 & 3 & 3 & 1/5 & 1/7 \\ 1/3 & 3 & 1 & 6 & 3 & 4 & 6 & 1/5 \\ 1/7 & 1/5 & 1/6 & 1 & 1/3 & 1/4 & 1/7 & 1/8 \\ 1/6 & 1/3 & 1/3 & 3 & 1 & 1/2 & 1/5 & 1/6 \\ 1/6 & 1/3 & 1/4 & 4 & 2 & 1 & 1/5 & 1/6 \\ 3 & 5 & 1/6 & 7 & 5 & 5 & 1 & 1/2 \\ 4 & 7 & 5 & 8 & 6 & 6 & 2 & 1 \end{pmatrix}$$

可得 $\mathrm{CR}(\boldsymbol{A}) = 0.169$，对应的排序向量为

$$w = (0.173, 0.054, 0.188, 0.018, 0.031, 0.036, 0.167, 0.333)^{\mathrm{T}}$$

由于 $a_{13} = 3$，$a_{37} = 6$ 和 $a_{71} = 3$，因此 $x_1 \succ x_3 \succ x_7 \succ x_1$。根据定义 3.5，$x_1$、$x_3$ 和 x_7 之间存在一个三向循环，因此判断矩阵 $\boldsymbol{A}$ 不满足次序一致性。

如果仅要求修正后判断矩阵满足次序一致性，使用模型 P_1 或 P_4。此时 $\mathrm{NOC} = 1$，修改三个位置 a_{13}，a_{37} 和 a_{71} 的任何一个位置，均可获得最优解。例如，使得满足约束条件且 $\bar{a}_{13} < 1$，$\bar{a}_{37} < 1$ 或者 $\bar{a}_{71} < 1$ 的解均是最优解。

如果仅需满足修正后判断矩阵满足可接受基数一致性，使用模型 P_2 或 P_5。可得 $\mathrm{NOC} = 1$，$\bar{a}_{37} \leqslant 1.67$。修改量最小的解是 $\bar{a}_{37} = 1.67$，此时 $\mathrm{CR}(\bar{\boldsymbol{A}}) = 0.1$。

如果要使修正判断矩阵同时满足次序一致性和基数一致性，对于使用连续标度集的决策情形，运用连续标度模型 P_3，所得最优解为 $\bar{a}_{37} < 1$。选择具有最小 AOC 的最优解，调整后的判断矩阵如下：

$$\bar{A}_c=\begin{pmatrix} 1 & 5 & 3 & 7 & 6 & 6 & 1/3 & 1/4 \\ 1/5 & 1 & 1/3 & 5 & 3 & 3 & 1/5 & 1/7 \\ 1/3 & 3 & 1 & 6 & 3 & 4 & \underline{9/10} & 1/5 \\ 1/7 & 1/5 & 1/6 & 1 & 1/3 & 1/4 & 1/7 & 1/8 \\ 1/6 & 1/3 & 1/3 & 3 & 1 & 1/2 & 1/5 & 1/6 \\ 1/6 & 1/3 & 1/4 & 4 & 2 & 1 & 1/5 & 1/6 \\ 3 & 5 & \underline{10/9} & 7 & 5 & 5 & 1 & 1/2 \\ 4 & 7 & 5 & 8 & 6 & 6 & 2 & 1 \end{pmatrix}$$

可得 $\mathrm{CR}(\bar{A}_c)=0.087$，对应的排序向量为

$$\bar{w}_c=(0.176,0.062,0.112,0.019,0.034,0.041,0.209,0.346)^{\mathrm{T}}$$

$\mathrm{CR}(\bar{A}_c)<0.1$，而且 $\bar{A}_c$ 是次序一致的。与初始判断矩阵 A 相比，$\bar{A}_c$ 的上三角中有一个元素 a_{37} 被修改。

对于使用离散标度集的决策情形，运用离散标度模型 P_6，所得最优解为 $\bar{a}_{37}<1$，选择具有最小 AOC 的最优解，调整后的判断矩阵如下：

$$\bar{A}_d=\begin{pmatrix} 1 & 5 & 3 & 7 & 6 & 6 & 1/3 & 1/4 \\ 1/5 & 1 & 1/3 & 5 & 3 & 3 & 1/5 & 1/7 \\ 1/3 & 3 & 1 & 6 & 3 & 4 & \underline{1/2} & 1/5 \\ 1/7 & 1/5 & 1/6 & 1 & 1/3 & 1/4 & 1/7 & 1/8 \\ 1/6 & 1/3 & 1/3 & 3 & 1 & 1/2 & 1/5 & 1/6 \\ 1/6 & 1/3 & 1/4 & 4 & 2 & 1 & 1/5 & 1/6 \\ 3 & 5 & \underline{2} & 7 & 5 & 5 & 1 & 1/2 \\ 4 & 7 & 5 & 8 & 6 & 6 & 2 & 1 \end{pmatrix}$$

可得 $\mathrm{CR}(\bar{A}_d)=0.083$，对应的排序向量为 $\bar{A}_d=(0.175,0.062,0.103,0.019,0.034,0.041,0.221,0.345)^{\mathrm{T}}$。

调整后的判断矩阵满足次序一致性，同时是可接受基数一致的。与初始判断矩阵 A 相比，修正后的判断矩阵的上三角区域中只有一个偏好 a_{37} 被修改。

此例子在较多文献（Xu and Wei，1999；Saaty，2003；Li and Ma，2007）中均被讨论，对该经典例子上不同模型及方法的比较研究能够反映出理论研究的进展。不同方法得到的计算结果如表 3.2 所示。

表 3.2　本节案例分析比较结果

方法来源	类型	三向循环	标度	CR	NOC	指标排序
Xu 和 Wei（1999）	迭代	1-3-7	连续	0.097	21	$x_8\succ x_3\succ x_1\succ x_7\succ x_2\succ x_6\succ x_5\succ x_4$

续表

方法来源	类型	三向循环	标度	CR	NOC	指标排序
Saaty（2003）	迭代	无	离散	0.083	1	$x_8 \succ x_7 \succ x_1 \succ x_3 \succ x_2 \succ x_6 \succ x_5 \succ x_4$
Li 和 Ma（2007）	优化	无	连续	0.072	6	$x_8 \succ x_7 \succ x_1 \succ x_3 \succ x_2 \succ x_6 \succ x_5 \succ x_4$
Cao 等（2008）	迭代	1-3-7	连续	0.010	23	$x_8 \succ x_3 \succ x_1 \succ x_7 \succ x_2 \succ x_6 \succ x_5 \succ x_4$
Zhang 等（2014）	优化	1-3-7	连续	0.096	21	$x_8 \succ x_3 \succ x_1 \succ x_7 \succ x_2 \succ x_6 \succ x_5 \succ x_4$
Girsang 等（2015）	优化	1-3-7	连续	0.099	19	$x_8 \succ x_3 \succ x_1 \succ x_7 \succ x_2 \succ x_6 \succ x_5 \succ x_4$
Pereira 和 Costa（2015）	优化	1-3-7	离散	0.093	18	$x_8 \succ x_3 \succ x_1 \succ x_7 \succ x_2 \succ x_6 \succ x_5 \succ x_4$
Wu 等（2020）	迭代	1-3-7	离散	0.088	1	$x_8 \succ x_7 \succ x_1 \succ x_3 \succ x_2 \succ x_6 \succ x_5 \succ x_4$
解江和吴诗辉（2020）	迭代	无	连续	0.082	1	$x_8 \succ x_7 \succ x_1 \succ x_3 \succ x_2 \succ x_6 \succ x_5 \succ x_4$
本节（模型 P_3）	优化	无	连续	0.087	1	$x_8 \succ x_7 \succ x_1 \succ x_3 \succ x_2 \succ x_6 \succ x_5 \succ x_4$
本节（模型 P_6）	优化	无	离散	0.083	1	$x_8 \succ x_7 \succ x_1 \succ x_3 \succ x_2 \succ x_6 \succ x_5 \succ x_4$

与其他使用连续标度的模型相比，本书的模型显著优于其他模型，修改过后的判断矩阵无三向循环，满足次序一致性，达到了设定的基数一致性水平，且修改的元素个数最小，上三角仅一个元素被修改。文献（Xu and Wei，1999；Cao et al.，2008）中的方法使得修正后的判断矩阵不满足次序一致性，而且修正后的判断矩阵上三角区域大部分元素都被修改了。

对于离散模型，本书结果与 Saaty（2003）的结果一致，都是把 $a_{37}=6$ 修改成 $\overline{a}_{37}=0.5$，但是 Saaty（2003）仅考虑了基数一致性，并没有考虑消除判断矩阵的三向循环。Pereira 和 Costa（2015）的方法使得修正后的判断矩阵不满足次序一致性，而且上三角区域中有 18 个元素被修改，这意味着决策个体的大多数原始偏好信息被修改。Wu 等（2020）的方法把 a_{37} 位置的元素修改为 1，从而有 $x_1 \succ x_3 \sim x_7 \succ x_1$，同样使得修正后的判断矩阵不满足次序一致性。

对比分析表明，本书提供的优化方法能够帮助决策个体更全面地审视其提供的判断矩阵形式的偏好信息。如果决策个体（或决策者）只关注次序一致性，可选择模型 P_1；如果决策个体只关注基数一致性，可选择模型 P_2；如果决策个体同时重视次序一致性和基数一致性，可选择模型 P_3。当决策个体只接受离散修改意见时，可选择对应的离散优化模型。鉴于次序一致性在获得可传递偏好方面的可行性，本书推荐使用同时考虑次序一致性和基数一致性的优化模型。

3.2　互补判断矩阵的理性度量

本节研究互补判断矩阵的理性度量。本节内容主要来自 Wu 等（2021）。

3.2.1　互补判断矩阵的基数一致性

定义 3.6　（Tanino，1984）令 $\mu_p : X \times X \to [0,1], \mu_p(x_i, x_j) = p_{ij}$，则 $\boldsymbol{P} = (p_{ij})_{n\times n}$ 满足以下加性互补条件时，称 $\boldsymbol{P}$ 为完全互补判断矩阵。

$$p_{ij} + p_{ji} = 1,\ \forall i, j \in \{1, 2, \cdots, n\} \tag{3.18}$$

其中，$0 \leqslant p_{ij} < 0.5 \Leftrightarrow$ "决策个体对方案 j 的偏好程度优于方案 i"；$p_{ij} = 0.5 \Leftrightarrow$ "决策个体对方案 i 和方案 j 的偏好程度相同"。

定义 3.7　（Xu et al.，2013）给定一个互补判断矩阵 $\boldsymbol{P} = (p_{ij})_{n\times n}$，若 $p_{ik} \geqslant 0.5$，$p_{kj} \geqslant 0.5$ 时，$p_{ij} \geqslant 0.5$ 对任意 $i, j, k \in N = \{1, 2, \cdots, n\}$ 都成立，则称 $\boldsymbol{P}$ 有弱传递性。

也就是说，在决策问题中，若决策个体对方案 x_i 的偏好优于或等同于方案 x_k，对方案 x_k 的偏好优于或等同于方案 x_j，那么只有当对方案 x_i 的偏好优于或等同于方案 x_j 时，该决策个体给出的偏好才是理性的。然而，当决策个体对方案存在无差异偏好时，即使偏好满足弱传递性，也可能存在不合理的情况。

$$\boldsymbol{P} = \begin{pmatrix} 0.5 & 0.6 & 0.5 \\ 0.4 & 0.5 & 0.5 \\ 0.5 & 0.5 & 0.5 \end{pmatrix}$$

$\boldsymbol{P}$ 中存在无差异偏好。$p_{12} = 0.6 \geqslant 0.5$，$p_{23} = 0.5 \geqslant 0.5$，且 $p_{13} = 0.5 \geqslant 0.5$。根据定义 3.7，$\boldsymbol{P}$ 有弱传递性。然而，$\boldsymbol{P}$ 中对方案 x_1 的偏好优于方案 x_2，对方案 x_2 和方案 x_3 的偏好无差异，那么对方案 x_1 的偏好应该优于方案 x_3，这与 $p_{13} = 0.5$ 相矛盾。为了避免这种矛盾，采用 Xu 等（2013）提出的次序一致性来描述偏好之间的传递性。

定义 3.8　（Xu et al.，2013）给定一个互补判断矩阵 $\boldsymbol{P} = (p_{ij})_{n\times n}$，若 p_{ik}, p_{kj}, p_{ij} 已知，且满足以下条件时，$\boldsymbol{P}$ 满足次序一致性：

（1）当 $p_{ik} \geqslant 0.5$ 且 $p_{kj} > 0.5$ 或当 $p_{ik} > 0.5$ 且 $p_{kj} \geqslant 0.5$ 时，有 $p_{ij} \geqslant 0.5$；

（2）当 $p_{ik} = 0.5$ 且 $p_{kj} = 0.5$ 时，有 $p_{ij} = 0.5$。

定义 3.9　（Herrera-Viedma et al.，2007）给定一个完全互补判断矩阵

$\boldsymbol{P}=(p_{ij})_{n\times n}$，其加性基数一致性水平计算方式如下：

$$\begin{aligned}\mathrm{CI}(\boldsymbol{P})&=1-\frac{2}{3n(n-1)(n-2)}\sum_{i,k=1;j\neq k}^{n}\sum_{j=1;j\neq i,k}^{n}\left|p_{ij}+p_{jk}-p_{ik}-0.5\right|\\&=1-\frac{4}{n(n-1)(n-2)}\sum_{i=1}^{n-2}\sum_{j=i+1}^{n-1}\sum_{k=j+1}^{n}\left|p_{ij}+p_{jk}-p_{ik}-0.5\right|\end{aligned}\tag{3.19}$$

令$\overline{\mathrm{CI}}$为预设值，当判断矩阵满足下列条件时，称其满足可接受加性基数一致性。

$$\mathrm{CI}(\boldsymbol{P})\geqslant\overline{\mathrm{CI}}\tag{3.20}$$

3.2.2 互补判断矩阵的次序一致性

矩阵中每个p_{ij}的取值情况可分为三大类，分别为大于 0.5、等于 0.5 和小于 0.5。为了描述上述三种情况，引入两个 0-1 变量u_{ij}和v_{ij}。

$$\begin{cases}(1)\ p_{ij}>0.5\Leftrightarrow u_{ij}=1,v_{ij}=0\\(2)\ p_{ij}=0.5\Leftrightarrow u_{ij}=0,v_{ij}=1\\(3)\ p_{ij}<0.5\Leftrightarrow u_{ij}=0,v_{ij}=0\end{cases}\tag{3.21}$$

式（3.21）中的三种情况可用下列不等式表示：

$$\begin{cases}p_{ij}\leqslant 0.5+Z\times u_{ij} & (3.22\text{a})\\p_{ij}-0.5+Z\times\left(1-u_{ij}+v_{ij}\right)>0 & (3.22\text{b})\\p_{ij}-0.5+Z\times\left(1+u_{ij}-v_{ij}\right)\geqslant 0 & (3.22\text{c})\\p_{ij}-0.5-Z\times\left(1+u_{ij}-v_{ij}\right)\leqslant 0 & (3.22\text{d})\\0.5+Z\times\left(u_{ij}+v_{ij}\right)-p_{ij}>0 & (3.22\text{e})\\p_{ij}-0.5\left(u_{ij}+v_{ij}\right)\geqslant 0 & (3.22\text{f})\\u_{ij}+v_{ij}\leqslant 1 & (3.22\text{g})\\u_{ij},v_{ij}\in\{0,1\},\ i,j=1,2,\cdots,n & (3.22\text{h})\end{cases}\tag{3.22}$$

证明

（1）$p_{ij}>0.5\Leftrightarrow u_{ij}=1,v_{ij}=0$：

首先证明当$p_{ij}>0.5\Rightarrow u_{ij}=1且v_{ij}=0$。当$p_{ij}>0.5$时，根据式（3.22a）有$u_{ij}=1$，根据式（3.22f）有$u_{ij}+v_{ij}>1$。结合$u_{ij}+v_{ij}\leqslant 1$，可知$u_{ij}+v_{ij}=1$，则可得$u_{ij}=1$，$v_{ij}=0$。因此，当$p_{ij}>0.5$时，有$u_{ij}=1$，$v_{ij}=0$。

再证明$u_{ij}=1且v_{ij}=0\Rightarrow p_{ij}>0.5$。当$u_{ij}=1$，$v_{ij}=0$时，根据式（3.22b）有

$p_{ij}-0.5>0$，根据式（3.22f）有 $p_{ij}-0.5\geqslant 0$。除此之外，其他不等式对 p_{ij} 的值无约束。因此，当 $u_{ij}=1$，$v_{ij}=0$ 时，有 $p_{ij}>0.5$。

综上，式（3.22）可描述情况（1）。

（2）$p_{ij}=0.5 \Leftrightarrow u_{ij}=0, v_{ij}=1$：

首先证明 $p_{ij}=0.5 \Rightarrow u_{ij}=0且v_{ij}=1$。当 $p_{ij}=0.5$ 时，根据式（3.22b）有 $1-u_{ij}+v_{ij}>0$，根据式（3.22c）和式（3.22d）有$1-u_{ij}+v_{ij}\geqslant 0$，根据式（3.22e）有 $u_{ij}+v_{ij}>0$，根据式（3.22f）有 $u_{ij}+v_{ij}\leqslant 1$。结合 $u_{ij}+v_{ij}\leqslant 1$，可知 $u_{ij}=0$，$v_{ij}=1$。因此，当 $p_{ij}=0.5$ 时，有 $u_{ij}=0$，$v_{ij}=1$。

再证明 $u_{ij}=0且v_{ij}=1 \Rightarrow p_{ij}=0.5$。当 $u_{ij}=0$，$v_{ij}=1$ 时，根据式（3.22a）、式（3.22c）、式（3.22d）及式（3.22f）有 $p_{ij}\leqslant 0.5$，$p_{ij}-0.5\geqslant 0$，$p_{ij}-0.5\leqslant 0$ 及 $p_{ij}-0.5\geqslant 0$ 则 $p_{ij}=0.5$。因此，当 $u_{ij}=0$，$v_{ij}=1$ 时，有 $p_{ij}=0.5$。

综上所述，式（3.22）可描述情况（2）。

（3）$p_{ij}<0.5 \Leftrightarrow u_{ij}=0, v_{ij}=0$：

首先证明 $p_{ij}<0.5 \Rightarrow u_{ij}=0且v_{ij}=0$。当 $p_{ij}<0.5$ 时，根据式（3.22b）、式（3.22c）及式（3.22f）有$1-u_{ij}+v_{ij}\geqslant 1$，$1+u_{ij}-v_{ij}\geqslant 1$ 及 $u_{ij}+v_{ij}<1$，即 $u_{ij}=0$，$v_{ij}=0$。因此，当 $p_{ij}<0.5$ 时，有 $u_{ij}=0$，$v_{ij}=0$。

再证明 $u_{ij}=0且v_{ij}=0 \Rightarrow p_{ij}<0.5$。当 $u_{ij}=0$，$v_{ij}=0$ 时，$1-u_{ij}+v_{ij}=1$ 且 $1+u_{ij}-v_{ij}=1$。因此，式（3.22b）、式（3.22c）及式（3.22d）始终成立。根据式（3.22a）、式（3.22e）及式（3.22f）有 $p_{ij}\leqslant 0.5$，$0.5-p_{ij}>0$ 及 $p_{ij}\geqslant 0$。因此，当 $p_{ij}<0.5$ 时，有 $u_{ij}=0$，$v_{ij}=0$。

综上所述，式（3.22）可描述情况（3）。

根据式（3.22），p_{ij} 值的三种情况及两个 0-1 变量的关系总结如表 3.3 所示。

表 3.3　p_{ij} 值与 0-1 变量对应关系

情况	p_{ij}	u_{ij}	v_{ij}
（1）	> 0.5	1	0
（2）	= 0.5	0	1
（3）	< 0.5	0	0

将定义 3.8 展开说明，当互补判断矩阵 $\boldsymbol{P}=(p_{ij})_{n\times n}$ 中偏好值间的关系都属于下列四种情况时，矩阵满足次序一致性：

$$\begin{cases}(1)\, p_{ik}>0.5, p_{kj}>0.5 \Rightarrow p_{ij}>0.5 \\ (2)\, p_{ik}=0.5, p_{kj}=0.5 \Rightarrow p_{ij}=0.5 \\ (3)\, p_{ik}>0.5, p_{kj}=0.5 \Rightarrow p_{ij}>0.5 \\ (4)\, p_{ik}=0.5, p_{kj}>0.5 \Rightarrow p_{ij}>0.5\end{cases} \tag{3.23}$$

定义 3.8 中四种情况可用下列不等式描述：

$$\begin{cases}p_{ij}-0.5+Z\times\left(2-u_{ik}-u_{kj}\right)>0 \\ p_{ij}-0.5+Z\times\left(2-v_{ik}-v_{kj}\right)\geqslant 0 \\ p_{ij}-0.5-Z\times\left(2-v_{ik}-v_{kj}\right)\leqslant 0 \\ p_{ij}-0.5+Z\times\left(2-u_{ik}-v_{kj}\right)>0 \\ p_{ij}-0.5+Z\times\left(2-v_{ik}-u_{kj}\right)>0\end{cases} \tag{3.24}$$

综上所述，互补判断矩阵次序一致性约束条件可用一系列不等式描述。

定理 3.3 若互补判断矩阵 $\boldsymbol{P}=(p_{ij})_{n\times n}$ 同时满足约束条件（3.21）和式（3.23），则该矩阵为次序一致判断矩阵。

3.2.3 互补判断矩阵一致性改进的优化模型

1. 个体次序一致性控制优化模型

次序一致性是确保判断矩阵之间不会存在矛盾的最低约束条件。决策个体可以通过对比判断矩阵是否满足式（3.23）中的四种情况来识别判断矩阵是否为次序一致。若判断矩阵次序不一致，决策个体需要改变一些偏好来确保其最终决策合理。

令判断矩阵集合为 $M_P=\{(p_{ij})_{n\times n}\mid p_{ij}\geqslant 0, p_{ij}+p_{ji}=1\}$。假设修改后的判断矩阵为 $\bar{\boldsymbol{P}}=(\bar{p}_{ij})_{n\times n}$，$\bar{\boldsymbol{P}}$ 为次序一致矩阵。本书提出的优化模型可根据决策目的设置目标函数，下文目标函数设置为修改后的判断矩阵与原判断矩阵之间的差异（偏好修改量）尽可能小，即 $d=\left(\boldsymbol{P},\bar{\boldsymbol{P}}\right)$ 尽可能小。因此，单个互补判断矩阵中次序一致性的控制优化模型如下：

$$\min J_1=d\left(\boldsymbol{P},\bar{\boldsymbol{P}}\right)=\sum_{i=1}^{n}\sum_{j=1}^{n}|\bar{p}_{ij}-p_{ij}|$$

$$\text{s.t.}\begin{cases}\bar{\boldsymbol{P}}\ \text{满足次序一致性} \\ \bar{\boldsymbol{P}}\in M_P\end{cases}$$

为便于描述，用模型 R_1 描述上述模型。

定理 3.4　模型 R_1 等价于下列模型：

$$
\min J_2=\sum_{i=1}^{n}\sum_{j=1}^{n}f_{ij}
$$

$$
\text{s.t.}\begin{cases}
d_{ij}=\overline{p}_{ij}-p_{ij} & (3.25\text{a})\\
d_{ij}\leqslant f_{ij} & (3.25\text{b})\\
-d_{ij}\leqslant f_{ij} & (3.25\text{c})\\
\overline{p}_{ij}-0.5+Z\times(1-u_{ij}+v_{ij})>0 & (3.25\text{d})\\
\overline{p}_{ij}\leqslant 0.5+Z\times u_{ij} & (3.25\text{e})\\
\overline{p}_{ij}-0.5+Z\times(1+u_{ij}-v_{ij})\geqslant 0 & (3.25\text{f})\\
\overline{p}_{ij}-0.5-Z\times(1+u_{ij}-v_{ij})\leqslant 0 & (3.25\text{g})\\
0.5+Z\times(u_{ij}+v_{ij})-\overline{p}_{ij}>0 & (3.25\text{h})\\
\overline{p}_{ij}-0.5\times(u_{ij}+v_{ij})\geqslant 0 & (3.25\text{i})\\
u_{ij}+v_{ij}\leqslant 1 & (3.25\text{j})\\
\overline{p}_{ij}-0.5+Z\times(2-u_{ik}-u_{kj})>0 & (3.25\text{k})\\
\overline{p}_{ij}-0.5+Z\times(2-v_{ik}-v_{kj})\geqslant 0 & (3.25\text{l})\\
\overline{p}_{ij}-0.5-Z\times(2-v_{ik}-v_{kj})\leqslant 0 & (3.25\text{m})\\
\overline{p}_{ij}-0.5+Z\times(2-u_{ik}-v_{kj})>0 & (3.25\text{n})\\
\overline{p}_{ij}-0.5+Z\times(2-v_{ik}-u_{kj})>0 & (3.25\text{o})\\
u_{ij},v_{ij}\in\{0,1\},\ i,j,k=1,2,\cdots,n & (3.25\text{p})\\
\overline{p}_{ij}+\overline{p}_{ji}=1,\ \overline{p}_{ij}\geqslant 0 & (3.25\text{q})
\end{cases}
\qquad (3.25)
$$

证明　为简化优化模型，引入中间变量 f_{ij}。令 $f_{ij}=\left|d_{ij}\right|=\left|\overline{p}_{ij}-p_{ij}\right|$，模型 R_1 中的目标函数可用模型（3.25）中的目标函数及式（3.25a）~（3.25c）表示。约束条件（3.25d）~（3.25p）确保新判断矩阵 $\overline{\boldsymbol{P}}$ 满足次序一致性条件。因此，模型（3.25）等价于模型 R_1。

为便于描述，用模型 R_2 描述式（3.25）。模型 R_2 除用于修改单个互补判断矩阵的次序不一致外，也可用来检测判断矩阵是否满足次序一致性。将判断矩阵代入模型 R_2，若 $J_2=0$，偏好修改量为 0，即原矩阵满足次序一致性；否则，原矩阵不满足次序一致性。

2. 个体加性基数一致性控制优化模型

关于控制互补判断矩阵加性基数一致性的优化模型研究已经较多（Zhang et al.，2012；Wu et al.，2019）。本书采用的优化模型如下：

$$\min J_3=\sum_{i=1}^{n}\sum_{j=1}^{n}\left|\bar{p}_{ij}-p_{ij}\right|$$
$$\text{s.t.}\begin{cases}\text{CI}(\bar{\boldsymbol{P}})\geqslant\overline{\text{CI}}\\ \bar{\boldsymbol{P}}\in M_P\end{cases}\tag{3.26}$$

为便于描述，用模型 R_3 描述式（3.26）。

定理 3.5 模型 R_3 等价于下列模型：

$$\min J_4=\sum_{i=1}^{n}\sum_{j=1}^{n}f_{ij}$$
$$\text{s.t.}\begin{cases}d_{ij}=\bar{p}_{ij}-p_{ij} & (3.27\text{a})\\ d_{ij}\leqslant f_{ij} & (3.27\text{b})\\ -d_{ij}\leqslant f_{ij} & (3.27\text{c})\\ b_{ijk}=\bar{p}_{ik}+\bar{p}_{kj}-\bar{p}_{ij}-0.5,\ i<j<k & (3.27\text{d})\\ b_{ijk}\leqslant c_{ijk},\ i<j<k & (3.27\text{e})\\ -b_{ijk}\leqslant c_{ijk},\ i<j<k & (3.27\text{f})\\ \dfrac{4}{n(n-1)(n-2)}\sum_{i=1}^{n-2}\sum_{j=i+1}^{n-1}\sum_{k=j+1}^{n}c_{ijk}\leqslant 1-\overline{\text{CI}} & (3.27\text{g})\\ \bar{p}_{ij}+\bar{p}_{ji}=1,\ \bar{p}_{ij}\geqslant 0 & (3.27\text{h})\end{cases}\tag{3.27}$$

证明 为简化优化模型，引入中间变量 f_{ij}。令 $f_{ij}=\left|d_{ij}\right|=\left|\bar{p}_{ij}-p_{ij}\right|$，模型 R_3 中的目标函数可用模型（3.27）中的目标函数及式（3.27a）~（3.27c）表示。约束条件（3.27d）~（3.27g）确保新判断矩阵 $\bar{\boldsymbol{P}}$ 满足可接受加性基数一致性条件。因此，模型（3.27）等价于模型 R_3。

为便于描述，用模型 R_4 描述式（3.27）。当设置模型 R_4 中的 $\overline{\text{CI}}=1$ 时，得出的新判断矩阵 $\bar{\boldsymbol{P}}$ 为完全加性一致矩阵。

3. 个体加性基数一致性及次序一致性控制优化模型

本节模型的目标函数为在尽可能少地改变原始偏好的情况下，同时改进单个互补判断矩阵的加性基数一致性和次序一致性。

$$\min J_5=\sum_{i=1}^{n}\sum_{j=1}^{n}\left|\bar{p}_{ij}-p_{ij}\right|$$
$$\text{s.t.}\begin{cases}\bar{\boldsymbol{P}}\text{满足次序一致}\\ \text{CI}(\bar{\boldsymbol{P}})\geqslant\overline{\text{CI}}\\ \bar{\boldsymbol{P}}\in M_P\end{cases}\tag{3.28}$$

为便于描述，用模型 R_5 描述式（3.28）。

定理 3.6　模型 R_5 等价于下列模型：

$$\text{s.t.}\begin{cases}(3.29\text{a})\sim(3.29\text{p})\text{同}(3.25\text{a})\sim(3.25\text{p})\\(3.29\text{q})\sim(3.29\text{t})\text{同}(3.27\text{d})\sim(3.27\text{g})\\\overline{p}_{ij}+\overline{p}_{ji}=1,\overline{p}_{ij}\geqslant 0\end{cases}\tag{3.29}$$

证明　根据定理 3.5，式（3.25a）~（3.25p）可确保 $\overline{\boldsymbol{P}}$ 为次序一致判断矩阵。根据定理 3.5，式（3.27d）~（3.27g）可确保 $\overline{\boldsymbol{P}}$ 有可接受加性基数一致性水平，即 $\mathrm{CI}(\overline{\boldsymbol{P}})\geqslant\overline{\mathrm{CI}}$。因此，模型（3.29）等价于模型 R_5。

为便于描述，用模型 R_6 描述式（3.29）。模型 R_6 可用于同时改进互补判断矩阵的加性基数一致性和次序一致性。

3.2.4　算例及比较分析

为便于比较各种方法的修改情况，可考虑利用前面提到的修改量（AOC）和修改次数（NOC）两个指标。给定一个完全互补判断矩阵 $\boldsymbol{P}=\left(p_{ij}\right)_{n\times n}$，假设修改后的判断矩阵为 $\overline{\boldsymbol{P}}=(\overline{p}_{ij})_{n\times n}$，则这两个指标的计算公式如下：

$$\mathrm{AOC}=\sum_{i=1}^{n}\sum_{j=1}^{n}|\overline{p}_{ij}-p_{ij}|\tag{3.30}$$

$$\mathrm{NOC}=\sum_{i=1}^{n}\sum_{j=1}^{n}\alpha_{ij}\tag{3.31}$$

其中，当 $\overline{p}_{ij}-p_{ij}\neq 0$ 时，$\alpha_{ij}=1$；否则，$\alpha_{ij}=0$。

例 3.1　（Lee，2012）决策个体针对四个不同方案 $X=\{x_1,x_2,x_3,x_4\}$ 给出如下偏好：

$$\boldsymbol{P}=\begin{pmatrix}0.50&0.90&0.70&0.20\\0.10&0.50&0.30&0.25\\0.30&0.70&0.50&0.90\\0.80&0.75&0.10&0.50\end{pmatrix}$$

原判断矩阵 $\boldsymbol{P}$ 不满足次序一致性。对于方案 $\{x_1,x_3,x_4\}$：$p_{13}=0.7>0.5\Rightarrow x_1\succ x_3$，$p_{34}=0.9>0.5\Rightarrow x_3\succ x_4$，$p_{14}=0.2<0.5$ 而不是 $p_{14}>0.5$，即 $x_1\succ x_3\succ x_4\succ x_1$，该矩阵中的偏好存在矛盾。

1. 仅考虑次序一致性

将 $\boldsymbol{P}$ 代入模型 R_2，得到建议修改判断矩阵 $\overline{\boldsymbol{P}}_1$ 如下：

$$\overline{\boldsymbol{P}}_1=\begin{pmatrix}0.50 & 0.90 & \underline{0.49} & 0.20\\ 0.10 & 0.50 & 0.30 & 0.25\\ \underline{0.51} & 0.70 & 0.50 & 0.90\\ 0.80 & 0.75 & 0.10 & 0.50\end{pmatrix}$$

2. 仅考虑加性基数一致性

$\mathrm{CI}(\boldsymbol{R})=0.7$，令 $\overline{\mathrm{CI}}=0.8$，代入模型 R_4，得到建议修改判断矩阵 $\overline{\boldsymbol{P}}_2$ 如下：

$$\overline{\boldsymbol{P}}_2=\begin{pmatrix}0.50 & 0.90 & 0.70 & 0.20\\ 0.10 & 0.50 & 0.30 & 0.25\\ 0.30 & 0.70 & 0.50 & \underline{0.60}\\ 0.80 & 0.75 & \underline{0.40} & 0.50\end{pmatrix}$$

$\mathrm{CI}(\overline{\boldsymbol{P}}_2)=0.8$。然而，关于方案 $\{x_1,x_3,x_4\}$ 的偏好矛盾依然存在，即判断矩阵 $\overline{\boldsymbol{P}}_2$ 满足可接受加性基数一致性，不满足次序一致性。

3. 考虑加性基数一致性和次序一致性

令 $\overline{\mathrm{CI}}=0.8$，代入模型 R_6，得到建议修改判断矩阵 $\overline{\boldsymbol{P}}_3$ 如下：

$$\overline{\boldsymbol{P}}_3=\begin{pmatrix}0.50 & 0.90 & 0.70 & \underline{0.51}\\ 0.10 & 0.50 & 0.30 & 0.25\\ 0.30 & 0.70 & 0.50 & 0.90\\ \underline{0.49} & 0.75 & 0.10 & 0.50\end{pmatrix}$$

$\mathrm{CI}(\overline{\boldsymbol{P}}_3)=0.8033$，即判断矩阵 $\overline{\boldsymbol{P}}_3$ 满足次序一致性及可接受加性基数一致性。

4. Lee（2012）的方法

Lee 基于互补判断矩阵的定义，提出了同时修补两种一致性的迭代方法，得到的新矩阵 $\overline{\boldsymbol{P}}_4$ 如下：

$$\overline{\boldsymbol{P}}_4=\begin{pmatrix}0.5000 & \underline{0.7875} & \underline{0.4750} & \underline{0.5375}\\ \underline{0.2125} & 0.5000 & \underline{0.1875} & 0.2500\\ \underline{0.5250} & \underline{0.8125} & 0.5000 & \underline{0.5625}\\ \underline{0.4625} & 0.7500 & \underline{0.4375} & 0.5000\end{pmatrix}$$

$\mathrm{CI}(\overline{\boldsymbol{P}}_4)=1.0$，$\overline{\boldsymbol{P}}_4$ 满足完全一致性。

令 $\overline{\mathrm{CI}}$ 值为 1，根据模型 R_6 可得相应新判断矩阵 $\overline{\boldsymbol{P}}_5$ 如下：

$$\overline{\boldsymbol{P}}_5=\begin{pmatrix}0.50 & 0.90 & 0.70 & \underline{0.65}\\ 0.10 & 0.50 & 0.30 & 0.25\\ 0.30 & 0.70 & 0.50 & \underline{0.45}\\ \underline{0.35} & 0.75 & \underline{0.55} & 0.50\end{pmatrix}$$

$\mathrm{CI}\left(\overline{\boldsymbol{P}}_5\right)=1.0$，$\overline{\boldsymbol{P}}_5$ 也满足完全一致性。

上述几种建议修改判断矩阵的情况总结如表 3.4 所示，如果仅控制加性基数一致性水平，判断矩阵仍可能存在次序不一致的情况。因此，有必要同时控制两种一致性。

表 3.4 例 3.1 对比

方法	AOC	NOC	是否次序一致?	CI
模型 R_2	0.420	2	是	0.7
模型 R_4（$\overline{\mathrm{CI}}=0.8$）	0.600	2	否	0.8
模型 R_6（$\overline{\mathrm{CI}}=0.8$）	0.620	2	是	0.8
Lee（2012）	2.175	10	是	1.0
模型 R_6（$\overline{\mathrm{CI}}=1.0$）	1.800	4	是	1.0

3.3 判断矩阵的序违反现象与消除

因为决策个体的有限理性，从判断矩阵中得出的排名结果可能会与决策个体的偏好相矛盾。本节将保序性条件构造为线性不等式，分析了传递性与保序性条件之间的关系。然后，设计了一个混合整数规划模型，使用最小数量的调整元素消除序违反。本节内容主要来自 Tu 和 Wu（2022）。

3.3.1 序违反现象

定义 3.10 令 $\boldsymbol{B}=(b_{ij})_{n\times n}$ 为互补判断矩阵，$\boldsymbol{w}=(w_1,w_2,\cdots,w_n)^{\mathrm{T}}$ 为归一化的排序向量。对于 $i,j\in N$，$i\neq j$，如果以下式子成立，

$$\begin{aligned}&(1)\quad b_{ij}>0.5\Leftrightarrow w_i>w_j\\&(2)\quad b_{ij}=0.5\Leftrightarrow w_i=w_j\end{aligned}\tag{3.32}$$

那么，$\boldsymbol{B}$ 满足保序性（preservation of order preference，POP）条件。

POP 条件要求给定备选方案对 (x_i,x_j) 的权重向量应与决策个体的判断 b_{ij} 一

致。相反，以下定义引入了两种违反 POP 条件的情况。

定义 3.11 如果$i, j \in N$，

$$\begin{aligned}&(1)\quad b_{ij} > 0.5,\quad 有 w_i \leqslant w_j \\ &(2)\quad b_{ij} = 0.5,\quad 有 w_i \neq w_j\end{aligned} \tag{3.33}$$

那么 $\boldsymbol{B}$ 存在序违反（rank violations）。

定理 3.7 如果 $\boldsymbol{B}$ 满足 POP 条件，那么 $\boldsymbol{B}$ 一定满足次序一致性条件。

证明见 Tu 和 Wu（2022）。

但是，如果 $\boldsymbol{B}$ 是次序一致的，那么 $\boldsymbol{B}$ 不一定满足 POP 条件。为了更好地理解次序一致性和保序性之间的关系，考虑下面这个例子。

例 3.2 $\boldsymbol{B}$ 是一个关于六个候选方案$\{x_1, x_2, x_3, x_4, x_5, x_6\}$的互补判断矩阵（Tu and Wu，2022）。

$$\boldsymbol{B} = \begin{pmatrix} 0.5 & 0.4 & 0.2 & 0.6 & 0.7 & 0.6 \\ 0.6 & 0.5 & 0.4 & 0.6 & 0.9 & 0.7 \\ 0.8 & 0.6 & 0.5 & 0.6 & 0.8 & 1.0 \\ 0.4 & 0.4 & 0.4 & 0.5 & 0.7 & 0.6 \\ 0.3 & 0.1 & 0.2 & 0.3 & 0.5 & 0.3 \\ 0.4 & 0.3 & 0.0 & 0.4 & 0.7 & 0.5 \end{pmatrix}$$

$\text{CI}(\boldsymbol{B}) = 0.907$，说明 $\boldsymbol{B}$ 具有可接受的基数一致性水平，并且 $\boldsymbol{B}$ 是次序一致的。$\boldsymbol{B}$ 的权重向量为

$$\boldsymbol{w} = (0.188, 0.231, 0.269, 0.188, 0.106, 0.144)^{\text{T}}$$

据此可以得到排序向量：

$$x_3 \succ x_2 \succ x_4 \sim x_1 \succ x_6 \succ x_5$$

其中，$\succ$表示优于关系，$\sim$表示无差异。$b_{14} = 0.6$ 表示 $x_1 \succ x_4$，但是 $w_1 = w_4 = 0.188$，所以 $\boldsymbol{B}$ 是序违反的。

3.3.2 保序性的显示表达

对于一个互补判断矩阵 $\boldsymbol{B}$，其元素 b_{ij} 的取值有以下三种情况：$b_{ij} < 0.5$，$b_{ij} = 0.5$ 或 $b_{ij} > 0.5$。为了描述这三种情况，引入两个二元变量：t_{ij} 和 u_{ij}。对于 $i, j \in N$，b_{ij} 与 t_{ij} 和 u_{ij} 的关系构建如下：

$$\begin{aligned}&\text{Case (a):}\quad b_{ij} > 0.5 \Leftrightarrow t_{ij} = 1, u_{ij} = 0 \\ &\text{Case (b):}\quad b_{ij} = 0.5 \Leftrightarrow t_{ij} = 0, u_{ij} = 1 \\ &\text{Case (c):}\quad b_{ij} < 0.5 \Leftrightarrow t_{ij} = 0, u_{ij} = 0\end{aligned} \tag{3.34}$$

式（3.34）能够用以下约束表示：

$$\begin{cases} b_{ij} - t_{ij} + 0.5 > 0 \\ b_{ij} - t_{ij} - 0.5 \leqslant 0 \\ b_{ij} - u_{ij} + 0.5 \geqslant 0 \\ b_{ij} + u_{ij} - 1.5 \leqslant 0 \\ b_{ij} - u_{ij} - t_{ij} - 0.5 < 0 \\ t_{ij} + u_{ij} \leqslant 1 \\ t_{ij}, u_{ij} \in \{0,1\} \end{cases} \tag{3.35}$$

POP 条件也可以用以下约束表示：

$$\begin{cases} w_i - w_j - t_{ij} + 1 > 0 \\ w_i - w_j - t_{ij} \leqslant 0 \\ w_i - w_j - u_{ij} + 1 \geqslant 0 \\ w_i - w_j + u_{ij} - 1 \leqslant 0 \\ w_i - w_j - t_{ij} - u_{ij} < 0 \\ t_{ij} + u_{ij} \leqslant 1 \\ t_{ij}, u_{ij} \in \{0,1\} \end{cases} \tag{3.36}$$

引理 3.1　令 $\boldsymbol{O} = (o_1, o_2, \cdots, o_n)^{\mathrm{T}}$ 为位置向量，o_i 表示方案 x_i 在 $\boldsymbol{w}$ 中的位置。如果判断矩阵 $\boldsymbol{B}$ 满足 POP 条件，那么式（3.37）成立：

$$o_i = n + 1 - \sum_{j=1}^{n} (t_{ij} + u_{ij}) \tag{3.37}$$

证明见 Tu 和 Wu（2022）。

3.3.3　消除序违反的优化模型

令 $\overline{\boldsymbol{B}} = (\overline{b}_{ij})_{n\times n}$ 为修正后满足 POP 条件的互补判断矩阵。如果 $\boldsymbol{B}$ 不满足 POP 条件，决策个体必须在调节者的指导下修改他的偏好，以消除矛盾的判断。因为说服决策个体修改他的判断所花费的成本取决于改变的判断的数量，所以目标函数被定义为

$$\min \ \mathrm{NOC} = \sum_{i=1}^{n} \sum_{j=1}^{n} \delta_{ij} \tag{3.38}$$

其中，δ_{ij} 表示一个 0-1 变量，如果 $b_{ij} \neq \overline{b}_{ij}$，$\delta_{ij} = 1$；否则，$\delta_{ij} = 0$。

当互补判断矩阵 $\boldsymbol{B}$ 不满足 POP 条件时，对于 $i < j$，基于修改元素的最小数量来消除序违反的模型被构造如下：

$$\min \quad J_1=\sum_{i=1}^{n-1}\sum_{j=i+1}^{n}\delta_{ij}$$

$$\text{s.t.}\begin{cases}\bar{b}_{ij}-t_{ij}+0.5>0 & (3.39\text{a})\\ \bar{b}_{ij}-t_{ij}-0.5\leqslant 0 & (3.39\text{b})\\ \bar{b}_{ij}-u_{ij}+0.5\geqslant 0 & (3.39\text{c})\\ \bar{b}_{ij}+u_{ij}-1.5\leqslant 0 & (3.39\text{d})\\ \bar{b}_{ij}-u_{ij}-t_{ij}-0.5<0 & (3.39\text{e})\\ t_{ij}+u_{ij}\leqslant 1 & (3.39\text{f})\\ \bar{w}_i=\dfrac{2}{n^2}\sum_{j=1}^{n}\bar{b}_{ij} & (3.39\text{g})\\ \bar{w}_i-\bar{w}_j-t_{ij}+1>0 & (3.39\text{h})\\ \bar{w}_i-\bar{w}_j-t_{ij}\leqslant 0 & (3.39\text{i})\\ \bar{w}_i-\bar{w}_j-u_{ij}+1\geqslant 0 & (3.39\text{j})\\ \bar{w}_i-\bar{w}_j+u_{ij}-1\geqslant 0 & (3.39\text{k})\\ \bar{w}_i-\bar{w}_j-t_{ij}-u_{ij}>0 & (3.39\text{l})\\ |\bar{b}_{ij}-b_{ij}|\leqslant \delta_{ij} & (3.39\text{m})\\ \bar{b}_{ij}+\bar{b}_{ji}=1 & (3.39\text{n})\\ \delta_{ij},t_{ij},u_{ij}\in\{0,1\} & (3.39\text{o})\\ \bar{b}_{ij}\in[0,1] & (3.39\text{p})\end{cases} \tag{3.39}$$

为了方便起见，上述模型被称为 R_7。

虽然使用模型 R_7 修改后的互补判断矩阵满足 POP 条件，但它可能无法满足预定的可接受一致性水平。因此，设计一个模型来确保修改后的互补判断矩阵同时满足 POP 条件和可接受的一致性水平，如下所示，$i<j$：

$$\min \quad J_2=\sum_{i=1}^{n-1}\sum_{j=i+1}^{n}\delta_{ij}$$

$$\text{s.t.}\begin{cases}(3.40\text{a})\sim(3.40\text{p})\text{同}(3.39\text{a})\sim(3.39\text{p})\\ 1-\dfrac{4}{n(n-1)(n-2)}\sum_{1\leqslant i<j<k\leqslant n}^{n}|b_{ij}+b_{jk}-b_{ik}-0.5|\geqslant\overline{\text{CI}} \quad (3.40\text{q})\end{cases} \tag{3.40}$$

上述模型被称为 R_8。

约束（3.40a）~（3.40p）旨在保证修改后的互补判断矩阵满足 POP 条件。约束（3.40q）保证修改后的互补判断矩阵满足定义 3.9 中定义的可接受一致性水平。在模型 R_8 中，有两个非线性约束：（3.40m）和（3.40q）。因此，为了降低计算复杂度，将非线性约束转化为线性约束。

定理 3.8　模型 R_8 等价于以下混合整数线性规划，对于 $i<j$，

$$\min \quad J_3=\sum_{i=1}^{n-1}\sum_{j=i+1}^{n}\delta_{ij}$$

$$\text{s.t.}\begin{cases}(3.41\text{a})\sim(3.41\text{l}) \\ \text{同}(3.40\text{a})\sim(3.40\text{l}) \\ b_{ij}-\overline{b}_{ij}\leqslant g_{ij} & (3.41\text{m}) \\ -b_{ij}+\overline{b}_{ij}\leqslant g_{ij} & (3.41\text{n}) \\ g_{ij}\leqslant \delta_{ij} & (3.41\text{o}) \\ \overline{b}_{ij}+\overline{b}_{jk}-\overline{b}_{ik}-0.5\leqslant f_{ijk} & (3.41\text{p}) \\ -(\overline{b}_{ij}+\overline{b}_{jk}-\overline{b}_{ik}-0.5)\leqslant f_{ijk} & (3.41\text{q}) \\ 1-\dfrac{4}{n(n-1)(n-2)}\sum\limits_{1\leqslant i<j<k\leqslant n}^{n} f_{ijk}\geqslant \overline{\text{CI}} & (3.41\text{r}) \\ \overline{b}_{ij}+\overline{b}_{ji}=1 & (3.41\text{s}) \\ \delta_{ij},t_{ij},u_{ij}\in\{0,1\} & (3.41\text{t}) \\ \overline{b}_{ij}\in[0,1] & (3.41\text{u})\end{cases} \qquad (3.41)$$

为方便起见，将上述模型记为模型 R_9。

3.3.4 算例及比较分析

例 3.3　假设 $\boldsymbol{B}$ 是一个关于四个候选方案 $\{x_1,x_2,x_3,x_4\}$ 的互补判断矩阵。

$$\boldsymbol{B}=\begin{pmatrix}0.5 & 0.1 & 0.6 & 0.7 \\ 0.9 & 0.5 & 0.8 & 0.4 \\ 0.4 & 0.2 & 0.5 & 0.9 \\ 0.3 & 0.6 & 0.1 & 0.5\end{pmatrix}$$

计算可得, $\text{CI}(\boldsymbol{B})=0.667$，$\boldsymbol{B}$ 对应的排序向量为 $\boldsymbol{w}=(0.238,0.325,0.250,0.188)^{\text{T}}$。$b_{13}=0.6$ 和 $w_1=0.238<w_3=0.250$ 表明该互补判断矩阵有序违反，有两个三向循环：$x_1\succ x_2\succ x_4\succ x_1$，$x_2\succ x_3\succ x_4\succ x_2$。因此，使用模型 P_3 来消除序违反并达到可接受的一致性水平。

1. 本章提出的方法

设置 $\overline{\text{CI}}=0.7$，修改后的互补判断矩阵如下：

$$\bar{\boldsymbol{B}}=\begin{pmatrix}0.5 & 0.1 & 0.6 & 0.7\\ 0.9 & 0.5 & 0.8 & \underline{1.0}\\ 0.4 & 0.2 & 0.5 & \underline{0.7}\\ 0.3 & 0.0 & 0.3 & 0.5\end{pmatrix}$$

计算可得，$\mathrm{CI}(\bar{\boldsymbol{B}})=0.933$，$\bar{\boldsymbol{B}}$ 对应的排序向量为 $\bar{\boldsymbol{w}}=(0.238,0.400,0.225,0.138)^{\mathrm{T}}$。调整上三角中的元素 b_{24} 和 b_{34} 后，$\bar{\boldsymbol{B}}$ 满足 POP 条件和预定基数的一致性水平，备选项的排序为：$x_2 \succ x_1 \succ x_3 \succ x_4$。

2. Ma 等的方法（Ma et al.，2006）

记 $\boldsymbol{B}_{\mathrm{Ma}}=(b_{ij,\mathrm{Ma}})_{4\times4}$ 为利用该方法得到的修正后的判断矩阵，$\boldsymbol{B}_{\mathrm{Ma}}$ 对应的排序向量为 $\boldsymbol{w}_{\mathrm{Ma}}=(w_{1,\mathrm{Ma}},w_{2,\mathrm{Ma}},\cdots,w_{4,\mathrm{Ma}})^{\mathrm{T}}$，有

$$\boldsymbol{B}_{\mathrm{Ma}}=(b_{ij,\mathrm{Ma}})_{4\times4}=\begin{pmatrix}0.5000 & \underline{0.1675} & \underline{0.5625} & \underline{0.6700}\\ 0.8325 & 0.5000 & \underline{0.7550} & \underline{0.5125}\\ 0.4375 & 0.2450 & 0.5000 & \underline{0.8175}\\ 0.3300 & 0.4875 & 0.1825 & 0.5000\end{pmatrix}$$

进一步计算可得 $\mathrm{CI}(\boldsymbol{B}_{\mathrm{Ma}})=0.77$，排序向量为

$$\boldsymbol{w}_{\mathrm{Ma}}=(0.238,0.325,0.250,0.188)^{\mathrm{T}}$$

原判断矩阵上三角中的所有元素都发生了变化，修改后的互补判断矩阵与最初的互补判断矩阵完全不同，这使得决策个体很难接受建议。$b_{13}=0.5625$，$w_1=0.238<w_3=0.250$ 表明互补判断矩阵存在序违反。

3. Xu 等的方法（Xu et al.，2013）

记 $\boldsymbol{B}_{\mathrm{Xu}}=(b_{ij,\mathrm{Xu}})_{4\times4}$ 为利用该方法得到的修正后的判断矩阵，$\boldsymbol{B}_{\mathrm{Xu}}$ 对应的排序向量为 $\boldsymbol{w}_{\mathrm{Xu}}=(w_{1,\mathrm{Xu}},w_{2,\mathrm{Xu}},\cdots,w_{4,\mathrm{Xu}})^{\mathrm{T}}$，有

$$\boldsymbol{B}_{\mathrm{Xu}}=\begin{pmatrix}0.5 & 0.1 & 0.6 & 0.7\\ 0.9 & 0.5 & 0.8 & \underline{0.6}\\ 0.4 & 0.2 & 0.5 & 0.9\\ 0.3 & 0.4 & 0.1 & 0.5\end{pmatrix}$$

进一步计算可得 $\mathrm{CI}(\boldsymbol{B}_{\mathrm{Xu}})=0.73$，排序向量为 $\boldsymbol{w}_{\mathrm{Xu}}=(0.238,0.350,0.250,0.163)^{\mathrm{T}}$。虽然原判断矩阵上三角中只有一个元素 b_{24} 被更改，但序违反尚未消除。

如果设置 $\overline{\mathrm{CI}}=0.7$。按 Ma 等（2006）和 Xu 等（2013）提出的方法，调整后的判断矩阵在次序和基数上都是一致的。然而，与本书的结果相比，这两种方法都未能消除序违反。

3.4 本章小结

个体理性与群体理性的研究最早出现在社会选择领域（森，2006）。在行为决策领域，古典经济学中的具有完全理性的“经济人”已经被具有有限理性的个体所替代。Simon 指出：人类用来归纳和解决复杂问题的思维能力，同现实世界中需要客观理性行为才能解决的问题的数量相比，是十分微弱的，甚至和那些只需近似的客观理性就能解决的问题相比较，也是如此（Simon，1976）。在个体的偏好信息表示为判断矩阵的情形下，个体的完全理性意味着个体所提供的判断矩阵是基数完全一致的，而根据人的“有限理性”，这一要求对个体给出决策信息的要求过于苛刻。尽管如此，对个体给出的判断矩阵进行合理性分析仍然是必要的。利用本章提出的各种方法能够辅助个体进行决策，使他们认识到其提供的信息可能有些地方不可靠，如果要改进不可靠的判断，应该从哪些方面入手。

参考文献

金菊良，魏一鸣，潘金锋. 2004. 修正 AHP 中判断矩阵一致性的加速遗传算法[J]. 系统工程理论与实践，24（1）：63-69.

刘万里，雷治军. 1997. 关于 AHP 中判断矩阵校正方法的研究[J]. 系统工程理论与实践，17（6）：31-35.

彭国甫，李树丞，盛明科. 2004. 应用层次分析法确定政府绩效评估指标权重研究[J]. 中国软科学，（6）：136-139.

森 A. 2006. 理性与自由[M]. 李风华译. 北京：中国人民大学出版社.

魏翠萍. 2006. 一种检验判断矩阵次序一致性的方法[J]. 运筹学学报，（1）：116-122.

吴志彬，涂见成，徐玖平. 2021. 处理判断矩阵次序一致性和基数一致性的优化方法[J]. 系统工程理论与实践，41（5）：1107-1118.

解江，吴诗辉. 2020. 基于基本回路修正的 AHP 一致性调整方法研究[J]. 运筹与管理，29（4）：147-157.

邢丘丹，黄卫，常莹莹. 2012. 基于层次分析法的网上银行信息安全产品的目标客户获取策略选择——以西安工商银行为例[J]. 中国管理科学，20（S1）：14-21.

Cao D，Leung L C，Law J S. 2008. Modifying inconsistent comparison matrix in analytic hierarchy process：a heuristic approach[J]. Decision Support Systems，44（4）：944-953.

Crawford G，Williams C. 1985. A note on the analysis of subjective judgment matrices[J]. Journal of Mathematical Psychology，29（4）：387-405.

Finan J S，Hurley W J. 1997. The analytic hierarchy process：does adjusting a pairwise comparison matrix to improve the consistency ratio help?[J]. Computers & Operations Research，24：749-755.

Girsang A S，Tsai C W，Yang C S. 2015. Ant algorithm for modifying an inconsistent pairwise weighting matrix in an analytic hierarchy process[J]. Neural Computing and Applications，26（2）：313-327.

Herrera-viedma E，Alonso S，Chiclana F，et al. 2007. A consensus model for group decision making with incomplete fuzzy preference relations[J]. IEEE Transactions on Fuzzy Systems，15（5）：863-877.

Lee L W. 2012. Group decision making with incomplete fuzzy preference relations based on the additive consistency and the order consistency[J]. Experts Systems with Applications，39：11666-11676.

Li H L，Ma L C. 2007. Detecting and adjusting ordinal and cardinal inconsistencies through a graphical and optimal approach in AHP models[J]. Computers and Operations Research，34（3）：780-798.

Ma J，Fan Z P，Jiang Y P，et al. 2006. A method for repairing the inconsistency of fuzzy preference relations[J]. Fuzzy Sets and Systems，157（1）：20-33.

Nedashkovskaya N I. 2018. Investigation of methods for improving consistency of a pairwise comparison matrix[J]. Journal of the Operational Research Society，69（12）：1947-1956.

Pereira V，Costa H G. 2015. Nonlinear programming applied to the reduction of inconsistency in the AHP method[J]. Annals of Operations Research，229（1）：635-655.

Saaty T L. 1980. The Analytic Hierarchy Process[M]. New York：McGraw-Hill.

Saaty T L. 2003. Decision-making with the AHP：why is the principal eigenvector necessary[J]. European Journal of Operational Research，145（1）：85-91.

Simon H A. 1976. Administrative Behavior：A Study of Decision-making Processes in Administrative Organizations[M]. New York：Macmillan.

Siraj S，Mikhailov L，Keane J. 2012. A heuristic method to rectify intransitive judgments in pairwise comparison matrices[J]. European Journal of Operational Research，216（2）：420-428.

Tanino T. 1984. Fuzzy preference orderings in group decision making[J]. Fuzzy Sets and Systems，12（2）：117-131.

Tu J C，Wu Z B. 2022. H-rank consensus models for fuzzy preference relations considering eliminating rank violations[J]. IEEE Transactions on Fuzzy Systems，30（6）：2004-2018.

Tversky A. 1969. Intransitivity of preferences[J]. Psychological Review，76：31-48.

Wu Z B，Huang S，Xu J P. 2019. Multi-stage optimization models for individual consistency and group consensus with preference relations[J]. European Journal of Operational Research，275（1）：182-194.

Wu Z B，Jin B M，Fujita H，et al. 2020. Consensus analysis for AHP multiplicative preference relations based on consistency control：a heuristic approach[J]. Knowledge-Based Systems，191，105317.

Wu Z B，Tu J C. 2021. Managing transitivity and consistency of preferences in AHP group decision making based on minimum modifications[J]. Information Fusion，67：125-135.

Wu Z B，Yuan R，Tu J C. 2021. Group decision making with transitive preferences under ordinal and cardinal consistencies：an optimization approach[J]. Group Decision and Negotiation，30（1）：221-250.

Xu Y J，Patnayakuni R，Wang H M. 2013. The ordinal consistency of a fuzzy preference relation[J]. Information Sciences，224：152-164.

Xu Z S，Wei C P. 1999. A consistency improving method in the analytic hierarchy process[J]. European Journal of Operational Research，116（2）：443-449.

Zhang G Q，Dong Y C，Xu Y F. 2012. Linear optimization modeling of consistency issues in group decision making based on fuzzy preference relations[J]. Expert Systems with Applications，39（3）：2415-2420.

Zhang H Q，Sekhari A，Ouzrout Y，et al. 2014. Optimal inconsistency repairing of pairwise comparison matrices using integrated linear programming and eigenvector methods[J]. Mathematical Problems in Engineering，Article ID 989726.

第4章　大群体环境下的互反判断矩阵决策

本章给出了基于互反判断矩阵的一致性离散化改进方法，该方法保证了修改的元素是属于 Saaty 的 1/9—9 的离散标度范围，同时只需要修改很少的位置就能使判断矩阵满足一致性条件。接着提出了基于互反判断矩阵的带一致性控制的优化共识模型。最后给出了小群体案例及如何将上述方法用到大群体共识问题中。

4.1　共识达成的离散化修改方法

AHP 是应用最为广泛的多属性决策方法之一（Saaty，2013；Ho and Ma，2018）。AHP 的应用离不开其理论的发展和完善。AHP 理论中研究最多的要数对互反判断矩阵的个体一致性与共识研究。本节首先介绍 AHP 互反判断矩阵基数一致性水平改进的一种迭代算法，接着介绍基于该迭代算法的共识改进方法。

4.1.1　一致性改进的离散化方法

个体一致性度量是基于判断矩阵的群体决策过程的重要一步，能防止个体随意给出偏好。当某个群体的判断矩阵不满足给定的一致性要求时，需要对判断矩阵进行修改。

定义 4.1　令 $\boldsymbol{A}=(a_{ij})_{n\times n}$ 和 $\boldsymbol{B}=(b_{ij})_{n\times n}$ 为两个互反判断矩阵，定义元素 a_{ij} 和 b_{ij} 之间的偏差如下

$$\mathrm{dp}(a_{ij},b_{ij})=|\mathrm{pos}(a_{ij})-\mathrm{pos}(b_{ij})| \tag{4.1}$$

其中，$\text{pos}(a_{ij})$ 表示元素 a_{ij} 在离散集合 T 中的位置，如 $a_{ij}=\frac{1}{7}$，那么 $\text{pos}(a_{ij})=3$，如果 $b_{ij}=\frac{1}{3}$，那么 $\text{dp}(a_{ij},b_{ij})=|3-7|=4$。

以下算法旨在提高不满足一致性要求时的一致性水平。

算法 4.1

输入 初始互反判断矩阵 $\boldsymbol{A}=(a_{ij})_{n\times n}$，一致性阈值 $\overline{\text{CI}}$。

输出 修改后满足一致性条件的互反判断矩阵 $\overline{\boldsymbol{A}}=(\overline{a}_{ij})_{n\times n}$，以及对应的一致性水平 $\text{CI}(\overline{\boldsymbol{A}})$。

步骤 1 令 $\boldsymbol{A}_0=(a_{ij,0})_{n\times n}=(a_{ij})_{n\times n}$，$r=0$。

步骤 2 计算一致性水平 $\text{CR}(\boldsymbol{A}_r)$，如果 $\text{CR}(\boldsymbol{A}_r)<\overline{\text{CI}}$，则一致性水平达到要求，进入步骤 4；否则，进行下一步。

步骤 3 计算 $\boldsymbol{A}_r$ 对应的特征向量 $\boldsymbol{w}=(w_{1,r},w_{2,r},\cdots,w_{n,r})^{\text{T}}$，从而计算得到偏差矩阵 $\boldsymbol{D}_r=(d_{ij,r})_{n\times n}$。找到偏差矩阵中最大元素 d_{i^*,j^*} 所在位置 (i^*,j^*)，那么在位置 $(i^*,j^*),(j^*,i^*)$ 上的元素需要修改，修改规则如下：

令 $T=\{\frac{1}{9},\frac{1}{8},\frac{1}{7},\frac{1}{6},\frac{1}{5},\frac{1}{4},\frac{1}{3},\frac{1}{2},1,2,3,4,5,6,7,8,9\}$ 为初始的 17 个离散值，$T(l)$ 表示其中的第 l 个元素。令 $\boldsymbol{A}_r^l=(a_{ij,r}^l)_{n\times n}$，其中，

$$a_{ij,r}^l=\begin{cases}d_{ij,r}, & i\neq i^*,\quad j\neq j^*\\ T(l), & \text{其他}\end{cases}\tag{4.2}$$

计算 17 个 $\boldsymbol{A}_r^l$ 对应的一致性水平，记 $\text{CRT}_r=\{\text{CR}(\boldsymbol{A}_r^1),\text{CR}(\boldsymbol{A}_r^2),\cdots,\text{CR}(\boldsymbol{A}_r^{17})\}$ 和 $\text{Pos}_{i^*j^*}(l)=\{l\,|\,\text{CR}(\boldsymbol{A}_r^l)\leqslant\overline{\text{CI}}\}$，存在下面两种情况：

（1）$\text{Pos}_{i^*j^*}(l)=\varnothing$，这说明这位置 (i^*,j^*) 遍历所有的离散值，得到的最优的一致性水平仍然不能满足条件，此时将 (i^*,j^*) 位置的值修改为一致性水平最高对应的离散值 $T(l^*)$，(j^*,i^*) 位置的值则为 $1/T(l^*)$，l^* 由式（4.3）确定：

$$l^*=\arg\max_{l}\{\text{CR}(\boldsymbol{A}_r^l)\,|\,l=1,2,\cdots,17\}\tag{4.3}$$

令 $\boldsymbol{A}_{r+1}=\boldsymbol{A}_r^{l^*}$，$r=r+1$，返回步骤 2。

（2）$\text{Pos}_{i^*j^*}(l)\neq\varnothing$，这说明存在 l 使得 $\text{CR}(\boldsymbol{A}_r^l)\leqslant\overline{\text{CI}}$。为了尽可能保持个体原始偏好信息，应该选择距离 (i^*,j^*) 位置原始值尽可能接近的值，修改 (i^*,j^*) 位置的值为 $T(l^*)$，(j^*,i^*) 位置的值则为 $1/T(l^*)$，l^* 由式（4.4）确定：

$$l^*=\arg\min_{l}\{\text{dp}(a_{i^*j^*,r},a_{i^*j^*,r}^l)\,|\,l\in\text{Pos}_{i^*j^*}(l)\}\tag{4.4}$$

令 $\boldsymbol{A}_{r+1}=\boldsymbol{A}_r^{l^*}$，转下一步。

步骤 4 令 $\overline{\boldsymbol{A}}=\boldsymbol{A}_r$，输出 $\overline{\boldsymbol{A}}$ 和 $\mathrm{CR}(\overline{\boldsymbol{A}})$。

步骤 5 结束。

如果某个互反判断矩阵 $\boldsymbol{A}$ 不满足一致性要求，使用上述算法进行修改使得它满足一致性要求。

例 4.1 这个例子在文献 Girsang 等（2015）、Saaty（2003）及 Xu 和 Wei（1999）中也讨论过，假设个体针对方案 $\{x_1,x_2,\cdots,x_8\}$ 给出互反判断矩阵如下

$$\boldsymbol{A}=\begin{pmatrix} 1 & 5 & 3 & 7 & 6 & 6 & \frac{1}{3} & \frac{1}{4} \\ \frac{1}{5} & 1 & \frac{1}{3} & 5 & 3 & 3 & \frac{1}{5} & \frac{1}{7} \\ \frac{1}{3} & 3 & 1 & 6 & 3 & 4 & 6 & \frac{1}{5} \\ \frac{1}{7} & \frac{1}{5} & \frac{1}{6} & 1 & \frac{1}{3} & \frac{1}{4} & \frac{1}{7} & \frac{1}{8} \\ \frac{1}{6} & \frac{1}{3} & \frac{1}{3} & 3 & 1 & \frac{1}{2} & \frac{1}{5} & \frac{1}{6} \\ \frac{1}{6} & \frac{1}{3} & \frac{1}{4} & 4 & 2 & 1 & \frac{1}{5} & \frac{1}{6} \\ 3 & 5 & \frac{1}{6} & 7 & 5 & 5 & 1 & \frac{1}{2} \\ 4 & 7 & 5 & 8 & 6 & 6 & 2 & 1 \end{pmatrix}$$

可计算出，互反判断矩阵 $\boldsymbol{A}$ 的一致性水平 $\mathrm{CI}(\boldsymbol{A})=0.169$，特征根法求出的排序向量为 $\boldsymbol{w}=(0.1730,0.0540,0.1881,0.0175,0.0310,0.0363,0.1668,0.3332)^{\mathrm{T}}$。

设定一致性阈值为 $\overline{\mathrm{CI}}=0.1$，由于 $\mathrm{CI}(\boldsymbol{A})>\overline{\mathrm{CI}}$，所以需要对 $\boldsymbol{A}$ 进行改进。根据算法 4.1 的步骤 3，找到需要修改的位置 $(3,7)$，根据修改规则得出各离散值对应的一致性水平如下：

$$\mathbf{CRT}_r=(0.1037,0.1000,0.0963,0.0926,0.0891,0.0858,0.0832,0.0822,0.0880,\\ 0.1050,0.1222,0.1387,0.1543,0.1691,0.1832,0.1967,0.2097)^{\mathrm{T}}$$

求出满足条件的位置 $\mathrm{Pos}_{37}(l)=\{2,3,4,5,6,7,8,9\}$，这些位置对应的值均能使得一致性水平满足一致性阈值条件。由于 $\mathrm{Pos}_{37}\neq$ 空集，根据步骤 3 中（2）介绍的规则，为了尽可能保留个体的原始偏好信息，选择修改的值为 $T(l^*)=T(9)=1$，所以修改后的一致性水平为 $\mathrm{CI}(\overline{\boldsymbol{A}})=0.088$，修改后的互反判断矩阵如下，修改的元素用下画线进行了标注。

$$\overline{A}=\begin{pmatrix} 1 & 5 & 3 & 7 & 6 & 6 & \frac{1}{3} & \frac{1}{4} \\ \frac{1}{5} & 1 & \frac{1}{3} & 5 & 3 & 3 & \frac{1}{5} & \frac{1}{7} \\ \frac{1}{3} & 3 & 1 & 6 & 3 & 4 & 1 & \frac{1}{5} \\ \frac{1}{7} & \frac{1}{5} & \frac{1}{6} & 1 & \frac{1}{3} & \frac{1}{4} & \frac{1}{7} & \frac{1}{8} \\ \frac{1}{6} & \frac{1}{3} & \frac{1}{3} & 3 & 1 & \frac{1}{2} & \frac{1}{5} & \frac{1}{6} \\ \frac{1}{6} & \frac{1}{3} & \frac{1}{4} & 4 & 2 & 1 & \frac{1}{5} & \frac{1}{6} \\ 3 & 5 & 1 & 7 & 5 & 5 & 1 & \frac{1}{2} \\ 4 & 7 & 5 & 8 & 6 & 6 & 2 & 1 \end{pmatrix}$$

由于修改后的互反判断矩阵 $\boldsymbol{A}$ 的一致性水平为 $\mathrm{CI}(\overline{A})=0.088$，满足一致性条件，此时不再进行修改，算法结束。能够发现仅仅在上三角修改了一个位置的元素就使得互反判断矩阵满足了一致性条件。

4.1.2　迭代共识

共识（consensus），在牛津大学词典中也叫意见一致。美国大百科全书侧重从社会科学的角度来解释，把共识看成一个政治实体对某一个议题表现出来的一致的状态，也可以用来表示某个社会的一致程度。共识有三种形式（顾基发，2001）：①自发的（spontaneous）；②突发的（emergent）；③运作的（manipulated）。自发的共识，一般是在类似原始部落或某种变化慢的社会中出现问题时达成的。突发的共识出现在彼此有很多不同意见时，经过对意见的深入讨论，证据的收集，最后在权衡利弊后形成新的共识。运作的共识是指既有可能出现突发的共识，又允许自由表达意见，再经过一些很好的信息沟通，将意见传到广大群众中，最后取得的共识。本书中所指的共识主要是运作后的共识。

在群决策环境下，群体达成共识通常是决策个体想要的一个结果。利用共识策略，群体中的决策个体应该充分参与讨论，使决策过程朝共识解决方案推进。本节将介绍群体共识水平的定义，基于该定义给出提高大群体共识水平的算法。

定义 4.2　令 $E=\left\{e_k \middle| k=1,2,\cdots,m\right\}$ 表示决策个体集合，其中 e_k 表示第 k 个个

体，对应的权重$\lambda=\{\lambda_1,\lambda_2,\cdots,\lambda_m\}$，$\sum_{i=1}^{m}\lambda_k=1,\ 0\leqslant\lambda_k\leqslant1$。令$\boldsymbol{A}_k=\left(a_{ij}^k\right)_{n\times n}$表示关于方案集$X=\{x_1,x_2,\cdots,x_n\}$的第$k$个决策个体$e_k$的互反判断矩阵，假设$\boldsymbol{A}_c=(a_{ij}^c)_{n\times n}$表示利用几何平均算子集结$m$个互反判断矩阵得到的整个群体的互反判断矩阵。那么关于决策个体k的共识度定义如下：

$$\mathrm{GCI}(\boldsymbol{A}_k)=d(\boldsymbol{A}_k,\boldsymbol{A}_c)=\frac{1}{n^2}\sum_{i=1}^{n}\sum_{j=1}^{n}a_{ij}^k a_{ij}^c \tag{4.5}$$

其中，$a_{ij}^c=\prod_{k=1}^{m}(a_{ij}^k)^{\lambda_k}$。

如果对于每个k都有$\mathrm{GCI}(\boldsymbol{A}_k)=1$，那么就认为整个群体达成共识，实际上这种情况是很少见的。$\mathrm{GCI}(\boldsymbol{A}_k)$越小，就说明该个体的共识度越高，相反则越低。在决策问题中，通常会设置一个共识阈值$\overline{\mathrm{GCI}}$，当每个个体共识度都小于等于该阈值的时候就认为是达成了共识。如果存在k使得$\mathrm{GCI}(\boldsymbol{A}_k)>\overline{\mathrm{GCI}}$，就说明整个群体没有达成共识，需要对偏好进行修改。

接下来的算法是针对偏好矩阵$\boldsymbol{A}_k$进行修改。考虑如下修改规则：

（1）记共识度最差的个体为e_{k^-}，计算如下：

$$k^-=\arg\max_k \mathrm{GCI}(\boldsymbol{A}_k) \tag{4.6}$$

如果存在不止一个个体，那么可以选择其中一个进行修改（比如该个体在之前修改的次数较少），或者同时进行修改。

（2）记需要修改的方案的偏好x_{i^-}，e_{k^-}关于该方案的共识度最差，计算如下：

$$i^-=\arg\max_i \sum_{j=1}^{n}\frac{a_{ij}^{k^-}}{a_{ij}^c} \tag{4.7}$$

个体e_{k^-}的偏好矩阵为$\boldsymbol{A}_{k^-}=(a_{ij}^{k^-})_{n\times n}$，整个群体的偏好矩阵为$\boldsymbol{A}_c=(a_{ij}^c)_{n\times n}$。如果此时找到的方案不止一个，同样可以选择其中一个或者全部选择。

（3）记需要修改的位置为(i^-,j^-)，满足在位置集合$\{(i^-,1),(i^-,2),\cdots,(i^-,n)\}$上的共识度最差，计算如下：

$$(i^-,j^-)=\arg\max_j\left(\frac{a_{i^-j}^{k^-}}{a_{i^-j}^c}\right) \tag{4.8}$$

确定了(i^-,j^-)位置后，那么(i^-,j^-)和(j^-,i^-)位置上的元素均需要进行修改。

规则（1）确定了要修改的小群体，规则（2）和（3）确定了修改的位置。具体的修改算法见算法4.2。

算法 4.2

输入　决策者的互反判断矩阵 $\boldsymbol{A}_k, k=1,2,\cdots,m$，决策个体的权重向量 $\boldsymbol{\lambda}=(\lambda_1,\lambda_2,\cdots,\lambda_m)^{\mathrm{T}}$，预定义的共识阈值 $\overline{\mathrm{GCI}}$，一致性阈值 $\overline{\mathrm{CI}}$，最大迭代次数 $r_{\max}>1$。

输出　修改后满足共识要求的各个决策个体的判断矩阵 $\overline{\boldsymbol{A}}_k, k=1,2,\cdots,m$，对应的各个决策个体的共识度 $\mathrm{GCI}(\overline{\boldsymbol{A}}_k), k=1,2,\cdots,m$，一致性水平 $\mathrm{CR}(\overline{\boldsymbol{A}}_k), k=1,2,\cdots,m$。

步骤 1　令 $\boldsymbol{A}_{k,r}=(a_{ij,r}^{k})_{n\times n}$，$r=0$，利用一致性提高算法 4.1 使得每个决策个体的互反判断矩阵满足可接受一致性，为方便起见，修改后的矩阵表示不变。

步骤 2　计算关于 $\boldsymbol{A}_{k,r}, k=1,2,\cdots,m$ 的整个大群体的互反判断矩阵 $\boldsymbol{A}_{c,r}=(a_{ij,r}^{c})_{n\times n}$，其中 $a_{ij,r}^{c}=\prod_{k=1}^{m}(a_{ij,r}^{k})^{\lambda_k}$。

步骤 3　计算第 k 个决策个体的共识度 $\mathrm{GCI}(\boldsymbol{A}_{k,r}), k=1,2,\cdots,m$，如果每个决策个体的共识度均小于等于共识阈值或者达到最大迭代次数，那么认为群体达成共识，进入步骤 6；否则，继续下一步。

步骤 4　根据上面介绍的判别规则，确定需要修改偏好的决策个体 $\boldsymbol{A}_{k,r}^{l}$，需要进行修改的位置 (i^*,j^*)。

步骤 5　令 $T=\{\frac{1}{9},\frac{1}{8},\frac{1}{7},\frac{1}{6},\frac{1}{5},\frac{1}{4},\frac{1}{3},\frac{1}{2},1,2,3,4,5,6,7,8,9\}$ 为初始的 17 个离散值，$T(l)$ 表示其中的第 l 个元素。令 $\boldsymbol{A}_{k,r}^{l}=(a_{ij,r}^{k,l})_{n\times n}$，其中，

$$a_{ij,r}^{k,l}=\begin{cases}a_{ij,r}^{k}, & i\neq i^*, j\neq j^*\\ T(l), & \text{其他}\end{cases} \tag{4.9}$$

令 $\mathrm{Pos}_{i^*j^*}(l)=\{l\,|\,\mathrm{CR}(\boldsymbol{A}_{Gk^-,r}^{l})\leqslant\overline{\mathrm{CI}}\wedge\mathrm{GCI}(\boldsymbol{A}_{Gk^-,r}^{l})\leqslant\mathrm{GCI}(\boldsymbol{A}_{k^-,r})\}$，讨论下面的两种情况。

（1）如果 $\mathrm{Pos}_{i^*j^*}(l)\neq$ 空集。

说明存在 l 使得该群体修改后，一致性满足要求同时共识也能得到提高。记 $l^*=\{l\,|\,\mathrm{GCI}(\boldsymbol{A}_{Gk^-,r}^{l})\geqslant\overline{\mathrm{GCI}}, l\in\mathrm{Pos}_{i^*j^*}(l)\}$，此时继续考虑两种情况：

①如果 $l^*\neq$ 空集，为了尽可能保持群体初始信息，选择与初始偏好距离较小的值，

$$l_{\min}^{*}=\arg\min_{l}\{\mathrm{dp}(a_{ij,r}^{k-},a_{ij,r}^{k-,r})\,|\,l\in l^*\} \tag{4.10}$$

将 (i^*,j^*) 位置的偏好修改为 $T(l_{\min}^*)$，(j^*,i^*) 位置修改为 $\frac{1}{T(l_{\min}^*)}$。

②如果 $l^*=$ 空集，说明修改后群体共识仍然不能满足共识条件，那么选择最大共识值所对应的元素，

$$l_{\max}^{*} = \arg\max_{l}\{\mathrm{GCI}(A_{k^{-},r}^{l}) \mid l \in \mathrm{Pos}_{i^{*}j^{*}}(l)\} \tag{4.11}$$

将 (i^{*}, j^{*}) 位置的偏好修改为 $T(l_{\max}^{*})$，(j^{*}, i^{*}) 位置修改为 $\dfrac{1}{T(l_{\max}^{*})}$。

令 $r = r+1$，返回步骤2。

（2）$\mathrm{Pos}_{i^{*}j^{*}}(l) =$ 空集。

说明在 (i^{*}, j^{*}) 位置，不管取哪个离散值都不能同时满足一致性达到阈值且共识得到提高，此时选择下一个位置，仍然记为 (i^{*}, j^{*})，重复步骤5。

步骤 6 令 $\bar{A}_k = A_{k,r}$，输出修改后的各个群体判断矩阵 $\bar{A}_k$，对应的共识度 $\mathrm{GCI}(\bar{A}_k)$ 和一致性水平 $\mathrm{CR}(\bar{A}_k)$ 及迭代次数 r。

步骤 7 结束。

4.1.3 算例分析

例 4.2 假设存在20人组成的大群体，决策个体针对由四个方案构成的方案集，方案之间两两比较后，分别给出如下20个互反判断矩阵（注：这里的20个矩阵为随机生成）。

$$A_1 = \begin{pmatrix} 1 & 6 & 1/8 & 1/5 \\ 1/6 & 1 & 9 & 7 \\ 1/8 & 1/9 & 1 & 1/5 \\ 5 & 1/7 & 5 & 1 \end{pmatrix} \qquad A_2 = \begin{pmatrix} 1 & 1/7 & 2 & 1/6 \\ 7 & 1 & 1 & 1/5 \\ 1/2 & 1 & 1 & 8 \\ 6 & 5 & 1/8 & 1 \end{pmatrix}$$

$$A_3 = \begin{pmatrix} 1 & 1/7 & 1/9 & 1/6 \\ 7 & 1 & 3 & 1/6 \\ 9 & 1/3 & 1 & 1/2 \\ 6 & 6 & 2 & 1 \end{pmatrix} \qquad A_4 = \begin{pmatrix} 1 & 1 & 1/4 & 5 \\ 1 & 1 & 1/3 & 3 \\ 4 & 3 & 1 & 1/4 \\ 1/5 & 1/3 & 4 & 1 \end{pmatrix}$$

$$A_5 = \begin{pmatrix} 1 & 9 & 5 & 1/2 \\ 1/9 & 1 & 7 & 1/2 \\ 1/5 & 1/7 & 1 & 9 \\ 5 & 2 & 1/9 & 1 \end{pmatrix} \qquad A_6 = \begin{pmatrix} 1 & 1/5 & 1/5 & 2 \\ 5 & 1 & 8 & 6 \\ 5 & 1/8 & 1 & 4 \\ 1/2 & 1/6 & 1/4 & 1 \end{pmatrix}$$

$$A_7 = \begin{pmatrix} 1 & 9 & 8 & 2 \\ 1/9 & 1 & 1/6 & 4 \\ 1/8 & 6 & 1 & 3 \\ 1/2 & 1/4 & 1/3 & 1 \end{pmatrix} \qquad A_8 = \begin{pmatrix} 1 & 3 & 1/5 & 1/4 \\ 1/3 & 1 & 1/5 & 7 \\ 5 & 5 & 1 & 1/2 \\ 4 & 1/7 & 2 & 1 \end{pmatrix}$$

$$A_9=\begin{pmatrix}1 & 1/8 & 6 & 7\\ 8 & 1 & 2 & 1/6\\ 1/6 & 1/2 & 1 & 1/2\\ 1/7 & 6 & 2 & 1\end{pmatrix} \qquad A_{10}=\begin{pmatrix}1 & 6 & 1/4 & 1/6\\ 1/6 & 1 & 1/8 & 3\\ 4 & 8 & 1 & 1/6\\ 6 & 1/3 & 6 & 1\end{pmatrix}$$

$$A_{11}=\begin{pmatrix}1 & 1/7 & 1/4 & 1\\ 7 & 1 & 2 & 1/6\\ 4 & 1/2 & 1 & 1/8\\ 1 & 6 & 8 & 1\end{pmatrix} \qquad A_{12}=\begin{pmatrix}1 & 7 & 7 & 1/9\\ 1/7 & 1 & 1 & 1/5\\ 1/7 & 1 & 1 & 2\\ 9 & 5 & 1/2 & 1\end{pmatrix}$$

$$A_{13}=\begin{pmatrix}1 & 4 & 6 & 7\\ 1/4 & 1 & 8 & 1/3\\ 1/6 & 1/8 & 1 & 7\\ 1/7 & 3 & 1/7 & 1\end{pmatrix} \qquad A_{14}=\begin{pmatrix}1 & 1/2 & 5 & 5\\ 2 & 1 & 1/4 & 8\\ 1/5 & 4 & 1 & 1/3\\ 1/5 & 1/8 & 3 & 1\end{pmatrix}$$

$$A_{15}=\begin{pmatrix}1 & 1/2 & 1/4 & 5\\ 2 & 1 & 5 & 1/5\\ 4 & 1/5 & 1 & 3\\ 1/5 & 5 & 1/3 & 1\end{pmatrix} \qquad A_{16}=\begin{pmatrix}1 & 2 & 8 & 5\\ 1/2 & 1 & 1/8 & 4\\ 1/8 & 8 & 1 & 7\\ 1/5 & 1/4 & 1/7 & 1\end{pmatrix}$$

$$A_{17}=\begin{pmatrix}1 & 1/4 & 7 & 7\\ 4 & 1 & 1/5 & 3\\ 1/7 & 5 & 1 & 1/9\\ 1/7 & 1/3 & 9 & 1\end{pmatrix} \qquad A_{18}=\begin{pmatrix}1 & 9 & 1/4 & 1/3\\ 1/9 & 1 & 1/7 & 8\\ 4 & 7 & 1 & 8\\ 3 & 1/8 & 1/8 & 1\end{pmatrix}$$

$$A_{19}=\begin{pmatrix}1 & 2 & 2 & 1/9\\ 1/2 & 1 & 8 & 5\\ 1/2 & 1/8 & 1 & 8\\ 9 & 1/5 & 1/8 & 1\end{pmatrix} \qquad A_{20}=\begin{pmatrix}1 & 1/2 & 1/2 & 9\\ 2 & 1 & 2 & 5\\ 2 & 1/2 & 1 & 1\\ 1/9 & 1/5 & 1 & 1\end{pmatrix}$$

假设个体的权重相等，则个体的权重为 $\lambda_k=1/n=0.05$ ，$k=1,2,\cdots,20$ 。设置个体的基数一致性水平阈值为 $\overline{\mathrm{CR}}=0.1$，共识水平阈值为 $\overline{\mathrm{GCI}}=1.1$ 。使用算法 4.2 对上述 20 个互反判断矩阵进行修改，使得修改后的互反判断矩阵满足预定的个体一致性水平和共识水平。修改后的互反判断矩阵如下：

$$\bar{A}_1=\begin{pmatrix}1 & \underline{1/9} & 1 & 1/5\\ 9 & 1 & 9 & 7\\ 1 & 1/9 & 1 & 1/5\\ 5 & 1/7 & 5 & 1\end{pmatrix} \qquad \bar{A}_2=\begin{pmatrix}1 & \underline{1/4} & \underline{1/9} & 1/6\\ 4 & 1 & 1 & 1/5\\ 9 & 1 & 1 & 1/2\\ 6 & 5 & 2 & 1\end{pmatrix}$$

$$\bar{A}_3=\begin{pmatrix}1&1/7&1/9&1/6\\7&1&3&\underline{2}\\9&1/3&1&1/2\\6&1/2&2&1\end{pmatrix}\qquad \bar{A}_4=\begin{pmatrix}1&1&1/4&5\\1&1&1/3&3\\4&3&1&\underline{4}\\1/5&1/3&1/4&1\end{pmatrix}$$

$$\bar{A}_5=\begin{pmatrix}1&9&5&\underline{1}\\1/9&1&\underline{2}&1/2\\1/5&1/2&1&1/6\\1&2&6&1\end{pmatrix}\qquad \bar{A}_6=\begin{pmatrix}1&1/5&1/5&2\\5&1&\underline{4}&6\\5&1/4&1&4\\1/2&1/6&1/4&1\end{pmatrix}$$

$$\bar{A}_7=\begin{pmatrix}1&9&8&8\\1/9&1&\underline{1/5}&\underline{1/2}\\1/8&5&1&3\\1/8&2&1/3&1\end{pmatrix}\qquad \bar{A}_8=\begin{pmatrix}1&3&1/5&1/4\\1/3&1&1/5&1/4\\5&5&1&1/2\\4&4&2&1\end{pmatrix}$$

$$\bar{A}_9=\begin{pmatrix}1&\underline{9}&6&7\\1/9&1&2&\underline{1/3}\\1/6&1/2&1&1/2\\1/7&3&2&1\end{pmatrix}\qquad \bar{A}_{10}=\begin{pmatrix}1&\underline{2}&1/4&1/6\\1/2&1&\underline{1/6}&\underline{1/9}\\4&6&1&1/6\\6&9&6&1\end{pmatrix}$$

$$\bar{A}_{11}=\begin{pmatrix}1&1/7&\underline{1/3}&\underline{1/9}\\7&1&2&1/6\\3&1/2&1&1/8\\9&6&8&1\end{pmatrix}\qquad \bar{A}_{12}=\begin{pmatrix}1&7&7&\underline{1/3}\\1/7&1&1&1/5\\1/7&1&1&\underline{1/9}\\3&5&9&1\end{pmatrix}$$

$$\bar{A}_{13}=\begin{pmatrix}1&4&6&7\\1/4&1&\underline{2}&\underline{1/2}\\1/6&1/2&1&\underline{1/2}\\1/7&2&2&1\end{pmatrix}\qquad \bar{A}_{14}=\begin{pmatrix}1&1/2&\underline{5}&5\\2&1&\underline{6}&8\\1/5&1/6&1&1/3\\1/5&1/8&3&1\end{pmatrix}$$

$$\bar{A}_{15}=\begin{pmatrix}1&1/2&1/4&\underline{2}\\2&1&\underline{2}&\underline{8}\\4&1/2&1&3\\1/2&1/8&1/3&1\end{pmatrix}\qquad \bar{A}_{16}=\begin{pmatrix}1&2&\underline{1/2}&5\\1/2&1&1/8&4\\2&8&1&7\\1/5&1/4&1/7&1\end{pmatrix}$$

$$\bar{A}_{17}=\begin{pmatrix}1&\underline{1/2}&7&7\\2&1&\underline{9}&3\\1/7&1/9&1&\underline{1/2}\\1/7&1/3&2&1\end{pmatrix}\qquad \bar{A}_{18}=\begin{pmatrix}1&9&1/4&\underline{2}\\1/9&1&1/7&\underline{1/2}\\4&7&1&8\\1/2&2&1/8&1\end{pmatrix}$$

$$\bar{A}_{19}=\begin{pmatrix}1 & 2 & 2 & \underline{6}\\ 1/2 & 1 & \underline{5} & 5\\ 1/2 & 1/5 & 1 & \underline{2}\\ 1/6 & 1/5 & 1/2 & 1\end{pmatrix}\qquad \bar{A}_{20}=\begin{pmatrix}1 & 1/2 & 1/2 & \underline{2}\\ 2 & 1 & 2 & 5\\ 2 & 1/2 & 1 & 1\\ 1/2 & 1/5 & 1 & 1\end{pmatrix}$$

上述矩阵中，在上三角元素有被修改的位置加了下画线。可以发现，除了 e_8 的偏好未被修改外,其余决策个体给出的互反判断矩阵中上三角都有元素被修改。修正前后的互反判断矩阵的个体一致性水平和共识水平如表 4.1 所示。由表 4.1 可以看出，修正前 20 个互反判断矩阵的个体一致性水平与共识水平都未达到给定阈值，这是由于这 20 个互反判断矩阵是随机生成的，其偏好不具有任何逻辑性，每一个这样的判断矩阵所导出的排序也不具有可靠性。随机生成的互反判断矩阵不能作为决策的依据。这里的例子仅是为了说明本书所提方法的可应用性。即使针对一致性水平和共识水平非常差的互反判断矩阵，仍然能够利用算法 4.2，使得修正后的互反判断矩阵符合要求。

表 4.1　修正前后互反判断矩阵的一致性水平和共识水平

决策个体	CR(A)	GCI(A)	CR($\bar{A}$)	GCI($\bar{A}$)
e_1	2.4819	2.7115	0.0895	1.0913
e_2	1.3322	2.3195	0.0995	1.0860
e_3	0.2922	2.6969	0.0776	1.0656
e_4	0.9639	1.6683	0.0876	1.0278
e_5	1.7125	2.2891	0.0996	1.0856
e_6	0.2049	2.0852	0.0958	1.0921
e_7	0.5706	2.1630	0.0919	1.0934
e_8	1.1899	1.9085	0.0979	1.0714
e_9	1.7302	2.4957	0.0920	1.0751
e_{10}	1.5598	2.4578	0.0972	1.0554
e_{11}	0.7400	2.4909	0.0856	1.0683
e_{12}	1.1061	2.3869	0.0754	1.0923
e_{13}	1.1928	2.3845	0.0683	1.0713
e_{14}	1.0758	1.9329	0.0830	1.0675
e_{15}	1.2658	1.9418	0.0830	1.0683
e_{16}	0.5568	2.2893	0.0762	1.0842
e_{17}	1.8522	2.6122	0.0781	1.0852

续表

决策个体	CR(A)	GCI(A)	CR($\bar{A}$)	GCI($\bar{A}$)
e_{18}	1.3566	2.4953	0.0981	1.0621
e_{19}	1.7518	2.2711	0.0853	1.0787
e_{20}	0.3013	1.6323	0.0793	1.0683

由初始的 20 个互反判断矩阵得到的群体互反判断矩阵记为 $\boldsymbol{A}_c$，

$$\boldsymbol{A}_c=\begin{pmatrix}1.0000 & 1.1618 & 1.0576 & 1.0673\\ 0.8607 & 1.0000 & 1.0816 & 1.4286\\ 0.9456 & 0.9246 & 1.0000 & 1.2437\\ 0.9370 & 0.7000 & 0.8041 & 1.0000\end{pmatrix}$$

$\boldsymbol{A}_c$ 对应的排序向量为 $\boldsymbol{w}_c=(0.2669,0.2675,0.2532,0.2124)^{\mathrm{T}}$，对应的方案排序为

$$x_2\succ x_1\succ x_3\succ x_4$$

修正后的 20 个互反判断矩阵得到的群体互反判断矩阵记为 $\bar{\boldsymbol{A}}_c$，

$$\bar{\boldsymbol{A}}_c=\begin{pmatrix}1.0000 & 1.0000 & 1.2564 & 1.2746\\ 1.0000 & 1.0000 & 1.6917 & 0.7846\\ 0.7960 & 0.5911 & 1.0000 & 0.6120\\ 0.7846 & 1.2746 & 1.6341 & 1.0000\end{pmatrix}$$

$\bar{\boldsymbol{A}}_c$ 对应的排序向量为 $\bar{\boldsymbol{w}}_c=(0.2778,0.2634,0.1800,0.2788)^{\mathrm{T}}$，对应的方案排序为

$$x_4\succ x_1\succ x_2\succ x_3$$

可见，初始的排序和修正后的排序很不相同。原始偏好虽然是随机生成的互反判断矩阵矩阵，但整个共识过程仍然能够说明，引入个体一致性和共识一致性对决策信息的可靠性会产生本质的影响。

Khatwani 和 Kumar（2017）通过修改判断矩阵来达成个体一致性和群体共识，但修改后的偏好值成了连续值，不属于 Saaty 定义的 1/9—9 的初始标度范围。从而导致决策个体间的交流及建议决策个体需要修改的值会变得困难。Pereira 和 Costa（2015）强调了离散修改的重要性。为了解决这个问题，提出一个离散修改的共识框架是很有必要的。本节提出的算法 4.2 所给出的修正后的互反判断矩阵的元素仍属于 1/9—9 的初始标度，具有很好的解释性。值得注意的是，群体互反判断矩阵其元素一般来说已经不属于离散标度，其元素由这个元素所在的相邻的两个离散元素构成的区间来解释。

一般来说，一致性提高过程是发生在共识达成过程之前的。现存的共识模型中，大都是假设共识提高过程中一致性达到了可接受一致性条件或者忽略掉了一致性。实际上在共识提高过程中，一致性可能是不满足条件的，如果为了让一致

性满足条件，又得重复共识水平提高过程，就会导致共识提高过程和一致性提高过程反复进行。

4.2　基于次序一致性和基数一致性的优化共识模型

次序一致性是规范性决策理论的基石，但是很多学者在共识改进模型中却忽视了次序一致性。本节介绍基于次序一致性和基数一致性的优化共识模型。更多细节可参见 Wu 和 Tu（2021）。

4.2.1　优化模型的建立

$\boldsymbol{A}_h=(a_{ij}^h)_{n\times n}$ 为决策个体 DM_h 提供的判断矩阵。$\boldsymbol{A}_c=(a_{ij}^c)_{n\times n}$ 是由几何平均算子集结得到的群体判断矩阵，其中

$$a_{ij}^c=\prod_{h=1}^{m}(a_{ij}^h)^{\lambda_h} \tag{4.12}$$

Dong 等（2010）利用行几何平均法定义了 AHP 群决策的几何基数一致性指标。该指标是通过测量单个判断矩阵和群体判断矩阵之间的对数欧几里得距离来计算的。受此思想启发，通过计算个体判断矩阵和群体判断矩阵之间的对数曼哈顿距离来定义群体共识水平。

定义 4.3　令 $\boldsymbol{A}^h=(a_{ij}^h)_{n\times n}$ 为决策个体 DM_h 提供的判断矩阵。$\boldsymbol{A}^h$ 的群体基数共识指数（group cardinal consensus index，GCCI）定义如下：

$$\mathrm{GCCI}(\boldsymbol{A}^h)=1-\frac{1}{(n-1)(n-2)\ln 9}\sum_{i=1}^{n-1}\sum_{j=i+1}^{n}|\ln(a_{ij}^h)-\ln(a_{ij}^c)| \tag{4.13}$$

$\overline{\mathrm{GCCI}}$ 为预设的共识阈值，如果对于每一决策个体，$\mathrm{GCCI}(\boldsymbol{A}^h)\geqslant\overline{\mathrm{GCCI}}$，那么群体共识水平被认为是可接受的。$\mathrm{GCCI}(\boldsymbol{A}^h)$ 的值越大，则认为决策个体 DM_h 与群体越一致。然而，没有统一的方法来设定 $\overline{\mathrm{GCCI}}$。Herrera-Viedma 等（2005）认为，$\overline{\mathrm{GCCI}}$ 的取值往往是由群体中的决策层或超级决策层主观决定的。如果问题紧迫，需要迅速解决，可以采用限制较小的 $\overline{\mathrm{GCCI}}$；否则，可能会设定一个更严格的 $\overline{\mathrm{GCCI}}$。

令 $\overline{\boldsymbol{A}}_h=(\overline{a}_{ij}^h)_{n\times n}$ 为 $\boldsymbol{A}_h$ 修改后的判断矩阵，令 $y_{ij}^h=\ln\overline{a}_{ij}^h$。基于 Saaty 的 1/9—9 原始标度，给出 y_{ij}^h 对应的离散标度 $\mathrm{DS}_{[-\ln 9,\ln 9]}=\{-\ln 9,-\ln 8,\cdots,0,\cdots,\ln 9\}$，相应地，

y_{ij} 的连续标度记为 $\mathrm{CS}_{[-\ln 9, \ln 9]}$。

对于每一个决策个体，要求满足 $\mathrm{GCCI}(A^h) \geqslant \overline{\mathrm{GCCI}}$。关于群体共识的约束条件设计如下：

$$\begin{cases} 1-\dfrac{1}{(n-1)(n-2)\ln 9}\displaystyle\sum_{i=1}^{n}\sum_{j=1}^{n} z_{ij}^{h} \geqslant \overline{\mathrm{GCCI}} \\ e_{ij}^{h} = y_{ij}^{h} - y_{ij}^{c} \\ e_{ij}^{h} \leqslant z_{ij}^{h} \\ -e_{ij}^{h} \leqslant z_{ij}^{h} \end{cases} \tag{4.14}$$

此外，决策个体提供的判断矩阵还要满足次序一致性和基数一致性。为方便描述，把各类约束分开表示如下。对 DM_h 而言，其需要满足次序一致性，根据 3.2 节的论述，相应的两个约束有

$$\begin{cases} y_{ik}^{h} + M(1-t_{ik}^{h}) > 0 \\ y_{ik}^{h} - Mt_{ik}^{h} \leqslant 0 \\ y_{ik}^{h} + M(1-u_{ik}^{h}) \geqslant 0 \\ y_{ik}^{h} - M(1-u_{ik}^{h}) \leqslant 0 \\ y_{ik}^{h} - M(u_{ik}^{h} + t_{ik}^{h}) < 0 \\ y_{ik}^{h} - M(1-v_{ik}^{h}) < 0 \\ y_{ik}^{h} + Mv_{ik}^{h} \geqslant 0 \\ t_{ik}^{h} + u_{ik}^{h} + v_{ik}^{h} = 1 \end{cases}$$

$$\begin{cases} y_{ij}^{h} + M(2-t_{ik}^{h} - t_{kj}^{h}) > 0 \\ y_{ij}^{h} + M(2-u_{ik}^{h} - u_{kj}^{h}) \geqslant 0 \\ y_{ij}^{h} - M(2-u_{ik}^{h} - u_{kj}^{h}) \leqslant 0 \\ y_{ij}^{h} + M(2-t_{ik}^{h} - u_{kj}^{h}) > 0 \\ y_{ij}^{h} + M(2-u_{ik}^{h} - t_{kj}^{h}) > 0 \end{cases}$$

对 DM_h 而言，其需要满足基数一致性，相应的约束有

$$\begin{cases} \dfrac{2}{n^2}\displaystyle\sum_{i=1}^{n-1}\sum_{i<j}^{n} f_{ij}^{h} \leqslant \overline{\mathrm{CI}} \\ y_{ij}^{h} - w_{i}^{h} + w_{j}^{h} \leqslant f_{ij}^{h}, -(y_{ij}^{h} - w_{i}^{h} + w_{j}^{h}) \leqslant f_{ij}^{h} \end{cases}$$

群体集结判断矩阵 $\bar{A}_c$ 也要满足次序一致性和基数一致性，其对应约束与对 A_h 的约束类似，为节省篇幅，这里省去。

群共识的优化模型构建如下：

$$\min \quad J_5=\alpha_1\cdot\sum_{i=1}^{n-1}\sum_{j=i+1}^{n}\sum_{h=1}^{m}\sigma_{ij}^{h}+\alpha_2\cdot\sum_{i=1}^{n-1}\sum_{j=i+1}^{n}\sum_{h=1}^{m}g_{ij}^{h}$$

$$\text{s.t.}\begin{cases}\text{共识约束}\\ \text{个体判断矩阵次序和基数一致性约束}\\ \text{群体判断矩阵的次序和基数一致性约束}\end{cases} \tag{4.15}$$

模型（4.15）的全面展开可参见 Wu 和 Tu（2021）。

4.2.2　算例分析

例 4.3　使用模型（4.15）对算例 4.2 中随机生成的 20 个矩阵进行运算，设置 $\overline{\text{GCCI}}=0.8$。修改后的互反判断矩阵如下

$$\overline{A}_1=\begin{pmatrix}1 & \underline{2.0579} & \underline{1.8218} & 1/5\\ 0.4859 & 1 & 3 & 7\\ 0.5489 & 1/3 & 1 & 1/5\\ 5 & 1/7 & 5 & 1\end{pmatrix} \qquad \overline{A}_2=\begin{pmatrix}1 & 1 & \underline{0.9901} & 1/6\\ 7 & 1 & \underline{1.3112} & 1/5\\ 1.0101 & 0.7627 & 1 & 8\\ 6 & 5 & 1/8 & 1\end{pmatrix}$$

$$\overline{A}_3=\begin{pmatrix}1 & 1/7 & \underline{1} & \underline{0.9901}\\ 7 & 1 & 3 & \underline{5.5739}\\ 1 & 1/3 & 1 & 1/2\\ 1.0101 & 0.1794 & 2 & 1\end{pmatrix} \qquad \overline{A}_4=\begin{pmatrix}1 & 1 & 1/4 & 5\\ 1 & 1 & 1/3 & 3\\ 4 & 3 & 1 & 1/4\\ 1/5 & 1/3 & 4 & 1\end{pmatrix}$$

$$\overline{A}_5=\begin{pmatrix}1 & \underline{1.1808} & 5 & \underline{1.8342}\\ 0.8469 & 1 & 7 & \underline{8.2787}\\ 1/5 & 1/7 & 1 & 9\\ 0.5452 & 0.1208 & 1/9 & 1\end{pmatrix} \qquad \overline{A}_6=\begin{pmatrix}1 & 1/5 & 1/5 & 2\\ 5 & 1 & 8 & 6\\ 5 & 1/8 & 1 & 4\\ 1/2 & 1/6 & 1/4 & 1\end{pmatrix}$$

$$\overline{A}_7=\begin{pmatrix}1 & \underline{1.4984} & 8 & 2\\ 0.6674 & 1 & 1/6 & 4\\ 1/8 & 6 & 1 & 3\\ 1/2 & 1/4 & 1/3 & 1\end{pmatrix} \qquad \overline{A}_8=\begin{pmatrix}1 & 3 & 1/5 & \underline{2.2626}\\ 1/3 & 1 & 1/5 & 7\\ 5 & 5 & 1 & \underline{3.2387}\\ 0.4420 & 1/7 & 0.3088 & 1\end{pmatrix}$$

$$\overline{A}_9=\begin{pmatrix}1 & 1/8 & \underline{1.2600} & 7\\ 8 & 1 & 2 & \underline{5.5739}\\ 0.7936 & 1/2 & 1 & 1/2\\ 1/7 & 0.1794 & 2 & 1\end{pmatrix} \qquad \overline{A}_{10}=\begin{pmatrix}1 & \underline{1.5841} & 1/4 & \underline{2.2626}\\ 0.6313 & 1 & 1/8 & 3\\ 4 & 8 & 1 & \underline{3.2387}\\ 0.4420 & 1/3 & 0.3088 & 1\end{pmatrix}$$

$$\bar{A}_{11}=\begin{pmatrix}1 & 1/7 & 1/4 & 1\\ 7 & 1 & 2 & \underline{6.6674}\\ 4 & 1/2 & 1 & 1/8\\ 1 & 0.1500 & 8 & 1\end{pmatrix} \quad \bar{A}_{12}=\begin{pmatrix}1 & 7 & 7 & \underline{2.2626}\\ 1/7 & 1 & 1 & \underline{8.5989}\\ 1/7 & 1 & 1 & 2\\ 0.4420 & 0.1163 & 1/2 & 1\end{pmatrix}$$

$$\bar{A}_{13}=\begin{pmatrix}1 & 4 & 6 & 7\\ 1/4 & 1 & \underline{1.3112} & \underline{5.5739}\\ 1/6 & 0.7627 & 1 & 7\\ 1/7 & 0.1794 & 1/7 & 1\end{pmatrix} \quad \bar{A}_{14}=\begin{pmatrix}1 & 1/2 & 5 & 5\\ 2 & 1 & \underline{1.3112} & 8\\ 1/5 & 0.7627 & 1 & 1/3\\ 1/5 & 1/8 & 3 & 1\end{pmatrix}$$

$$\bar{A}_{15}=\begin{pmatrix}1 & 1/2 & 1/4 & 5\\ 2 & 1 & 5 & \underline{9}\\ 4 & 1/5 & 1 & 3\\ 1/5 & 1 & 1/3 & 1\end{pmatrix} \quad \bar{A}_{16}=\begin{pmatrix}1 & 2 & 8 & 5\\ 1/2 & 1 & \underline{0.8700} & 4\\ 1/8 & 1.1495 & 1 & 7\\ 1/5 & 1/4 & 1/7 & 1\end{pmatrix}$$

$$\bar{A}_{17}=\begin{pmatrix}1 & 1/4 & 7 & 7\\ 4 & 1 & \underline{1.1979} & 3\\ 1/7 & 0.8348 & 1 & 1/9\\ 1/7 & 1/3 & 9 & 1\end{pmatrix} \quad \bar{A}_{18}=\begin{pmatrix}1 & \underline{0.9488} & 1/4 & \underline{2.2626}\\ 1.0539 & 1 & 1/7 & 8\\ 4 & 7 & 1 & 8\\ 0.4420 & 1/8 & 1/8 & 1\end{pmatrix}$$

$$\bar{A}_{19}=\begin{pmatrix}1 & 2 & 2 & \underline{1.0101}\\ 1/2 & 1 & 8 & 5\\ 1/2 & 1/8 & 1 & 8\\ 0.9901 & 1/5 & 1/8 & 1\end{pmatrix} \quad \bar{A}_{20}=\begin{pmatrix}1 & 1/2 & 1/2 & 9\\ 2 & 1 & 2 & 5\\ 2 & 1/2 & 1 & 1\\ 1/9 & 1/5 & 1 & 1\end{pmatrix}$$

由于模型（4.15）本质上是一个混合整数规划问题，很难得到精确解，上面给出的修正后的互反判断矩阵只是模型的一个近似解。修正后的判断矩阵都满足预定的基数一致性水平和共识水平。注意到这里的基数一致性水平与共识水平的定义同 4.1 节的不同，参见 Wu 和 Tu（2021）。修正后的群体互反判断矩阵为

$$\bar{A}_c=\begin{pmatrix}1.0000 & 1.1375 & 1.8929 & 2.2796\\ 0.8792 & 1.0000 & 1.8033 & 3.2260\\ 0.5283 & 0.5545 & 1.0000 & 1.3610\\ 0.4387 & 0.3100 & 0.7348 & 1.0000\end{pmatrix}$$

$\bar{A}_c$ 对应的排序向量为 $\bar{w}_c=(0.3422,0.3458,0.1827,0.1293)^{\mathrm{T}}$，对应的方案排序为

$$x_2 \succ x_1 \succ x_3 \succ x_4$$

此时得到的排序与初始的群体判断矩阵的排序相同。但这并不能说明共识过程未起作用，共识决策更关注的是在群体成员中的交互使得成员对被讨论的方案有更深刻的认识，从而最终的决策能够获得群体成员的有效支持。正如表 4.1 所示的，初始的互反判断矩阵是随机生成的，其个体一致性和共识水平均很差，这

些偏好并不能直接被用于决策。

该算例修正后的取值是连续标度的。为了便于同决策个体沟通，也可以将修改建议建立在 Saaty 的离散标度上。但是，使用离散标度的优化模型会增加模型的复杂度，当决策个体的数量较大时，求解时间可能会很长。

群共识的优化模型相较于迭代共识方法能够给出可能的最优解，为后续决策提供良好的基础。但是，当决策个体的数量较大时，现有的优化求解软件如 Lingo、Cplex 和 Gurobi 等将无法在短时间内求得最优解。当读者试图用该优化共识模型求解大规模群体决策问题时，可以考虑先将群体分成小群体，然后对小群体使用优化共识模型。

任何旨在协助决策过程的决策分析方法都应被视为一个互动过程。基于迭代和基于优化的方法被设计用于一致性改进和共识建立。然而，应该注意的是，基于迭代的方法并不意味着在迭代的每个步骤中都有交互过程，基于优化的方法也不意味着真正的决策是自动执行的。在每一轮交互决策过程中，只有最后一步的结果使用基于迭代的方法和基于优化的方法的（近似）最优解生成建议。如果决策个体第一时间接受所有建议，交互过程将很快被终止。否则，交互过程将是一个漫长的过程，必须被迫终止，即使预定义的决策需求没有全部得到满足。在大多数决策分析的理论研究中，这是一个隐含的假设。因此，在理论研究中，不需要添加额外的算法来显示交互式决策过程。

4.3 本章小结

本章介绍了在大群体环境下，互反判断矩阵一致性和共识的达成过程。首先介绍了基于离散标度的一致性改进启发式算法，接着将该算法应用到大群体共识达成过程。该方法保证了修改的元素是属于 Saaty 的 1/9—9 的离散标度范围。该方法不需要对原判断矩阵进行全局修改，设计的反馈过程保证了修改后的判断矩阵同时满足个体一致性和共识一致性。第二节介绍了优化共识模型，更为细致的介绍可参见对应文献（Wu et al.，2020；Wu and Tu，2021）。第一节的模型并没有考虑次序一致性，能不能在这种迭代模型中融入次序一致性是需要进一步研究和明确的。尽管在 AHP 判断矩阵情形下，如何在个体决策中考虑次序一致性与基数一致性的问题已经能够较好地解决，但是在大群体决策背景下，要求解考虑了次序一致性与基数一致性的优化共识模型比较困难，需要找到或设计合适的求解算法。

群体共识决策的研究已成为群体决策的核心内容之一（吴志彬，2017；张恒杰等，2021）。群体共识决策本质上是一种交互式决策，个体之间通过偏好信息的交互加强了联系，群体决策的结果应能体现出个体的影响力。如果群体共识的结果没有得到群体中大部分成员的认可，则这种共识结果只是计算的共识，并没有多少实际价值。在实际应用过程中，本书所提的模型或方法只是交互式共识决策过程的一部分，用于群体中沟通交流和反馈机制设计。交互式共识过程由一个协调者引导。协调者评估当前的共识水平并控制着决策的进程。共识过程隐含的假设是参与决策的个体认可共识决策的规则，愿意真实地表达他们的偏好，大多数个体认同共识结果，少数人虽然持有不同意见，但是这个少数群体的意见已经在决策过程中得到了较为合理的考虑。同第一章中探讨的群体的有效性一致，群体共识过程的有效还需要考虑冲突、说服、激励等要素，这对协调者来说是一个巨大的挑战（Susskind et al.，1999；约翰逊 D W 和约翰逊 F P，2016）。

参 考 文 献

顾基发. 2001. 意见综合——怎样达成共识[J]. 系统工程学报，16（5）：340-348.

吴志彬. 2017. 群体共识决策理论与方法[M]. 北京：科学出版社.

约翰逊 D W，约翰逊 F P. 2016. 合作的力量——群体工作原理与技巧[M]. 崔丽娟，王鹏，等译. 上海：上海人民出版社.

张恒杰，王芳，董庆兴，等. 2021. 群体共识决策的研究进展与展望[J]. 电子科技大学学报（社科版），23（2）：26-37.

Crawford G，Williams C. 1985. A note on the analysis of subjective judgment matrices[J]. Journal of Mathematical Psychology，29（4）：387-405.

Dong Y C，Zhang G Q，Hong W C，et al. 2010. Consensus models for AHP group decision making under row geometric mean prioritization method[J]. Decision Support Systems，49（3），281-289.

Girsang A S，Tsai C W，Yang C S. 2015. Ant algorithm for modifying an inconsistent pairwise weighting matrix in an analytic hierarchy process[J]. Neural Computing and Applications，26（2）：313-327.

Herrera-Viedma E，Martínez L，Mata F，et al. 2005. A consensus support system model for group decision-making problems with multigranular linguistic preference relations[J]. IEEE Transactions on Fuzzy Systems，13（5）：644-658.

Ho W，Ma X. 2018. The state-of-the-art integrations and applications of the analytic hierarchy process[J]. European Journal of Operational Research，267（2）：399-414.

Khatwani G，Kumar A. 2017. Improving the Cosine Consistency Index for the analytic hierarchy process for solving multi-criteria decision making problems[J]. Applied Computing and Informatics，13（2）：118-129.

Pereira V，Costa H G. 2015. Nonlinear programming applied to the reduction of inconsistency in the

AHP method[J]. Annals of Operations Research，229（1）：635-655.

Saaty T L. 2003. Decision-making with the AHP：why is the principal eigenvector necessary[J]. European Journal of Operational Research，145（1）：85-91.

Saaty T L. 2013. The modern science of multicriteria decision making and its practical applications：the AHP/ANP approach[J]. Operations Research，61（5）：1101-1118.

Susskind L E，McKearnen S，Thomas-Lamar J. 1999. The Consensus Building Handbook：A Comprehensive Guide to Reaching Agreement[M]. London：Sage publications.

Wu Z B，Jin B M，Fujita H，et al. 2020. Consensus analysis for AHP multiplicative preference relations based on consistency control：a heuristic approach[J]. Knowledge-Based Systems，191，105317.

Wu Z B，Tu J C. 2021. Managing transitivity and consistency of preferences in AHP group decision making based on minimum modifications[J]. Information Fusion，67：125-135.

Xu Z S，Wei C P. 1999. A consistency improving method in the analytic hierarchy process[J]. European Journal of Operational Research，116（2）：443-449.

第5章　大群体环境下的互补判断矩阵决策

本章讨论个体偏好是互补判断矩阵情形下的大群体决策问题，讨论一致性改进的离散化方法和共识改进的离散化方法、多阶段优化共识方法和多分类共识方法。

5.1　个体一致性与共识的离散化达成方法

现有方法中的一致性和共识改进方法可分为全局偏好修改和局部偏好修改。在全局修改方法中（Wu and Xu，2012；Xu et al.，2013），由于原始判断矩阵中的所有元素在改进后都被进行调整，因此说服决策个体接受建议成本较高。假设每让决策个体修改一个偏好将会产生一单位成本，为了降低该成本，需要在尽可能少地更改原始偏好的基础上达成群体共识。此外，在改进一致性之后，已有大部分文献中偏好值变成连续偏好，即偏好值不再属于 0—1 离散标度中的原始标度。决策个体也很难接受与其初始偏好表达形式不同的连续偏好修改意见。如果所有原始偏好均由 0—1 离散标度表示，则反馈给个体的修改建议最好也属于这一标度。因此，任何新方法都应在每轮决策中尽可能少地改变偏好，且建议偏好值均属于原始 0—1 离散标度。

个体一致性可确保判断矩阵中成对比较偏好的合理性，因此个体一致性改进通常在共识达成过程之前进行。然而已经满足的个体一致性在共识改善过程中依然可能被破坏（Li et al.，2019）。因此，如果不能同时控制个体一致性和共识达成，共识达成后，可能需要大量的时间和成本用于重新改进个体一致性。本节提出应用离散化的方法来实现个体一致性的改进与群体共识达成的决策方法。本节内容主要来自 Wu 等（2019a）。

5.1.1　一致性改进的离散化方法

对于方案集 $X=\{x_1,x_2,\cdots,x_n\}$，其上的互补判断矩阵被定义为

$$\boldsymbol{B}=(b_{ij})_{n\times n},\ b_{ij}\in[0,1],\ b_{ij}+b_{ji}=1,\ i,j=1,2,\cdots,n$$

常用的互补判断矩阵基数一致性为加性传递性。对互补判断矩阵 $\boldsymbol{B}=(b_{ij})_{n\times n}$，若

$$b_{ij}=b_{ik}+b_{kj}-0.5,\ \forall i,j,k=1,2,\cdots,n \tag{5.1}$$

则称 $\boldsymbol{B}$ 是加性一致的。$\boldsymbol{B}$ 的基数一致性指标（也称基数一致性水平或基数一致性指数）定义如下：

$$\mathrm{CI}(\boldsymbol{B})=1-\frac{4}{n(n-1)(n-2)}\sum_{i=1}^{n-2}\sum_{j=i+1}^{n-1}\sum_{k=j+1}^{n}\left|b_{ij}+b_{jk}-b_{ik}-0.5\right| \tag{5.2}$$

对于给定的阈值 $\overline{\mathrm{CI}}$，若 $\mathrm{CI}(\boldsymbol{B})\geqslant\overline{\mathrm{CI}}$，则称 $\boldsymbol{B}$ 具有可接受的一致性水平。当 $\mathrm{CI}(\boldsymbol{B})=1$ 时，$\boldsymbol{B}$ 为完全一致性矩阵。$\mathrm{CI}(\boldsymbol{B})$ 值越大，$\boldsymbol{B}$ 的一致性水平越高。

当给定互补判断矩阵的一致性水平不满足一致性阈值时，个体会被要求修改其偏好信息以提高个体一致性水平。为了提高 $\boldsymbol{B}$ 的个体一致性水平，首先需要确定个体偏好需要修改的元素。令 $\boldsymbol{B}=(b_{ij})_{n\times n}$ 为一个互补判断矩阵，$\boldsymbol{C}=(c_{ij})_{n\times n}$ 是 $\boldsymbol{B}$ 对应的完全一致性矩阵，则可利用 $\boldsymbol{C}$ 来确定 $\boldsymbol{B}$ 中对 $\mathrm{CI}(\boldsymbol{B})$ 影响最大的位置。为了使 $\boldsymbol{B}$ 与 $\boldsymbol{C}$ 的偏差最小，构建如下优化模型：

$$\min d(\boldsymbol{B},\boldsymbol{C})=\frac{1}{n(n-1)}\sum_{i=1}^{n}\sum_{j\neq i}^{n}\left|b_{ij}-c_{ij}\right|$$
$$\text{s.t.}\begin{cases}c_{ij}\geqslant 0,\ i,j=1,2,\cdots,n\\ c_{ij}+c_{ji}=1,\ i,j=1,2,\cdots,n\\ c_{ij}+\mathrm{c}_{jk}-c_{ik}=0.5,\ i,j,k=1,2,\cdots,n\end{cases} \tag{5.3}$$

通过求解上述模型，可以得到一个完全一致的互补判断矩阵 $\boldsymbol{C}$。基于 $\boldsymbol{B}$ 和 $\boldsymbol{C}$ 定义一个偏差矩阵 $\boldsymbol{D}=(d_{ij})_{n\times n}$，矩阵 $\boldsymbol{D}$ 中的元素表示 b_{ij} 和 c_{ij} 差的绝对值，

$$d_{ij}=\left|b_{ij}-c_{ij}\right| \tag{5.4}$$

为了提高互补判断矩阵 $\boldsymbol{B}$ 的一致性，提出以下算法。

算法 5.1　个体一致性改进的启发式方法

输入　给定互补判断矩阵 $\boldsymbol{B}=(b_{ij})_{n\times n}$，一致性阈值 $\overline{\mathrm{CI}}$，最大迭代次数 $r_{\max}$。

输出　修改后的互补判断矩阵 $\overline{\boldsymbol{B}}=(\overline{b}_{ij})_{n\times n}$，一致性指标 $\mathrm{CI}(\overline{\boldsymbol{B}})$，迭代次数 r 和成功标志值 flag。

步骤 1　令 $r=1$，$\boldsymbol{B}_1=(b_{ij,1})_{n\times n}$，$\boldsymbol{B}_1=\boldsymbol{B}$，并计算 $\boldsymbol{B}_1$ 的一致性指标 $\mathrm{CI}(\boldsymbol{B}_1)$。若 $\mathrm{CI}(\boldsymbol{B}_1)\geqslant\overline{\mathrm{CI}}$，转到步骤 6；否则转到步骤 2。

步骤 2 利用前述优化模型（5.3）计算 $\boldsymbol{B}_r$ 的完全一致互补判断矩阵 $\boldsymbol{C}_r$ 。

步骤 3 计算 $\boldsymbol{B}_r=(b_{ij,r})_{n\times n}$ 的一致性水平，

$$\mathrm{CI}(\boldsymbol{B}_r)=1-\frac{4}{n(n-1)(n-2)}\sum_{i=1}^{n-2}\sum_{j=i+1}^{n-1}\sum_{k=j+1}^{n}\left|b_{ij,r}+b_{jk,r}-b_{ik,r}-0.5\right|$$

若 $\mathrm{CI}(\boldsymbol{B}_r)\geqslant\overline{\mathrm{CI}}$，或 $r\geqslant r_{\max}$ 转到步骤 6；否则继续执行步骤 4。注意，当 $r=1$ 时，$\mathrm{CI}(\boldsymbol{B}_r)$ 已经计算出来。

步骤 4 计算偏差矩阵 $\boldsymbol{D}_r=\left(d_{ij,r}\right)_{n\times n}$，其中 $d_{ij,r}=\left|b_{ij,r}-c_{ij,r}\right|$。

步骤 5 确定 $\boldsymbol{B}_r$ 中的哪些元素需要修改，以及如何修改。偏差矩阵 $\boldsymbol{D}_r$ 的最大元素用于确定要修改的元素位置。如果 $d_{i^*,j^*}=\max\{d_{ij,r}\mid i<j\}$，那么就应该修改 $\boldsymbol{B}_r$ 在位置 (i^*,j^*) 和 (j^*,i^*) 上的元素。如果步骤 5 确定了多个需要修改的位置，则要么在同一轮中改变所有位置的偏好值，要么随机选择一个位置进行修改。在本节中，如果确定了多个位置，则选择行数和列数之和最小的位置进行修改。具体的修改指导规则分析论述如下。

令 $O_s=\{0,0.1,\cdots,0.5,\cdots,0.9,1\}$ 为决策个体表达偏好的离散数值标度。O_s 的第 l 个元素记为 $O_s(l)$。O_s 中有 11 个元素，每个元素和位置集 $P_s=\{1,2,\cdots,10,11\}$ 中的元素对应。令 $\boldsymbol{B}_r^l=(b_{ij,r}^l)_{n\times n}$，其中，

$$b_{ij,r}^l=\begin{cases}b_{ij,r-1}, & i\neq i^*,\ j\neq j^*\\ O_s(l), & i=i^*,\ j=j^*\\ 1-O_s(l), & i=j^*,\ j=i^*\end{cases}\tag{5.5}$$

令 $\mathrm{Pos}_{i^*j^*}=\{l\mid \mathrm{CI}(\boldsymbol{B}_r^l)\geqslant \mathrm{CI}(\boldsymbol{B}_r)\}$, $P1_{i^*j^*}=\{l\mid \mathrm{CI}(\boldsymbol{B}_r^l)\geqslant\overline{\mathrm{CI}}\}$，可能存在以下两种情况。

情况 1 $\mathrm{Pos}_{i^*j^*}\neq\varnothing$

这意味着在这一轮中，个体的一致性水平可以得到提高。在这种情况下，又有两种情况需要讨论。

（1）$P1_{i^*j^*}\neq\varnothing$，这表明预先给定的一致性水平可以通过选择一些 l 来达成。此时，使用适当的索引 $l_{i^*j^*}$ 来查找这一轮中的修改元素。修改后的元素记为 $O_s(l_{i^*j^*})$。为了尽可能多地保留初始偏好信息，可导出

$$l_{i^*j^*}=\arg\min_{l}\{d(\boldsymbol{B}_r^l,\boldsymbol{B}_r)\mid l\in \mathrm{Pos}_{i^*j^*}(l)\}\tag{5.6}$$

其中，

$$d(\boldsymbol{B}_r^l,\boldsymbol{B}_r)=\frac{2}{n(n-1)}\sum_{i=1}^{n-1}\sum_{j=i+1}^{n}\left|b_{ij,r}^l-b_{ij,r}\right|\tag{5.7}$$

由于 $\boldsymbol{B}_r$ 为互补判断矩阵，位置 (j^*,i^*) 的元素被修改为 $1-O_s(l_{i^*j^*})$。

（2）$Pl_{i^*j^*}=\varnothing$，即存在 l 使得 $\mathrm{CI}(\boldsymbol{B}_r)<\mathrm{CI}(\boldsymbol{B}_r^l)<\overline{\mathrm{CI}}$，表明没有 l 可以使得 $\mathrm{CI}(\boldsymbol{B}_r^l)\geqslant\overline{\mathrm{CI}}$，但是个体的一致性水平可以得到提高。此时，位置 (i^*, j^*) 的元素同样需要被修改为 $O_s(l_{i^*j^*})$，并满足

$$l_{i^*j^*}=\arg\max_l\{\mathrm{CI}(\boldsymbol{B}_r^l)\mid l\in \mathrm{Pos}_{i^*j^*}\} \tag{5.8}$$

同样，位置 (j^*,i^*) 的元素就被改为 $1-O_s(l_{i^*j^*})$。如果在 $\mathrm{Pos}_{i^*j^*}$ 中有多个值满足上面的条件，选择最接近原始偏好的那一个。

在这两种情况中，本轮修改后的判断矩阵记为 $\boldsymbol{B}_{r+1}=(b_{ij,r+1})_{n\times n}$，其中，

$$b_{ij,r+1}=\begin{cases}b_{ij,r}, & i\neq i^*, j\neq j^*\\ O_s(l_{i^*j^*}), & i=i^*, j=j^*\\ 1-O_s(l_{i^*j^*}), & i=j^*, j=i^*\end{cases} \tag{5.9}$$

令 $r=r+1$，若满足情况 1，转至下一步，否则回到步骤 3。

情况 2 $\mathrm{Pos}_{i^*j^*}=\varnothing$

意味着所选择的位置 (i^*, j^*) 失败了，并不能找到可以修改的元素。将 $\{d_{ij,r}>0\mid i<j\}$ 中的元素从大到小排序。设 D_1 为这些元素的排序集。此外，设 S_p 为一组位置的集合，其中每个位置对应于 D_1 中的一个元素。依次选择 S_p 中的其他位置并转到步骤 5。如果所有位置都已被检查，但给定的互补判断矩阵未达到预定义的个体一致性水平，则 $\mathrm{flag}=0$。转到步骤 6。

步骤 6 令 $\overline{\boldsymbol{B}}=\boldsymbol{B}_r$，输出 $\overline{\boldsymbol{B}}, \mathrm{CI}(\overline{\boldsymbol{B}}), r, \mathrm{flag}$。

步骤 7 结束。

步骤 1 确定原始互补判断矩阵的一致性水平，并判断原始互补判断矩阵是否满足一致性要求。步骤 2 用于获得初始互补判断矩阵对应的完全一致性互补判断矩阵。步骤 3 计算当前一致性水平，并检查是否满足终止条件。步骤 4 和步骤 5 提供合理的反馈策略建议，利用步骤 4 得到的偏差矩阵来确定需要修改的位置，步骤 5 对需要修改的偏好应该怎样修改给出准确建议。

5.1.2 共识改进的离散化方法

首先给出共识测量。

令 $E=\{e_h\mid h=1,2,\cdots,m\}$ 为决策个体的集合。假设 $\boldsymbol{\lambda}=(\lambda_1,\lambda_2,\cdots,\lambda_m)^{\mathrm{T}}$ 为决策个体的权重向量，满足 $\sum_{h=1}^{m}\lambda_h=1,\ \lambda_h\in[0,1]$。令 $\boldsymbol{B}_h=(b_{ij}^h)_{n\times n}\ (h=1,2,\cdots,m)$ 为 m 个关于

方案集 X 的互补判断矩阵。$\boldsymbol{B}_c=(b_{ij}^c)_{n\times n}$ 为群体的互补判断矩阵，有

$$b_{ij}^c=\sum_{h=1}^{m}\lambda_h\times b_{ij}^h \tag{5.10}$$

$\boldsymbol{B}_h$ 的群共识水平指标定义如下：

$$\mathrm{GCI}(\boldsymbol{B}_h)=1-d(\boldsymbol{B}_h,\boldsymbol{B}_c)=1-\frac{2}{n\times(n-1)}\sum_{i=1}^{n-1}\sum_{j=i+1}^{n}\left|b_{ij}^h-b_{ij}^c\right|,\ h=1,2,\cdots,m \tag{5.11}$$

如果 $\mathrm{GCI}(\boldsymbol{B}_h)=1$，则第 h 位决策个体与群体偏好完全一致。给定阈值水平 $\overline{\mathrm{GCI}}$，若群体中的成员均满足 $\mathrm{GCI}(\boldsymbol{B}_h)\geqslant\overline{\mathrm{GCI}},\ h=1,2,\cdots,m$，则群体达到了可接受的共识水平。

提出如下算法帮助群体成员修改其偏好以提高群体的共识水平。

算法 5.2 共识改进的离散化方法

输入 个体互补判断矩阵 $\{\boldsymbol{B}_1,\boldsymbol{B}_2,\cdots,\boldsymbol{B}_m\}$，个体权重向量 $\boldsymbol{\lambda}=(\lambda_1,\lambda_2,\cdots,\lambda_m)^{\mathrm{T}}$，阈值 $\overline{\mathrm{CI}}$ 和 $\overline{\mathrm{GCI}}$，以及最大迭代次数 $r_{\max}$。

输出 修改后的互补判断矩阵 $\{\overline{\boldsymbol{B}_1},\overline{\boldsymbol{B}_2},\cdots,\overline{\boldsymbol{B}_m}\}$, $\mathrm{GCI}(\overline{\boldsymbol{B}_h})$, $\mathrm{CI}(\overline{\boldsymbol{B}_h})$ $(h=1,2,\cdots,m)$，迭代次数 r 和成功标志值 flag。

步骤 1 令 $r=1$，$\boldsymbol{B}_{h,1}=(b_{ij,1}^h)_{n\times n}$，$\boldsymbol{B}_{h,1}=\boldsymbol{B}_h$。使用算法 5.1 确保每个 $\boldsymbol{B}_{h,r}$ 对于 $\overline{\mathrm{CI}}$ 都有可接受的个体一致性水平，并且修改后的判断矩阵仍表示为 $\boldsymbol{B}_{h,r}$。

步骤 2 计算群体判断矩阵 $\boldsymbol{B}_{c,r}=(b_{ij,r}^c)_{n\times n}$。

步骤 3 计算个体一致性指标 $\mathrm{CI}(\boldsymbol{B}_{h,r})$ 和群体共识指标 $\mathrm{GCI}(\boldsymbol{B}_{h,r})$，若成立有 $\mathrm{CI}(\boldsymbol{B}_{h,r})\geqslant\overline{\mathrm{CI}}\wedge\mathrm{GCI}(\boldsymbol{B}_{h,r})\geqslant\overline{\mathrm{GCI}}\ (h=1,2,\cdots,m)$，或 $r\geqslant r_{\max}$，则 $\mathrm{flag}=1$，否则 $\mathrm{flag}=0$，转至步骤 6；否则继续到下一步。

步骤 4 为确定哪些决策个体需要重新考虑他们的偏好，以及哪些偏好值需要被检验，提出以下识别规则：

（1）识别当前共识水平最低的决策个体 e_{h^-}。h^- 的确定方式如下：

$$h^-=\arg\min_h \mathrm{GCI}(\boldsymbol{B}_{h,r}) \tag{5.12}$$

第 r 轮中的最小共识指标表示为 GCI_r。如果识别出了满足上式的多个决策个体，则对所有被识别的决策个体执行下一个识别规则，或者随机选择一位决策个体执行下一个识别规则。

（2）识别决策个体 e_{h^-} 需要修改的位置。假设对于 e_{h^-}，其在位置 (i^*,j^*) 的偏好与群体在位置 (i^*,j^*) 的偏好相差最远，则 $b_{i^*j^*}^{h^-}$ 需要被修改。按照上面的描述，这个位置的识别方法如下：

$$(i^*, j^*) = \arg\max_{i,j} | b_{ij,r}^{h^-} - b_{ij,r}^{c} | \tag{5.13}$$

根据上述两个识别规则，决策个体 e_{h^-} 需要修改互补判断矩阵位置 (i^*, j^*) 处的偏好值。

步骤 5 提出反馈建议。此步骤非常关键，用于修改已识别出的决策个体的偏好。令 $O_s = \{0, 0.1, \cdots, 0.6, \cdots, 0.9, 1\}$ 为拥有 11 个原始离散偏好标度的集合，O_s 的第 l 个元素记为 $O_s(l)$。令 $\boldsymbol{B}_{h^-,r}^{l} = (b_{ij,r}^{h^-,l})_{n\times n}$，其中，

$$b_{ij,r}^{h^-,l} = \begin{cases} b_{ij,r}^{h^-}, & i \neq i^*,\ j \neq j^* \\ O_s(l), & i = i^*,\ j = j^* \\ 1 - O_s(l), & i = j^*,\ j = i^* \end{cases}$$

令

$$\mathrm{Pos}_{i^* j^*}(e_{h^-}) = \{ l \mid \mathrm{CI}(\boldsymbol{B}_{h^-,r}^{l}) \geqslant \overline{\mathrm{CI}} \wedge \mathrm{GCI}(\boldsymbol{B}_{h^-,r}^{l}) > \mathrm{GCI}_r \}$$
$$P1_{i^* j^*}(e_{h^-}) = \{ l \mid \mathrm{CI}(\boldsymbol{B}_{h^-,r}^{l}) \geqslant \overline{\mathrm{CI}} \wedge \mathrm{GCI}(\boldsymbol{B}_{h^-,r}^{l}) > \mathrm{GCI} \}$$

因此，有两种情况需要检查。

情况 1 $\mathrm{Pos}_{i^* j^*}(e_{h^-}) \neq \varnothing$

这意味着在这一轮中，共识水平可以得到提高。具体有以下两种情况。

（1）$P1_{i^* j^*}(e_{h^-}) \neq \varnothing$，这表明通过选择某些 l 值，能满足预先设定的个体一致性水平和群共识水平。记被修改后的元素为 $O_s(l_{i^* j^*})$，为了尽可能多地保留初始的偏好信息，有

$$l_{i^* j^*} = \arg\min_{l} \{ d(\boldsymbol{B}_{h^-,r}^{l}, \boldsymbol{B}_{h^-}) \mid l \in \mathrm{Pos}_{i^* j^*}(e_{h^-}) \}$$

位置 (j^*, i^*) 处的元素应该为 $1 - O_s(l_{i^* j^*})$。

（2）$P1_{i^* j^*}(e_{h^-}) = \varnothing$，即 $\{ l \mid \mathrm{CI}(\boldsymbol{B}_{h^-,r}^{l}) \geqslant \overline{\mathrm{CI}} \wedge \mathrm{GCI}_r < \mathrm{GCI}(\boldsymbol{B}_{h^-,r}^{l}) < \overline{\mathrm{GCI}} \} \neq \varnothing$。这种情况下只需选择一个合适的 $l_{i^* j^*}$，就可以确定在这一轮中需要修改的元素。由此可见，

$$l_{i^* j^*} = \arg\max_{l} \{ \mathrm{GCI}(\boldsymbol{B}_{h^-,r}^{l}) \mid l \in \mathrm{Pos}_{i^* j^*}(e_{h^-}) \}$$

同理，位置 (j^*, i^*) 处的元素应该为 $1 - O_s(l_{i^* j^*})$。如果满足 $\mathrm{Pos}_{i^* j^*}(e_{h^-})$ 条件的 $l_{i^* j^*}$ 有多个，应该选择最接近原始偏好的那一个值。

决策个体 e_{h^-} 在这一轮中修改后的判断矩阵表示为 $\boldsymbol{B}_{h^-,r+1}^{l} = (b_{ij,r+1}^{h^-})_{n\times n}$，其中，

$$b_{ij,r+1}^{h^-}=\begin{cases}b_{ij,r}^{h^-}, & i\neq i^*, j\neq j^*\\ O_s(l_{i^*j^*}), & i=i^*, j=j^*\\ 1-O_s(l_{i^*j^*}), & i=j^*, j=i^*\end{cases}$$

令 $r=r+1$，如果满足情况 1 的（1），设 $\text{flag}=1$ 并继续下一步，否则转至步骤 2。

情况 2 $Pl_{i^*j^*}(e_{h^-})=\varnothing$

表明本轮的共识水平不能提高。选择已识别的第二个决策个体，并转至步骤 5。如果修改决策个体 e_{h^-} 的所有位置都不能提高，则选择次小的 GCI 对应的决策个体，并转至步骤 4 的（1）。如果所有的决策个体都经过检验，但共识水平仍不令人满意，则令 $\text{flag}=0$，转到步骤 6。

步骤 6 令 $\bar{\boldsymbol{B}}_h=\boldsymbol{B}_{h,r}$，输出修改后的 $\bar{\boldsymbol{B}}_h$, $\text{GCI}(\bar{\boldsymbol{B}}_h)$ $(h=1,2,\cdots,m)$，迭代次数 r 及 flag。

步骤 7 结束。

步骤 1 用于改进个体的一致性水平，以确保互补判断矩阵在共识过程开始前满足个体的一致性。步骤 4 和步骤 5 为反馈过程的核心，指导决策个体修改偏好，换言之，步骤 4 依次识别需要修改的决策个体和其需要修改的偏好位置。步骤 5 帮助决策个体精确地修改其偏好。

5.1.3 算例分析

例 5.1 本例数据来源于文献（Xu et al.，2015）中讨论的突发事件决策问题。2013 年 4 月 20 日上午 8 时 02 分，中国四川省西南部城市雅安市发生里氏 7.0 级地震。地震发生后，成都军区第 13 集团军根据中央指示，立即采取应急预案。不到两个小时，空军和海军先后抵达震中部署救援队。由于地震的影响，灾区交通受阻，通信中断，因此紧急采取救援队的救援方案。指挥小组迅速制定了四个初步计划：①搜寻被困人员，疏散灾区重伤人员，避免余震进一步造成伤害；②救治伤员，停止搜救被困人员，直至救援设备到达；③搜救被困人员，就地救治重伤人员；④搜救被困人员，停止救治伤员，直至医疗队到达。来自不同领域的 20 位专家，需要对这 4 个备选方案进行评估并做出决策。

20 位专家通过互补判断矩阵提供他们对备选方案的偏好，如下所示。每个专家只需要提供上三角元素的偏好；也就是说，每个专家给出 6 个成对的偏好。注意第 13 位和第 19 位专家给出的偏好相同，即 $\boldsymbol{B}_{13}=\boldsymbol{B}_{19}$。

$$\boldsymbol{B}_1=\begin{pmatrix}0.5&0.9&0.9&0.8\\0.1&0.5&0.7&0.8\\0.1&0.3&0.5&0.4\\0.2&0.2&0.6&0.5\end{pmatrix},\ \boldsymbol{B}_2=\begin{pmatrix}0.5&0.3&0.7&0.8\\0.7&0.5&0.3&0.6\\0.3&0.7&0.5&0.3\\0.2&0.4&0.7&0.5\end{pmatrix},\ \boldsymbol{B}_3=\begin{pmatrix}0.5&0.1&0.6&0.6\\0.9&0.5&0.6&0.4\\0.4&0.4&0.5&0.3\\0.4&0.6&0.7&0.5\end{pmatrix}$$

$$\boldsymbol{B}_4=\begin{pmatrix}0.5&0.1&0.8&0.4\\0.9&0.5&0.6&0.6\\0.2&0.4&0.5&0.8\\0.6&0.4&0.2&0.5\end{pmatrix},\ \boldsymbol{B}_5=\begin{pmatrix}0.5&0.4&0.4&0.4\\0.6&0.5&0.1&0.5\\0.6&0.9&0.5&0.4\\0.6&0.5&0.6&0.5\end{pmatrix},\ \boldsymbol{B}_6=\begin{pmatrix}0.5&0.3&0.6&0.7\\0.7&0.5&0.8&0.8\\0.4&0.2&0.5&0.9\\0.3&0.2&0.1&0.5\end{pmatrix}$$

$$\boldsymbol{B}_7=\begin{pmatrix}0.5&0.2&0.6&0.6\\0.8&0.5&0.8&0.8\\0.4&0.2&0.5&0.6\\0.4&0.2&0.4&0.5\end{pmatrix},\ \boldsymbol{B}_8=\begin{pmatrix}0.5&0.4&0.7&0.6\\0.6&0.5&0.4&0.8\\0.3&0.6&0.5&0.7\\0.4&0.2&0.3&0.5\end{pmatrix},\ \boldsymbol{B}_9=\begin{pmatrix}0.5&0.6&0.6&0.7\\0.4&0.5&0.9&0.9\\0.4&0.1&0.5&0.9\\0.3&0.1&0.1&0.5\end{pmatrix}$$

$$\boldsymbol{B}_{10}=\begin{pmatrix}0.5&0.7&0.6&0.8\\0.3&0.5&0.6&0.7\\0.4&0.4&0.5&0.9\\0.2&0.3&0.1&0.5\end{pmatrix},\boldsymbol{B}_{11}=\begin{pmatrix}0.5&0.4&0.4&0.6\\0.6&0.5&0.3&0.4\\0.6&0.7&0.5&0.7\\0.4&0.6&0.3&0.5\end{pmatrix},\boldsymbol{B}_{12}=\begin{pmatrix}0.5&0.3&0.6&0.4\\0.7&0.5&0.6&0.6\\0.4&0.4&0.5&0.6\\0.6&0.4&0.4&0.5\end{pmatrix}$$

$$\boldsymbol{B}_{13}=\begin{pmatrix}0.5&0.6&0.2&0.3\\0.4&0.5&0.4&0.3\\0.8&0.6&0.5&0.4\\0.7&0.7&0.6&0.5\end{pmatrix},\boldsymbol{B}_{14}=\begin{pmatrix}0.5&0.9&0.7&0.8\\0.1&0.5&0.8&0.7\\0.3&0.2&0.5&0.1\\0.2&0.3&0.9&0.5\end{pmatrix},\boldsymbol{B}_{15}=\begin{pmatrix}0.5&0.7&0.4&0.5\\0.3&0.5&0.1&0.2\\0.6&0.9&0.5&0.4\\0.5&0.8&0.6&0.5\end{pmatrix}$$

$$\boldsymbol{B}_{16}=\begin{pmatrix}0.5&0.4&0.4&0.2\\0.6&0.5&0.1&0.2\\0.6&0.9&0.5&0.4\\0.8&0.8&0.6&0.5\end{pmatrix},\boldsymbol{B}_{17}=\begin{pmatrix}0.5&0.4&0.4&0.1\\0.6&0.5&0.5&0.4\\0.6&0.5&0.5&0.7\\0.9&0.6&0.3&0.5\end{pmatrix},\boldsymbol{B}_{18}=\begin{pmatrix}0.5&0.6&0.4&0.2\\0.4&0.5&0.3&0.7\\0.6&0.7&0.5&0.6\\0.8&0.3&0.4&0.5\end{pmatrix}$$

$$\boldsymbol{B}_{19}=\begin{pmatrix}0.5&0.6&0.2&0.3\\0.4&0.5&0.4&0.3\\0.8&0.6&0.5&0.4\\0.7&0.7&0.6&0.5\end{pmatrix},\ \boldsymbol{B}_{20}=\begin{pmatrix}0.5&0.6&0.4&0.1\\0.4&0.5&0.3&0.4\\0.6&0.7&0.5&0.7\\0.9&0.6&0.3&0.5\end{pmatrix}$$

初始综合判断矩阵为

$$\boldsymbol{B}_c=\begin{pmatrix}0.5000&0.4650&0.5050&0.5200\\0.5350&0.5000&0.5200&0.5550\\0.4950&0.4800&0.5000&0.5350\\0.4800&0.4450&0.4650&0.5000\end{pmatrix}$$

令 $\overline{\mathrm{CI}}=0.9000$ 。通过算法 5.2，可得改进后的 20 个判断矩阵如下：

$$\overline{\boldsymbol{B}}_1=\begin{pmatrix}0.5 & \underline{0.4} & \underline{0.6} & \underline{0.5}\\0.6 & 0.5 & 0.7 & \underline{0.7}\\0.4 & 0.3 & 0.5 & 0.4\\0.5 & 0.3 & 0.6 & 0.5\end{pmatrix},\ \overline{\boldsymbol{B}}_2=\begin{pmatrix}0.5 & \underline{0.4} & 0.7 & \underline{0.5}\\0.6 & 0.5 & \underline{0.5} & 0.6\\0.3 & 0.5 & 0.5 & 0.3\\0.5 & 0.4 & 0.7 & 0.5\end{pmatrix},\ \overline{\boldsymbol{B}}_3=\begin{pmatrix}0.5 & \underline{0.4} & 0.6 & 0.6\\0.6 & 0.5 & 0.6 & 0.4\\0.4 & 0.4 & 0.5 & \underline{0.5}\\0.4 & 0.6 & 0.5 & 0.5\end{pmatrix}$$

$$\overline{\boldsymbol{B}}_4=\begin{pmatrix}0.5 & \underline{0.3} & \underline{0.4} & 0.4\\0.7 & 0.5 & 0.6 & 0.6\\0.6 & 0.4 & 0.5 & \underline{0.6}\\0.6 & 0.4 & 0.4 & 0.5\end{pmatrix},\ \overline{\boldsymbol{B}}_5=\begin{pmatrix}0.5 & 0.4 & 0.4 & 0.4\\0.6 & 0.5 & \underline{0.5} & 0.5\\0.6 & 0.5 & 0.5 & 0.4\\0.6 & 0.5 & 0.6 & 0.5\end{pmatrix},\ \overline{\boldsymbol{B}}_6=\begin{pmatrix}0.5 & 0.3 & 0.6 & 0.7\\0.7 & 0.5 & \underline{0.5} & \underline{0.7}\\0.4 & 0.5 & 0.5 & \underline{0.6}\\0.3 & 0.3 & 0.4 & 0.5\end{pmatrix}$$

$$\overline{\boldsymbol{B}}_7=\begin{pmatrix}0.5 & \underline{0.5} & 0.6 & 0.6\\0.5 & 0.5 & \underline{0.6} & \underline{0.7}\\0.4 & 0.4 & 0.5 & 0.6\\0.4 & 0.3 & 0.4 & 0.5\end{pmatrix},\ \overline{\boldsymbol{B}}_8=\begin{pmatrix}0.5 & 0.4 & \underline{0.5} & 0.6\\0.6 & 0.5 & 0.4 & \underline{0.7}\\0.5 & 0.6 & 0.5 & 0.7\\0.4 & 0.3 & 0.3 & 0.5\end{pmatrix},\ \overline{\boldsymbol{B}}_9=\begin{pmatrix}0.5 & \underline{0.3} & 0.6 & 0.7\\0.7 & 0.5 & \underline{0.5} & \underline{0.7}\\0.4 & 0.5 & 0.5 & \underline{0.6}\\0.3 & 0.3 & 0.4 & 0.5\end{pmatrix}$$

$$\overline{\boldsymbol{B}}_{10}=\begin{pmatrix}0.5 & \underline{0.4} & 0.6 & \underline{0.6}\\0.6 & 0.5 & 0.6 & 0.7\\0.4 & 0.4 & 0.5 & \underline{0.7}\\0.4 & 0.3 & 0.3 & 0.5\end{pmatrix},\overline{\boldsymbol{B}}_{11}=\begin{pmatrix}0.5 & 0.4 & 0.4 & 0.6\\0.6 & 0.5 & \underline{0.5} & 0.4\\0.6 & 0.5 & 0.5 & 0.7\\0.4 & 0.6 & 0.3 & 0.5\end{pmatrix},\overline{\boldsymbol{B}}_{12}=\begin{pmatrix}0.5 & 0.3 & 0.6 & 0.4\\0.7 & 0.5 & 0.6 & 0.6\\0.4 & 0.4 & 0.5 & 0.6\\0.6 & 0.4 & 0.4 & 0.5\end{pmatrix}$$

$$\overline{\boldsymbol{B}}_{13}=\begin{pmatrix}0.5 & 0.6 & \underline{0.5} & \underline{0.5}\\0.4 & 0.5 & 0.4 & \underline{0.5}\\0.5 & 0.6 & 0.5 & 0.4\\0.5 & 0.5 & 0.6 & 0.5\end{pmatrix},\overline{\boldsymbol{B}}_{14}=\begin{pmatrix}0.5 & \underline{0.5} & 0.7 & \underline{0.6}\\0.5 & 0.5 & \underline{0.5} & 0.7\\0.3 & 0.5 & 0.5 & \underline{0.6}\\0.4 & 0.3 & 0.4 & 0.5\end{pmatrix},\overline{\boldsymbol{B}}_{15}=\begin{pmatrix}0.5 & \underline{0.4} & 0.4 & 0.5\\0.6 & 0.5 & \underline{0.4} & \underline{0.4}\\0.6 & 0.6 & 0.5 & 0.4\\0.5 & 0.6 & 0.6 & 0.5\end{pmatrix}$$

$$\overline{\boldsymbol{B}}_{16}=\begin{pmatrix}0.5 & 0.4 & 0.4 & \underline{0.3}\\0.6 & 0.5 & \underline{0.5} & \underline{0.5}\\0.6 & 0.5 & 0.5 & 0.4\\0.7 & 0.5 & 0.6 & 0.5\end{pmatrix},\overline{\boldsymbol{B}}_{17}=\begin{pmatrix}0.5 & 0.4 & 0.4 & \underline{0.3}\\0.6 & 0.5 & 0.5 & 0.4\\0.6 & 0.5 & 0.5 & \underline{0.5}\\0.7 & 0.6 & 0.5 & 0.5\end{pmatrix},\overline{\boldsymbol{B}}_{18}=\begin{pmatrix}0.5 & 0.6 & 0.4 & \underline{0.5}\\0.4 & 0.5 & \underline{0.4} & 0.7\\0.6 & 0.6 & 0.5 & 0.6\\0.5 & 0.3 & 0.4 & 0.5\end{pmatrix}$$

$$\overline{\boldsymbol{B}}_{19}=\begin{pmatrix}0.5 & 0.6 & \underline{0.5} & \underline{0.5}\\0.4 & 0.5 & 0.4 & \underline{0.5}\\0.5 & 0.6 & 0.5 & 0.4\\0.5 & 0.5 & 0.6 & 0.5\end{pmatrix},\overline{\boldsymbol{B}}_{20}=\begin{pmatrix}0.5 & 0.6 & 0.4 & \underline{0.5}\\0.4 & 0.5 & \underline{0.5} & \underline{0.5}\\0.6 & 0.5 & 0.5 & 0.7\\0.5 & 0.5 & 0.3 & 0.5\end{pmatrix}$$

改进后群体综合判断矩阵为

$$\overline{\boldsymbol{B}}_c=\begin{pmatrix}0.5000 & 0.4300 & 0.5150 & 0.5150\\0.5700 & 0.5000 & 0.5100 & 0.5750\\0.4850 & 0.4900 & 0.5000 & 0.5350\\0.4850 & 0.4250 & 0.4650 & 0.5000\end{pmatrix}$$

改进前后一致性水平对比如表 5.1 所示。

表 5.1　改进前后基数一致性水平对比

决策个体	改进前	改进后	决策个体	改进前	改进后
e_1	0.9000	0.9667	e_{11}	0.9000	0.9000
e_2	0.9000	0.9000	e_{12}	0.9000	0.9000
e_3	0.9000	0.9000	e_{13}	0.9000	0.9333
e_4	0.9000	0.9667	e_{14}	0.9000	0.9000
e_5	0.9000	0.9667	e_{15}	0.9000	0.9000
e_6	0.9000	0.9000	e_{16}	0.9000	0.9667
e_7	0.9333	0.9667	e_{17}	0.9000	0.9667
e_8	0.9000	0.9333	e_{18}	0.9000	0.9000
e_9	0.9000	0.9000	e_{19}	0.9000	0.9333
e_{10}	0.9000	0.9333	e_{20}	0.9000	0.9000

改进前后共识水平对比如表 5.2 所示。

表 5.2　改进前后共识水平对比

决策个体	改进前	改进后	决策个体	改进前	改进后
e_1	0.7383	0.9033	e_{11}	0.8683	0.9033
e_2	0.8167	0.9167	e_{12}	0.9050	0.9150
e_3	0.8817	0.9167	e_{13}	0.8050	0.9133
e_4	0.8033	0.9100	e_{14}	0.6883	0.9100
e_5	0.8833	0.9200	e_{15}	0.7883	0.9033
e_6	0.7950	0.9000	e_{16}	0.7833	0.9033
e_7	0.8283	0.9133	e_{17}	0.8667	0.9033
e_8	0.8867	0.9117	e_{18}	0.8850	0.9000
e_9	0.7617	0.9000	e_{19}	0.8050	0.9133
e_{10}	0.8167	0.9033	e_{20}	0.8333	0.9083

5.2　个体一致性与共识的多阶段优化模型

本节首先给出一个两阶段优化的模型来解决个体一致性问题，随后给出三阶段优化的模型来解决共识决策问题。本节的内容主要来自 Wu 等（2019b）。

5.2.1 个体一致性控制的两阶段模型

针对个体一致性，提出了两阶段优化模型，如图 5.1 所示。第一阶段的目标是使个体的修改量最小；第二阶段的目标是使个体修改的次数最小。

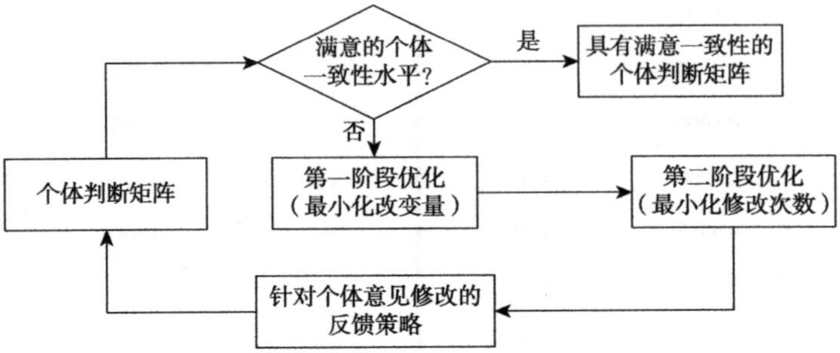

图 5.1 个体一致性改进的两阶段优化模型

如果 $\mathrm{CI}(\boldsymbol{B})=1$，那么 $\boldsymbol{B}$ 是完全一致的。给定阈值水平 $\overline{\mathrm{CI}}$，如果 $\mathrm{CI}(\boldsymbol{B})\geqslant\overline{\mathrm{CI}}$，则称 $\boldsymbol{B}$ 具有可接受的个体一致性水平；如果 $\mathrm{CI}(\boldsymbol{B})<\overline{\mathrm{CI}}$，则决策个体需要根据某些规则修改他们的偏好。

令 $M_{\boldsymbol{B}}=\{\boldsymbol{B}=(b_{ij})_{n\times n}\,|\,b_{ij}\geqslant 0, b_{ij}+b_{ji}=1,\ i,j,=1,2,\cdots,n\}$ 为 $n\times n$ 的互补判断矩阵集合。令 $M_{\boldsymbol{A}}=\{\boldsymbol{B}=(b_{ij})_{n\times n}\,|\,\boldsymbol{B}\in M_{\boldsymbol{B}},\mathrm{CI}(\boldsymbol{B})\geqslant\overline{\mathrm{CI}}\}$ 为具有可接受一致性水平的 $n\times n$ 的互补判断矩阵集合。互补判断矩阵中的元素由数值标度中的元素构成，有两种常见的离散标度，其中一种基于 $[0,1]$，可表示为

$$\mathrm{DS}_{[0,1]}=\{0,0.1,0.2,0.3,0.4,0.5,0.6,0.7,0.8,0.9,1\}$$

另一种基于 $[0.1,0.9]$，可表示为

$$\mathrm{DS}_{[0.1,0.9]}=\{0.1,0.2,0.3,0.4,0.5,0.6,0.7,0.8,0.9\}$$

$\mathrm{DS}_{[0,1]}$ 和 $\mathrm{DS}_{[0.1,0.9]}$ 中的值称为离散偏好，对应的基于连续标度的集合分别记为 $\mathrm{CS}_{[0,1]}$ 和 $\mathrm{CS}_{[0.1,0.9]}$。当使用离散标度 $\mathrm{DS}_{[0,1]}$ 或 $\mathrm{DS}_{[0.1,0.9]}$ 时，对应的优化模型被称为离散标度模型；否则对应的优化模型称为连续标度模型。为简便起见，以下的模型仅以标度 $\mathrm{DS}_{[0.1,0.9]}$ 为例进行论述。

1. 第一阶段优化

对于给定的不满足可接受个体一致性水平的互补判断矩阵 $\boldsymbol{B}=(b_{ij})_{n\times n}$，目的是使得调整后的互补判断矩阵 $\overline{\boldsymbol{B}}=(\overline{b}_{ij})_{n\times n}$ 具有可接受的一致性水平。为了最小化修改量，可构造优化模型如下：

$$\begin{aligned}&\min d(\boldsymbol{B},\overline{\boldsymbol{B}})\\&\text{s.t.}\quad \overline{\boldsymbol{B}}\in M_A,\bar{b}_{ij}\in \mathrm{DS}_{[0.1,0.9]}\end{aligned}\tag{5.14}$$

其中，d为$\boldsymbol{B}$与$\overline{\boldsymbol{B}}$之间的距离函数。本书使用 Manhattan 距离来描述两个判断矩阵之间的距离。上式可展开写成：

$$\begin{aligned}&\min d(\boldsymbol{B},\overline{\boldsymbol{B}})=\sum_{i=1}^{n}\sum_{j=1}^{n}\left|b_{ij}-\bar{b}_{ij}\right|\\&\text{s.t.}\begin{cases}\bar{b}_{ij}+\bar{b}_{ji}=1, & i,j=1,2,\cdots,n\\ \mathrm{CI}(\overline{\boldsymbol{B}})\geqslant\overline{\mathrm{CI}}\\ \bar{b}_{ij}\in\mathrm{DS}_{[0.1,0.9]}, & i,j=1,2,\cdots,n\end{cases}\end{aligned}\tag{5.15}$$

以上模型有可行解。例如，给定加性判断矩阵$\overline{\boldsymbol{B}}=(\bar{b}_{ij})_{n\times n}$，$\bar{b}_{ij}=0.5$则为一个可行解。由于目标函数是有界的，该模型至少有一个最优解。为了更好地求解以上模型，可以将其转化为线性规划问题。

2. 第二阶段优化

第二阶段优化的目标是使判断矩阵中被修改的元素的数量最小。对于给定的$\boldsymbol{B}=(b_{ij})_{n\times n}$及其调整后的判断矩阵$\overline{\boldsymbol{B}}=(\bar{b}_{ij})_{n\times n}$，考虑下列约束条件：

$$|b_{ij}-\bar{b}_{ij}|\leqslant M\delta_{ij}\tag{5.16}$$

其中，M为一个足够大的数，$\delta_{ij}\in\{0,1\}$。若$\delta_{ij}=0$，则有$b_{ij}=\bar{b}_{ij}$，表示位置(i,j)上的偏好没有被修改；相反，$\delta_{ij}=1$表示位置(i,j)上的偏好有变化。因此，第二阶段的目标函数可设置为

$$\min\quad J_2=\sum_{i=1}^{n-1}\sum_{j=i+1}^{n}\delta_{ij}\tag{5.17}$$

假设$J_1^*=d(\boldsymbol{B},\overline{\boldsymbol{B}})$为第一阶段模型的最优解，那么阶段二的模型建立如下：

$$\begin{aligned}&\min\quad J_2=\sum_{i=1}^{n-1}\sum_{j=i+1}^{n}\delta_{ij}\\&\text{s.t.}\begin{cases}\sum_{i=1}^{n-1}\sum_{j=i+1}^{n}\left|b_{ij}-\bar{b}_{ij}\right|=J_1^*\\ \sum_{i=1}^{n-2}\sum_{j=i+1}^{n-1}\sum_{k=j+1}^{n}(\bar{b}_{ij}+\bar{b}_{jk}-\bar{b}_{ik}-0.5)\leqslant\mathrm{NCI}\\ \bar{b}_{ij}\in\mathrm{DS}_{[0.1,0.9]},\ i<j\\ |b_{ij}-\bar{b}_{ij}|\leqslant M\delta_{ij},\ i<j\\ \delta_{ij}\in\{0,1\},\ i<j\end{cases}\end{aligned}\tag{5.18}$$

其中，$\mathrm{NCI}=\dfrac{n(n-1)(n-2)}{4}\times(1-\overline{\mathrm{CI}})$。通过求解该模型，便可以获得具有修改量最小同时修改元素个数最小的性质的解。

5.2.2 多阶段共识模型

在共识优化模型中，约束需要同时考虑个体一致性指标和共识水平指标。本节构建了三阶段共识优化模型，模型的框架如图 5.2 所示。第一阶段是达成共识时使得所有个体的修改量最小；第二阶段是在固定个体修改量的情况下，使所有个体的修改次数最少；第三阶段是在使所有个体修改量和修改次数都固定的情况下，使需要修改的个体数最小。

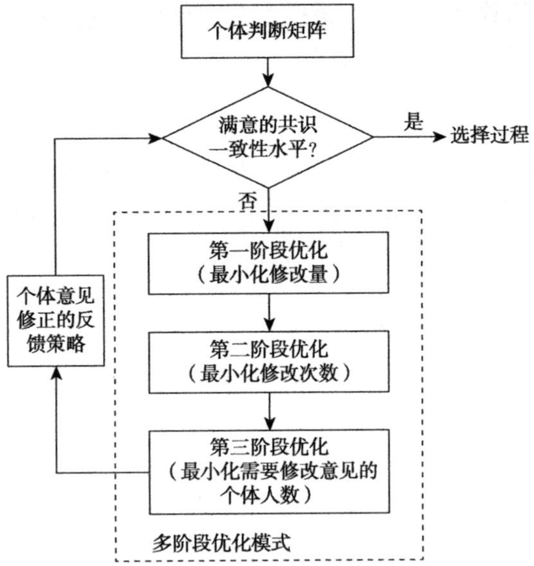

图 5.2 共识达成过程的多阶段优化模型

得到个体偏好信息之后，群体共识水平被用来衡量群体的共识程度。有两种常用的方法来计算共识度：个体偏好到集体偏好的距离；个体偏好之间的距离。令 $\{\boldsymbol{B}_1,\boldsymbol{B}_2,\cdots,\boldsymbol{B}_m\}$ 为决策个体提供的 m 个互补判断矩阵，$\boldsymbol{B}_l=(b_{ij}^l)_{n\times n}$ $(l=1,2,\cdots,m)$。假设通过集结个体判断矩阵得到的群体判断矩阵为 $\boldsymbol{B}_c=(b_{ij}^c)_{n\times n}$。则个体判断矩阵 $\boldsymbol{B}_l$ $(l=1,2,\cdots,m)$ 的群体共识水平可表示为

$$\mathrm{GCI}_1(\boldsymbol{B}_l)=1-d(\boldsymbol{B}_l,\boldsymbol{B}_c)=1-\frac{2}{n(n-1)}\sum_{i=1}^{n-1}\sum_{j=i+1}^{n}\left|b_{ij}^l-b_{ij}^c\right| \tag{5.19}$$

令 $\overline{\mathrm{GCI}}$ 为给定的共识水平阈值。群体的共识水平表示为

$$\mathrm{GCL}_1=\min_l \mathrm{GCI}_1(\boldsymbol{B}_l) \tag{5.20}$$

如果 $\mathrm{GCL}_1 \geqslant \overline{\mathrm{GCI}}$，那么称群体具有可接受的共识水平。

第二种共识度量方法中，$\boldsymbol{B}_l$ 的群体共识一致性水平可表示为

$$\mathrm{GCI}_2(\boldsymbol{B}_l)=1-\frac{1}{n(m-1)(n-1)/2}\sum_{k=1,k\neq l}^{m}\sum_{i=1}^{n-1}\sum_{j=i+1}^{n}\left|b_{ij}^l-b_{ij}^k\right| \tag{5.21}$$

令 $\overline{\mathrm{GCI}}$ 为给定的共识水平阈值，那么群体的共识水平定义为

$$\mathrm{GCL}_2=\min_l \mathrm{GCI}_2(\boldsymbol{B}_l) \tag{5.22}$$

如果 $\mathrm{GCL}_2 \geqslant \overline{\mathrm{GCI}}$，那么称群体具有可接受的共识水平。

这两类共识度衡量方法中，第一种方法对共识度的限制弱于第二种方法。为方便起见，以下仅用基于 GCL_2 描述模型。

令 $\overline{\boldsymbol{B}}=(\overline{b}_{ij}^l)_{n\times n}$ 为个体 e_l 调整后的判断矩阵。

阶段 1　优化

第一阶段的目标为最小化所有个体的修改量，即

$$\sum_{l=1}^{m}d(\boldsymbol{B}_l,\overline{\boldsymbol{B}}_l)=\sum_{l=1}^{m}\sum_{i=1}^{n-1}\sum_{j=i+1}^{n}\left|b_{ij}^l-\overline{b}_{ij}^l\right| \tag{5.23}$$

以对个体一致性和群体共识度的要求作为约束条件，构建优化模型如下：

$$\min\ J_1=\sum_{l=1}^{m}d(\boldsymbol{B}_l,\overline{\boldsymbol{B}}_l)$$

$$\text{s.t.}\begin{cases}\mathrm{CI}(\overline{\boldsymbol{B}}_l)\geqslant\overline{\mathrm{CI}}, & l=1,2,\cdots,m\\ \mathrm{GCI}_2\geqslant\overline{\mathrm{GCI}}, & l=1,2,\cdots,m\\ \overline{b}_{ij}\in \mathrm{DS}_{[0.1,0.9]}, & i<j,\ l=1,2,\cdots,m\end{cases} \tag{5.24}$$

上述模型可展开描述为

$$\min\ J_1=\sum_{l=1}^{m}\sum_{i=1}^{n-1}\sum_{j=i+1}^{n}\left|b_{ij}^l-\overline{b}_{ij}^l\right|$$

$$\text{s.t.}\begin{cases}\sum_{i=1}^{n-2}\sum_{j=i+1}^{n-1}\sum_{k=j+1}^{n}\left|\overline{b}_{ij}^l+\overline{b}_{jk}^l-\overline{b}_{ik}^l-0.5\right|\leqslant \mathrm{NCI}, & l=1,2,\cdots,m\\ \sum_{h=1,h\neq l}^{m}\sum_{i=1}^{n-1}\sum_{j=i+1}^{n}\left|\overline{b}_{ij}^l-\overline{b}_{ij}^h\right|\leqslant \mathrm{NGCI}, & l=1,2,\cdots,m\\ \overline{b}_{ij}\in \mathrm{DS}_{[0.1,0.9]}, & i<j,\ l=1,2,\cdots,m\end{cases} \tag{5.25}$$

其中，$\mathrm{NCI}=(1-\overline{\mathrm{CI}})\times\dfrac{n(n-1)(n-2)}{4}$，$\mathrm{NGCI}=(1-\overline{\mathrm{CGI}})\times\dfrac{n(m-1)(n-1)}{2}$。

阶段 2　优化

阶段 2 的模型则聚焦于最小化所有个体中被修改的偏好元素的个数。对于 $\boldsymbol{B}_l=(b_{ij}^l)_{n\times n}$ 和 $\overline{\boldsymbol{B}}_l=(\overline{b}_{ij}^l)_{n\times n}$，需要验证 $\left|b_{ij}^l-\overline{b}_{ij}^l\right|>0$ 是否成立，即

$$\left|b_{ij}^l-\overline{b}_{ij}^l\right|\leqslant M\cdot\delta_{ij}^l \tag{5.26}$$

其中，M 为一个足够大的数，$\delta_{ij}^l\in\{0,1\}$。若 $\delta_{ij}^l=0$，则有 $b_{ij}^l=\overline{b}_{ij}^l$，表示对个体 e_l 而言，位置 (i,j) 上的偏好不变；相反，$\delta_{ij}^l=1$ 表示对个体 e_l 而言，位置 (i,j) 上的偏好被修改。

若 J_1^* 为第一阶段模型的最优值，那么第二阶段的模型可写作：

$$\min J_2=\sum_{l=1}^m\sum_{i=1}^{n-1}\sum_{j=i+1}^n\delta_{ij}^l$$

$$\text{s.t.}\begin{cases}\sum_{l=1}^m\sum_{i=1}^{n-1}\sum_{j=i+1}^n\left|b_{ij}^l-\overline{b}_{ij}^l\right|=J_1^*\\ \left|b_{ij}^l-\overline{b}_{ij}^l\right|\leqslant M\cdot\delta_{ij}^l,\ i<j,l=1,2,\cdots,m\\ \delta_{ij}^l\in\{0,1\},\ i<j,l=1,2,\cdots,m\\ \text{第一阶段模型的约束条件}\end{cases} \tag{5.27}$$

阶段 3　优化

阶段 3 的目的为最小化修改偏好的人数。考虑如下公式，

$$\sum_{i=1}^{n-1}\sum_{j=i+1}^n\left|b_{ij}^l-\overline{b}_{ij}^l\right|\leqslant M\delta_l \tag{5.28}$$

其中，M 为一个足够大的数，$\delta_l\in\{0,1\}$。若 $\delta_l=0$，则有 $\boldsymbol{B}_l=\overline{\boldsymbol{B}}_l$，意味着个体 e_l 的偏好未改变，否则意味着个体的偏好有修改。令 J_2^* 为第二阶段模型的解，第三阶段的优化模型为

$$\min J_3=\sum_{l=1}^m\eta_l$$

$$\text{s.t.}\begin{cases}\sum_{l=1}^m\sum_{i=1}^{n-1}\sum_{j=i+1}^n\delta_{ij}^l=J_2^*\\ \sum_{i=1}^{n-1}\sum_{j=i+1}^n\left|b_{ij}^l-\overline{b}_{ij}^l\right|\leqslant M\eta_l,\ l=1,2,\cdots,m\\ \eta_l\in\{0,1\},\ l=1,2,\cdots,m\\ \text{第二阶段模型的约束}\end{cases} \tag{5.29}$$

5.2.3 算例分析

本节将通过几个算例对比分析不同共识达成方法的效果。

例 5.2 假设决策个体针对 6 个备选方案给出如下判断矩阵：

$$\boldsymbol{B}=\begin{pmatrix}0.5&0.3&0.6&0.6&0.4&0.9\\0.7&0.5&0.3&0.8&0.7&0.8\\0.4&0.7&0.5&0.7&0.7&0.8\\0.4&0.2&0.3&0.5&0.8&0.6\\0.5&0.3&0.3&0.2&0.5&0.2\\0.2&0.2&0.2&0.4&0.8&0.5\end{pmatrix}$$

令 $\overline{\mathrm{CI}}=0.9$， $\mathrm{CI}(\boldsymbol{B})=0.82$。基于模型（5.15），第一阶段获得判断矩阵为

$$\overline{\boldsymbol{B}}_{\mathrm{Stage}_1}=\begin{pmatrix}0.5&0.3&\underline{0.5}&0.6&\underline{0.5}&\underline{0.8}\\0.7&0.5&\underline{0.5}&0.8&0.7&0.8\\0.5&0.5&0.5&0.7&0.7&0.8\\0.4&0.2&0.3&0.5&0.8&0.6\\0.5&0.3&0.3&0.2&0.5&\underline{0.4}\\0.2&0.2&0.2&0.4&0.6&0.5\end{pmatrix}$$

$d(\boldsymbol{B},\overline{\boldsymbol{B}}_{\mathrm{Stage}_1})=0.7,\ \mathrm{CI}(\overline{\boldsymbol{B}}_{\mathrm{Stage}_1})=0.9$。有下画线的元素代表新判断矩阵中的偏好值跟原始偏好值不同。显然，第一阶段有 5 个元素被改变，但仍不确定这些改动是否是最优选择，因此需要通过第二阶段进一步确认。结果显示如表 5.3 所示。令 $\overline{\boldsymbol{B}}_{\mathrm{Stage}_2}$ 表示最终互补判断矩阵，决策个体可以接受 $\overline{\boldsymbol{B}}_{\mathrm{Stage}_2}$ 作为他们提供的新判断矩阵，或者以 $\overline{\boldsymbol{B}}_{\mathrm{Stage}_2}$ 为依据重新给出判断矩阵。

表 5.3　$\overline{\mathrm{CI}}=0.9$ 时，各模型调整互补判断矩阵

模型	调整互补判断矩阵 $\overline{\boldsymbol{B}}$	$\mathrm{CI}(\overline{\boldsymbol{B}})$	$d(\boldsymbol{B},\overline{\boldsymbol{B}})$	# $\boldsymbol{B}$
本节模型	$\begin{pmatrix}0.5&0.3&0.6&0.6&0.4&0.9\\0.7&0.5&\underline{0.5}&0.8&0.7&0.8\\0.4&0.5&0.5&0.7&0.7&0.8\\0.4&0.2&0.3&0.5&\underline{0.6}&0.6\\0.6&0.3&0.3&0.4&0.5&\underline{0.5}\\0.1&0.2&0.2&0.4&0.5&0.5\end{pmatrix}$	0.9000	0.7000	3
方法 1	$\begin{pmatrix}0.5000&0.3000&\underline{0.5258}&0.6000&\underline{0.5000}&\underline{0.8258}\\0.7000&0.5000&\underline{0.5000}&0.8000&0.7000&0.8000\\0.4742&0.5000&0.5000&0.7000&0.7000&0.8000\\0.4000&0.2000&0.3000&0.5000&\underline{0.7409}&0.6000\\0.5000&0.3000&0.3000&0.2591&0.5000&\underline{0.3591}\\0.1742&0.2000&0.2000&0.4000&0.6409&0.5000\end{pmatrix}$	0.9000	0.6667	6

续表

模型	调整互补判断矩阵 $\bar{\boldsymbol{B}}$	$\mathrm{CI}(\bar{\boldsymbol{B}})$	$d(\boldsymbol{B},\bar{\boldsymbol{B}})$	# $\boldsymbol{B}$
方法 2	$\begin{pmatrix} 0.5000 & \underline{0.358} & \underline{0.5089} & \underline{0.5917} & \underline{0.5491} & \underline{0.7923} \\ 0.642 & 0.5000 & \underline{0.3994} & \underline{0.7338} & \underline{0.7414} & \underline{0.7834} \\ 0.4911 & 0.6006 & 0.5000 & \underline{0.6834} & \underline{0.7414} & \underline{0.7834} \\ 0.4083 & 0.2662 & 0.3166 & 0.5000 & \underline{0.7089} & 0.6000 \\ 0.4509 & 0.2586 & 0.2586 & 0.2911 & 0.5000 & \underline{0.3408} \\ 0.2077 & 0.2166 & 0.2166 & 0.4000 & 0.6592 & 0.5000 \end{pmatrix}$	0.9094	0.9440	14

注：# $\boldsymbol{B}$ 为修改元素个数；方法 1 为 Zhang 等（2012）的方法；方法 2 为 Ma 等（2006）的方法。

5.2.1 节提出的模型中，调整后的判断矩阵偏好值仍属于原标度范围，并且只有三个初始偏好值被改变。Zhang 等（2012）提出的方法需要改变 6 个初始偏好值，Ma 等（2006）提出的方法则需要改变 14 个初始偏好值。

例 5.3 假设 5 位决策个体被邀请来协助设计一个新产品。根据初步市场调查结果，新产品有 4 种备选方案。决策个体均通过简单地成对比较，以 $\mathrm{DS}_{[0.1,0.9]}$ 标度给出各自对备选方案的偏好程度。假设 $\{\boldsymbol{B}_1,\boldsymbol{B}_2,\boldsymbol{B}_3,\boldsymbol{B}_4,\boldsymbol{B}_5\}$ 为个体提供的初始判断矩阵

$$\boldsymbol{B}_1=\begin{pmatrix} 0.5 & 0.2 & 0.6 & 0.3 \\ 0.8 & 0.5 & 0.9 & 0.7 \\ 0.4 & 0.1 & 0.5 & 0.4 \\ 0.7 & 0.3 & 0.6 & 0.5 \end{pmatrix} \quad \boldsymbol{B}_2=\begin{pmatrix} 0.5 & 0.2 & 0.6 & 0.5 \\ 0.8 & 0.5 & 0.8 & 0.7 \\ 0.4 & 0.2 & 0.5 & 0.3 \\ 0.5 & 0.3 & 0.7 & 0.5 \end{pmatrix} \quad \boldsymbol{B}_3=\begin{pmatrix} 0.5 & 0.6 & 0.5 & 0.7 \\ 0.4 & 0.5 & 0.2 & 0.6 \\ 0.5 & 0.8 & 0.5 & 0.8 \\ 0.3 & 0.4 & 0.2 & 0.5 \end{pmatrix}$$

$$\boldsymbol{B}_4=\begin{pmatrix} 0.5 & 0.2 & 0.1 & 0.5 \\ 0.8 & 0.5 & 0.5 & 0.8 \\ 0.9 & 0.5 & 0.5 & 0.8 \\ 0.5 & 0.2 & 0.2 & 0.5 \end{pmatrix} \quad \boldsymbol{B}_5=\begin{pmatrix} 0.5 & 0.2 & 0.3 & 0.5 \\ 0.8 & 0.5 & 0.5 & 0.8 \\ 0.7 & 0.5 & 0.5 & 0.8 \\ 0.5 & 0.2 & 0.2 & 0.5 \end{pmatrix}$$

5 个初始判断矩阵的一致性水平和共识水平分别为：

$\mathrm{CI}(\boldsymbol{B}_1)=0.9333,\ \mathrm{CI}(\boldsymbol{B}_2)=0.9333,\ \mathrm{CI}(\boldsymbol{B}_3)=0.9333,\ \mathrm{CI}(\boldsymbol{B}_4)=0.9667$

$\mathrm{CI}(\boldsymbol{B}_5)=0.9667,\ \mathrm{GCI}(\boldsymbol{B}_1)=0.7708,\ \mathrm{GCI}(\boldsymbol{B}_2)=0.7958,\ \mathrm{GCI}(\boldsymbol{B}_3)=0.7167$

$\mathrm{GCI}(\boldsymbol{B}_4)=0.8042,\ \mathrm{GCI}(\boldsymbol{B}_5)=0.8292$

令 $\overline{\mathrm{CI}}=0.9$，$\overline{\mathrm{GCL}}=0.9$。这些判断矩阵已经满足可接受的加性基数一致性水平。

由于 $\mathrm{GCL}=\min\limits_{l}\mathrm{GCI}(\boldsymbol{B}_l)=0.7167<0.9$，群体共识水平要求暂未满足，因此应用 5.3.2 节提出的多阶段优化共识模型。令 J_z，NM_z，NE_z 分别表示阶段 z 的偏好改变量，偏好改变个数和改变偏好的个体人数。

根据模型（5.25）有：

$J_1=2,\ \mathrm{NM}_1=12,\ \mathrm{NE}_1=4$

根据模型（5.27）有

$J_2=2,\ \mathrm{NM}_2=9,\ \mathrm{NE}_2=4$

偏好改变个数从 12 个降为 9 个。根据模型（5.29）有

$$J_3 = 2,\ \mathrm{NM}_3 = 9,\ \mathrm{NE}_3 = 4$$

由于 $\mathrm{NE}_2 = \mathrm{NE}_3$，无须进一步优化。优化模型调整后的新互补判断矩阵中，$\bar{\boldsymbol{B}}_5 = \boldsymbol{B}_5$，其余调整后的判断矩阵如下：

$$\bar{\boldsymbol{B}}_1 = \begin{pmatrix} 0.5 & 0.2 & 0.6 & \underline{0.5} \\ 0.8 & 0.5 & \underline{0.6} & 0.7 \\ 0.4 & 0.4 & 0.5 & 0.4 \\ 0.5 & 0.3 & 0.6 & 0.5 \end{pmatrix} \quad \bar{\boldsymbol{B}}_2 = \begin{pmatrix} 0.5 & 0.2 & 0.6 & 0.5 \\ 0.8 & 0.5 & \underline{0.6} & 0.7 \\ 0.5 & 0.4 & 0.5 & \underline{0.4} \\ 0.5 & 0.3 & 0.6 & 0.5 \end{pmatrix}$$

$$\bar{\boldsymbol{B}}_3 = \begin{pmatrix} 0.5 & \underline{0.3} & 0.5 & \underline{0.5} \\ 0.7 & 0.5 & \underline{0.5} & \underline{0.7} \\ 0.5 & 0.5 & 0.5 & 0.8 \\ 0.5 & 0.3 & 0.2 & 0.5 \end{pmatrix} \quad \bar{\boldsymbol{B}}_4 = \begin{pmatrix} 0.5 & \underline{0.4} & 0.5 & 0.5 \\ 0.8 & 0.5 & 0.5 & 0.8 \\ 0.6 & 0.5 & 0.5 & 0.8 \\ 0.5 & 0.2 & 0.2 & 0.5 \end{pmatrix}$$

新矩阵的一致性水平和共识水平分别为：

$$\mathrm{CI}(\bar{\boldsymbol{B}}_1) = 0.9000,\ \mathrm{CI}(\bar{\boldsymbol{B}}_2) = 0.9000,\ \mathrm{CI}(\bar{\boldsymbol{B}}_3) = 0.9000,\ \mathrm{CI}(\bar{\boldsymbol{B}}_4) = 0.9333$$
$$\mathrm{CI}(\bar{\boldsymbol{B}}_5) = 0.9667,\ \mathrm{GCI}(\bar{\boldsymbol{B}}_1) = 0.9000,\ \mathrm{GCI}(\bar{\boldsymbol{B}}_2) = 0.9000,\ \mathrm{GCI}(\bar{\boldsymbol{B}}_3) = 0.9125$$
$$\mathrm{GCI}(\bar{\boldsymbol{B}}_4) = 0.9167,\ \mathrm{GCI}(\bar{\boldsymbol{B}}_5) = 0.9042$$

5.3　考虑保序性的多分类共识决策模型

本节首先介绍多分类共识的基本概念，然后设计达到多分类共识的优化模型，并给出一个数值例子来验证所提模型的可行性和有效性。本节内容主要来自 Tu 和 Wu（2022）。

为便于描述，令 $M = \{1,2,\cdots,m\},\ N = \{1,2,\cdots,n\},\ H = \{1,2,\cdots,h\}$。第 l 个决策个体为 DM_l。

5.3.1　多分类共识的概念

多分类共识问题是基于决策个体的排序向量，将备选方案 X 分类为多个子集。令 $X_r (1 \leqslant r \leqslant h)$ 为在第 r 等级的备选方案集合，n_r 为在第 r 等级的备选方案的个数，m_r 为在前 r 个等级里备选方案的个数，$\boldsymbol{O}_r$ 为第 r 个等级里备选方案的位置向量。多分类共识有如下性质：

（1）$X_r \cap X_z = \varnothing,\ \forall r, z \in H\ (z \neq r)$；

（2）$\bigcup_{r=1}^{h} X_r = X$；

（3）$o_{ir} < o_{jz},\ i,j \in N,\ r,z \in H$，当且仅当 $1 \leqslant r < z \leqslant h$；

（4）$\sum_{s=1}^{r} n_s = m_r, r \in H$。

定义 5.1 令 $\boldsymbol{w}^l = (w_1^l, w_2^l, \cdots, w_n^l)^{\mathrm{T}}$ 为决策个体 DM_l 的排序向量，$\boldsymbol{B}^l$ 的多分类共识指数（rank consensus index，RCI）计算如下：

$$\mathrm{RCI}(\boldsymbol{B}^l) = 1 - \frac{\sum_{i=1}^{n}\sum_{r=1}^{h}\left|x_{ir}^l - x_{ir}^c\right|}{n} \tag{5.30}$$

其中，x_{ir}^l 和 x_{ir}^c $(i=1,\cdots,n;\ r=1,\cdots,h;\ l=1,\cdots,m)$ 为 0-1 变量。如果 DM_l 的第 i 个备选方案在等级 r 中，$x_{ir}^l = 1$；否则，$x_{ir}^l = 0$。同样地，如果群体的第 i 个备选方案在等级 r 中，$x_{ir}^c = 1$；否则，$x_{ir}^c = 0$。

如果 $\mathrm{RCI}(\boldsymbol{B}^l) = 1$，则 DM_l 与集体偏好的分类完全一致；否则，$\mathrm{RCI}(\boldsymbol{B}^l)$ 越大，多分类共识程度越高。

5.3.2 多分类共识的约束表达

DM_l 的 n 个备选方案可以根据他的排序向量通过以下约束被分类为 h 个类，对于 $i<j,\ l=1,2,\cdots,m,\ r=1,2,\cdots,h$，

$$\begin{cases} \sum_{r=1}^{h} x_{ir}^l = 1 \\ \sum_{i=1}^{n} x_{ir}^l = n_r \\ \sum_{s=1}^{r} n_s = m_r \\ o_i^l = n+1-\sum_{j=1}^{n}(t_{ij}^l + u_{ij}^l) \\ (n+1-m_r)x_{ir}^l \leqslant n+1-o_i^l \end{cases} \tag{5.31}$$

多分类共识问题的约束设计如下，$i<j,\ l=1,2,\cdots,m,\ r=1,2,\cdots,h$，

$$
\begin{cases}
\sum_{r=1}^{h} x_{ir}^{l} = 1 & (5.32\text{a}) \\
\sum_{i=1}^{n} x_{ir}^{l} = n_r & (5.32\text{b}) \\
\sum_{s=1}^{r} n_s = m_r & (5.32\text{c}) \\
o_i^{l} = n + 1 - \sum_{j=1}^{n} (t_{ij}^{l} + u_{ij}^{l}) & (5.32\text{d}) \\
(n + 1 - m_r) x_{ir}^{l} \leqslant n + 1 - o_i^{l} & (5.32\text{e}) \\
\sum_{r=1}^{h} x_{ir}^{c} = 1 & (5.32\text{f}) \\
\sum_{i=1}^{n} x_{ir}^{c} = n_r & (5.32\text{g}) \\
o_i^{c} = n + 1 - \sum_{j=1}^{n} (t_{ij}^{c} + u_{ij}^{c}) & (5.32\text{h}) \\
(n + 1 - m_r) x_{ir}^{c} \leqslant n + 1 - o_i^{c} & (5.32\text{i}) \\
x_{ir}^{l}, x_{ir}^{c} \in \{0,1\} & (5.32\text{j}) \\
1 - \frac{1}{n} \sum_{i=1}^{n} \sum_{r=1}^{h} \left| x_{ir}^{l} - x_{ir}^{c} \right| \geqslant \overline{\mathrm{RCI}} & (5.32\text{k})
\end{cases}
\tag{5.32}
$$

约束（5.32a）~（5.32e）将每个个体的候选方案集合分为 h 类；约束（5.32f）~（5.32i）将群体偏好分为 h 类；约束（5.32k）确保个体分类共识指数达到预定水平；约束（5.32k）是非线性的。因此，为了降低计算复杂度，引入了一个转换变量 y_{ir}^{l}，并将非线性约束（5.32k）转化成下面的线性约束：

$$
x_{ir}^{l} - x_{ir}^{c} \leqslant y_{ir}^{l},\ -x_{ir}^{l} + x_{ir}^{c} \leqslant y_{ir}^{l},\ 1 - \frac{1}{n} \sum_{i=1}^{n} \sum_{r=1}^{h} y_{ir}^{l} \geqslant \overline{\mathrm{RCI}}
$$

因此，上述约束（5.32）等价于下述约束。

$$
\begin{cases}
\text{约束(5.33a)~(5.33j)与(5.32a)~(5.32j)相同} & \\
x_{ir}^{l} - x_{ir}^{c} \leqslant y_{ir}^{l} & (5.33\text{k}) \\
-x_{ir}^{l} + x_{ir}^{c} \leqslant y_{ir}^{l} & (5.33\text{l}) \\
1 - \frac{1}{n} \sum_{i=1}^{n} \sum_{r=1}^{h} y_{ir}^{l} \geqslant \overline{\mathrm{RCI}} & (5.33\text{m})
\end{cases}
\tag{5.33}
$$

5.3.3　优化模型

修改后的个体判断矩阵记为 $\overline{\boldsymbol{B}}_l = (\overline{b}_{ij}^{l})_{n\times n}$。对于 $i < j,\ l = 1,2,\cdots,m$，要求 $\overline{\boldsymbol{B}}_l$ 满

足可接受的基数一致性水平，对应约束条件可表达为

$$
\begin{cases}
b_{ij}^{l}-\overline{b}_{ij}^{l}\leqslant g_{ij}^{l} & (5.34\text{a})\\
-b_{ij}^{l}+\overline{b}_{ij}^{l}\leqslant g_{ij}^{l} & (5.34\text{b})\\
g_{ij}^{l}\leqslant \delta_{ij}^{l} & (5.34\text{c})\\
\overline{b}_{ij}^{l}+\overline{b}_{jk}^{l}-\overline{b}_{ik}^{l}-0.5\leqslant f_{ijk}^{l} & (5.34\text{d})\\
-\left(\overline{b}_{ij}^{l}+\overline{b}_{jk}^{l}-\overline{b}_{ik}^{l}-0.5\right)\leqslant f_{ijk}^{l} & (5.34\text{e})\\
1-\dfrac{4}{n(n-1)(n-2)}\sum\limits_{1\leqslant i<j<k\leqslant n}^{n} f_{ijk}^{l}\geqslant \overline{\mathrm{CI}} & (5.34\text{f})\\
\overline{b}_{ij}^{l}+\overline{b}_{ji}^{l}=1 & (5.34\text{g})\\
\delta_{ij}^{l},t_{ij}^{l},u_{ij}^{l}\in\{0,1\} & (5.34\text{h})\\
\overline{b}_{ij}^{l}\in[0,1] & (5.34\text{i})
\end{cases}
\tag{5.34}
$$

根据对保序性的显示表达结果，对于$i<j,\ l=1,2,\cdots,m$，要求$\overline{\boldsymbol{B}}_l$也满足保序性，此时对应的约束条件可表示为

$$
\begin{cases}
\overline{b}_{ij}^{l}-t_{ij}^{l}+0.5>0 & (5.35\text{a})\\
\overline{b}_{ij}^{l}-t_{ij}^{l}-0.5\leqslant 0 & (5.35\text{b})\\
\overline{b}_{ij}^{l}-u_{ij}^{l}+0.5\geqslant 0 & (5.35\text{c})\\
\overline{b}_{ij}^{l}+u_{ij}^{l}-1.5\leqslant 0 & (5.35\text{d})\\
\overline{b}_{ij}^{l}-u_{ij}^{l}-t_{ij}^{l}-0.5<0 & (5.35\text{e})\\
\overline{w}_{i}^{l}=\dfrac{2}{n^{2}}\sum\limits_{j=1}^{n}\overline{b}_{ij}^{l} & (5.35\text{f})\\
\overline{w}_{i}^{l}-\overline{w}_{j}^{l}-t_{ij}^{l}+1>0 & (5.35\text{g})\\
\overline{w}_{i}^{l}-\overline{w}_{j}^{l}-t_{ij}^{l}\leqslant 0 & (5.35\text{h})\\
\overline{w}_{i}^{l}-\overline{w}_{j}^{l}-u_{ij}^{l}+1\geqslant 0 & (5.35\text{i})\\
\overline{w}_{i}^{l}-\overline{w}_{j}^{l}+u_{ij}^{l}-1\leqslant 0 & (5.35\text{j})\\
\overline{w}_{i}^{l}-\overline{w}_{j}^{l}-t_{ij}^{l}-u_{ij}^{l}>0 & (5.35\text{k})\\
b_{ij}^{l}-\overline{b}_{ij}^{l}\leqslant g_{ij}^{l} & (5.35\text{l})\\
-b_{ij}^{l}+\overline{b}_{ij}^{l}\leqslant g_{ij}^{l} & (5.35\text{m})\\
g_{ij}^{l}\leqslant \delta_{ij}^{l} & (5.35\text{n})\\
\overline{b}_{ij}^{l}+\overline{b}_{ij}^{l}=1 & (5.35\text{o})\\
\delta_{ij}^{l},t_{ij}^{l},u_{ij}^{l}\in\{0,1\} & (5.35\text{p})\\
\overline{b}_{ij}^{l}\in[0,1] & (5.35\text{q})
\end{cases}
\tag{5.35}
$$

记由个体偏好集结得到的群体互补判断矩阵为$\overline{\boldsymbol{B}}_c=(\overline{b}_{ij}^{c})_{n\times n}$，其对应的排序向量为$\overline{\boldsymbol{w}}^{c}=(\overline{w}_{1}^{l},\overline{w}_{2}^{l},\ldots,\overline{w}_{n}^{l})^{\mathrm{T}}$。当个体互补判断矩阵均满足保序性条件时，群体的

互补判断矩阵也不一定能够满足保序性。因此，为保证 $\boldsymbol{\overline{B}}_c$ 具有保序性，需要单独设置其满足保序性的约束条件，这些条件可表达为

$$
\begin{cases}
\overline{b}_{ij}^c - t_{ij}^c + 0.5 > 0 & (5.36\text{a})\\
\overline{b}_{ij}^c - t_{ij}^c - 0.5 \leqslant 0 & (5.36\text{b})\\
\overline{b}_{ij}^c - u_{ij}^c + 0.5 \geqslant 0 & (5.36\text{c})\\
\overline{b}_{ij}^c + u_{ij}^c - 1.5 \leqslant 0 & (5.36\text{d})\\
\overline{b}_{ij}^c - u_{ij}^c - t_{ij}^c - 0.5 < 0 & (5.36\text{e})\\
t_{ij}^c + u_{ij}^c \leqslant 1 & (5.36\text{f})\\
\overline{w}_i^c = \dfrac{2}{n^2}\sum_{j=1}^{n}\overline{b}_{ij}^c & (5.36\text{g})\\
\overline{w}_i^c - \overline{w}_j^c - t_{ij}^c + 1 > 0 & (5.36\text{h})\\
\overline{w}_i^c - \overline{w}_j^c - t_{ij}^c \leqslant 0 & (5.36\text{i})\\
\overline{w}_i^c - \overline{w}_j^c - u_{ij}^c + 1 \geqslant 0 & (5.36\text{j})\\
\overline{w}_i^c - \overline{w}_j^c + u_{ij}^c - 1 \leqslant 0 & (5.36\text{k})\\
\overline{w}_i^c - \overline{w}_j^c - t_{ij}^c - u_{ij}^c > 0 & (5.36\text{l})\\
\overline{b}_{ij}^c = \sum_{l=1}^{m}\lambda_l \overline{b}_{ij}^l & (5.36\text{m})\\
t_{ij}^c, u_{ij}^c \in \{0,1\} & (5.36\text{n})
\end{cases}
\tag{5.36}
$$

满足多分类共识达成过程中可接受一致性水平的模型可构建为

$$
\min \quad J_4 = \sum_{i=1}^{n-1}\sum_{j=i+1}^{n}\delta_{ij}
$$

$$
\text{s.t.}\begin{cases}
(5.37\text{a})\sim(5.37\text{i})\text{同}(5.34\text{a})\sim(5.34\text{i})\\
(5.37\text{j})\sim(5.37\text{v})\text{同}(5.33\text{a})\sim(5.33\text{m})
\end{cases}
\tag{5.37}
$$

满足多分类共识达成过程中保序性的模型可构建为

$$
\min \quad J_5 = \sum_{i=1}^{n-1}\sum_{j=i+1}^{n}\delta_{ij}
$$

$$
\text{s.t.}\begin{cases}
(5.38\text{a})\sim(5.38\text{q})\text{同}(5.35\text{a})\sim(5.35\text{q})\\
(5.38\text{r})\sim(5.38\text{ae})\text{同}(5.36\text{a})\sim(5.36\text{n})\\
(5.38\text{af})\sim(5.38\text{ar})\text{同}(5.33\text{a})\sim(5.33\text{m})
\end{cases}
\tag{5.38}
$$

满足多分类共识达成过程中偏好的保序性和可接受一致性的模型可构建为

$$
\min \quad J_6 = \sum_{l=1}^{m}\sum_{i=1}^{n}\sum_{j=i+1}^{n}\delta_{ij}^{l}
$$

$$
\text{s.t.}\begin{cases}(5.39\text{a})\sim(5.39\text{i})\text{同}(5.34\text{a})\sim(5.34\text{i})\\(5.39\text{j})\sim(5.39\text{z})\text{同}(5.35\text{a})\sim(5.35\text{q})\\(5.39\text{aa})\sim(5.39\text{an})\text{同}(5.36\text{a})\sim(5.36\text{n})\\(5.39\text{ao})\sim(5.39\text{az})\text{同}(5.33\text{a})\sim(5.33\text{l})\end{cases} \tag{5.39}
$$

需要注意的是，当群体规模较小时，求解器 Lingo/Matlab 可以很容易求得上述模型的最优解解。然而，当决策个体数量大于 20 时，对于大规模群体分类共识问题，很难在短时间内求得以上模型的最优解。未来的研究中可考虑设计一种优化求解方法，以使大规模群体问题中个体偏好和群体偏好均满足可接受的一致性和保序性条件。

5.3.4 算例分析

例 5.4 本例的群体决策问题为一个 3 分类共识问题。五个专家构成的集合表示为 $\{e_1,e_2,e_3,e_4,e_5\}$，六个备选方案构成的集合表示为 $\{x_1,x_2,x_3,x_4,x_5,x_6\}$。现要求把六个方案分成 3 类，第一类包含 1 个方案，第二类包含 2 个方案，第三类包含 3 个方案。专家提供的互补判断矩阵如下（Xu and Cai，2011）：

$$
\boldsymbol{B}_1 = \begin{pmatrix} 0.5 & 0.4 & 0.2 & 0.6 & 0.7 & 0.6 \\ 0.6 & 0.5 & 0.4 & 0.6 & 0.9 & 0.7 \\ 0.8 & 0.6 & 0.5 & 0.6 & 0.8 & 1 \\ 0.4 & 0.4 & 0.4 & 0.5 & 0.7 & 0.6 \\ 0.3 & 0.1 & 0.2 & 0.3 & 0.5 & 0.3 \\ 0.4 & 0.3 & 0 & 0.4 & 0.7 & 0.5 \end{pmatrix}
$$

$$
\boldsymbol{w}_1 = (0.167, 0.206, 0.239, 0.167, 0.094, 0.128)^{\mathrm{T}}
$$

$$
\boldsymbol{B}_2 = \begin{pmatrix} 0.5 & 0.3 & 0.3 & 0.5 & 0.8 & 0.7 \\ 0.7 & 0.5 & 0.4 & 0.7 & 1 & 0.8 \\ 0.7 & 0.6 & 0.5 & 0.5 & 0.9 & 0.9 \\ 0.5 & 0.3 & 0.5 & 0.5 & 0.6 & 0.7 \\ 0.2 & 0 & 0.1 & 0.4 & 0.5 & 0.4 \\ 0.3 & 0.2 & 0.1 & 0.3 & 0.6 & 0.5 \end{pmatrix}
$$

$$
\boldsymbol{w}_2 = (0.172, 0.228, 0.228, 0.172, 0.089, 0.111)^{\mathrm{T}}
$$

$$\boldsymbol{B}_3=\begin{pmatrix}0.5&0.5&0.6&0.6&0.7&0.9\\0.5&0.5&0.3&0.8&0.7&0.8\\0.4&0.7&0.5&0.7&0.7&0.8\\0.4&0.2&0.3&0.5&0.8&0.6\\0.3&0.3&0.3&0.2&0.5&0.2\\0.1&0.2&0.2&0.4&0.8&0.5\end{pmatrix}$$

$$\boldsymbol{w}_3=(0.211,0.200,0.211,0.156,0.100,0.122)^{\mathrm{T}}$$

$$\boldsymbol{B}_4=\begin{pmatrix}0.5&0.2&0.1&0.5&0.8&0.9\\0.8&0.5&0.2&0.9&0.6&1\\0.9&0.8&0.5&0.8&0.6&0.6\\0.5&0.1&0.2&0.5&1&0.8\\0.2&0.4&0.4&0&0.5&0.4\\0.1&0&0.4&0.2&0.6&0.5\end{pmatrix}$$

$$\boldsymbol{w}_4=(0.167,0.222,0.233,0.172,0.106,0.100)^{\mathrm{T}}$$

$$\boldsymbol{B}_5=\begin{pmatrix}0.5&0.3&0.3&0.7&0.8&0.5\\0.7&0.5&0.2&0.7&0.8&0.6\\0.7&0.8&0.5&0.7&0.7&0.8\\0.3&0.3&0.3&0.5&0.9&0.7\\0.2&0.2&0.3&0.1&0.5&0.4\\0.5&0.4&0.2&0.3&0.6&0.5\end{pmatrix}$$

$$\boldsymbol{w}_5=(0.172,0.194,0.233,0.167,0.094,0.139)^{\mathrm{T}}$$

$$\boldsymbol{B}_c=\begin{pmatrix}0.50&0.34&0.30&0.58&0.76&0.72\\0.66&0.50&0.30&0.74&0.80&0.78\\0.70&0.70&0.50&0.66&0.74&0.82\\0.42&0.26&0.34&0.50&0.80&0.68\\0.24&0.20&0.26&0.20&0.50&0.34\\0.28&0.22&0.18&0.32&0.66&0.50\end{pmatrix}$$

$$\boldsymbol{w}_c=(0.178,0.210,0.229,0.167,0.097,0.120)^{\mathrm{T}}$$

$\boldsymbol{B}_l$ 和 $\boldsymbol{B}_c$ 对应的 $\mathrm{CI}(\boldsymbol{B}_l)$ 和 $\mathrm{RCI}(\boldsymbol{B}_l)$ 的值如表 5.4 所示。DM_1 和 DM_2 的原始互补判断矩阵不满足可接受基数一致性，DM_2, DM_3和DM_5 提供的判断矩阵不满足次序一致性，而且这五个决策个体的判断矩阵不满足 POP 条件。例如，对于 $\boldsymbol{B}_1$，$b_{14}=0.6$ 表示方案 x_1 比方案 x_4 更好，但是其权重向量结果显示 $w_1=w_4=0.167$ 。表 5.5 根据权重向量列出了五个原始互补判断矩阵的方案的三个分类和排序。只

有 $\boldsymbol{B}_5$ 的三分类和群体偏好的三分类完全一致。因此，决策个体的原始偏好需要被修改，以达到三级分类共识水平，并满足个体可接受基数一致性水平和 POP 条件。

表 5.4 原始互补判断矩阵的相关指标情况

决策个体	$\mathrm{CI}(\boldsymbol{B}^l)$	$\mathrm{GCI}(\boldsymbol{B}^l)$	$\mathrm{RCI}(\boldsymbol{B}^l)$	三向循环	序违反
$\boldsymbol{B}_1$	0.913	0.913	0.833	无	b_{14}^1
$\boldsymbol{B}_2$	0.920	0.919	0.667	$x_1 \sim x_4 \sim x_3 \succ x_1$ $x_1 \sim x_4 \sim x_3 \succ x_1$	b_{23}^2, b_{34}^2
$\boldsymbol{B}_3$	0.860	0.919	0.833	$x_4 \sim x_1 \sim x_2 \succ x_4$	b_{12}^3, b_{13}^3
$\boldsymbol{B}_4$	0.760	0.853	0.667	无	b_{14}^4, b_{56}^4
$\boldsymbol{B}_5$	0.847	0.932	1.000	$x_1 \succ x_4 \succ x_6 \sim x_1$	b_{16}^5
$\boldsymbol{B}_c$	0.905			无	无

表 5.5 原始互补判断矩阵得到的三分类与排序

决策个体	第一类	第二类	第三类	排序
$\boldsymbol{B}_1$	x_3	x_2, x_1, x_4	x_6, x_5	$x_3 \succ x_2 \succ x_1 \sim x_4 \succ x_6 \succ x_5$
$\boldsymbol{B}_2$	x_3, x_2	x_1, x_4	x_6, x_5	$x_3 \sim x_2 \succ x_1 \sim x_4 \succ x_6 \succ x_5$
$\boldsymbol{B}_3$	x_3, x_1	x_2	x_4, x_6, x_5	$x_3 \sim x_1 \succ x_2 \succ x_4 \succ x_6 \succ x_5$
$\boldsymbol{B}_4$	x_3	x_2, x_4	x_1, x_5, x_6	$x_3 \succ x_2 \succ x_4 \succ x_1 \succ x_5 \succ x_6$
$\boldsymbol{B}_5$	x_3	x_2, x_1	x_4, x_6, x_5	$x_3 \succ x_2 \succ x_1 \succ x_4 \succ x_6 \succ x_5$
$\boldsymbol{B}_c$	x_3	x_2, x_1	x_4, x_6, x_5	$x_3 \succ x_2 \succ x_1 \succ x_4 \succ x_6 \succ x_5$

当分别设置 $\overline{\mathrm{CI}} = 0.9$ 和 $\mathrm{RCI} = 1$ 时，用模型（5.39）来调整决策个体的判断矩阵。修正后的互补判断矩阵能够达到三级分类共识水平并满足个体可接受的一致性水平和 POP 条件，调整后的互补判断矩阵如下：

$$\overline{\boldsymbol{B}}_1 = \begin{pmatrix} 0.50 & 0.40 & 0.20 & \underline{0.69} & 0.70 & 0.60 \\ 0.60 & 0.50 & 0.40 & 0.60 & 0.90 & 0.70 \\ 0.80 & 0.60 & 0.50 & 0.60 & 0.80 & 1.00 \\ 0.31 & 0.40 & 0.40 & 0.50 & 0.70 & 0.60 \\ 0.30 & 0.10 & 0.20 & 0.30 & 0.50 & 0.30 \\ 0.40 & 0.30 & 0.00 & 0.40 & 0.70 & 0.50 \end{pmatrix}$$

$$\overline{\boldsymbol{w}}_1 = (0.172, 0.206, 0.239, 0.162, 0.094, 0.128)^{\mathrm{T}}$$

$$\overline{\boldsymbol{B}}_2 = \begin{pmatrix} 0.50 & 0.30 & 0.30 & \underline{0.51} & 0.80 & 0.70 \\ 0.70 & 0.50 & 0.40 & 0.70 & 1.00 & 0.80 \\ 0.70 & 0.60 & 0.50 & \underline{0.68} & 0.90 & 0.90 \\ 0.49 & 0.30 & 0.32 & 0.50 & 0.60 & 0.70 \\ 0.20 & 0.00 & 0.10 & 0.40 & 0.50 & 0.40 \\ 0.30 & 0.20 & 0.10 & 0.30 & 0.60 & 0.50 \end{pmatrix}$$

$$\overline{\boldsymbol{w}}_2 = (0.173, 0.228, 0.238, 0.162, 0.089, 0.111)^{\mathrm{T}}$$

$$\bar{\boldsymbol{B}}_3=\begin{pmatrix}0.50 & \underline{0.55} & \underline{0.49} & 0.60 & 0.70 & 0.90\\0.45 & 0.50 & 0.30 & 0.80 & 0.70 & 0.80\\0.51 & 0.70 & 0.50 & 0.70 & 0.70 & 0.80\\0.40 & 0.20 & 0.30 & 0.50 & 0.80 & 0.60\\0.30 & 0.30 & 0.30 & 0.20 & 0.50 & 0.20\\0.10 & 0.20 & 0.20 & 0.40 & 0.80 & 0.50\end{pmatrix}$$

$$\bar{\boldsymbol{w}}_3=(0.207,0.197,0.217,0.156,0.100,0.122)^{\mathrm{T}}$$

$$\bar{\boldsymbol{B}}_4=\begin{pmatrix}0.50 & \underline{0.49} & 0.10 & \underline{0.51} & 0.80 & 0.90\\0.51 & 0.50 & 0.20 & 0.90 & 0.60 & 1.00\\0.90 & 0.80 & 0.50 & 0.80 & 0.60 & 0.60\\0.49 & 0.10 & 0.20 & 0.50 & \underline{0.34} & 0.80\\0.20 & 0.40 & 0.40 & 0.66 & 0.50 & \underline{0.51}\\0.10 & 0.00 & 0.40 & 0.20 & 0.49 & 0.50\end{pmatrix}$$

$$\bar{\boldsymbol{w}}_4=(0.183,0.206,0.233,0.135,0.148,0.094)^{\mathrm{T}}$$

$$\bar{\boldsymbol{B}}_5=\begin{pmatrix}0.50 & 0.30 & 0.30 & 0.70 & 0.80 & \underline{0.71}\\0.70 & 0.50 & 0.20 & 0.70 & 0.80 & 0.60\\0.70 & 0.80 & 0.50 & 0.70 & 0.70 & 0.80\\0.30 & 0.30 & 0.30 & 0.50 & \underline{0.61} & 0.70\\0.20 & 0.20 & 0.30 & 0.39 & 0.50 & 0.40\\0.29 & 0.40 & 0.20 & 0.30 & 0.60 & 0.50\end{pmatrix}$$

$$\bar{\boldsymbol{w}}_5=(0.184,0.194,0.233,0.151,0.111,0.127)^{\mathrm{T}}$$

$$\bar{\boldsymbol{B}}_c=\begin{pmatrix}0.50 & 0.41 & 0.28 & 0.60 & 0.76 & 0.76\\0.59 & 0.50 & 0.30 & 0.74 & 0.80 & 0.78\\0.72 & 0.70 & 0.50 & 0.70 & 0.74 & 0.82\\0.40 & 0.26 & 0.30 & 0.50 & 0.61 & 0.68\\0.24 & 0.20 & 0.26 & 0.39 & 0.50 & 0.36\\0.24 & 0.22 & 0.18 & 0.32 & 0.64 & 0.50\end{pmatrix}$$

$$\bar{\boldsymbol{w}}_c=(0.184,0.206,0.232,0.153,0.108,0.116)^{\mathrm{T}}$$

上三角中调整的元素用下画线标出，调整的元素个数用 NOA 表示。调整后的判断矩阵的结果如表 5.6 所示，从中可以看出，计算结果实现了预定的基数一致性和 RCI，消除了序违反。调整后的判断矩阵的排序见表 5.7：第一等级 x_3；第二等级 x_1 和 x_2；第三等级 x_4， x_5 和 x_6。

表 5.6 调整后的互补判断矩阵的相关指标情况

决策者	$\mathrm{CI}(\bar{\boldsymbol{B}}_l)$	$\mathrm{GCI}(\bar{\boldsymbol{B}}_l)$	$\mathrm{RCI}(\bar{\boldsymbol{B}}_l)$	NOA	三向循环	序违反
$\boldsymbol{B}_1$	0.900	0.908	1	1	无	无
$\boldsymbol{B}_2$	0.900	0.933	1	2	无	无
$\boldsymbol{B}_3$	0.910	0.918	1	2	无	无
$\boldsymbol{B}_4$	0.900	0.855	1	4	无	无
$\boldsymbol{B}_5$	0.900	0.800	1	1	无	无
$\boldsymbol{B}_c$					无	无

表 5.7 调整后的互补判断矩阵得到的三分类与排序

决策者	第一类	第二类	第三类	排序
$\boldsymbol{B}_1$	x_3	x_2, x_1	x_4, x_6, x_5	$x_3 \succ x_2 \succ x_1 \succ x_4 \succ x_6 \succ x_5$
$\boldsymbol{B}_2$	x_3	x_2, x_1	x_4, x_6, x_5	$x_3 \succ x_2 \succ x_1 \succ x_4 \succ x_6 \succ x_5$
$\boldsymbol{B}_3$	x_3	x_1, x_2	x_4, x_6, x_5	$x_3 \succ x_1 \succ x_2 \succ x_4 \succ x_6 \succ x_5$
$\boldsymbol{B}_4$	x_3	x_2, x_1	x_5, x_4, x_6	$x_3 \succ x_2 \succ x_1 \succ x_5 \succ x_4 \succ x_6$
$\boldsymbol{B}_5$	x_3	x_2, x_1	x_4, x_6, x_5	$x_3 \succ x_2 \succ x_1 \succ x_4 \succ x_6 \succ x_5$
$\boldsymbol{B}_c$	x_3	x_2, x_1	x_4, x_6, x_5	$x_3 \succ x_2 \succ x_1 \succ x_4 \succ x_6 \succ x_5$

5.4 本章小结

本章总结了大群体环境下的互补判断矩阵决策方法。前两节主要关注怎么提高个体的基数一致性水平，在此基础上，提出能够维持个体基数一致性水平的共识决策方法。所提出的多分类共识模型能够保证修改后的个体互补判断矩阵和群体互补判断矩阵具有较好的性质。由于满足偏好与排序的保序性就一定能够满足次序一致性，因此对修改后的个体或群体而言，能够得到无矛盾的方案排序。值得指出的是，本章的优化模型均属于整数类离散优化模型，应用到大群体环境下时会花费较多时间。根据经验，在利用软件如 Lingo 求解大规模优化问题时，不一定要等到软件自动获得最优解，可以人为中断求解过程，获得一个近似解即可。因为优化模型提供的结果本质上也需要反馈给群体成员，在决策过程中，成员的偏好很可能会根据交互意见改变，此时，提供一个可行的近似最优解已经能满足实际需求。

Perez 等（2014）考虑了参与群体决策的个体的异质性，按重要程度把个体分为低、中、高三类，在提供给个体修改其偏好的反馈机制设计中，三类个体修改的偏好数各不相同。González-Arteaga 等（2016）用皮尔森相关系数来度量个体偏好共识水平并基于此建立共识模型。Zhang 等（2018）提出了当个体因关注点和满意度不同时异质偏好情形下的大群体共识达成模型。

要提高大群体决策方法应用的效率，使这些决策理论与方法应用落地，需要设计相应的决策支持系统。在数字化时代，开发适用于便携式设备的 APP 软件尤为重要。

参考文献

González-Arteaga T，de Andrés Calle R，Chiclana F. 2016. A new measure of consensus with reciprocal preference relations：the correlation consensus degree[J]. Knowledge-Based Systems，107：104-116.

Li C C，Rodríguez R M，Martinez L，et al. 2019. Consensus building with individual consistency control in group decision making[J]. IEEE Transactions on Fuzzy Systems，27（2）：319-332.

Ma J，Fan Z P，Jiang Y P，et al. 2006. A method for repairing the inconsistency of fuzzy preference relations[J]. Fuzzy Sets and Systems，157（1）：20-33.

Perez I J，Cabrerizo F J，Alonso S，et al. 2014. A new consensus model for group decision making problems with non-homogeneous experts[J]. IEEE Transactions on Systems Man Cybernetics：Systems，44（4）：494-498.

Tu J C，Wu Z B. 2022. H-rank consensus models for fuzzy preference relations considering eliminating rank violations[J]. IEEE Transactions on Fuzzy Systems，30（6）：2004-2018.

Wu Z B，Huang S，Xu J P. 2019b. Multi-stage optimization models for individual consistency and group consensus with preference relations[J]. European Journal of Operational Research，275（1）：182-194.

Wu Z B，Xiao J，Palomares I. 2019a. Direct iterative procedures for consensus building with additive preference relations based on the discrete assessment scale[J]. Group Decision and Negotiation，28（6）：1167-1191.

Wu Z B，Xu J P. 2012. A concise consensus support model for group decision making with reciprocal preference relations based on deviation measure[J]. Fuzzy Sets and Systems，206（1）：58-73.

Xu X H，Zhong X Y，Chen X H，et al. 2015. A dynamical consensus method based on exit-delegation mechanism for large group emergency decision making[J]. Knowledge-Based Systems，86：237-249.

Xu Y J，Li K W，Wang H M. 2013. Distance-based consensus models for fuzzy and multiplicative preference relations[J]. Information Sciences，253：56-73.

Xu Z S，Cai X Q. 2011. Group consensus algorithms based on preference relations[J]. Information

Sciences，181（1）：150-162.

Zhang G Q，Dong Y C，Xu Y F. 2012. Linear optimization modeling of consistency issues in group decision making based on fuzzy preference relations[J]. Expert Systems with Applications，39（3）：2415-2420.

Zhang H J，Dong Y C，Herrera-Viedma E. 2018. Consensus building for the heterogeneous large-scale GDM with the individual concerns and satisfactions[J]. IEEE Transactions on Fuzzy Systems，26（2）：884-898.

第6章　区间互补判断矩阵的一致性与排序

区间互补判断矩阵（又称区间加性偏好关系）是用于描述决策个体偏好不确定性和模糊性的有效工具。当区间互补判断矩阵中区间偏好的上下界值相等时，其就退化为特殊的互补判断矩阵。区间互补判断矩阵中偏好值的不确定性使得其一致性度量变得困难，目前尚未有统一的个体一致性度量方法。本章主要探讨区间互补判断矩阵的一致性度量方法及排序方法。

6.1　个体一致性度量

在实际的决策过程中，由于环境的复杂性，以及决策个体的思维方式、知识结构和知识水平的局限性，决策个体进行比较时，无法给出准确的偏好信息。在这种情况下，区间判断矩阵被提出，以解决偏好信息的不确定性和偏好强度的模糊性。常用的区间判断矩阵主要有区间互反判断矩阵和区间互补判断矩阵。本书主要针对区间互补判断矩阵的个体一致性改进展开讨论。

6.1.1　一致性度量

由于区间互补判断矩阵的一致性与互补判断矩阵的一致性相关，为便于理解，本节再次简单论述互补判断矩阵的一致性。

给定一个备选方案集 $X=\{x_1,x_2,\cdots,x_n\}$ 上的 $n\times n$ 矩阵 $\boldsymbol{R}=(r_{ij})_{n\times n}$，$r_{ij}\in[0,1]$，$\boldsymbol{R}$ 被称作互补判断矩阵，且满足加性互补关系：$r_{ij}=1-r_{ji}\quad(i,j=1,2,\cdots,n)$。$r_{ij}$ 表示 x_i 优于 x_j 的偏好强度。给定一个互补判断矩阵 $\boldsymbol{R}=(r_{ij})_{n\times n}$，$r_{ij}\in[0,1]$。如果 $\boldsymbol{R}$ 满

足加性传递性：

$$r_{ij} = r_{ik} + r_{kj} - 0.5, \qquad \forall i, j, k = 1, 2, \cdots, n \tag{6.1}$$

则称 $\boldsymbol{R}$ 加性一致。

对于给定的互补判断矩阵 $\boldsymbol{R} = (r_{ij})_{n\times n}$，其一致性指标计算公式如下：

$$\mathrm{CI}(\boldsymbol{R}) = 1 - \frac{4}{n(n-1)(n-2)} \sum_{i=1}^{n-2} \sum_{j=i+1}^{n-1} \sum_{k=j+1}^{n} \left| r_{ij} + r_{jk} - r_{ik} - 0.5 \right| \tag{6.2}$$

若给定满意一致性水平阈值为 $\overline{\mathrm{CI}}$，若 $\mathrm{CI}(\boldsymbol{R}) \geqslant \overline{\mathrm{CI}}$，则称 $\boldsymbol{R}$ 具有满意的一致性水平。

定理 6.1 （Tanino，1984）对于给定的互补判断矩阵 $\boldsymbol{R} = (r_{ij})_{n\times n}$，若存在一个非负向量 $\boldsymbol{w} = (w_1, w_2, \cdots, w_n)^{\mathrm{T}}$，$|w_i - w_j| \leqslant 1, (i, j = 1, 2, \cdots, n)$，使得：

$$r_{ij} \leqslant 0.5(w_i - w_j + 1), \quad \forall i, j = 1, \cdots, n \tag{6.3}$$

则称 $\boldsymbol{R}$ 加性一致。

令 $\bar{a} = \left[a^-, a^+\right], \bar{b} = \left[b^-, b^+\right]$ 为 $\mathbb{R}$ 上的两个相互独立区间，$c \in \mathbb{R}$ 为一个常量。区间的加减和区间与常数相乘的定义如下：

$$\begin{aligned} \bar{a} + \bar{b} &= \left[a^- + b^-, a^+ + b^+\right] \\ \bar{a} - \bar{b} &= \left[a^- - b^+, a^+ - b^-\right] \\ c \cdot \bar{a} &= \left[c \cdot a^-, c \cdot a^+\right] \end{aligned} \tag{6.4}$$

上述区间运算可以充分地捕获区间运算结果的不确定性。但这是以参与运算的两个区间是相互独立的为前提的。如果两个区间有交集，上述标准的区间算术则失效。例如：给定两个区间数 $\bar{a} = [0.3, 0.4], \bar{b} = [0.3, 0.4]$。若采用式（6.4）计算两区间数的差值，可得 $\bar{a} - \bar{b} = [-0.1, 0.1]$。然而，两个代表相同状态的区间数之间的差值理应为 0。因此，采用标准的区间算术来计算两个相同状态下的区间是不合理的。考虑到这一点，Klir 和 Pan（1998）提出了约束模糊算法。

定义 6.1 令 $f: \mathbb{R}^n \to \mathbb{R}$ 为连续函数，$f(\bar{a}_1, \bar{a}_2, \cdots, \bar{a}_n)$ 表示对 $\{\bar{a}_1, \bar{a}_2, \cdots, \bar{a}_n\}$ 通过某种逻辑计算 $\{\bar{a}_1, \bar{a}_2, \cdots, \bar{a}_n\}$ 得到的区间数。其中，$\bar{a}_i = \left[a_i^-, a_i^+\right]$ $(i = 1, 2, \cdots, n)$ 为区间变量。令 $g(a_1, \ldots, a_n) = 0$ 为 $a_i \in \left[a_i^-, a_i^+\right]$ $(i = 1, 2, \cdots, n)$ 上的约束函数，那么 $f(\bar{a}_1, \cdots, \bar{a}_n)$ 的结果 $\bar{b} = \left[b^-, b^+\right]$ 可写作：

$$\begin{array}{ll} b^- = \min f(a_1, \cdots, a_n) & b^+ = \max f(a_1, \cdots, a_n) \\ \text{s.t.} \quad a_i \in \left[a_i^-, a_i^+\right] & \text{s.t.} \quad a_i \in \left[a_i^-, a_i^+\right] \\ \qquad g(a_1, \cdots, a_n) = 0 & \qquad g(a_1, \cdots, a_n) = 0 \end{array} \tag{6.5}$$

例 6.1　给定两个区间数 $\bar{a}=[0.5,0.8]$, $\bar{b}=[0.5,0.8]$，两区间的约束函数为 $a_i=b_i$, $a_i\in[0.5,0.8]$, $b_i\in[0.5,0.8]$。那么两区间数相减可得到如下结果：

$$\begin{array}{ll} c^-=\min a_i-b_i & c^+=\min a_i-b_i \\ a_i\in[0.5,0.8] & a_i\in[0.5,0.8] \\ b_i\in[0.5,0.8] & b_i\in[0.5,0.8] \\ a_i=b_i & a_i=b_i \end{array}$$

也即有 $\bar{c}=\left[c^-,c^+\right]=0$。

对于区间互补判断矩阵 $\boldsymbol{R}=(\bar{r}_{ij})_{n\times n}=\left([r_{ij}^-,r_{ij}^+]\right)_{n\times n}$ 来说，其一致性水平反映了决策个体的理性程度，也是判断偏好信息逻辑性的重要标准。基于互补判断矩阵加性一致性的拓展，Xu（2007）定义了区间互补判断矩阵的一致性。

定义 6.2　（Xu，2007）令 $\bar{\boldsymbol{R}}=(\bar{r}_{ij})_{n\times n}$, $\bar{r}_{ij}=\left[r_{ij}^-,r_{ij}^+\right]$ 为给定的区间互补判断矩阵。如果存在向量 $\boldsymbol{w}=(w_1,\cdots,w_n)^{\mathrm{T}}$, $\sum_{i=1}^{n}w_i=1, w_i\geqslant 0\ (i=1,2,\cdots,n)$，且

$$r_{ij}^-\leqslant 0.5(w_i-w_j+1)\leqslant r_{ij}^+,\ \forall i,j=1,2,\cdots,n \tag{6.6}$$

则称 $\bar{\boldsymbol{R}}$ 为加性一致的区间互补判断矩阵。

Xu 和 Chen（2008）根据定义 6.2 提出了以下定理验证加性一致的合理性。

定理 6.2　（Xu and Chen，2008）当且仅当下述模型的最优解为 $J^*=0$ 时，区间互补判断矩阵 $\bar{\boldsymbol{R}}=(\bar{r}_{ij})_{n\times n}$ 满足定义 6.2 中给出的加性一致性。

$$\begin{array}{lll} \min\ J^*= & \sum\limits_{i=1}^{n-1}\sum\limits_{j=j+1}^{n}(d_{ij}^-+d_{ij}^+) & \\ \text{s.t.} & 0.5(w_i-w_j+1)+d_{ij}^-\geqslant r_{ij}^-, & 1\leqslant i<j\leqslant n \\ & 0.5(w_i-w_j+1)+d_{ij}^+\leqslant r_{ij}^+, & 1\leqslant i<j\leqslant n \\ & \sum\limits_{i=1}^{n}w_i=1, & i=1,2,\cdots,n \\ & d_{ij}^-,d_{ij}^+, & 1\leqslant i<j\leqslant n \end{array} \tag{6.7}$$

根据定义 6.2，对给定的区间互补判断矩阵 $\bar{\boldsymbol{R}}=(\bar{r}_{ij})_{n\times n}$，若存在向量 $\boldsymbol{w}=(w_1,\cdots,w_n)^{\mathrm{T}}$ 使得互补判断矩阵 $\boldsymbol{R}^*=(r_{ij}^*)_{n\times n}$，其中 r_{ij}^*=$0.5(w_i-w_j+1)$ 是加性一致的，并且 $r_{ij}^*\in[r_{ij}^-,r_{ij}^+]\ (i,j=1,2,\cdots,n)$，则称 $\bar{\boldsymbol{R}}$ 满足加性一致性。然而，Krejcí（2017）指出根据定义 6.2 来定义一致性可能是不恰当的。

在定理 6.1 中，向量 $\boldsymbol{w}=(w_1,\cdots,w_n)^{\mathrm{T}}$ 需满足 $|w_i-w_j|\leqslant 1,\ (i,j=1,2,\cdots,n)$。但是定义 6.2 需要向量 $\boldsymbol{w}$ 满足：

$$\sum_{i=1}^{n} w_i = 1,\ w_i \geqslant 0\ (i = 1,2,\cdots,n) \tag{6.8}$$

在模型（6.7）中，同样使用了上述约束[式（6.8）]。对于给定的区间互补判断矩阵，当其不满足定义 6.2 中的一致性定义时，其可能满足定理 6.1 中的一致性定义。

定义 6.3 （Liu et al.，2012）令 $\bar{\boldsymbol{R}} = (\bar{r}_{ij})_{n\times n}$，$\bar{r}_{ij} = \left[r_{ij}^-, r_{ij}^+\right]$ 为给定的区间互补判断矩阵，若存在判断矩阵 $\boldsymbol{S} = (s_{ij})_{n\times n}$ 和 $\boldsymbol{T} = (t_{ij})_{n\times n}$，使得 $\forall i,j = 1,2,\cdots,n$：

$$s_{ij} = \begin{cases} r_{ij}^+, & i<j \\ 0.5, & i=j, \\ r_{ij}^-, & i>j \end{cases} \quad t_{ij} = \begin{cases} r_{ij}^-, & i<j \\ 0.5, & i=j, \\ r_{ij}^+, & i>j \end{cases} \tag{6.9}$$

如果判断矩阵 $\boldsymbol{S}$ 和 $\boldsymbol{T}$ 均满足式（6.1）定义的互补判断矩阵的加性一致性，则称 $\bar{\boldsymbol{R}}$ 满足加性一致性。

例 6.2 令方案集 $\{x_1, x_2, x_3\}$ 上的区间互补判断矩阵如下：

$$\bar{\boldsymbol{R}} = \begin{pmatrix} 0.5 & [0.6,0.7] & [0.8,1.0] \\ [0.3,0.4] & 0.5 & [0.7,0.8] \\ [0.0,0.2] & [0.2,0.3] & 0.5 \end{pmatrix}$$

根据定义 6.3，需要构造两个互补判断矩阵：

$$\boldsymbol{S} = \begin{pmatrix} 0.5 & 0.6 & 0.8 \\ 0.4 & 0.5 & 0.7 \\ 0.2 & 0.3 & 0.5 \end{pmatrix},\quad \boldsymbol{T} = \begin{pmatrix} 0.5 & 0.7 & 1.0 \\ 0.3 & 0.5 & 0.8 \\ 0 & 0.2 & 0.5 \end{pmatrix}$$

然后通过式（6.1）判断 $\boldsymbol{S}$ 和 $\boldsymbol{T}$ 是否满足一致性。由于 $\boldsymbol{S}$ 和 $\boldsymbol{T}$ 是加性一致的，因此根据定义 6.3，$\bar{\boldsymbol{R}}$ 是加性一致的。然而当把方案进行置换时，比如 $\{x_1,x_2,x_3\} \to \{x_3,x_1,x_2\}$，可以验证置换后的区间互补判断矩阵并不满足定义 6.3 所给的加性一致条件。

定义 6.4 （Wang and Li，2012）对于给定区间互补判断矩阵 $\bar{\boldsymbol{R}} = (\bar{r}_{ij})_{n\times n}$，其中 $\bar{r}_{ij} = \left[r_{ij}^-, r_{ij}^+\right]$，若 $\bar{\boldsymbol{R}}$ 满足如下性质：

$$\bar{r}_{ij} + \bar{r}_{jk} + \bar{r}_{ki} = \bar{r}_{kj} + \bar{r}_{ji} + \bar{r}_{ik},\quad \forall i,j,k = 1,2,\cdots,n \tag{6.10}$$

则称 $\bar{\boldsymbol{R}}$ 满足加性传递性。从区间的角度来看，式（6.10）可写作：

$$\begin{matrix} r_{ij}^- + r_{jk}^- + r_{ki}^- = r_{kj}^- + r_{ji}^- + r_{ik}^-, \\ r_{ij}^+ + r_{jk}^+ + r_{ki}^+ = r_{kj}^+ + r_{ji}^+ + r_{ik}^+, \end{matrix} \quad \forall i,j,k = 1,2,\cdots,n \tag{6.11}$$

定义 6.5 （Wang et al.，2012）对于给定区间互补判断矩阵 $\bar{\boldsymbol{R}} = (\bar{r}_{ij})_{n\times n}$，其中

$\overline{r}_{ij}=\left[r_{ij}^-,r_{ij}^+\right]$，若存在向量 $\boldsymbol{w}=(w_1,\cdots,w_n)^{\mathrm{T}}$ 满足：

$$\begin{aligned}&r_{ij}^-\leqslant \ln w_i-\ln w_j+0.5\leqslant r_{ij}^+,\ 1\leqslant i<j\leqslant n\\&\text{s.t. } w_i>0,\ i=1,2,\cdots,n,\ \sum_{i=1}^{n}w_i=1\end{aligned}\tag{6.12}$$

那么，$\overline{\boldsymbol{R}}$ 被称为加性一致的区间互补判断矩阵。

为了验证式（6.12）是否成立，可构建如下优化模型

$$\begin{aligned}\min\ J^*=\ &\sum_{i=1}^{n-1}\sum_{j=j+1}^{n}(d_{ij}^-+d_{ij}^+)\\\text{s.t.}\quad &\ln w_i-\ln w_j+0.5+d_{ij}^-\geqslant r_{ij}^-,\quad 1\leqslant i<j\leqslant n\\&\ln w_i-\ln w_j+0.5+d_{ij}^+\leqslant r_{ij}^+,\quad 1\leqslant i<j\leqslant n\\&\sum_{i=1}^{n}w_i=1,\qquad i=1,2,\cdots,n\\&d_{ij}^-\geqslant 0,\ d_{ij}^+\geqslant 0,\qquad 1\leqslant i<j\leqslant n\end{aligned}\tag{6.13}$$

当模型（6.13）的最优解为 $J^*=0$ 时，$\overline{\boldsymbol{R}}$ 被称为加性一致的区间互补判断矩阵。

定义 6.6　（Xu et al.，2014）对于给定区间互补判断矩阵 $\overline{\boldsymbol{R}}=(\overline{r}_{ij})_{n\times n}$，其中 $\overline{r}_{ij}=\left[r_{ij}^-,r_{ij}^+\right]$，若 $\overline{\boldsymbol{R}}$ 满足：

$$\overline{r}_{ij}+\overline{r}_{jk}=\overline{r}_{ik}+[0.5,0.5],\quad \forall i<j<k\tag{6.14}$$

则称 $\overline{\boldsymbol{R}}$ 为加性一致的区间互补判断矩阵。

Wang（2014）指出定义 6.6 给出的区间互补判断矩阵的加性一致性会随着同一矩阵元素的排列组合的变化而变化，并给出了如下加性一致性定义的相关定理。

定理 6.3　（Wang，2014）由定义 6.4 知，区间互补判断矩阵 $\overline{\boldsymbol{R}}=(\overline{r}_{ij})_{n\times n}$，其中 $\overline{r}_{ij}=\left[r_{ij}^-,r_{ij}^+\right]$，满足加性一致性，当且仅当

$$r_{ij}^-+r_{ij}^+-(r_{ik}^-+r_{ik}^+)=r_{lj}^-+r_{lj}^+-(r_{lk}^-+r_{lk}^+),\quad \forall i,j,k,l=1,2,\cdots,n\tag{6.15}$$

即有

$$r_{ij}^-+r_{ij}^++r_{jk}^-+r_{jk}^++r_{ki}^-+r_{ki}^+=3,\quad \forall i,j,k=1,2,\cdots,n\tag{6.16}$$

对于区间互补判断矩阵来说，其加性互补性要求其元素之间满足 $\overline{r}_{ji}=1-\overline{r}_{ij}$，而 $\overline{r}_{ij}=[r_{ij}^-,r_{ij}^+]$，即要求有 $\overline{r}_{ji}=1-\overline{r}_{ij}=[1-r_{ij}^+,1-r_{ij}^-]$。例如，若 x_i 优于 x_j 最大的强度为 $r_{ij}^+=0.8$，那么 x_j 优于 x_i 最小的强度为 $r_{ji}^-=1-r_{ij}^+=0.2$。但是，区间判断矩阵中元素的互补性并不能简单用上下界元素的互补性定义。实际上，区间中任意元素 $r_{ij}\in[r_{ij}^-,r_{ij}^+]$ 都代表了 x_i 优于 x_j 的可能强度，也都需要满足互补判断矩阵

的互补性。

Wang 和 Li（2012）以及 Wang（2014）给出的一致性定义基于标准区间运算，该运算基于参与运算的区间数相互独立这一假设。然而，区间互补判断矩阵的上下三角元素满足关系互补性。因此，将标准区间算子运用于定义区间互补判断矩阵的一致性是不恰当的。区间互补判断矩阵上下三角的加法应使用约束区间算子（Krejcí，2017），表示如下：

$$\begin{aligned} b^- &= \min r_{ij} + r_{ji} & b^+ &= \max r_{ij} + r_{ji} \\ \text{s.t.}\quad & r_{ij} \in [r_{ij}^-, r_{ij}^+] & \text{s.t.}\quad & r_{ij} \in [r_{ij}^-, r_{ij}^+] \\ & r_{ji} \in [r_{ji}^-, r_{ji}^+] & & r_{ji} \in [r_{ji}^-, r_{ji}^+] \\ & r_{ij} = 1 - r_{ji} & & r_{ij} = 1 - r_{ji} \end{aligned}$$

显然，$b^- = b^+ = 1$。

以上的分析表明，对区间互补判断矩阵而言，要得到合理的个体一致性定义并不容易。在实际决策中，决策个体希望知道他们初始偏好的一致性水平，并在给定可接受一致性水平下判断其所给偏好是否需要调整。前述定义均为检验区间互补判断矩阵的一致性，并未给出计算给定区间互补判断矩阵的一致性水平的方法。此外，前述定义多是通过判断区间互补判断矩阵中是否存在一个满足加性一致性定义的互补判断矩阵，来定义区间互补判断矩阵一致性。然而区间元素中的每一个数值都代表了决策者表达的可能偏好强度，也就是说，与区间互补判断矩阵相关联的任一互补判断矩阵的一致性都需要被考量。这就需要其他类型的一致性。

6.1.2 均值一致性

上一节提到的区间判断矩阵的基数一致性定义均是去计算或验证给定的区间互补判断矩阵是否满足该定义，只能给出满足或不满足的结论。现实中由决策个体给定的判断矩阵通常都不满足这些定义，因此很有必要去讨论当不满足这些定义时，区间互补判断矩阵的一致性水平的高低。

令 $\bar{\boldsymbol{R}} = (\bar{r}_{ij})_{n\times n}$，$\bar{r}_{ij} = \left[r_{ij}^-, r_{ij}^+\right]$ 为区间互补判断矩阵，互补判断矩阵 $\boldsymbol{F} = (f_{ij})_{n\times n}$ 满足 $r_{ij}^- \leqslant f_{ij} \leqslant r_{ij}^+$，$\forall i, j = 1, 2, \cdots, n$，称 $\boldsymbol{F}$ 为与 $\boldsymbol{R}$ 关联的互补判断矩阵（Dong et al., 2016）。令 Ω 为所有与给定区间互补判断矩阵关联的互补判断矩阵的集合，则：

$$\Omega = \{\boldsymbol{F} = (f_{ij})_{n\times n} \mid f_{ij} \in \left[r_{ij}^-, r_{ij}^+\right], f_{ij} + f_{ji} = 1\ (i, j = 1, 2, \cdots, n)\} \tag{6.17}$$

Dong 等（2016）考虑了与给定区间互补判断矩阵所关联的所有的互补判断矩

阵，并将 $r_{ij} \in [r_{ij}^-, r_{ij}^+]$ 看作区间 $[r_{ij}^-, r_{ij}^+]$ 上的随机变量，定义了区间互补判断矩阵的均值一致性。

定义 6.7 （Dong et al., 2016）给定区间互补判断矩阵 $\bar{\boldsymbol{R}} = (\bar{r}_{ij})_{n\times n}$，$\bar{r}_{ij} = \left[r_{ij}^-, r_{ij}^+\right]$，区间互补判断矩阵的均值一致性指标（average consistency index，ACI）为

$$\mathrm{ACI}(\bar{\boldsymbol{R}}) = E(\mathrm{CI}(\boldsymbol{F})),\ \boldsymbol{F} \in \Omega \tag{6.18}$$

根据式（6.2），区间互补判断矩阵的均值一致性指标可写作：

$$\mathrm{ACI}(\bar{\boldsymbol{R}}) = 1 - \frac{4}{n(n-1)(n-2)} \sum_{i=1}^{n-2} \sum_{j=i+1}^{n-1} \sum_{k=j+1}^{n} E\left(|\, f_{ij} + f_{jk} - f_{ik} - 0.5\,|\right) \tag{6.19}$$

$\mathrm{ACI}(\bar{\boldsymbol{R}})$ 的值能够衡量与 $\bar{\boldsymbol{R}}$ 相关联的所有的互补判断矩阵的一致性的平均水平。均值一致性指标值越大，则该区间互补判断矩阵的一致性水平越高。

Dong 等（2016）假定个体偏好值在区间 $[r_{ij}^-, r_{ij}^+]$ 上服从正态分布：

$$f_{ij} \sim N(\mu_{ij}, \sigma_{ij}^2)$$
$$\mu_{ij} = \frac{r_{ij}^- + r_{ij}^+}{2},\ \sigma = \frac{r_{ij}^+ - r_{ij}^-}{2} \tag{6.20}$$

引理 6.1 （Dong et al., 2016）假设有三个随机变量 X,Y,V，均服从正态分布，$X \sim N(\mu_X, \sigma_X^2)$，$Y \sim N(\mu_Y, \sigma_Y^2)$，$V \sim N(\mu_V, \sigma_V^2)$，且这三个随机变量相互独立，满足 $Z = X + Y - V - 0.5$。则可导出随机变量 Z 服从如下正态分布，$Z \sim N(\mu_Z, \sigma_Z^2)$ 其中 $\mu_Z = \mu_X + \mu_Y - \mu_V - 0.5, \sigma_Z^2 = \sigma_X^2 + \sigma_Y^2 + \sigma_V^2$。

根据引理 6.1 和假设 $f_{ij} \sim N(\frac{r_{ij}^- + r_{ij}^+}{2}, (\frac{r_{ij}^+ - r_{ij}^-}{2})^2)$，Dong 等（2016）给出了区间互补判断矩阵的均值一致性指标的计算方法。

定理 6.4 （Dong et al., 2016）给定区间互补判断矩阵 $\bar{\boldsymbol{R}} = (\bar{r}_{ij})_{n\times n}$，$\bar{r}_{ij} = \left[r_{ij}^-, r_{ij}^+\right]$，令

$$f_{ij} \sim N(\frac{r_{ij}^- + r_{ij}^+}{2}, (\frac{r_{ij}^+ - r_{ij}^-}{2})^2)$$
$$\mu_{ijk} = \frac{r_{ij}^- + r_{ij}^+ + r_{jk}^- + r_{jk}^+ - r_{ik}^- + r_{ik}^+ - 1}{2}$$
$$\sigma_{ijk} = \frac{\sqrt{(r_{ij}^- - r_{ij}^+)^2 + (r_{jk}^- - r_{jk}^+)^2 + (r_{ik}^- - r_{ik}^+)^2}}{6}$$

Φ 为标准正态分布 $N(0,1)$ 的累计分布函数，区间互补判断矩阵的均值一致性指标计算如下：

$$\mathrm{ACI}(\bar{\boldsymbol{R}}) = 1 - \frac{4}{n(n-1)(n-2)} \sum_{i=1}^{n-2} \sum_{j=i+1}^{n-1} \sum_{k=j+1}^{n} \mathrm{ACI}_{ijk} \tag{6.21}$$

其中，

$$\mathrm{ACI}_{ijk}=\begin{cases}\dfrac{2\sigma_{ijk}}{\sqrt{2\pi}}\left(\mathrm{e}^{-\frac{\mu_{ijk}^2}{2\sigma_{ijk}^2}}-\mathrm{e}^{\frac{-9}{2}}\right)+\mu_{ijk}\left(1-2\Phi\left(\dfrac{-\mu_{ijk}}{\sigma_{ijk}}\right)\right), & -3\leqslant\dfrac{-\mu_{ijk}}{\sigma_{ijk}}\leqslant 3\\ \mu_{ijk}\left(\Phi(3)-\Phi(-3)\right), & \dfrac{-\mu_{ijk}}{\sigma_{ijk}}\leqslant 3\\ \mu_{ijk}\left(\Phi(-3)-\Phi(3)\right), & \dfrac{-\mu_{ijk}}{\sigma_{ijk}}\geqslant 3\end{cases}$$

定理的证明可参见文献（Dong et al.，2016），这里从略。

定义 6.8 （Xu and Chen，2008）设 $\overline{\boldsymbol{R}}=(\overline{r}_{ij})_{n\times n}$，$\overline{r}_{ij}=\left[r_{ij}^-,r_{ij}^+\right]$ 为一个区间互补判断矩阵，若存在一个互补判断矩阵 $\boldsymbol{F}=(f_{ij})_{n\times n}$，$r_{ij}^-\leqslant f_{ij}\leqslant r_{ij}^+$，$\forall i,j=1,2,\cdots,n$，使得 $\mathrm{CI}(\boldsymbol{F})=1$，则称 $\overline{\boldsymbol{R}}$ 是一致的。

由于互补判断矩阵的一致性指标的取值范围为 $(0,1]$，判断 Ω 中是否存在一个互补判断矩阵满足 $\mathrm{CI}(\boldsymbol{F})=1$，实际上是判断其最优一致性是否为 1。

定义 6.9 （Dong et al.，2016）令 $\overline{\boldsymbol{R}}=(\overline{r}_{ij})_{n\times n}$，$\overline{r}_{ij}=\left[r_{ij}^-,r_{ij}^+\right]$ 为一个区间互补判断矩阵，其最优一致性指标（best consistency index，BCI）为

$$\mathrm{BCI}(\boldsymbol{R})=\max_{F\in\Omega}\mathrm{CI}(\boldsymbol{F}) \tag{6.22}$$

最优一致性指标是与 $\overline{\boldsymbol{R}}=(\overline{r}_{ij})_{n\times n}$，$\overline{r}_{ij}=\left[r_{ij}^-,r_{ij}^+\right]$ 相关联的所有互补判断矩阵的一致性指标值的最大值。如果 $\mathrm{BCI}\left(\overline{\boldsymbol{R}}\right)=1$，根据经典的区间互补判断矩阵一致性定义，则可以认为 $\overline{\boldsymbol{R}}$ 是一致的。

定义 6.10 （Dong et al.，2016）令 $\overline{\boldsymbol{R}}=(\overline{r}_{ij})_{n\times n}$，$\overline{r}_{ij}=\left[r_{ij}^-,r_{ij}^+\right]$ 为一个区间互补判断矩阵，其最差一致性指标（worst consistency index，WCI）为

$$\mathrm{WCI}(\boldsymbol{R})=\min_{F\in\Omega}\mathrm{CI}(\boldsymbol{F}) \tag{6.23}$$

BCI 和 WCI 反映了给定区间互补判断矩阵的一致性水平的最高值和最低值。在实际决策中，对最优一致性指标和最差一致性指标是否满足要求的判断需要预先给定阈值。例如，若最优一致性指标低于给定阈值，则需调整原始的偏好矩阵；否则称原区间互补判断矩阵具有可接受的最优一致性水平。

6.1.3 算例分析

给定区间互补判断矩阵如下（Krejcí，2017）：

$$\bar{\boldsymbol{R}}=\begin{pmatrix} 0.5 & [0.5,0.6] & [0.8,0.9] & [0.9,1.0] \\ [0.4,0.5] & 0.5 & [0.6,0.7] & [0.6,0.9] \\ [0.1,0.2] & [0.3,0.4] & 0.5 & [0.5,0.7] \\ [0.0,0.1] & [0.1,0.4] & [0.3,0.5] & 0.5 \end{pmatrix}$$

通过定义 6.2 中的方法，得到模型（6.7）的最优解为 $J^*=0.1\neq 0$。因此，$\bar{\boldsymbol{R}}$ 不满足定义 6.2 中的一致性定义。但是，值得注意的是，$\bar{\boldsymbol{R}}$ 中存在一个加性一致的互补判断矩阵，如

$$\boldsymbol{R}^*=\begin{pmatrix} 0.5 & 0.6 & 0.8 & 1.0 \\ 0.4 & 0.5 & 0.7 & 0.9 \\ 0.2 & 0.3 & 0.5 & 0.7 \\ 0.0 & 0.1 & 0.3 & 0.5 \end{pmatrix}$$

因此，即使用模型（6.7）判定为非加性一致的区间互补判断矩阵中，也可能存在加性一致的互补判断矩阵。

据定义 6.3，可得到两个边界矩阵

$$\boldsymbol{S}=\begin{pmatrix} 0.5 & 0.5 & 0.8 & 0.9 \\ 0.5 & 0.5 & 0.6 & 0.6 \\ 0.2 & 0.4 & 0.5 & 0.5 \\ 0.1 & 0.4 & 0.5 & 0.5 \end{pmatrix},\ \boldsymbol{T}=\begin{pmatrix} 0.5 & 0.6 & 0.9 & 1.0 \\ 0.4 & 0.5 & 0.7 & 0.9 \\ 0.1 & 0.3 & 0.5 & 0.7 \\ 0.0 & 0.1 & 0.3 & 0.5 \end{pmatrix}$$

由定义 6.2 可知，$\boldsymbol{S}$ 和 $\boldsymbol{T}$ 均不满足加性传递性，如

$$s_{12}+s_{23}-s_{13}-0.5=0.5+0.6-0.8-0.5=-0.2$$

$$t_{12}+t_{23}-t_{13}-0.5=0.6+0.7-0.9-0.5=-0.1$$

因此，$\bar{\boldsymbol{R}}$ 不满足定义 6.3 中的一致性定义。

据定义 6.4，计算公式（6.11），可得公式（6.11）不成立，因此，$\bar{\boldsymbol{R}}$ 不满足定义 6.4 中的一致性定义。

据定义 6.5 计算模型（6.13）可得 $J^*=0$，存在一个向量

$$\boldsymbol{w}^*=(w_1^*,w_2^*,w_3^*,w_4^*)^{\mathrm{T}}=(0.3074,0.2782,0.2278,0.1865)^{\mathrm{T}}$$

满足约束（6.12）。因此，$\bar{\boldsymbol{R}}$ 满足定义 6.5 中的一致性定义。

据定义 6.6，计算公式（6.14），可得 $\bar{\boldsymbol{R}}$ 不满足定义 6.6 中的一致性定义，如 $\tilde{r}_{12}+\tilde{r}_{23}=[0.5,0.6]+[0.6,0.7]=[1.1,1.3],\tilde{r}_{13}+[0.5,0.5]=[0.8,0.9]+[0.5,0.5]=[1.3,1.4]$，两者不相等。

据定义 6.7，可得均值一致性指标值为 $\mathrm{ACI}(\bar{\boldsymbol{R}})=0.974\,7$。根据定义 6.9，可得最优一致性指标值为 $\mathrm{BCI}(\bar{\boldsymbol{R}})=1$；根据定义 6.10，可得最差一致性指标值为 $\mathrm{WCI}(\bar{\boldsymbol{R}})=0.833\,3$。

在实际决策中，通常使用预设阈值，若其一致性水平低于给定阈值，则需调整原始的偏好矩阵；否则称其拥有可接受的一致性水平。

综上所述，目前区间互补判断矩阵的一致性定义已经得到广泛的关注和研究。现有的区间互补判断矩阵的一致性定义可以分为如下几类。

（1）乐观一致性定义。乐观一致性定义认为，如果存在互补判断矩阵，其元素属于给定的区间互补判断矩阵的区间元素，则认为该区间互补判断矩阵是一致的，如文献（Xu and Chen，2008；Wang and Li，2012；Wang et al.，2012；Wang，2014）。这类定义属于诊断性定义，仅能判断给定区间互补判断矩阵的一致性，当其不满足一致性定义时，无法获知其一致性水平。同时，乐观一致性定义也可以看作是区间互补判断矩阵的最优一致性定义。

（2）悲观一致性定义。悲观一致性定义也称作最差一致性定义（Dong et al.，2016）。悲观一致性定义是通过计算区间互补判断矩阵所关联的互补判断矩阵的一致性水平，来捕获区间互补判断矩阵的最差一致性水平。从某种意义上来说，悲观一致性定义可看成是对乐观一致性的改进（Liu et al.，2022）。

（3）平均一致性定义。假设区间互补判断矩阵是由随机分布在区间元素的互补判断矩阵构成，Dong 等（2016）提出了区间互补判断矩阵的平均一致性指标。当且仅当区间互补判断矩阵退化为加性一致的互补判断矩阵时，均值一致性才为1。与乐观一致性定义和悲观一致性定义相比，平均一致性指标是基于区间表达的区间互补判断矩阵的一致性水平的整体反映。

（4）边界一致性定义。基于区间互补判断矩阵的边界互补判断矩阵，Liu 等（2012）提出区间互补判断矩阵的边界一致性定义。边界一致性定义的核心思想是通过判断区间互补判断矩阵的上（下）边界元素构成的互补判断矩阵的一致性来判断区间互补判断矩阵的一致性。

6.2 排序算法

通常来讲，判断矩阵的排序结果的可靠性与其一致性水平密不可分。当判断矩阵满足某种一致性定义时，排序结果才具有可靠性。从现有研究来看，区间互补判断矩阵尚未有统一的一致性定义，区间互补判断矩阵的排序方法所基于的一致性定义也不尽相同。本节将简单介绍不同一致性定义下的区间互补判断矩阵的排序方法。鉴于目前并没有特别完善的区间互补判断矩阵的排序方法，怎么导出区间互补判断矩阵的排序仍然值得进一步研究。

6.2.1 线性模型

基于定义 6.5 给出的区间互补判断矩阵的加性一致性定义，Wang 等（2012）讨论了加性一致的区间互补判断矩阵和非加性一致的区间互补判断矩阵的排序方法。

对区间互补判断矩阵 $\boldsymbol{R}=\left([r_{ij}^{-},r_{ij}^{+}]\right)_{n\times n}$，假设其对应的排序向量表示为 $\bar{\boldsymbol{w}}=(\bar{w}_1,\bar{w}_2,\cdots,\bar{w}_n)^{\mathrm{T}}$，其中 $\bar{w}_i=[w_i^{-},w_i^{+}],i=1,2,\cdots,n$。

模型 6.1　加性一致的区间互补判断矩阵的排序方法。对于给定的加性一致的区间互补判断矩阵 $\boldsymbol{R}=\left(\left[r_{ij}^{-},r_{ij}^{+}\right]\right)_{n\times n}$，其满足式（6.12）的权重向量可能不止一个，备选项的权重也应属于某一个范围。因此，Wang 等（2012）给出了如下模型。

$$w_i^{-}=\min w_i$$
$$\text{s.t.}\begin{cases}\ln w_i-\ln w_j+0.5\geqslant r_{ij}^{-}, & 1\leqslant i<j\leqslant n\\ \ln w_i-\ln w_j+0.5\leqslant r_{ij}^{+}, & 1\leqslant i<j\leqslant n\\ \sum_{i=1}^{n}w_i=1 & \\ w_i>0, & i=1,2,\cdots,n\end{cases}\tag{6.24}$$

$$w_i^{+}=\max w_i$$
$$\text{s.t.}\begin{cases}\ln w_i-\ln w_j+0.5\geqslant r_{ij}^{-}, & 1\leqslant i<j\leqslant n\\ \ln w_i-\ln w_j+0.5\leqslant r_{ij}^{+}, & 1\leqslant i<j\leqslant n\\ \sum_{i=1}^{n}w_i=1 & \\ w_i>0, & i=1,2,\cdots,n\end{cases}\tag{6.25}$$

这两个模型合并称为模型 6.1。

求解模型 6.1，便可得到备选项的区间排序结果。然后根据以下的可能度公式得到关于各备选项的支配型互补判断矩阵：

$$p\left(\bar{a}\geqslant\bar{b}\right)=\max\left\{1-\max\left\{\frac{b^{+}-a^{-}}{a^{+}-a^{-}+b^{+}-b^{-}},0\right\},0\right\}\tag{6.26}$$

其中，$\bar{a}=[a^{-},a^{+}]$，$\bar{b}=[b^{-},b^{+}]$ 为区间数。即假设 $\boldsymbol{P}=(p_{ij})_{n\times n}$ 为支配型互补判断矩阵，则有 $p_{ij}=p(\bar{w}_i\geqslant\bar{w}_j)$。由于 $\boldsymbol{P}$ 是互补判断矩阵，因此可利用互补判断矩阵的排序方法来得到 $\boldsymbol{P}$ 的排序向量，利用 $\boldsymbol{P}$ 的排序向量结合 $\boldsymbol{P}$ 的元素即可获得原区间互补判断矩阵带可能度的排序结果。

对于非一致的区间互补判断矩阵 $\boldsymbol{R}$，可找到与 $\boldsymbol{R}$ 偏离最小的一致的区间互补

判断矩阵 $\boldsymbol{R}'$，然后再针对 $\boldsymbol{R}'$ 利用模型 6.1 求得一个区间排序向量，以此区间排序向量作为 $\boldsymbol{R}$ 的排序向量。具体可参见 Wang 等（2012）。

6.2.2 迭代模型

目前关于区间互反判断矩阵排序算法的研究已经颇为完善和丰富，如 Arbel（1989）、Islam 等（1997）、Wang 和 Elhag（2007）的文章。区间互反判断矩阵和区间互补判断矩阵具有一定的同构性，也可以进行相互转换，因此区间互反判断矩阵的排序方法可以被借鉴用于区间互补判断矩阵的排序方法。基于定义 6.3 的边界一致性定义，Liu 等（2012）通过将区间互补判断矩阵转化为区间互反判断矩阵，建立了区间互补判断矩阵的排序算法。

算法 6.1 区间互补判断矩阵排序方法

步骤 1 给定一个有限的备选方案集 $X=\{x_1,x_2,\cdots,x_n\}$，决策个体对方案集中的备选项进行两两比较，得到区间互补判断矩阵 $\boldsymbol{R}=\left(r_{ij}\right)_{n\times n}=\left(\left[r_{ij}^-,r_{ij}^+\right]\right)_{n\times n}$。

步骤 2 根据 $a_{ij}=9^{2r_{ij}-1}$，将区间互补判断矩阵 $\boldsymbol{R}$ 转换为区间互反判断矩阵 $\boldsymbol{A}=\left(\overline{a}_{ij}\right)_{n\times n}=\left(\left[a_{ij}^-,a_{ij}^+\right]\right)_{n\times n}$。其边界值矩阵记为 $\boldsymbol{S}=(s_{ij})_{n\times n}$ 和 $\boldsymbol{T}=(t_{ij})_{n\times n}$，其中

$$s_{ij}=\begin{cases}a_{ij}^+, & i<j\\ 1, & i=j\\ a_{ij}^-, & i>j\end{cases},\quad t_{ij}=\begin{cases}a_{ij}^-, & i<j\\ 0.5, & i=j\\ a_{ij}^+, & i>j\end{cases}$$

步骤 3 验证 $\boldsymbol{A}$ 的一致性水平。若 $\boldsymbol{S}$ 和 $\boldsymbol{D}$ 的基数一致性水平（Saaty，1980）均小于 0.1，则 $\boldsymbol{A}$ 具有可接受的一致性水平，转至步骤 4。当 $\boldsymbol{A}$ 不具有可接受的一致性水平时，需要对 $\boldsymbol{A}$ 进行修正。

步骤 4 令 $\boldsymbol{A}$ 的排序向量为 $\overline{\boldsymbol{w}}=(\overline{w}_1,\overline{w}_2,\cdots,\overline{w}_n)^{\mathrm{T}}$，其中 $\overline{w}_i=[w_i^-,w_i^+]$。对 $i=1,2,\cdots,n$，通过如下公式得到备选方案的区间权重：

$$\overline{w}_i=\left[\min\left\{\left(\prod_{j=1}^n s_{ij}\right)^{1/n},\left(\prod_{j=1}^n t_{ij}\right)^{1/n}\right\},\max\left\{\left(\prod_{j=1}^n s_{ij}\right)^{1/n},\left(\prod_{j=1}^n t_{ij}\right)^{1/n}\right\}\right] \tag{6.27}$$

步骤 5 通过可能度公式（6.26）得到互补判断矩阵 $\boldsymbol{P}=(p_{ij})_{n\times n}$，其中，

$$p_{ij}=p(\overline{w}_i\geqslant\overline{w}_j) \tag{6.28}$$

步骤 6 对互补判断矩阵 $\boldsymbol{P}=(p_{ij})_{n\times n}$ 进行排序，所得排序向量作为最初的区间互补判断矩阵的排序向量。

步骤 7 结束。

算法 6.1 把转换后的区间互反判断矩阵的排序直接视为原区间互补判断矩

阵的排序，这样做本质上也有一定的信息丢失。注意到，这里的步骤 5 与步骤 6 同文献 Liu 等（2012）中的对应步骤稍有不同。对于当 $\boldsymbol{A}$ 不具有可接受的一致性水平时，究竟应该怎么进行修正，Liu 等（2012）并没有给出具体的可操作的方法。

6.2.3　算例分析

考虑如下区间互补判断矩阵（Xu and Chen，2008；Liu et al.，2012）：

$$\boldsymbol{R}=\begin{bmatrix} [0.5,0.5] & [0.3,0.4] & [0.5,0.7] & [0.4,0.5] \\ [0.6,0.7] & [0.5,0.5] & [0.6,0.8] & [0.2,0.6] \\ [0.3,0.5] & [0.2,0.4] & [0.5,0.5] & [0.4,0.8] \\ [0.5,0.6] & [0.4,0.8] & [0.2,0.6] & [0.5,0.5] \end{bmatrix}$$

根据模型 6.1，得到区间权重结果 $\bar{\boldsymbol{w}}=\left(\bar{w}_1,\bar{w}_2,\bar{w}_3,\bar{w}_4\right)^{\mathrm{T}}$ 为

$$\left([0.2311,0.2548],\ [0.2404,0.2887],\ [0.2138,0.2600],\ [0.2244,0.2816]\right)^{\mathrm{T}}$$

由可能度公式得到 $\bar{\boldsymbol{w}}$ 的支配矩阵为：

$$\boldsymbol{P}=\begin{bmatrix} 0.5000 & 0.2000 & 0.5866 & 0.3758 \\ 0.8000 & 0.5000 & 0.7926 & 0.6095 \\ 0.4134 & 0.2074 & 0.5000 & 0.3443 \\ 0.6242 & 0.3905 & 0.6557 & 0.5000 \end{bmatrix}$$

利用行和归一化方法，可得到 $\boldsymbol{P}$ 对应的排序向量为

$$(0.2078,0.3378,0.1831,0.2713)^{\mathrm{T}}$$

因此，排序结果为 $x_2 \succ x_4 \succ x_1 \succ x_3$ 。

此算例在 Liu 等（2012）的文章中有非常详尽的步骤展示，在此不做赘述。算法 6.2 得到的排序结果与模型 6.1 相同，为：$x_2 \succ x_4 \succ x_1 \succ x_3$ 。

从上述案例结果可知，不同的方法得到了相同的排序结果。

6.3　本章小结

个体一致性反映出个体理性，即个体给出的判断是符合某种逻辑的。由于区间偏好具有不确定性，区间互补判断矩阵很难满足个体一致性。高度不一致的判断矩阵可能产生误导性的决策结果。对于数值型的区间判断矩阵，正如本章所回顾的研究那样，大多数一致性定义的相关研究都是基于 Tanino 定义的加性或积性

一致性概念的拓展。

区间互补判断矩阵一致性的相关研究。靳风侠和黄天民（2013）通过判断区间型判断矩阵是否可转换为标准 0—1 中心值排列矩阵定义了区间型判断矩阵的满意一致性。涂振坤（2014）定义了区间互补判断矩阵的拟一致性。Meng 等（2017）基于其提出准区间和准区间互补判断矩阵的概念，研究了区间互补判断矩阵的加性一致性。吴志彬等（2021）讨论了给定区间判断矩阵怎么利用迭代的方法使得其达到给定的最优一致性水平和最差一致性水平，并且修改后的区间偏好值仍利用初始的离散标度值来表示。区间互反判断矩阵的一致性研究也有一些相应的结果（Ahn，2017；Cheng et al.，2021）。区间类判断矩阵的理论研究集中在分析其偏好的一致性及方案的排序上。虽然已有各种一致性度量方法以及排序方法，但对这些方法的优劣还没有统一的认识。

现有的不确定偏好中，与区间互反和区间互补两类判断矩阵相关的区间类偏好还有区间语言判断矩阵、直觉判断矩阵、犹豫类判断矩阵等，本书并没有涉及。这些判断矩阵尽管应用背景不尽相同，但理论上来看，其一致性的研究基本思路主要是沿袭上述两类区间判断矩阵的研究，感兴趣的读者可以查阅相关文献。

参 考 文 献

靳风侠，黄天民. 2013. 区间数判断矩阵满意一致性的判定方法和方案的排序[J]. 控制与决策，28（3）：451-455.

涂振坤. 2014. 区间互补判断矩阵的拟一致性及其权重研究[J]. 中国科学技术大学学报，44（3）：248-256.

吴志彬，陈雪，徐玖平. 2021. 区间互补判断矩阵一致性水平修正的离散化方法[J]. 系统工程学报，36（6）：754-765.

Ahn B S. 2017. The analytic hierarchy process with interval preference statements[J]. Omega，67：177-185.

Arbel A. 1989. Approximate articulation of preference and priority derivation[J]. European Journal of Operational Research，43（3）：317-326.

Brunelli M，Rezaei J. 2019. A multiplicative best–worst method for multi-criteria decision making[J]. Operations Research Letters，47（1）：12-15.

Cheng X J，Wan S P，Dong J Y. 2021. A new consistency definition of interval multiplicative preference relation[J]. Fuzzy Sets and Systems，409：55-84.

Dong Y C，Li C C，Chiclana F，et al. 2016. Average-case consistency measurement and analysis of interval-valued reciprocal preference relations[J]. Knowledge-Based Systems，114（15）：

108-117.

Islam R, Biswal M P, Alam S S. 1997. Preference programming and inconsistent interval judgments[J]. European Journal of Operational Research, 97 (1): 53-62.

Klir G J, Pan Y. 1998. Constrained fuzzy arithmetic: basic questions and some answers[J]. Soft Computing, 2: 100-108.

Krejcí J. 2017. On additive consistency of interval fuzzy preference relations[J]. Computers and Industrial Engineering, 107: 128-140.

Liu F, Huang M J, Huang C X, et al. 2022. Measuring consistency of interval-valued preference relations: comments and comparison[J]. Operational Research, 22: 371-399.

Liu F, Zhang W G, Fu J H. 2012. A new method of obtaining the priority weights from an interval fuzzy preference relation[J]. Information Sciences, 185 (1): 32-42.

Meng F Y, An Q X, Tan C Q, et al. 2017. An approach for group decision making with interval fuzzy preference relations based on additive consistency and consensus analysis[J]. IEEE Transactions on Systems, Man, and Cybernetics: Systems, 47 (8): 2069-2082.

Saaty T L. 1980. The Analytic Hierarchy Process[M]. New York: McGraw-Hill.

Tanino T. 1984. Fuzzy preference orderings in group decision making[J]. Fuzzy Sets and Systems, 12 (2): 117-131.

Wang J, Lan J B, Ren P Y, et al. 2012. Some programming models to derive priority weights from additive interval fuzzy preference relation[J]. Knowledge-Based Systems, 27 (3): 69-77.

Wang Y M, Elhag T M S. 2007. A goal programming method for obtaining interval weights from an interval comparison matrix[J]. European Journal of Operational Research, 177 (1): 458-471.

Wang Z J. 2014. A note on "incomplete interval fuzzy preference relations and their applications" [J]. Computers & Industrial Engineering, 77: 65-69.

Wang Z J, Li K W. 2012. Goal programming approaches to deriving interval weights based on interval fuzzy preference relations[J]. Information Sciences, 193: 180-198.

Xu Y, Li K W, Wang H. 2014. Incomplete interval fuzzy preference relations and their applications[J]. Computers & Industrial Engineering, 67 (1): 93-103.

Xu Z S. 2007. A survey of preference relations[J]. International Journal of General Systems, 36 (2): 179-203.

Xu Z S, Chen J. 2008. Some models for deriving the priority weights from interval fuzzy preference relations[J]. European Journal of Operational Research, 184 (1): 266-280.

Xu Z S, Wei C P. 1999. A consistency improving method in the analytic hierarchy process[J]. European Journal of Operational Research, 116 (2): 443-449.

第 7 章　区间互补判断矩阵共识决策方法

本章基于区间互补判断矩阵的最优一致性与最差一致性指标，建立提高区间互补判断矩阵一致性水平的优化模型，进而建立考虑这两个指标的共识决策方法。

7.1　最优-最差一致性优化模型

考虑“最差”的情况是对未知风险的预测，而优化最差的情况则是对抗风险的最佳手段。最优一致性和最差一致性指标能反映从属于区间互补判断矩阵的确定型互补判断矩阵的一致性水平范围。第一，在为提高决策个体偏好的一致性水平的过程中，为他们提供辅助的修正意见时，决策个体希望知道他们给出的不确定判断矩阵信息中包含的所有确定性判断矩阵中最差的一致性水平不会低于多少。第二，当区间互补判断矩阵最优一致性指标和最差一致性指标得到了改进，其均值一致性指标在某种程度上也得到了提升。因此改进区间互补判断矩阵的最优一致性指标与最差一致性指标具有重要的理论意义，能较为科学全面地保障决策个体所给偏好信息的质量和可靠程度。本节讨论如何改进区间判断矩阵的最优一致性指标和最差一致性指标。

7.1.1　相关理论分析

最优一致性指标和最差一致性指标由 Dong 等（2016）提出。主要从提高给定区间互补判断矩阵的最优一致性指标和最差一致性指标上入手来提高区间偏好的可靠性。研究发现，具有这两个一致性指标值的互补判断矩阵是由特定区间互补判断矩阵的边界元素组成的。因此，基于经典的一致性要求，需要一种新的方式来提高给定区间互补判断矩阵的最优和最差一致性水平。

为了处理带有判断矩阵的群体决策问题中的偏好可靠性问题，需要同时考虑个体一致性水平和群体共识水平。Xu（2011）只考虑了个体一致性水平；而 Xu 和 Liu（2013）只考虑了基于区间互补判断矩阵的共识达成过程，忽略了个体一致性水平。如果单独考虑这两个问题，在达成共识的过程中可能会违反事先获得的可接受的个体一致性水平。

给定备选方案集 $X=\{x_1,x_2,\cdots,x_n\}$，区间互补判断矩阵 $\boldsymbol{A}=(a_{ij})_{n\times n}=([a_{ij}^l,a_{ij}^u])_{n\times n}$ 可以写作：

$$\boldsymbol{A}=\begin{pmatrix}[0.5,0.5] & [a_{12}^l,a_{12}^u] & \cdots & [a_{1n}^l,a_{1n}^u]\\ [a_{21}^l,a_{21}^u] & [0.5,0.5] & \cdots & [a_{2n}^l,a_{2n}^u]\\ \vdots & \vdots & & \vdots\\ [a_{n1}^l,a_{n1}^u] & [a_{n2}^l,a_{n2}^u] & \cdots & [0.5,0.5]\end{pmatrix}$$

其中，$0\leqslant a_{ij}^l\leqslant a_{ij}^u\leqslant 1,\ a_{ij}^l+a_{ji}^u=1,\ a_{ij}^u+a_{ji}^l=1$，$[a_{ij}^l,a_{ij}^u]$ 表示备选项 x_i 优于备选项 x_j 的隶属度强度。

令 $\boldsymbol{A}=\left(\left[a_{ij}^l,a_{ij}^u\right]\right)_{n\times n}$ 为区间互补判断矩阵。例如，互补判断矩阵 $\boldsymbol{F}=(f_{ij})_{n\times n}$ 满足 $a_{ij}^l\leqslant f_{ij}\leqslant a_{ij}^u,\ \forall i,j\in\{1,2,\cdots,n\}$，称作与 $\boldsymbol{A}$ 关联的互补判断矩阵。令 Ω 为所有与给定区间互补判断矩阵关联的互补判断矩阵的集合，则：

$$\Omega=\{\boldsymbol{F}=(f_{ij})_{n\times n}\mid f_{ij}\in[a_{ij}^l,a_{ij}^u],f_{ij}+f_{ji}=1,\ i,j=1,2,\cdots,n\} \tag{7.1}$$

令 $\boldsymbol{A}=\left(\left[a_{ij}^l,a_{ij}^u\right]\right)_{n\times n}$ 为一个区间互补判断矩阵，其最优一致性指标（BCI）为

$$\mathrm{BCI}(\boldsymbol{A})=\max_{F\in\Omega}\mathrm{CI}(\boldsymbol{F}) \tag{7.2}$$

其最差一致性指标（WCI）为

$$\mathrm{WCI}(\boldsymbol{A})=\min_{F\in\Omega}\mathrm{CI}(\boldsymbol{F}) \tag{7.3}$$

根据模型（7.3），进一步得到计算最差一致性的模型：

$$\min\quad J=1-\frac{4}{n(n-1)(n-2)}\sum_{i=1}^{n-2}\sum_{j=i+1}^{n-1}\sum_{k=j+1}^{n}\left|f_{ij}+f_{jk}-f_{ik}-0.5\right|$$
$$\text{s.t.}\begin{cases}a_{ij}^l\leqslant f_{ij}\leqslant a_{ij}^u\\ f_{ij}+f_{ji}=1\\ i,j=1,2,\cdots,n\end{cases} \tag{7.4}$$

其中，$f_{ij}\ (i,j=1,2,\cdots,n)$ 为决策变量。令 $y_{ijk}=\left|f_{ijk}\right|=\left|f_{ij}+f_{jk}-f_{ik}-0.5\right|$，模型（7.4）可以变换为线性模型

$$\min \quad J_1 = 1 - \frac{4}{n(n-1)(n-2)} \sum_{i=1}^{n-2} \sum_{j=i+1}^{n-1} \sum_{k=j+1}^{n} y_{ijk}$$

$$\text{s.t.} \begin{cases} f_{ij} \geqslant a_{ij}^l, & i,j = 1,2,\cdots,n \\ f_{ij} \leqslant a_{ij}^u, & i,j = 1,2,\cdots,n \\ f_{ij} + f_{jk} - f_{ik} - 0.5 = f_{ijk}, & 1 \leqslant i < j < k \leqslant n \\ f_{ijk} \leqslant y_{ijk}, & 1 \leqslant i < j < k \leqslant n \\ -f_{ijk} \leqslant y_{ijk}, & 1 \leqslant i < j < k \leqslant n \\ f_{ij} + f_{ji} = 1, & i,j = 1,2,\cdots,n \end{cases} \tag{7.5}$$

这是文献 Shen 等（2021）用到的转换方法。但是在本书的背景下，这样的直接转换在目标是 min 时是存在问题的，转化后的线性规划并不与原优化问题等价。现考虑对模型（7.4）中的绝对值进行另一种转换。

令 $f_{ij} + f_{jk} - f_{ik} - 0.5 = \varepsilon_{ijk}^+ - \varepsilon_{ijk}^-$，$|f_{ij} + f_{jk} - f_{ik} - 0.5| = \varepsilon_{ijk}^+ + \varepsilon_{ijk}^-$，则模型（7.4）可转换为

$$\min \quad J_1 = 1 - \frac{4}{n(n-1)(n-2)} \sum_{i=1}^{n-2} \sum_{j=i+1}^{n-1} \sum_{k=j+1}^{n} (\varepsilon_{ijk}^+ + \varepsilon_{ijk}^-)$$

$$\text{s.t.} \begin{cases} f_{ij} + f_{jk} - f_{ik} - 0.5 - \varepsilon_{ijk}^+ + \varepsilon_{ijk}^- = 0, & 1 \leqslant i < j < k \leqslant n \\ f_{ij} \geqslant a_{ij}^l, & i,j = 1,2,\cdots,n \\ f_{ij} \leqslant a_{ij}^u, & i,j = 1,2,\cdots,n \\ f_{ij} + f_{ji} = 1, & i,j = 1,2,\cdots,n \\ \varepsilon_{ijk}^+ \cdot \varepsilon_{ijk}^- = 0, & 1 \leqslant i < j < k \leqslant n \\ \varepsilon_{ijk}^+ \geqslant 0, \varepsilon_{ijk}^- \geqslant 0, & 1 \leqslant i < j < k \leqslant n \end{cases} \tag{7.6}$$

然而这样转换后的模型（7.6）由于有约束 $\varepsilon_{ijk}^+ \cdot \varepsilon_{ijk}^- = 0$ 的存在成为一个非线性规划模型。随着模型（7.3）的求解，最差一致性对应的互补判断矩阵 $\boldsymbol{F} = (f_{ij})_{n\times n}$ 也能得到。经多次实验演算，模型（7.3）的解对应的互补判断矩阵 $\boldsymbol{F} = (f_{ij})_{n\times n}$ 的元素总是可以在给定区间互补判断矩阵的边界取得，即 $f_{ij} = a_{ij}^l$ 或 a_{ij}^u。

如果一个线性规划问题至少有一个最优解，那么该线性规划的最优解会在约束的边界值取得（Bertsimas and Tsitsiklis，1997）。基于线性规划的性质，对模型（7.3）进一步推断，给定区间互补判断矩阵 $\boldsymbol{A} = \left([a_{ij}^l, a_{ij}^u]\right)_{n\times n}$，$S_A = \{(a_{ij}^\xi)_{n\times n} \mid a_{ij}^\xi = a_{ij}^l \text{或} a_{ij}^u\}$ 为由 $\boldsymbol{A}$ 的边界元素构成的互补判断矩阵的集合，那么具有最差一致性指标的互补判断矩阵可从 S_A 中取得。值得注意的是，同文献 Shen 等（2021）中的定理 1 一样，这个推断并不能得到严格的证明。

模型（7.6）仅适用于连续的区间标度。如前所述，在实际问题中，常用离散标度来表示原始偏好的情况。在这种情况下，最优解关联的互补判断矩阵应在整

数规划下求得。

以上的分析同样也对模型（7.2）适用。因此，若想判断给定区间互补判断矩阵的最优一致性指标及最差一致性指标是否达到满意一致性水平，只需要检验由区间互补判断矩阵边界元素构成的互补判断矩阵的一致性水平是否达到满意一致性水平。尽管在有些情况下，模型（7.2）与模型（7.3）的最优解不唯一，即最优一致性指标或最差一致性指标所关联的互补判断矩阵之一的元素不全为区间互补判断矩阵的边界元素，但总能在由边界元素构成的互补判断矩阵集合 $S_A=\{(a_{ij}^{\xi})_{n\times n} \mid a_{ij}^{\xi}=a_{ij}^{l}\text{或}a_{ij}^{u}\}$ 中找到最优解。

例如，给定区间互补判断矩阵为

$$\boldsymbol{A}=\begin{pmatrix} [0.5,0.5] & [0.8,0.9] & [0.7,0.8] & [0.4,0.5] \\ [0.1,0.2] & [0.5,0.5] & [0.5,0.7] & [0.5,0.7] \\ [0.2,0.3] & [0.3,0.5] & [0.5,0.5] & [0.6,0.8] \\ [0.5,0.6] & [0.3,0.5] & [0.2,0.4] & [0.5,0.5] \end{pmatrix}$$

求解模型（7.5），其中两个最优解中关联的互补判断矩阵为

$$\boldsymbol{F}_1=\begin{pmatrix} 0.5 & 0.9 & 0.8 & 0.4 \\ 0.1 & 0.5 & 0.7 & 0.7 \\ 0.2 & 0.3 & 0.5 & 0.8 \\ 0.6 & 0.3 & 0.2 & 0.5 \end{pmatrix},\quad \boldsymbol{F}_2=\begin{pmatrix} 0.50 & 0.90 & 0.75 & 0.40 \\ 0.10 & 0.50 & 0.70 & 0.55 \\ 0.25 & 0.30 & 0.50 & 0.80 \\ 0.60 & 0.45 & 0.20 & 0.50 \end{pmatrix}$$

且 $\mathrm{CI}(\boldsymbol{F}_1)=\mathrm{CI}(\boldsymbol{F}_2)=J_1=0.6667$。显然，$\boldsymbol{F}_1$ 的元素从属于离散标度集 $\mathrm{DS}_{[0,1]}$，$\boldsymbol{F}_2$ 的元素则从属于连续标度集 $\mathrm{CS}_{[0,1]}$。

求解模型（7.6）对应的整数规划模型，其最优解之一关联的互补判断矩阵为

$$\boldsymbol{F}_3=\begin{pmatrix} 0.5 & 0.9 & 0.7 & 0.4 \\ 0.1 & 0.5 & 0.7 & 0.6 \\ 0.3 & 0.3 & 0.5 & 0.8 \\ 0.6 & 0.4 & 0.2 & 0.5 \end{pmatrix}$$

$\mathrm{CI}(\boldsymbol{F}_3)=0.6667=J_1$。

模型（7.2）和模型（7.3）以及转化后的模型（7.6）得到的解都有可能不是唯一的，但在优化模型中，决策个体也许更关注或应该关注的是目标值。对相同问题，如个体一致性改进，迭代模型或迭代的算法虽然能给出唯一的解，但并不能说明由此得到的解会好于优化模型的解。优化方法或迭代方法都只是解决问题的手段，很多文献中的迭代方法虽然没有明确指出要优化的目标，但通常是在近似优化某个目标，如修改量最小或修改次数最少、需要修改的元素个数最少等。

值得注意的是，利用 Lingo 软件可以直接求解带有绝对值项的模型（7.2）和模型（7.3）。这里采用去掉绝对值的方法去转化初始的模型只是为了做一些理论

分析，试图证明对区间互补判断矩阵 $\boldsymbol{A}=\left([a_{ij}^l,a_{ij}^u]\right)_{n\times n}$ ，具有最差一致性指标值或最优一致性指标值的互补判断矩阵可从由 $\boldsymbol{A}$ 区间元素上下边界构成的互补判断矩阵中取得。未来的研究可进一步去证实或证伪已有的推断。由以上推断或者说是假设建立的模型在各种算例中表现良好，能够用于提高区间互补判断矩阵的最优或最差个体一致性水平。

7.1.2 一致性水平改进的优化模型

由于决策的复杂性和决策个体背景的多样性，决策个体给出的区间互补判断矩阵不能始终满足给定的一致性阈值。基于上述对最优一致性指标和最差一致性指标的分析，本节提出了一个优化模型，以保证给定区间互补判断矩阵的最优和最差一致性水平。为尽可能保留原始偏好信息，所建立模型以最小化修改后与修改前的偏好的距离为目标。

令初始区间互补判断矩阵为 $\boldsymbol{A}=([a_{ij}^l,a_{ij}^u])_{n\times n}$ ，修改后的区间互补判断矩阵为 $\boldsymbol{B}=(b_{ij})_{n\times n}=([b_{ij}^l,b_{ij}^u])_{n\times n}$。那么 $\boldsymbol{A}$ 和 $\boldsymbol{B}$ 之间的距离（可看作是修改量，也记为 AOC）为

$$\mathrm{AOC}(\boldsymbol{A},\boldsymbol{B})=\sum_{i=1}^{n-1}\sum_{j=i+1}^{n}\left(\left|b_{ij}^u-a_{ij}^u\right|+\left|b_{ij}^l-a_{ij}^l\right|\right) \tag{7.7}$$

基于上述分析，考虑最优一致性和最差一致性指标的优化模型为

$$\begin{aligned}&\min\quad \mathrm{AOC}(\boldsymbol{A},\boldsymbol{B})=\sum_{i=1}^{n-1}\sum_{j=i+1}^{n}\left(\left|b_{ij}^u-a_{ij}^u\right|+\left|b_{ij}^l-a_{ij}^l\right|\right)\\&\text{s.t.}\begin{cases}\min\limits_{F\in\Omega}\mathrm{CI}(\boldsymbol{F})\geqslant\overline{\mathrm{WCI}}, & (7.8\mathrm{a})\\ \max\limits_{F\in\Omega}\mathrm{CI}(\boldsymbol{F})\geqslant\overline{\mathrm{BCI}}, & (7.8\mathrm{b})\end{cases}\end{aligned} \tag{7.8}$$

其中， $\boldsymbol{F}=(f_{ij})_{n\times n}\in\Omega$ 。修改后区间互补判断矩阵 $\boldsymbol{B}=(b_{ij})_{n\times n}=([b_{ij}^l,b_{ij}^u])_{n\times n}$ 的边界值 b_{ij}^l,b_{ij}^u 为决策变量。如果原始标度为离散标度，则需加上约束 $b_{ij}^l,b_{ij}^u\in\mathrm{DS}_{[0,1]}$。

约束（7.8a）保证修改后的区间互补判断矩阵的最差一致性指标满足给定阈值，约束（7.8b）则限制修改后的区间互补判断矩阵的最优一致性指标满足给定阈值。模型（7.8）是控制最差一致性指标和最优一致性指标的通用模型，当然也可为提高最优一致性指标或最差一致性指标建立单独的优化模型。

根据上一小节的论述，一个区间互补判断矩阵 $\boldsymbol{B}=(b_{ij})_{n\times n}=([b_{ij}^l,b_{ij}^u])_{n\times n}$ 的最差一致性指标所关联的互补判断矩阵之一是由区间互补判断矩阵的区间元素的边界值构成。据此，可以得出以下性质。

性质 7.1　令 $S_B=\left\{(b_{ij}^{\xi})_{n\times n}\mid b_{ij}^{\xi}=b_{ij}^{l}\text{ 或 }b_{ij}^{u}\right\}$ 为 $\boldsymbol{B}=(\bar{b}_{ij})_{n\times n}=([b_{ij}^{l},b_{ij}^{u}])_{n\times n}$ 的边界元素构成的互补判断矩阵的集合。令 $\Omega_B=\{(f_{ij})_{n\times n}\mid b_{ij}^{l}\leqslant f_{ij}\leqslant b_{ij}^{u}\}$，如果 $\min_{\boldsymbol{B}^{\xi}\in S_B}\mathrm{CI}(\boldsymbol{B}^{\xi})\geqslant\overline{\mathrm{WCI}}$，则有 $\min_{F\in\Omega_B}\mathrm{CI}(\boldsymbol{F})\geqslant\overline{\mathrm{WCI}}$。

根据性质 7.1，得到与模型（7.8）等价的模型如下所示，

$$
\min\quad \sum_{i=1}^{n-1}\sum_{j=i+1}^{n}(|b_{ij}^{u}-a_{ij}^{u}|+|b_{ij}^{l}-a_{ij}^{l}|)
$$

$$
\text{s.t.}\begin{cases}
b_{ij}^{l},b_{ij}^{u}\in\mathrm{DS}_{[0,1]}, & i,j=1,2,\cdots,n \quad (7.9\text{a})\\
\boldsymbol{B}^{\xi}\in S_B, & (7.9\text{b})\\
b_{ijk}^{\xi}=b_{ij}^{\xi}+b_{jk}^{\xi}-b_{ik}^{\xi}-0.5, & 1\leqslant i<j<k\leqslant n \quad (7.9\text{c})\\
1-\dfrac{4}{n(n-1)(n-2)}\displaystyle\sum_{i=1}^{n-2}\sum_{j=i+1}^{n-1}\sum_{k=j+1}^{n}|b_{ijk}^{\xi}|\geqslant\overline{\mathrm{WCI}}, & (7.9\text{d})\\
b_{ij}^{l}+b_{ji}^{u}=1, & i,j=1,2,\cdots,n \quad (7.9\text{e})\\
f_{ij}\geqslant b_{ij}^{l}, & i,j=1,2,\cdots,n \quad (7.9\text{f})\\
f_{ij}\leqslant b_{ij}^{u}, & i,j=1,2,\cdots,n \quad (7.9\text{g})\\
1-\displaystyle\sum_{i=1}^{n-2}\sum_{j=i+1}^{n-1}\sum_{k=j+1}^{n}|f_{ij}+f_{jk}-f_{ik}-0.5|\geqslant\overline{\mathrm{BCI}}, & 1\leqslant i<j<k\leqslant n \quad (7.9\text{h})
\end{cases}
\qquad (7.9)
$$

S_B 中互补判断矩阵个数 ξ 满足 $1\leqslant\xi\leqslant 2^{n(n-1)/2}$。

在模型（7.9）中，约束（7.9b）、（7.9c）和（7.9d）使得 S_B 中所有的互补判断矩阵的一致性指标都大于给定阈值，从侧面约束了修改后的区间互补判断矩阵的最差一致性指标取值。在求解过程中，对 $\boldsymbol{B}$ 上三角的边界元素构成的集合 $\{b_{12}^{l},b_{12}^{u}\},\cdots,\{b_{(n-1)(n-2)}^{l},b_{(n-1)(n-2)}^{u}\}$ 排列组合的结果，共计 $2^{n(n-1)/2}$ 个 S_B 中的互补判断矩阵都有约束作用。这样做可能会有相同的约束条件，但这并不会对结果产生影响。

例如，对区间互补判断矩阵 $\boldsymbol{B}=(\bar{b}_{ij})_{n\times n}=([b_{ij}^{l},b_{ij}^{u}])_{n\times n}$ 中 (i,j)，(j,k) 两位置上的元素的边界值 $\{b_{ij}^{l},b_{ij}^{u}\}$ 和 $\{b_{jk}^{l},b_{jk}^{u}\}$ 进行排列组合，以求得 S_B 集合中 (i,j) (j,k) 两位置上元素的值的全排列的结果。$\{b_{ij}^{l},b_{ij}^{u}\}$ 和 $\{b_{jk}^{l},b_{jk}^{u}\}$ 的排列组合结果为 $\{b_{ij}^{l},b_{jk}^{l}\}$，$\{b_{ij}^{l},b_{jk}^{u}\}$，$\{b_{ij}^{u},b_{jk}^{l}\}$ 和 $\{b_{ij}^{u},b_{jk}^{u}\}$。若 $b_{ij}^{l}=b_{ij}^{u}$，排列组合结果变为 $\{b_{ij}^{l},b_{jk}^{l}\}$, $\{b_{ij}^{l},b_{jk}^{u}\}$ 或 $\{b_{ij}^{u},b_{jk}^{l}\}$, $\{b_{ij}^{u},b_{jk}^{u}\}$。

求解模型（7.9）的困难在于把 $2^{n(n-1)/2}$ 个 S_B 中的互补判断矩阵全部表示出来，即怎么把（7.9b）表示出来。由于 $\boldsymbol{B}^{\xi}$ 中非对角线元素取值对应的是 $\boldsymbol{B}$ 中相应位置区间元素的下边界或上边界，因此可使用 0-1 变量来表示 $\boldsymbol{B}^{\xi}$ 中每个上三角位置究竟是取 $\boldsymbol{B}$ 中相应位置区间元素的下边界还是上边界。$\boldsymbol{B}^{\xi}$ 中在位置 $(i,j),1<i<j<k,$

$(i,j=1,\cdots,n)$ 上的元素 b_{ij}^{ξ} 取得 b_{ij}^{l} 时，则有系数 $\delta_{ij,\xi}^{l}=1$ 与 $\delta_{ij,\xi}^{u}=0$ ，否则有 $\delta_{ij,\xi}^{l}=0$ 与 $\delta_{ij,\xi}^{u}=1$ 。b_{ij}^{ξ} 可以表示为

$$b_{ij}^{\xi}=\delta_{ij,\xi}^{l}\times b_{ij}^{l}+\delta_{ij}^{u}\times b_{ij,\xi}^{u}$$

这就意味着，若已知 $\boldsymbol{B}^{\xi}$ 与区间互补判断矩阵 $\boldsymbol{B}$ 对应位置下边界的关系，就可以确定 $\boldsymbol{B}^{\xi}$ 中的元素值。在用 MATLAB 等优化软件时，要表示出全部的 S_B 中的互补判断矩阵 $\boldsymbol{B}^{\xi}$ ，也即（7.9b）式，可通过如下方法实现：

对区间互补判断矩阵 $\boldsymbol{B}$ 上三角的下边界 b_{ij}^{l} 的系数值所有可能取值情形进行排列组合，可以得到 $2^{n(n-1)/2}$ 种可能，令

$$\boldsymbol{\Delta}^{l}=\{\boldsymbol{\Delta}^{l,\xi}=(\delta_{ij,\xi}^{l})_{n\times n}|\xi=1,2,\cdots,2^{n(n-1)/2}\}$$

第 ξ 个矩阵 $\boldsymbol{\Delta}^{l,\xi}$ 的元素在上三角的位置上只能取值 0 或 1。除上三角位置之外的其他位置上的元素均取值为 0。

同样地，令

$$\boldsymbol{\Delta}^{u}=\{\boldsymbol{\Delta}^{u,\xi}=(\delta_{ij,\xi}^{u})_{n\times n}|\xi=1,2,\cdots,2^{n(n-1)/2}\}$$

第 ξ 个矩阵 $\boldsymbol{\Delta}^{u,\xi}$ 的元素在上三角的位置 $(i,j),1<i<j<k,(i,j=1,\cdots,n)$ 上只能取值 0 或 1。除上三角位置之外的其他位置上的元素均取值为 0。注意到，对上三角位置上的元素而言，有 $\delta_{ij,\xi}^{l}+\delta_{ij,\xi}^{u}=1$ 。

对 $\boldsymbol{\Delta}^{l,\xi}$ 发展出对应的一个系数矩阵 $\boldsymbol{D}_{\xi}^{l}$ ，即表示出来该约束。

例如，对于

$$\boldsymbol{\Delta}^{l,\xi}=\begin{bmatrix}0&1&1&1\\0&0&1&1\\0&0&0&1\\0&0&0&0\end{bmatrix}$$

针对 $b_{11}^{l},b_{12}^{l},\cdots,b_{43}^{l},b_{44}^{l}$ ，相应的系数矩阵为

$$\boldsymbol{D}_{\xi}^{l}=\begin{pmatrix}0&1&0&0&0&0&0&0&0&0&0&0&0&0&0&0\\0&0&1&0&0&0&0&0&0&0&0&0&0&0&0&0\\0&0&0&1&0&0&0&0&0&0&0&0&0&0&0&0\\0&0&0&0&0&0&1&0&0&0&0&0&0&0&0&0\\0&0&0&0&0&0&0&1&0&0&0&0&0&0&0&0\\0&0&0&0&0&0&0&0&0&0&0&1&0&0&0&0\end{pmatrix}$$

针对 $b_{11}^{u},b_{12}^{u},\cdots,b_{43}^{u},b_{44}^{u}$ ，相应的系数矩阵为

$$
\boldsymbol{D}_{\xi}^{u}=\begin{pmatrix}
0&0&0&0&0&0&0&0&0&0&0&0&0&0&0&0\\
0&0&0&0&0&0&0&0&0&0&0&0&0&0&0&0\\
0&0&0&0&0&0&0&0&0&0&0&0&0&0&0&0\\
0&0&0&0&0&0&0&0&0&0&0&0&0&0&0&0\\
0&0&0&0&0&0&0&0&0&0&0&0&0&0&0&0\\
0&0&0&0&0&0&0&0&0&0&0&0&0&0&0&0
\end{pmatrix}
$$

此时，只需利用如下关系式，

$$
\begin{aligned}
&(b_{12}^{\xi},b_{13}^{\xi},b_{14}^{\xi},b_{23}^{\xi},b_{24}^{\xi},b_{34}^{\xi})^{\mathrm{T}}\\
=&\boldsymbol{D}_{1}^{l}\cdot(b_{11}^{l},b_{12}^{l},\cdots,b_{43}^{l},b_{44}^{l})^{\mathrm{T}}+\boldsymbol{D}_{1}^{u}\cdot(b_{11}^{u},b_{12}^{u},\cdots,b_{43}^{u},b_{44}^{u})^{\mathrm{T}}
\end{aligned}
$$

就可还原出对应的 $\boldsymbol{B}^{\xi}$。

上述引入的两类变量 $\delta_{ij,\xi}^{l}$ 与 $\delta_{ij,\xi}^{u}$ 在设计程序时不必出现，这里只是为了方便理解 $\boldsymbol{D}_{\xi}^{l}$ 和 $\boldsymbol{D}_{\xi}^{u}$ 的构造而使用这两类变量。

随着 n 的变化，约束（7.9b）关联的边界互补判断矩阵的个数将呈指数型增长。例如，$n=4$ 时，其边界互补判断矩阵的个数为 $2^6=64$；$n=5$ 时，边界互补判断矩阵的个数为 $2^{10}=1024$。众多案例表明，通常 n 的取值在类似 4 或 5 这样小的值，实际模拟中发现上述模型可以很快求解。

令 $\boldsymbol{A}=([a_{ij}^{l},a_{ij}^{u}])_{n\times n}$ 为初始区间互补判断矩阵，若 $a_{ij}^{l}=a_{ij}^{u}$，$\forall i,j=1,2,\cdots,n$，$\boldsymbol{A}$ 则退化为互补判断矩阵 $\boldsymbol{A}=\left(a_{ij}\right)_{n\times n}$。因此，互补判断矩阵是区间互补判断矩阵的上界等于下界的特殊情况，此时有 $\mathrm{WCI}(\boldsymbol{A})=\mathrm{BCI}(\boldsymbol{A})$。在这种情况下，令修改后的区间互补判断矩阵为 $\boldsymbol{B}=(b_{ij})_{n\times n}$，模型（7.9）就可转化为优化互补判断矩阵的一致性模型（如下）:

$$
\begin{aligned}
&\min\quad \mathrm{AOC}(\boldsymbol{A},\boldsymbol{B})=\sum_{i=1}^{n}\sum_{j=1}^{n}|b_{ij}-a_{ij}|\\
&\text{s.t.}\begin{cases}\mathrm{CI}(\boldsymbol{B})\geqslant\overline{\mathrm{CI}}, & \\ b_{ij}+b_{ji}=1, & i,j=1,2,\cdots,n\\ b_{ij}\in\mathrm{CS}_{[0,1]}\ \text{或}\ \mathrm{DS}_{[0,1]}, & i,j=1,2,\cdots,n\end{cases}
\end{aligned}\tag{7.10}
$$

提出的模型（7.9）可以看作是 Wu 等（2019）相应模型的扩展。不同的一致性定义有着不同的逻辑和各自的优点，因此研究基于最优一致性和最差一致性的新的理论和模型是有意义的。

模型（7.9）是基于最小修改量而建立的。但是由于个体并不一定完全根据该模型修改自己的偏好，决策过程的反馈过程可能会执行多轮才会结束，因此这一最小修改量并不是最终的个体偏好的修改量。根据动态交互过程，模型（7.9）可嵌入到如下的算法中。

算法 7.1 区间互反判断矩阵的一致性改进过程

输入 初始区间互补判断矩阵 $\boldsymbol{A}=(\overline{a}_{ij})_{n\times n}=([a_{ij}^{l},a_{ij}^{u}])_{n\times n}$,一致性阈值 $\overline{\mathrm{WCI}}$ 和 $\overline{\mathrm{BCI}}$，最大的迭代次数 $r_{\max}$ 。

输出 修正后的区间互补判断矩阵 $\boldsymbol{B}=([b_{ij}^{l},b_{ij}^{u}])_{n\times n}$ 及迭代次数 r 。

步骤 1 令 $r=1$， $\boldsymbol{A}_r=\boldsymbol{A}$ 。

步骤 2 分别计算 $\mathrm{BCI}(\boldsymbol{A}_r)$ 及 $\mathrm{WCI}(\boldsymbol{A}_r)$ 。若 $\mathrm{BCI}(\boldsymbol{A}_r)\geqslant\overline{\mathrm{BCI}}$， $\mathrm{WCI}(\boldsymbol{A}_r)\geqslant\overline{\mathrm{WCI}}$，或 $r\geqslant r_{\max}$ 则转到步骤 5；否则转到步骤 3。

步骤 3 根据模型（7.9）得到修正意见 $\boldsymbol{A}_r^{*}=([a_{ij,r}^{l*},a_{ij,r}^{u*}])_{n\times n}$ ，转到步骤 4。

步骤 4 反馈阶段：如果 $a_{ij,r}^{l}<a_{ij,r}^{l*}$ ，则建议决策者增大 a_{ij} 的下界，反之则建议减小 a_{ij} 的下界；若 $a_{ij,r}^{u}<a_{ij,r}^{u*}$ ，建议决策者增大 a_{ij} 的上界，反之减小 a_{ij} 的上界。令决策者修改后的区间互补判断矩阵为 $\boldsymbol{A}_{r+1}$， $r=r+1$，转到步骤 2。

步骤 5 令 $\boldsymbol{B}=\boldsymbol{A}_r$ 。输出 $\boldsymbol{B}=([b_{ij}^{l},b_{ij}^{u}])_{n\times n}$ 和 r 。

步骤 6 结束。

7.2 考虑最优-最差一致性的共识决策

最差一致性指标与最优一致性指标能够较好地反映区间互补判断矩阵的一致性水平。本节将证明当个体给出的区间互补判断矩阵达到满意的基数一致性水平时，则利用区间加权平均算子计算得到的群体区间互补判断矩阵也能够达到满意的基数一致性水平。本节随后建立了区间互补判断矩阵偏好形式下的共识决策模型。本节内容参见 Chen 等（2020）。

7.2.1 共识度量

本节以 Manhattan 距离计算个体到集体偏好的距离，并进一步以该距离测量为基础定义共识度指标。

假设群体决策中共有 m 个决策个体被邀请对 n 个方案 $X=\{x_1,x_2,\cdots,x_n\}$ 提供偏好信息。令决策个体 e_p 给出的偏好信息为 $\boldsymbol{A}_p=([a_{ij,p}^{l},a_{ij,p}^{u}])_{n\times n}\ (p=1,2,\cdots,m)$，$[a_{ij,p}^{l},a_{ij,p}^{u}]$ 表示决策个体 e_p 给出的 x_i 优于 x_j 的区间偏好程度。

定义 7.1 （Xu，2004）令 $\overline{a}_1=[a_1^{l},a_1^{u}]$ 和 $\overline{a}_2=[a_2^{l},a_2^{u}]$ 为两个区间数，$\overline{a}_1$ 和 $\overline{a}_2$ 之

间的距离为

$$d(\bar{a}_1,\bar{a}_2)=\frac{1}{2}(|a_1^l-a_2^l|+|a_1^u-a_2^u|) \tag{7.11}$$

基于以上公式，区间互补判断矩阵之间的距离有如下定义。

定义 7.2　（Xu，2004）令 $\boldsymbol{A}_1=([a_{ij,1}^l,a_{ij,1}^u])_{n\times n}$、$\boldsymbol{A}_2=([a_{ij,2}^l,a_{ij,2}^u])_{n\times n}$ 为两个区间互补判断矩阵。$\boldsymbol{A}_1$ 和 $\boldsymbol{A}_2$ 之间的距离为

$$d(\boldsymbol{A}_1,\boldsymbol{A}_2)=\frac{2}{n(n-1)}\sum_{i=1}^{n-1}\sum_{j=i+1}^{n}\frac{1}{2}(|a_{ij,1}^l-a_{ij,2}^l|+|a_{ij,1}^u-a_{ij,2}^u|) \tag{7.12}$$

定义 7.3　（Xu，2004）令 $\boldsymbol{A}_p=([a_{ij,p}^l,a_{ij,p}^u])_{n\times n}$ 为群体决策问题中决策个体 e_p 提供的偏好信息，决策者的权重向量为 $\boldsymbol{w}=(w_1,w_2,\cdots,w_m)^{\mathrm{T}}$。使用区间加权平均算子，群体区间互补判断矩阵可以表示为 $\boldsymbol{A}_g=([a_{ij,g}^l,a_{ij,g}^u])_{n\times n}$，其中

$$\begin{aligned}a_{ij,g}^l&=\sum_{p=1}^{m}w_p a_{ij,p}^l,\quad i,j=1,2,\cdots,n\\a_{ij,g}^u&=\sum_{p=1}^{m}w_p a_{ij,p}^u,\quad i,j=1,2,\cdots,n\end{aligned} \tag{7.13}$$

定义 7.4　令 $\boldsymbol{A}_p=([a_{ij,p}^l,a_{ij,p}^u])_{n\times n}$ 为决策个体 e_p 提供的偏好信息，决策者的权重向量为 $\boldsymbol{w}=(w_1,w_2,\cdots,w_m)^{\mathrm{T}}$，通过集结得到的群体区间互补判断矩阵为 $\boldsymbol{A}_g=([a_{ij,g}^l,a_{ij,g}^u])_{n\times n}$，则 e_p 的个体共识水平定义为

$$\mathrm{ICL}(\boldsymbol{A}_p)=1-\frac{2}{n(n-1)}\sum_{i=1}^{n-1}\sum_{j=i+1}^{n}\frac{1}{2}(|a_{ij,p}^l-a_{ij,g}^l|+|a_{ij,p}^u-a_{ij,g}^u|) \tag{7.14}$$

根据定义 7.4，群体的共识水平 $\mathrm{GCL}=\mathrm{GCL}\{\boldsymbol{A}_1,\boldsymbol{A}_2,\cdots,\boldsymbol{A}_m\}$ 可计算如下

$$\mathrm{GCL}=\min_{1\leqslant p\leqslant m}\{\mathrm{ICL}(\boldsymbol{A}_p)\} \tag{7.15}$$

对于给定共识水平阈值 $\overline{\mathrm{GCL}}$，如果 $\mathrm{GCL}\geqslant\overline{\mathrm{GCL}}$，则认为群体已经达到给定的共识水平。

定理 7.1　令 $\{\boldsymbol{A}_1,\boldsymbol{A}_2,\cdots,\boldsymbol{A}_m\}$ 为决策者提供的 m 个区间互补判断矩阵的集合，$\boldsymbol{A}_g$ 为集结后的群体区间互补判断矩阵。如果 $\forall\boldsymbol{A}_p,\ p=1,2,\cdots,m$，都有 $\mathrm{WCI}(\boldsymbol{A}_p)\geqslant\overline{\mathrm{WCI}}$，那么：

$$\mathrm{WCI}(\boldsymbol{A}_g)\geqslant\min\{\mathrm{WCI}(\boldsymbol{A}_1),\mathrm{WCI}(\boldsymbol{A}_2),\cdots,\mathrm{WCI}(\boldsymbol{A}_m)\} \tag{7.16}$$

证明　假设

$$S_{A,p}=\left\{\boldsymbol{A}_p^{\xi}=(a_{ij,p}^{\xi})_{n\times n}\mid a_{ij,p}^{\xi}=a_{ij,p}^l\ 或\ a_{ij,p}^u\right\}$$

$$S_{A,g}=\left\{\boldsymbol{A}_g^{\xi}=(a_{ij,g}^{\xi})_{n\times n}\mid a_{ij,g}^{\xi}=a_{ij,g}^l\ 或\ a_{ij,g}^u\right\}$$

分别为 $\boldsymbol{A}_p$ 和 $\boldsymbol{A}_g$ 的区间元素的上下边界值构成的互补判断矩阵的集合。要证明

定理 7.1，需要证明 $\forall \boldsymbol{A}_g^{\xi} \in S_{A,g}$，有 $\mathrm{CI}(\boldsymbol{A}_g^{\xi}) \geqslant \min\{\mathrm{WCI}(\boldsymbol{A}_1), \mathrm{WCI}(\boldsymbol{A}_2), \cdots, \mathrm{WCI}(\boldsymbol{A}_m)\}$ 成立。

根据互补判断矩阵的一致性计算公式，令 $a_{ijk,p}^{\xi} = a_{ij,p}^{\xi} + a_{jk,p}^{\xi} - a_{ik,p}^{\xi} - 0.5$，$\mathrm{CI}(\boldsymbol{A}_g^{\xi})$ 可写作：

$$\begin{aligned}\mathrm{CI}(\boldsymbol{A}_g^{\xi}) &= 1 - \frac{4}{n(n-1)(n-2)} \sum_{i=1}^{n-2} \sum_{j=i+1}^{n-1} \sum_{k=j+1}^{n} \left| a_{ij,g}^{\xi} + a_{jk,g}^{\xi} - a_{ik,g}^{\xi} - 0.5 \right| \\ &= 1 - \frac{4}{n(n-1)(n-2)} \sum_{i=1}^{n-2} \sum_{j=i+1}^{n-1} \sum_{k=j+1}^{n} \left| \sum_{p=1}^{m} w_p a_{ij,p}^{\xi} + \sum_{p=1}^{m} w_p a_{jk,p}^{\xi} - \sum_{p=1}^{m} w_p a_{ik,p}^{\xi} - 0.5 \right| \\ &= 1 - \frac{4}{n(n-1)(n-2)} \sum_{i=1}^{n-2} \sum_{j=i+1}^{n-1} \sum_{k=j+1}^{n} \left| \sum_{p=1}^{m} w_p a_{ijk,p}^{\xi} \right| \end{aligned} \tag{7.17}$$

根据绝对值的性质，由上述公式可得

$$\begin{aligned}\mathrm{CI}(\boldsymbol{A}_g^{\xi}) &\geqslant 1 - \sum_{p=1}^{m} w_p \frac{4}{n(n-1)(n-2)} \sum_{i=1}^{n-2} \sum_{j=i+1}^{n-1} \sum_{k=j+1}^{n} |a_{ijk,p}^{\xi}| \\ &= \sum_{p=1}^{m} w_p \left(1 - \frac{4}{n(n-1)(n-2)}\right) \sum_{i=1}^{n-2} \sum_{j=i+1}^{n-1} \sum_{k=j+1}^{n} |a_{ijk,p}^{\xi}| \\ &= \sum_{p=1}^{m} w_p \mathrm{CI}(\boldsymbol{A}_p^{\xi}) \end{aligned} \tag{7.18}$$

假设在集合 $S_{A,p}$ 中，基数一致性水平最差的那个矩阵为 $\boldsymbol{A}_{p'}$，$\mathrm{CI}(\boldsymbol{A}_{p'})=\mathrm{WCI}(\boldsymbol{A}_p)$，从而有

$$\begin{aligned}\mathrm{CI}(\boldsymbol{A}_g) &\geqslant \sum_{p=1}^{m} w_p \mathrm{CI}(\boldsymbol{A}_{p'}) = \sum_{p=1}^{m} w_p \mathrm{WCI}(\boldsymbol{A}_p) \\ &\geqslant \sum_{p=1}^{m} w_p \min\{\mathrm{WCI}(\boldsymbol{A}_1), \mathrm{WCI}(\boldsymbol{A}_2), \cdots, \mathrm{WCI}(\boldsymbol{A}_m)\} \\ &= \min\{\mathrm{WCI}(\boldsymbol{A}_1), \mathrm{WCI}(\boldsymbol{A}_2), \cdots, \mathrm{WCI}(\boldsymbol{A}_m)\} \end{aligned} \tag{7.19}$$

综上所述，定理 7.1 成立。

据定理 7.1 可得，若在群体决策问题中，$\forall \boldsymbol{A}_p$ $(p = 1,2,\cdots,m)$ 都满足可接受的最差一致性水平，那么集结后的群体决策也满足可接受最差一致性水平。

7.2.2 一致性驱动的共识过程

令初始区间互补判断矩阵为 $\boldsymbol{A}_p = ([a_{ij,p}^{l}, a_{ij,p}^{u}])_{n\times n}$ $(p = 1,2,\cdots,m)$，与其对应的修改后且具有满意一致性的区间互补判断矩阵为 $\boldsymbol{B}_p = ([b_{ij,p}^{l}, b_{ij,p}^{u}])_{n\times n}$。定义针对个体

e_p 而言的信息修改量（信息损失量）为其修改前后的区间互补判断矩阵之间的距离，那么总的信息损失量为

$$\mathrm{AOC}_g = \sum_{p=1}^{m} \mathrm{AOC}(\boldsymbol{A}_p, \boldsymbol{B}_p) \tag{7.20}$$

假设目标为使总的信息修改量最小，则可建立共识模型如下：

$$\min \quad \mathrm{AOC}_g = \sum_{p=1}^{m}\sum_{i=1}^{n-1}\sum_{j=i+1}^{n}(|b_{ij,p}^u - a_{ij,p}^u| + |b_{ij,p}^l - a_{ij,p}^l|)$$

$$\text{s.t.}\begin{cases} b_{ij,p}^l, b_{ij,p}^u \in \mathrm{DS}_{[0,1]}, & i,j=1,2,\cdots,n,\ p=1,2,\cdots,m \\ \mathrm{WCI}(\boldsymbol{B}_p) \geqslant \overline{\mathrm{WCI}}, & p=1,2,\cdots,m \\ \mathrm{BCI}(\boldsymbol{B}_p) \geqslant \overline{\mathrm{BCI}}, & p=1,2,\cdots,m \\ \mathrm{ICL}(\boldsymbol{B}_p) \geqslant \overline{\mathrm{GCL}}, & p=1,2,\cdots,m \\ b_{ij,p}^l + b_{ji,p}^u = 1, & i,j=1,2,\cdots,n,\ p=1,2,\cdots,m \end{cases} \tag{7.21}$$

根据定理 7.1 可知，模型（7.21）得到的群体区间互补判断矩阵也具有满意的最差一致性水平。令 $S_{B,p} = \left\{ \left(b_{ij,p}^{\xi}\right)_{n\times n} \mid b_{ij,p}^{\xi} = b_{ij,p}^l \text{ 或 } b_{ij,p}^u \right\}$，模型（7.21）也可写作：

$$\min \quad \mathrm{AOC}_g = \sum_{p=1}^{m}\sum_{i=1}^{n-1}\sum_{j=i+1}^{n}(|b_{ij,p}^u - a_{ij,p}^u| + |b_{ij,p}^l - a_{ij,p}^l|)$$

$$\text{s.t.}\begin{cases} b_{ijk,p}^{\xi} = b_{ij,p}^{\xi} + b_{jk,p}^{\xi} - b_{ik,p}^{\xi} - 0.5 & (7.22\text{a}) \\ 1 - \dfrac{4}{n(n-1)(n-2)}\displaystyle\sum_{i=1}^{n-2}\sum_{j=i+1}^{n-1}\sum_{k=j+1}^{n}|b_{ijk,p}^{\xi}| \geqslant \overline{\mathrm{WCI}} & (7.22\text{b}) \\ 1 - \displaystyle\sum_{i=1}^{n-2}\sum_{j=i+1}^{n-1}\sum_{k=j+1}^{n}|f_{ij,p} + f_{jk,p} - f_{ik,p} - 0.5| \geqslant \overline{\mathrm{BCI}} & (7.22\text{c}) \\ b_{ij,g}^l = \displaystyle\sum_{p=1}^{m} w_p b_{ij,p}^l & (7.22\text{d}) \\ b_{ij,g}^u = \displaystyle\sum_{p=1}^{m} w_p b_{ij,p}^u & (7.22\text{e}) \\ 1 - \dfrac{2}{n(n-1)}\displaystyle\sum_{i=1}^{n-1}\sum_{j=i+1}^{n}\frac{1}{2}(|b_{ij,p}^l - b_{ij,g}^l| + |b_{ij,p}^u - b_{ij,g}^u|) \geqslant \overline{\mathrm{GCL}} & (7.22\text{f}) \\ b_{ij,p}^l + b_{ji,p}^u = 1 & (7.22\text{g}) \\ f_{ij,p} \geqslant b_{ij,p}^l & (7.22\text{h}) \\ f_{ij,p} \leqslant b_{ij,p}^u & (7.22\text{i}) \\ b_{ij,p}^l, b_{ij,p}^u \in \mathrm{DS}_{[0,1]} & (7.22\text{j}) \end{cases} \tag{7.22}$$

约束（7.22a）和（7.22b）保证了个体的最差一致性水平大于给定的阈值；（7.22c）限制个体的最优一致性水平大于给定阈值；约束条件（7.22d）、（7.22e）

和（7.22f）限制群体的共识度水平。（7.22j）则约束修改后的区间互补判断矩阵仍然是属于初始的离散标度。类似地，若将约束（7.22j）中的标度 $DS_{[0,1]}$ 修改为 $CS_{[0,1]}$，则模型将适用于连续的区间标度。在不确定判断矩阵中，决策者的犹豫度和偏好间的相似程度通常被当作衡量决策者可靠度的两大主要因素（Liu et al., 2019）。决策者可以根据问题的实际情况去修改决策个体的权重、犹豫度限制、满意一致性阈值等约束。

在实际决策中，决策分析者利用决策支持系统相关基数辅助决策个体进行交互并修改其个体偏好。本节所建立的优化模型可以在人机交互的决策环境中为决策个体提供保证个体一致性水平和群体共识度水平的有效建议。

算法 7.2

输入 初始个体区间互补判断矩阵 $\boldsymbol{A}_p=(\overline{a}_{ij,p})_{n\times n}=([a^l_{ij,p},a^u_{ij,p}])_{n\times n}$，一致性阈值 $\overline{\mathrm{WCI}}$ 和 $\overline{\mathrm{BCI}}$，共识度阈值 $\overline{\mathrm{GCL}}$ 以及最大的迭代次数 $r_{\max}$。

输出 修正后的区间互补判断矩阵 $\boldsymbol{B}_p=([b^l_{ij,p},b^u_{ij,p}])_{n\times n}$ 及迭代次数 r。

步骤 1 令 $r=1$，$\boldsymbol{A}_{p,r}=\boldsymbol{A}_p$。

步骤 2 计算 $\mathrm{BCI}(\boldsymbol{A}_{p,r})$，$\mathrm{WCI}(\boldsymbol{A}_{p,r})$ 和 $\mathrm{GCL}(\boldsymbol{A}_{p,r})$。若 $\mathrm{BCI}(\boldsymbol{A}_{p,r})\geqslant\overline{\mathrm{BCI}}$, $\mathrm{WCI}(\boldsymbol{A}_{p,r})\geqslant\overline{\mathrm{WCI}}$, $\mathrm{ICL}(\boldsymbol{A}_{p,r})>\overline{\mathrm{GCL}}$ 或者 $r>r_{\max}$，则转到步骤 5；否则转到步骤 3。

步骤 3 根据模型（7.22）得到修正意见 $\boldsymbol{A}^*_{p,r}=([a^{l*}_{ij,pr},a^{u*}_{ij,pr}])_{n\times n}$，转到步骤 4。

步骤 4 反馈阶段。决策个体 e_p 根据 $\boldsymbol{A}^*_{p,r}$ 来修改其偏好。令 $\boldsymbol{A}_{p,r+1}$ 为修改后的区间互补判断矩阵，$r=r+1$，转步骤 2。

步骤 5 令 $\boldsymbol{B}_p=\boldsymbol{A}_{p,r}$。输出 $\boldsymbol{B}_p=([b^l_{ij,p},b^u_{ij,p}])_{n\times n},(p=1,2,\cdots,m)$ 以及迭代次数 r。

步骤 6 结束。

7.3 算例与对比分析

本节将本章所提出的最优-最差一致性指标改进方法，以及共识决策模型应用到具体的算例当中。通过与已有文献进行对比来验证所提出方法的可行性和有效性。

7.3.1 一致性指标改进算例

假设给定的初始区间互补判断矩阵来自 Dong 等（2016），

$$A=\begin{pmatrix}[0.5,0.5] & [0.7,1.0] & [0.1,0.4] & [0.7,1.0]\\ [0.0,0.3] & [0.5,0.5] & [0.2,1.0] & [0.2,0.5]\\ [0.6,0.9] & [0.0,0.8] & [0.5,0.5] & [0.4,0.8]\\ [0.0,0.3] & [0.5,0.8] & [0.2,0.6] & [0.5,0.5]\end{pmatrix}$$

为便于对比，令 $\overline{\mathrm{BCI}}=1,\ \overline{\mathrm{WCI}}=0.8$（Dong et al.，2016）。

首先，计算 $\mathrm{BCI}(\boldsymbol{A}),\ \mathrm{WCI}(\boldsymbol{A})$，结果见表 7.1。Dong 等（2016）提出的基于连续区间的期望一致性 $\mathrm{ACI}_c(\boldsymbol{A})$ 及 Zhang 等（2018）提出的离散偏好的均值一致性 $\mathrm{ACI}_d(\boldsymbol{A})$ 两种指标的结算结果也放入表 7.1。

表 7.1　修改前后一致性指标

区间判断矩阵	$\mathrm{BCI}(\boldsymbol{A})$	$\mathrm{WCI}(\boldsymbol{A})$	$\mathrm{ACI}_d(\boldsymbol{A})$	$\mathrm{ACI}_c(\boldsymbol{A})$
$\boldsymbol{A}$	1	0.4333	0.72	0.7024
$\boldsymbol{B}$	1	0.8	0.8748	0.9367

若 $\boldsymbol{A}$ 是基于离散标度的区间互补判断矩阵，则可被写作，

$$A=\begin{pmatrix}\{0.5\} & \{0.7,0.8,0.9,1.0\} & \{0.1,0.2,0.3,0.4\} & \{0.7,0.8,0.9,1.0\}\\ \{0.3,0.2,0.1,0.0\} & \{0.5\} & \{0.2,\cdots,1.0\} & \{0.2,0.3,0.4,0.5\}\\ \{0.9,0.8,0.7,0.6\} & \{0.8,\cdots,0.0\} & \{0.5\} & \{0.4,\cdots,0.8\}\\ \{0.3,0.2,0.1,0.0\} & \{0.8,\cdots,0.5\} & \{0.6,\cdots,0.2\} & \{0.5\}\end{pmatrix}$$

令 $r_{\max}=5$。使用算法 7.1 对 $\boldsymbol{A}$ 的个体一致性水平进行优化。

第 1 轮　令 $r=1,\ A_1=A$。从表 7.1 可知，原始区间互补判断矩阵的最差一致性指标小于给定阈值，使用模型（7.10）对其一致性进行优化。得到的修改建议如下：

$$A_1^*=\begin{pmatrix}[0.5,0.5] & [0.7,\mathbf{0.9}] & [\mathbf{0.4},0.4] & [0.7,\mathbf{0.7}]\\ [\mathbf{0.1},0.3] & [0.5,0.5] & [0.2,\mathbf{0.5}] & [0.2,0.5]\\ [0.6,\mathbf{0.6}] & [\mathbf{0.5},0.8] & [0.5,0.5] & [0.4,0.8]\\ [\mathbf{0.3},0.3] & [0.5,0.8] & [0.2,0.6] & [0.5,0.5]\end{pmatrix}$$

在 A_1^* 中，修改过的元素被进行了加粗处理。

决策个体根据算法 7.1 中的步骤 4 修改原始偏好：决策者接受了 $a_{12,1}$ 和 $a_{14,1}$ 的修改建议，并令 $a_{13,1}^l=0.2,\ a_{23,1}^u=0.8$。令 $r=r+1=2$。

第 2 轮　经过一轮交互后，A_2 结果如下：

$$A_2=\begin{pmatrix}[0.5,0.5] & [0.7,\mathbf{0.9}] & [\mathbf{0.2},0.4] & [0.7,\mathbf{0.7}]\\ [\mathbf{0.1},0.3] & [0.5,0.5] & [0.2,\mathbf{0.8}] & [0.2,0.5]\\ [0.6,\mathbf{0.8}] & [\mathbf{0.2},0.8] & [0.5,0.5] & [\mathbf{0.5},0.8]\\ [\mathbf{0.3},0.3] & [0.5,0.8] & [0.2,\mathbf{0.5}] & [0.5,0.5]\end{pmatrix}$$

转到步骤 2，计算相关指标得出：$\mathrm{BCI}(\boldsymbol{A}_2)=1$, $\mathrm{WCI}(\boldsymbol{A}_2)=0.6333<0.8$。继续执行算法 7.1。使用模型（7.9）基于 $\boldsymbol{A}_2$ 优化其一致性，在此轮中，模型给出的建议矩阵与第一轮中的修改建议一致，即 $\boldsymbol{A}_2^*=\boldsymbol{A}_1^*$。决策者根据 $\boldsymbol{A}_2^*$，修改了其偏好。令 $r=3$。

第 3 轮 假设决策个体在第二轮交互中给出的区间互补判断矩阵如下：

$$\boldsymbol{A}_3=\begin{pmatrix}[0.5,0.5] & [0.7,0.9] & [0.3,0.4] & [0.7,0.7]\\ [0.1,0.3] & [0.5,0.5] & [0.2,0.6] & [0.3,0.5]\\ [0.6,0.7] & [0.4,0.8] & [0.5,0.5] & [0.4,0.8]\\ [0.3,0.3] & [0.5,0.7] & [0.2,0.6] & [0.5,0.5]\end{pmatrix}$$

且 $\mathrm{BCI}(\boldsymbol{A}_3)=1$, $\mathrm{WCI}(\boldsymbol{A}_3)=0.7667<0.8$。根据模型（7.9）可得到修改建议：

$$\boldsymbol{A}_3^*=\begin{pmatrix}[0.5,0.5] & [0.7,0.9] & [0.4,0.4] & [0.7,0.7]\\ [0.1,0.3] & [0.5,0.5] & [0.2,0.6] & [0.3,0.5]\\ [0.6,0.6] & [0.4,0.8] & [0.5,0.5] & [0.4,0.8]\\ [0.3,0.3] & [0.5,0.7] & [0.2,0.6] & [0.5,0.5]\end{pmatrix}$$

$\mathrm{BCI}(\boldsymbol{A}_3^*)=1$, $\mathrm{WCI}(\boldsymbol{A}_3^*)=0.8$。假设这一修改后的区间互补判断矩阵并被决策者接受。令 $r=4$，$\boldsymbol{A}_4=\boldsymbol{A}_3^*$。

第 4 轮 由于第三轮得到的区间互补判断矩阵已经满足 $\mathrm{BCI}(\boldsymbol{A}_4)=1$，$\mathrm{WCI}(\boldsymbol{A}_4)\geqslant 0.8$，算法终止，$\boldsymbol{B}=\boldsymbol{A}_4$。得到的修改后的区间互补判断矩阵 $\boldsymbol{B}$ 的相关指标见表 7.1。

假设决策者在第 1 轮就接受修改建议，令改后的区间互补判断矩阵为 $\boldsymbol{B}_0$，有 $\boldsymbol{B}_0=\boldsymbol{A}_1^*$。利用 Dong 等（2016）提出的方法，修改后的区间互补判断矩阵如下。

$$\boldsymbol{B}_1=\begin{pmatrix}[0.5,0.5] & [0.7,\mathbf{0.75}] & [\mathbf{0.3},0.4] & [0.7,\mathbf{0.8}]\\ [\mathbf{0.25},0.3] & [0.5,0.5] & [0.2,\mathbf{0.5}] & [\mathbf{0.4},0.5]\\ [0.6,\mathbf{0.7}] & [\mathbf{0.7},0.8] & [0.5,0.5] & [\mathbf{0.8},0.8]\\ [\mathbf{0.2},0.3] & [0.5,\mathbf{0.6}] & [0.2,\mathbf{0.2}] & [0.5,0.5]\end{pmatrix}$$

利用吴志彬等（2021）提出的迭代模型得到的修改后的结果为

$$\boldsymbol{B}_2=\begin{bmatrix}[0.5,0.5] & [0.7,1.0] & [\mathbf{0.3},0.4] & [0.7,1.0]\\ [0.0,0.3] & [0.5,0.5] & [0.2,\mathbf{0.3}] & [\mathbf{0.4},0.5]\\ [0.6,\mathbf{0.7}] & [\mathbf{0.7},0.8] & [0.5,0.5] & [\mathbf{0.7},0.8]\\ [0.0,0.3] & [0.5,\mathbf{0.6}] & [0.2,\mathbf{0.3}] & [0.5,0.5]\end{bmatrix}$$

在 $\boldsymbol{B}_1$ 和 $\boldsymbol{B}_2$ 中，加粗的数值代表在该位置上元素有改动。

为比较，计算修改量和修改次数两个指标。修改量的计算公式如下，

$$\mathrm{AOC}(\boldsymbol{A},\boldsymbol{B})=\sum_{i=1}^{n-1}\sum_{j=i+1}^{n}(|b_{ij}^{u}-a_{ij}^{u}|+|b_{ij}^{l}-a_{ij}^{l}|)$$

修改次数的计算方法如下，

$$\mathrm{NOC}(\boldsymbol{A},\boldsymbol{B})=\sum_{i=1}^{n-1}\sum_{j=i+1}^{n}(\gamma_{ij}^{l}+\gamma_{ij}^{u})$$

其中，$\gamma_{ij}^{l}=\begin{cases}0, & a_{ij}^{l}=b_{ij}^{l}\\1, & a_{ij}^{l}\neq b_{ij}^{l}\end{cases}$，$\gamma_{ij}^{u}=\begin{cases}0, & a_{ij}^{u}=b_{ij}^{u}\\1, & a_{ij}^{u}\neq b_{ij}^{u}\end{cases}$。

对比结果如表 7.2 所示。可以发现，本章所提出的方法虽然是针对最差一致性与最优一致性的优化，但其也能提升期望一致性。

表 7.2　对比指标

矩阵	BCI	WCI	ACI_d	AOC	NOC
$\boldsymbol{B}_0$	1	0.8	0.9316	1.20	4
$\boldsymbol{B}_1$	1	0.8	0.9000	1.75	6
$\boldsymbol{B}_2$	1	0.8	0.8813	1.40	4

7.3.2　共识决策算例

本节的案例来自 Wang 和 Li（2012）及 Wu 等（2020），考虑了中外国际博士生交换选择问题。随着我国高等教育体系的国际化，我国大部分高校与国外高校建立了国际合作伙伴关系，共同培养博士生。遴选委员会有四名成员：$\{e_1,e_2,e_3,e_4\}$，他们需要在计划出国学习的博士生中选出几名，给予他们公费出国的交流机会。委员会成员可以从以下四个方面对申请人进行评价：c_1：学术能力、成就和潜力（根据出版物和其他研究成果得出）；c_2：学术概况和拟申请的外国主办机构的声望；c_3：沟通能力和外语水平；c_4：拟研究领域的学术背景。委员会成员需要基于 $\mathrm{DS}_{[0,1]}$ 给出各自的成对比较偏好。假设委员会成员具有相等的决策权重，即 $w_1=w_2=w_3=w_4=0.25$。四位委员会专家达成共识后，群体决策结果将同步至申请大学，进行进一步的水平评估。

假设委员会中四位专家给出的初始区间互补判断矩阵为

$$\boldsymbol{A}_1=\begin{pmatrix}[0.5,0.5] & [0.4,0.5] & [0.4,0.6] & [0.7,0.9]\\ [0.5,0.6] & [0.5,0.5] & [0.7,0.9] & [0.7,0.8]\\ [0.4,0.6] & [0.1,0.3] & [0.5,0.5] & [0.4,0.7]\\ [0.1,0.3] & [0.2,0.3] & [0.3,0.6] & [0.5,0.5]\end{pmatrix}$$

$$A_2=\begin{pmatrix}[0.5,0.5] & [0.8,0.9] & [0.7,0.8] & [0.4,0.5]\\ [0.1,0.2] & [0.5,0.5] & [0.5,0.7] & [0.5,0.7]\\ [0.2,0.3] & [0.3,0.5] & [0.5,0.5] & [0.6,0.8]\\ [0.5,0.6] & [0.3,0.5] & [0.2,0.4] & [0.5,0.5]\end{pmatrix}$$

$$A_3=\begin{pmatrix}[0.5,0.5] & [0.6,0.7] & [0.8,0.9] & [0.6,0.7]\\ [0.3,0.4] & [0.5,0.5] & [0.5,0.7] & [0.6,0.7]\\ [0.1,0.2] & [0.3,0.5] & [0.5,0.5] & [0.5,0.6]\\ [0.3,0.4] & [0.3,0.4] & [0.4,0.5] & [0.5,0.5]\end{pmatrix}$$

$$A_4=\begin{pmatrix}[0.5,0.5] & [0.3,0.4] & [0.5,0.7] & [0.6,0.8]\\ [0.6,0.7] & [0.5,0.5] & [0.5,0.7] & [0.7,0.8]\\ [0.3,0.5] & [0.3,0.5] & [0.5,0.5] & [0.7,0.7]\\ [0.2,0.4] & [0.2,0.3] & [0.3,0.3] & [0.5,0.5]\end{pmatrix}$$

令 $\overline{\mathrm{WCI}}=0.8,\ \overline{\mathrm{BCI}}=1,\ \overline{\mathrm{ICL}}=0.9$ 。专家给定的初始区间互补判断矩阵的相关指标如表 7.3 所示。由表 7.3 可知，A_2 和 A_3 的最优一致性水平小于给定阈值，A_1 和 A_2 的最差一致性水平小于给定阈值。目前的共识水平为 0.8221，小于 0.9。假设决策者在第一次交互时便接受了修改意见。修改后的区间互补判断矩阵如下，相关指标取值如表 7.4 所示。

$$B_1=\begin{pmatrix}[0.5,0.5] & [0.4,0.5] & [0.6,0.6] & [\mathbf{0.6},0.9]\\ [0.5,0.6] & [0.5,0.5] & [0.7,0.9] & [0.7,0.8]\\ [0.4,0.4] & [0.1,0.3] & [0.5,0.5] & [\mathbf{0.5},0.7]\\ [0.1,\mathbf{0.4}] & [0.2,0.3] & [0.3,\mathbf{0.5}] & [0.5,0.5]\end{pmatrix}$$

$$B_2=\begin{pmatrix}[0.5,0.5] & [\mathbf{0.7},0.9] & [0.7,0.8] & [\mathbf{0.7},\mathbf{0.7}]\\ [0.1,\mathbf{0.3}] & [0.5,0.5] & [0.5,0.7] & [0.5,0.7]\\ [0.2,0.3] & [0.3,0.5] & [0.5,0.5] & [\mathbf{0.5},0.8]\\ [\mathbf{0.3},\mathbf{0.3}] & [0.3,0.5] & [0.2,\mathbf{0.5}] & [0.5,0.5]\end{pmatrix}$$

$$B_3=\begin{pmatrix}[0.5,0.5] & [0.6,0.7] & [\mathbf{0.7},0.9] & [\mathbf{0.7},0.7]\\ [0.3,0.4] & [0.5,0.5] & [\mathbf{0.6},0.7] & [0.6,0.7]\\ [0.1,\mathbf{0.3}] & [0.3,\mathbf{0.4}] & [0.5,0.5] & [0.5,0.6]\\ [0.3,\mathbf{0.3}] & [0.3,0.4] & [0.4,0.5] & [0.5,0.5]\end{pmatrix}$$

$$B_4=\begin{pmatrix}[0.5,0.5] & [\mathbf{0.4},0.4] & [\mathbf{0.4},0.7] & [0.6,0.8]\\ [0.6,\mathbf{0.6}] & [0.5,0.5] & [0.5,0.7] & [0.7,0.8]\\ [0.3,\mathbf{0.6}] & [0.3,0.5] & [0.5,0.5] & [0.7,0.7]\\ [0.2,0.4] & [0.2,0.3] & [0.3,0.3] & [0.5,0.5]\end{pmatrix}$$

表 7.3　初始区间互补判断矩阵相关指标

相关指标	A_1	A_2	A_3	A_4
$\mathrm{WCI}(\boldsymbol{A}_p)$	0.7667	0.6667	0.8333	0.8667
$\mathrm{BCI}(\boldsymbol{A}_p)$	1	0.8667	0.9667	1
$\mathrm{ICL}(\boldsymbol{A}_p)$	0.8221	0.8729	0.9271	0.9104

表 7.4　修改后区间互补判断矩阵相关指标

相关指标	A_1	A_2	A_3	A_4
$\mathrm{WCI}(\boldsymbol{A}_p)$	0.8333	0.8333	0.8000	0.8667
$\mathrm{BCI}(\boldsymbol{A}_p)$	1	1	1	1
$\mathrm{ICL}(\boldsymbol{A}_p)$	0.9125	0.9083	0.9333	0.9083

据表 7.4 所示，修改后的区间互补判断矩阵的各项指标都达到了阈值。群体共识的区间互补判断矩阵为

$$\boldsymbol{B}_c=\begin{pmatrix}[0.500,0.500] & [0.525,0.625] & [0.600,0.750] & [0.650,0.775]\\ [0.375,0.475] & [0.500,0.500] & [0.575,0.750] & [0.625,0.750]\\ [0.250,0.400] & [0.250,0.475] & [0.500,0.500] & [0.550,0.675]\\ [0.225,0.350] & [0.250,0.375] & [0.325,0.450] & [0.500,0.500]\end{pmatrix}$$

且 $\mathrm{WCI}(\boldsymbol{B}_c)=0.8667,\ \mathrm{BCI}(\boldsymbol{B}_c)=1$。

群体共识的结果也从侧面证明了定理 7.2 的有效性，即当个体最优-最差一致性指标满足阈值时，通过加权平均算子集结得到的群体偏好的最优一致性和最差一致性指标也具有满意的一致性水平。

若使用 Wu 等（2020）基于 Krejčí（2017）的一致性概念而提出的共识模型，得到的结果如下所示：

$$\boldsymbol{B}_1'=\begin{pmatrix}[0.5,0.5] & [\mathbf{0.3},0.5] & [\mathbf{0.5},\mathbf{0.7}] & [0.7,0.9]\\ [0.5,\mathbf{0.7}] & [0.5,0.5] & [0.7,0.9] & [0.7,\mathbf{0.9}]\\ [\mathbf{0.3},\mathbf{0.5}] & [0.1,0.3] & [0.5,0.5] & [\mathbf{0.5},0.7]\\ [0.1,0.3] & [\mathbf{0.1},0.3] & [0.3,\mathbf{0.5}] & [0.5,0.5]\end{pmatrix}$$

$$\boldsymbol{B}_2'=\begin{pmatrix}[0.5,0.5] & [\mathbf{0.6},\mathbf{0.8}] & [\mathbf{0.6},0.8] & [\mathbf{0.6},\mathbf{0.8}]\\ [\mathbf{0.2},\mathbf{0.4}] & [0.5,0.5] & [0.5,0.7] & [0.7,\mathbf{0.9}]\\ [0.2,\mathbf{0.4}] & [0.3,0.5] & [0.5,0.5] & [\mathbf{0.5},0.7]\\ [\mathbf{0.2},\mathbf{0.4}] & [\mathbf{0.1},0.3] & [0.3,\mathbf{0.5}] & [0.5,0.5]\end{pmatrix}$$

$$B_3' = \begin{pmatrix} [0.5,0.5] & [0.6,0.7] & [\mathbf{0.7},\mathbf{0.8}] & [\mathbf{0.7},\mathbf{0.8}] \\ [0.3,0.4] & [0.5,0.5] & [0.5,0.7] & [0.6,0.7] \\ [\mathbf{0.2},\mathbf{0.3}] & [0.3,0.5] & [0.5,0.5] & [0.5,0.7] \\ [\mathbf{0.2},\mathbf{0.3}] & [0.3,0.4] & [0.3,0.5] & [0.5,0.5] \end{pmatrix}$$

$$B_4' = \begin{pmatrix} [0.5,0.5] & [0.3,\mathbf{0.5}] & [0.5,0.7] & [0.6,0.8] \\ [\mathbf{0.5},0.7] & [0.5,0.5] & [0.5,0.7] & [0.7,0.8] \\ [0.3,0.5] & [0.3,0.5] & [0.5,0.5] & [\mathbf{0.6},0.7] \\ [0.2,0.4] & [0.2,0.3] & [0.3,\mathbf{0.4}] & [0.5,0.5] \end{pmatrix}$$

Wu 等（2020）提出的相关结果如表 7.5 所示。可以看出 Wu 等（2020）的方法的修改量和修改元素个数均大于本书模型的结果。造成这种差异的主要原因是考虑了不同的一致性定义，Wu 等（2020）使用的一致性定义更为严格，且区间互补判断矩阵的不确定性受到控制，这使得修改量更大。两种方法的共同点在于，e_2的修改量和改动元素的个数最大。这可能是由e_2的初始偏好的一致性水平更低引起的。

表 7.5　修改前后区间互补判断矩阵指标

委员会成员	AOC(A_p, B_p)	AOC(A_p, B_p')	NOC(A_p, B_p)	NOC(A_p, B_p')
e_1	0.2	0.5	2	5
e_2	0.7	1.2	4	7
e_3	0.3	0.4	3	4
e_4	0.2	0.2	2	2

前面的案例证明了所提出模型在离散标度下的有效性。为证明本章所提模型同样适用于连续的区间标度，使用 Wang 和 Li（2012）文章中的案例来进行说明。决策个体给出的初始偏好信息如下：

$$A_1 = \begin{pmatrix} [0.50,0.50] & [0.35,0.45] & [0.40,0.55] & [0.52,0.65] \\ [0.55,0.65] & [0.50,0.50] & [0.70,0.90] & [0.65,0.75] \\ [0.45,0.60] & [0.10,0.30] & [0.50,0.50] & [0.35,0.65] \\ [0.35,0.48] & [0.25,0.35] & [0.35,0.65] & [0.50,0.50] \end{pmatrix}$$

$$A_2 = \begin{pmatrix} [0.50,0.50] & [0.75,0.85] & [0.65,0.75] & [0.35,0.45] \\ [0.15,0.25] & [0.50,0.50] & [0.50,0.65] & [0.50,0.65] \\ [0.25,0.35] & [0.35,0.50] & [0.50,0.50] & [0.62,0.75] \\ [0.55,0.65] & [0.35,0.50] & [0.25,0.38] & [0.50,0.50] \end{pmatrix}$$

$$\boldsymbol{A}_3=\begin{pmatrix}[0.50,0.50] & [0.60,0.70] & [0.75,0.85] & [0.60,0.72]\\ [0.30,0.40] & [0.50,0.50] & [0.50,0.70] & [0.55,0.70]\\ [0.15,0.25] & [0.30,0.50] & [0.50,0.50] & [0.45,0.55]\\ [0.28,0.40] & [0.30,0.45] & [0.45,0.55] & [0.50,0.50]\end{pmatrix}$$

$$\boldsymbol{A}_4=\begin{pmatrix}[0.50,0.50] & [0.30,0.40] & [0.45,0.65] & [0.63,0.75]\\ [0.60,0.70] & [0.50,0.50] & [0.50,0.70] & [0.68,0.76]\\ [0.35,0.55] & [0.30,0.50] & [0.50,0.50] & [0.65,0.74]\\ [0.25,0.37] & [0.24,0.32] & [0.26,0.35] & [0.50,0.50]\end{pmatrix}$$

令 $\overline{\mathrm{WCI}}=0.9,\ \overline{\mathrm{BCI}}=1,\ \mathrm{GCL}=0.9$，个体的权重向量为 $(0.25,0.25,0.25,0.25)^{\mathrm{T}}$。决策者提供的初始区间判断矩阵的各项指标值如表 7.6 所示。经过模型修正后，得到修改后的区间互补判断矩阵如下所示。

$$\boldsymbol{B}_1=\begin{pmatrix}[0.50,0.50] & [0.35,0.45] & [\mathbf{0.55},0.55] & [\mathbf{0.50},0.65]\\ [0.55,0.65] & [0.50,0.50] & [0.70,\mathbf{0.75}] & [0.65,0.75]\\ [0.45,\mathbf{0.45}] & [\mathbf{0.25},0.30] & [0.50,0.50] & [\mathbf{0.45},\mathbf{0.60}]\\ [0.35,0.50] & [0.25,0.35] & [\mathbf{0.40},\mathbf{0.55}] & [0.50,0.50]\end{pmatrix}$$

$$\boldsymbol{B}_2=\begin{pmatrix}[0.50,0.50] & [\mathbf{0.65},\mathbf{0.75}] & [0.65,0.75] & [\mathbf{0.65},\mathbf{0.65}]\\ [\mathbf{0.25},\mathbf{0.35}] & [0.50,0.50] & [0.50,0.65] & [0.50,0.65]\\ [0.25,0.35] & [0.35,0.50] & [0.50,0.50] & [\mathbf{0.50},\mathbf{0.55}]\\ [\mathbf{0.35},\mathbf{0.35}] & [0.35,0.50] & [\mathbf{0.45},\mathbf{0.50}] & [0.50,0.50]\end{pmatrix}$$

$$\boldsymbol{B}_3=\begin{pmatrix}[0.50,0.50] & [0.60,0.70] & [\mathbf{0.70},0.85] & [\mathbf{0.65},0.72]\\ [0.30,0.40] & [0.50,0.50] & [\mathbf{0.60},0.70] & [0.55,0.70]\\ [0.15,\mathbf{0.30}] & [0.30,\mathbf{0.40}] & [0.50,0.50] & [\mathbf{0.55},0.55]\\ [0.28,\mathbf{0.35}] & [0.30,0.45] & [0.45,\mathbf{0.45}] & [0.50,0.50]\end{pmatrix}$$

$$\boldsymbol{B}_4=\begin{pmatrix}[0.50,0.50] & [\mathbf{0.40},0.40] & [0.45,0.65] & [\mathbf{0.60},0.75]\\ [0.60,\mathbf{0.60}] & [0.50,0.50] & [\mathbf{0.55},0.70] & [\mathbf{0.7},0.76]\\ [0.35,0.55] & [0.30,\mathbf{0.45}] & [0.50,0.50] & [0.65,0.74]\\ [0.25,\mathbf{0.40}] & [0.24,\mathbf{0.30}] & [0.26,0.35] & [0.50,0.50]\end{pmatrix}$$

上面的矩阵中粗体的数值代表该位置的元素有所改变。

修改前后个体的最优一致性指标、最差一致性指标及共识水平指标等相关指标值见表 7.6。

表 7.6　修改前后区间互补判断矩阵相关指标

委员会成员	$\mathrm{BCI}(\boldsymbol{A}_p)$	$\mathrm{WCI}(\boldsymbol{A}_p)$	$\mathrm{ICL}(\boldsymbol{A}_p)$	$\mathrm{BCI}(\boldsymbol{B}_p)$	$\mathrm{WCI}(\boldsymbol{B}_p)$	$\mathrm{ICL}(\boldsymbol{B}_p)$
e_1	0.9667	0.8333	0.8985	1	0.9333	0.9229

续表

委员会成员	BCI($\boldsymbol{A}_p$)	WCI($\boldsymbol{A}_p$)	ICL($\boldsymbol{A}_p$)	BCI($\boldsymbol{B}_p$)	WCI($\boldsymbol{B}_p$)	ICL($\boldsymbol{B}_p$)
e_2	0.8600	0.7000	0.8765	1	0.9000	0.9146
e_3	0.9733	0.8500	0.9144	1	0.9000	0.9363
e_4	0.9733	0.8633	0.9006	1	0.9000	0.9129

结果显示，经过模型优化后，群体内个体的最优一致性水平、最差一致性水平及共识度水平均达到了满意的阈值水平。

令 $\text{AOC}_i=\text{AOC}(\boldsymbol{A}_i,\boldsymbol{B}_i)$，$\text{NOC}_i=\text{NOC}(\boldsymbol{A}_i,\boldsymbol{B}_i)$，则修改量和修改次数的值如下：

$\text{AOC}_1=0.95$，$\text{AOC}_2=1.02$，$\text{AOC}_3=0.20$，$\text{AOC}_4=0.20$

$\text{NOC}_1=5$，$\text{NOC}_2=6$，$\text{NOC}_3=6$，$\text{NOC}_4=4$

7.4 本章小结

本章基于区间互补判断矩阵的最优一致性指标和最差一致性指标讨论了一致性优化和共识优化模型，提出了改进区间互补判断矩阵的最优一致性指标和最差一致性指标的优化模型。当修改后的区间互补判断矩阵具有可接受的最差一致性水平时，所关联的所有互补判断矩阵都具有满意一致性。当区间互补判断矩阵最差一致性被优化后，其相关的均值一致性和期望一致性也能被改进。针对区间互补判断矩阵的群体决策问题，提出了一致性驱动的共识优化模型。该模型以最小化修改量为目标，能够最大程度上保留决策者原始偏好信息。所提出模型能够保证修改后的区间互补判断矩阵满足经典的一致性（最优一致性），且具有可接受的最差一致性水平和群体共识度水平。为满足不同标度（离散、连续）的决策情景，本章提出了相应的优化模型，供相关人员参考。关于最优一致性与最差一致性指标改进的迭代方法，可参考吴志彬等（2021）的文章。

最优一致性指标及最差一致性指标的阈值的确定反映出对决策者所给偏好信息的理性程度要求。然而尚未有明确和统一的设置这些阈值的客观方法，目前的研究多是采用主观方式直接设定。因此未来的研究可考虑用模拟的方法来确定这些一致性指标阈值与修改量、修改次数的关系，从而为偏好信息修改提供更精准的指导。本书考虑的个体一致性水平属于基数一致性，如何结合序数一致性控制合理的一致性程度可作为进一步研究的方向。本章给出的例子涉及的个体规模仅为几个人的小群体。在大群体决策环境下，区间类判断矩阵信息的处理还缺少实质性的进展，区间类判断矩阵类偏好是否还具有实际的可行性，还缺少实证研究。

与区间类判断矩阵相关的其他一些新近研究可参见相应的文献（López-Morales，2018；Gong et al.，2020；Taghavi et al.，2020；Shen et al.，2021）。

参 考 文 献

吴志彬，陈雪，徐玖平. 2021. 区间互补判断矩阵一致性水平修正的离散化方法[J]. 系统工程学报，36（6）：754-765.

Bertsimas D，Tsitsiklis J N. 1997. Introduction to Linear Optimization[M]. Belmont：Athena Scientific.

Chen X，Peng L J，Wu Z B，et al. 2020. Controlling the worst consistency index for hesitant fuzzy linguistic preference relations in consensus optimization models[J]. Computers & Industrial Engineering，143，106423.

Dong Y C，Li C C，Chiclana F，et al. 2016. Average-case consistency measurement and analysis of interval-valued reciprocal preference relations[J]. Knowledge-Based Systems，114（15）：108-117.

Gong Z W，Guo W W，Herrera-Viedma E，et al. 2020. Consistency and consensus modeling of linear uncertain preference relations[J]. European Journal of Operational Research，283（1）：290-307.

Krejčí J. 2017. On additive consistency of interval fuzzy preference relations[J]. Computers and Industrial Engineering，107：128-140.

Liu H B，Ma Y，Jiang L. 2019. Managing incomplete preferences and consistency improvement in hesitant fuzzy linguistic preference relations with applications in group decision making[J]. Information Fusion，51：19-29.

López-Morales V. 2018. A reliable method for consistency improving of interval multiplicative preference relations expressed under uncertainty[J]. International Journal of Information Technology & Decision Making，17（5）：1561-1585.

Shen S H，Chen X，Wu Z B. 2021. Optimal improvement of the best and worst consistency levels for interval additive preference relations[J]. Information Sciences，553：154-171.

Taghavi A，Eslami E，Herrera-Viedma E，et al. 2020. Trust based group decision making in environments with extreme uncertainty[J]. Knowledge-Based Systems，191，105168.

Wang Z J，Li K W. 2012. Goal programming approaches to deriving interval weights based on interval fuzzy preference relations[J]. Information Sciences，193：180-198.

Wu Z B，Huang S，Xu J P. 2019. Multi-stage optimization models for individual consistency and group consensus with preference relations[J]. European Journal of Operational Research，275（1）：182-194.

Wu Z B，Yang X Y，Tu J C，et al. 2020. Optimal consistency and consensus models for interval additive preference relations: a discrete distribution perspective[J]. Journal of the Operational Research Society, 71（9）: 1479-1497.

Xu G L, Liu F. 2013. An approach to group decision making based on interval multiplicative and fuzzy preference relations by using projection[J]. Applied Mathematical Modelling, 37（6）: 3929-3943.

Xu Z S. 2004. On compatibility of interval fuzzy preference relations[J]. Fuzzy Optimization and Decision Making, 3（3）: 217-225.

Xu Z S. 2011. Consistency of interval fuzzy preference relations in group decision making[J]. Applied Soft Computing, 11（5）: 3898-3909.

Zhang Z, Kou X Y, Dong Q X. 2018. Additive consistency analysis and improvement for hesitant fuzzy preference relations[J]. Expert Systems with Applications, 98: 118-128.

第 8 章　大群体决策中的聚类分析

聚类是分析和管理大群体意见的一个基础方法。根据一定的聚类原则或算法对大群体中的决策者进行分组处理，可以使大群体的内部结构层次化，更易于分析。本章总结了在群体决策中常用的几种聚类方法，并通过大群体决策算例对比分析几种聚类方法的特点，随后给出一种基于可变聚类的大群体决策方法。

8.1　距离和相似度量

Backer 和 Jain 指出，在聚类分析中，一组数据通常根据数据间的相似性度量被分成若干或多或少同质的类别，这样类别内的数据之间的相似性会大于属于不同类别的数据之间的相似性（Backer and Jain，1981）。

由于相似性是聚类分析的基础，因此从同一特征向量空间提取的两个数据点之间的相似性度量对于大多数聚类过程来说是必不可少的。一般来说，两个数据点的特征向量越相似，被划分到一个子集（簇）的概率就越大。由于特征向量类型和规模的多样性，必须仔细选择相似度的度量方法。最常见的方法是使用在特征向量空间上定义的距离度量来计算两个数据点之间的差异。衡量每个特征向量的相似度（或差异度）后，可得到相似度矩阵。该矩阵可作为对数据集中数据点聚类的依据。在决策分析中，决策者根据对备选方案进行两两比较提供偏好。偏好可看作决策者的特征向量。根据偏好之间的相似性对决策者进行聚类的方法已经得到了广泛运用。

假设有 n 个数据点的数据集为 $B=\{\boldsymbol{b}_1,\boldsymbol{b}_2,\cdots,\boldsymbol{b}_n\}$，每个数据点都有 m 个属性（特征向量），记为 $\boldsymbol{b}_i=(b_{i1},b_{i2},\cdots,b_{im})^{\mathrm{T}}$，其中 $b_{il}\left(l=1,2,\cdots,m\right)$ 表示第 l 个属性的特征值。b_{il} 可以是定量的或定性的、连续的或离散的、基数的或序数的，这些特征决定了相应的度量机制。因此，数据集特征向量可用维度 $n\times m$ 的矩阵表示。

令 $d_{ij}=D(\boldsymbol{b}_i,\boldsymbol{b}_j)$ 为数据点 $\boldsymbol{b}_i$ 和 $\boldsymbol{b}_j$ 之间的距离或者差异度。数据集 B 中 n 个数据

点之间的距离或者差异度函数应满足以下条件（Xu and Wunsch，2005）：

（1）对称性：$d_{ij}=d_{ji}$；

（2）非负性：$d_{ij}\geqslant 0, \forall i,j=1,2,\cdots,n$；

（3）三角不等式：$d_{ij}\leqslant d_{ik}+d_{kj}, \forall i,j,k=1,2,\cdots,n$；

（4）自反性：当$d_{ij}=0$时当且仅当$\boldsymbol{b}_i=\boldsymbol{b}_j$。

若给定函数满足以上四个条件，则该函数可用来度量两个数据点之间的距离或差异度。

令$s_{ij}=S(\boldsymbol{b}_i,\boldsymbol{b}_j)$表示数据点$\boldsymbol{b}_i$和$\boldsymbol{b}_j$之间的相似度。同样地，相似性度量函数也应该满足以下条件：

（1）对称性：$s_{ij}=s_{ji}$；

（2）非负性：$s_{ij}\geqslant 0, \forall i,j=1,2,\cdots,n$；

（3）$s_{ij}s_{jk}\leqslant\left(s_{ij}+s_{jk}\right)s_{ik}, \forall i,j,k=1,2,\cdots,n$；

（4）当$\boldsymbol{b}_i=\boldsymbol{b}_j$时，$s_{ij}=1$。

当给定函数s_{ij}满足以上四个条件时，该函数可用来度量两个数据点间的相似度。

8.1.1 距离度量

常见的度量连续向量间距离的方法有欧式距离、曼哈顿距离、切比雪夫距离、马氏距离等。假设两个数据点$\boldsymbol{b}_i=(b_{i1},b_{i2},\cdots,b_{im})^{\mathrm{T}}$和$\boldsymbol{b}_j=(b_{j1},b_{j2},\cdots,b_{jm})^{\mathrm{T}}$各有$m$个属性。以欧式距离为例，则这两个点间的距离计算公式如下：

$$d_{ij}=\sqrt{\sum_{l=1}^{m}\left(b_{il}-b_{jl}\right)^2} \tag{8.1}$$

数据点$\boldsymbol{b}_i$和$\boldsymbol{b}_j$特征向量差异大，即d_{ij}值越大，这两个数据点被分到同一簇或同一类的可能性越小。

除欧式距离外，还有其他距离测量方法，总结如表8.1所示。

表 8.1 常见距离度量方法

类别	度量方法
明可夫斯基距离	$d_{ij}=\left(\sum_{l=1}^{m}\left\lvert b_{il}-b_{jl}\right\rvert^{1/p}\right)^{p}$
欧式距离	$d_{ij}=\sqrt{\sum_{l=1}^{m}\left(b_{il}-b_{jl}\right)^2}$

续表

类别	度量方法
曼哈顿距离	$d_{ij}=\sum_{l=1}^{m}\left\|b_{il}-b_{jl}\right\|$
切比雪夫距离	$d_{ij}=\lim_{p\to\infty}\left(\sum_{l=1}^{m}\left\|b_{il}-b_{jl}\right\|^{p}\right)^{1/p}=\max\left\|b_{il}-b_{jl}\right\|$
马氏距离	$d_{ij}=\sqrt{(\boldsymbol{b}_i-\boldsymbol{b}_j)^{\mathrm{T}}\sum^{-1}(\boldsymbol{b}_i-\boldsymbol{b}_j)}$（$\sum$ 为协方差矩阵）

8.1.2 相似度度量

相似度度量与距离度量相反，相似度度量值越大，说明两个数据点越相似，差异越小。令 s_{ij} 表示数据点 $\boldsymbol{b}_i$ 和 $\boldsymbol{b}_j$ 之间的特征向量相似度。通过计算样本中所有数据点间的相似度，可得到一个维度为 $n\times n$ 的相似度矩阵 $\boldsymbol{S}=(s_{ij})_{n\times n}$。$s_{ij}$ 的值越大，数据点 $\boldsymbol{b}_i$ 和 $\boldsymbol{b}_j$ 的特征向量越相似，被分到同一簇中的概率越大。常见的相似度度量方法有余弦相似度、皮尔森相关系数、Jaccard 相似系数、海明距离等，具体见表 8.2。

表 8.2 常见相似度度量方法

类别	度量方法
余弦相似度	$s_{ij}=\dfrac{\boldsymbol{b}_i^{\mathrm{T}}\boldsymbol{b}_j}{\|\boldsymbol{b}_i\|\|\boldsymbol{b}_j\|}$
海明距离	两个相同长度的字符串相同位置上字符不同的个数
皮尔森相关系数	$s_{ij}=\dfrac{\sum_{l=1}^{m}(b_{il}-\bar{b}_i)(b_{jl}-\bar{b}_j)}{\sqrt{\sum_{l=1}^{m}(b_{il}-\bar{b})^2}\sqrt{\sum_{l=1}^{m}(b_{jl}-\bar{b}_j)^2}}$ $\bar{b}_i$ 和 $\bar{b}_j$ 分别为 $\boldsymbol{b}_i$ 和 $\boldsymbol{b}_j$ 的均值
Jaccard 相似系数	两个数据点的相同元素的个数在所有不同元素的个数中占的比例

8.2 常见聚类方法

大群体聚类的外层是各个小组或小群体之间的互动，内层是每个小组或小群体内部成员之间的互动。大群体决策中的聚类通常是基于群体成员偏好的相似性决定的，常见的聚类方法，如层次聚类法、K-均值法、模糊 C 均值（Fuzzy C-Means，FCM）法等都是基于偏好相似性对群体进行聚类。这些常规聚类方法在大群体决策问题中已经得到广泛运用。

8.2.1 层次聚类

层次聚类算法根据相似矩阵（或者差异矩阵）将数据组织成层次结构。层次聚类的结果通常用二叉树或树状图来描述。树状图的根节点代表整个数据集，每个叶节点被视为一个样本数据点。非叶节点一般由相似或距离接近的子节点合并而得到；而树状图的高度通常表示每对数据点或簇或数据点与簇之间的距离。通过决定合适的聚类数，对不同层次的树状图进行切割，可以得到最终的聚类结果。这种表示为潜在的数据聚类结构提供了非常有用的描述和可视化，特别是当数据中存在真正的层次关系时。层次聚类算法主要分为凝聚方法和分裂方法。凝聚聚类从 n 个聚类开始，每个聚类只包含一个数据点。然后执行一系列合并操作，最终将所有数据点引导到同一组。绝大部分的聚类算法属于这一类。本书的算例也采取这一算法。分裂聚类以相反的方式进行。一开始，整个数据集属于一个簇，然后对其依次划分，直到所有簇都只包含一个数据点。

计算簇间距离的方法多样，如最小距离、最大距离、平均距离、Ward 距离、中心值距离等，这里主要介绍前三种距离（Everitt and Dunn，2001；Xu and Wunsch，2005）。

（1）最小距离：簇间任意两个数据点距离的最小值

$$d_{ij} = \min_{\boldsymbol{x}\in C_i,\boldsymbol{x}'\in C_j} d(\boldsymbol{x},\boldsymbol{x}') \tag{8.2}$$

d_{ij} 为簇 C_i 与簇 C_j 之间的距离； $\boldsymbol{x}$ 为簇 C_i 中的数据点， $\boldsymbol{x}'$ 为簇 C_j 中的数据点；$d(\boldsymbol{x},\boldsymbol{x}')$ 为数据点 $\boldsymbol{x}$ 和 $\boldsymbol{x}'$ 之间的距离。

（2）最大距离：簇间任意两个数据点距离的最大值

$$d_{ij} = \max_{\boldsymbol{x}\in C_i,\boldsymbol{x}'\in C_j} d(\boldsymbol{x},\boldsymbol{x}') \tag{8.3}$$

（3）平均距离：两个簇中所有数据点间距离的平均值

$$d_{ij} = \frac{1}{(\#C_i)(\#C_j)}\sum_{x\in C_i}\sum_{x'\in C_j} d(\boldsymbol{x},\boldsymbol{x}') \tag{8.4}$$

$\#C_i$ 为簇 C_i 中数据点的个数； $\#C_j$ 为簇 C_j 中数据点的个数。

层次聚类算法基本步骤描述如下（以计算簇间最小距离为例）：

算法 8.1 层次聚类算法

输入 数据集 $B=\{\boldsymbol{b}_1,\boldsymbol{b}_2,\cdots,\boldsymbol{b}_n\}$ 。

输出 包含聚类结果的树状图。

步骤 1 将每个数据点视为一簇，共有 n 簇 $\{C_1,C_2,\cdots,C_n\}$ ，即 $k=n$ ，计算每

两个簇之间的距离 $d_{ij}\left(i,j=1,2,\cdots,n\right)$。

步骤 2　确定距离最小的两个簇 C_i 和 C_j（即 $\min d_{ij}$），将其合为一簇，记为 C_i'，同时删除 $\{C_1,C_2,\cdots,C_n\}$ 中的 C_j，令 $k=n-1$。

步骤 3　重新计算新的 k 个簇间距离，如果 $k>1$ 转至步骤 2，否则进入下一步。

步骤 4　结束算法，输出包含聚类结果的树状图。

8.2.2　K-均值聚类

K-均值聚类算法以数据点间的欧式距离为依据，将 n 个数据点划分为 k 个无交集的簇，使每个数据点属于一个簇。这一算法的基本依据为使 n 个数据点到各自对应聚类中心之间的欧式距离最小（王千等，2012）。由于计算简单，K-均值算法的应用最为广泛。

K-均值算法首先要确定簇的数量，即 k 值，可根据要求或者以往的经验选取。若缺乏这类信息，可采用交叉验证法选取合适的 k 值。随机选取 k 个初始化聚类中心 $\left\{\boldsymbol{\alpha}_1,\boldsymbol{\alpha}_2,\cdots,\boldsymbol{\alpha}_k\right\}$，随后分别计算每个数据点到每个聚类中心的欧式距离。令 d_{ij} 表示数据点 $\boldsymbol{b}_i=(b_{i1},b_{i2},\cdots,b_{im})^{\mathrm{T}}$ 到聚类中心 $\boldsymbol{\alpha}_j=(\alpha_{i1},\alpha_{i2},\cdots,\alpha_{im})^{\mathrm{T}}$ 的距离，计算公式如下：

$$d_{ij}=d\left(\boldsymbol{b}_i,\boldsymbol{\alpha}_j\right)=\sqrt{\sum_{l=1}^{m}\left(b_{il}-\alpha_{jl}\right)^2} \tag{8.5}$$

其中，b_{il} 表示数据点 $\boldsymbol{b}_i$ 的第 l 个属性，$1\leqslant i\leqslant n$，$1\leqslant l\leqslant m$；α_{jl} 表示聚类中心 $\boldsymbol{\alpha}_j$ 的第 l 个属性，$1\leqslant j\leqslant k$。

数据点间的距离可用来评价数据点间的相似度，距离越小，数据点间的相似度越高，越有可能被划分为一个簇。因此，依次比较数据点到 k 个聚类中心的距离，将其划分到与之距离最小的聚类中心所在的簇中。划分完成后，可得到初步聚类结果 $\{C_1,C_2,\cdots,C_k\}$。更新 k 个簇中的质心，使之作为新的 k 个聚类中心，再次对 n 个数据点进行聚类，直到满足条件。

簇的质心为簇内数据点各属性的均值，计算公式如下：

$$\boldsymbol{\alpha}_j'=\frac{1}{\left|C_j\right|}\sum_{\boldsymbol{b}_i'\in C_j}\boldsymbol{b}_i' \tag{8.6}$$

其中，$\boldsymbol{\alpha}_j'$ 表示更新后第 j 簇的聚类中心，$1\leqslant j\leqslant k$；$\left|C_j\right|$ 为第 j 簇中数据点的数量；$\boldsymbol{b}_i'$ 表示聚类后第 j 簇中的第 i 个数据点，$1\leqslant i\leqslant\left|C_j\right|$。

K-均值聚类算法基本流程描述见算法 8.2。

算法 8.2 K-均值聚类算法

输入 数据集 $B=\{\boldsymbol{b}_1,\boldsymbol{b}_2,\cdots,\boldsymbol{b}_n\}$；聚类数 k。

输出 聚类结果 $\{C_1,C_2,\cdots,C_k\}$。

步骤 1 从数据集中随机选取 k 个数据点作为初始聚类中心：$\{\boldsymbol{\alpha}_1,\boldsymbol{\alpha}_2,\cdots,\boldsymbol{\alpha}_k\}$。

步骤 2 对于 $i=1,2,\cdots,n$：

（1）分别计算样本 $\boldsymbol{b}_i$ 到 k 个聚类中心的距离 d_{ij}，$j=1,2,\cdots,k$；

（2）根据 d_{ij} 的最小值确定样本 $\boldsymbol{b}_i$ 的簇标记为：$\lambda_i=\arg\min_{j\in\{1,2,\cdots,k\}}d_{ij}$；

（3）将样本 $\boldsymbol{b}_i$ 划分到相应簇中，更新簇为 $C_{\lambda_i}=C_{\lambda_i}\cup\{\boldsymbol{b}_i\}$。

步骤 3 对于 $j=1,2,\cdots,k$，根据式（8.6）计算新的聚类中心 $\{\boldsymbol{\alpha}_1',\boldsymbol{\alpha}_1',\cdots,\boldsymbol{\alpha}_k'\}$。若 $\boldsymbol{\alpha}_j'=\boldsymbol{\alpha}_j$ 对 $j=1,2,\cdots,k$ 都成立，转至步骤 4；否则，转至步骤 2。

步骤 4 输出聚类结果 $\{C_1,C_2,\cdots,C_k\}$。

在 K-均值聚类算法中，k 值和初始的 k 个聚类中心的选择会对聚类结果产生重大影响。因此，在实际应用中，如果没有对 k 的明确要求，通常采用交叉验证法来选取最优的 k 值。

8.2.3 模糊 C 均值聚类

K-均值聚类算法中，每个数据点只能被划分到一个簇中，属于硬聚类。但很多情况下，数据集中的数据点不能被划分为边界明显的簇。相较之下，模糊 C 均值聚类（FCM）更为灵活（Dunn，1973）。FCM 赋予每个数据点和每个簇一个隶属度，表示数据点隶属于簇的程度。令 u_{ij} 表示数据点 $\boldsymbol{b}_i$ 隶属于簇 C_j 的程度，

$$\sum_{j=1}^{k}u_{ij}=1,\ u_{ij}\in[0,1],\forall i=1,2,\cdots,n \tag{8.7}$$

u_{ij} 值越大，表明数据点 $\boldsymbol{b}_i$ 隶属于簇 C_j 的程度越高。当所有 u_{ij} 的值取 0 或 1 时，FCM 聚类变为 K-均值聚类。

令 $\{C_1,C_2,\cdots,C_k\}$ 表示 k 个模糊簇，$\{\boldsymbol{\alpha}_1,\boldsymbol{\alpha}_2,\cdots,\boldsymbol{\alpha}_k\}$ 为对应簇的聚类中心，则 FCM 聚类算法的目标函数可表示如下：

$$\min J=\sum_{j=1}^{k}\sum_{i=1}^{n}{u_{ij}}^{a}d_{ij} \tag{8.8}$$

其中，$a>1$，为控制聚类结果模糊程度的加权指数；d_{ij} 为数据点 $\boldsymbol{b}_i$ 到对应聚类中心的欧式距离，计算公式如式（8.1）所示。

FCM 聚类算法通过不断迭代，找到满足条件的隶属度，即 u_{ij}。然后通过每个数据点隶属于不同簇的程度来判断数据点最终的划分结果。迭代过程中，需要不

断更新聚类中心［式（8.9）］和隶属度［式（8.10）］。

$$\boldsymbol{\alpha}_j = \frac{\sum_{i=1}^{n} u_{ij}^a \boldsymbol{b}_i}{\sum_{h=1}^{n} u_{hj}^a} \tag{8.9}$$

$$u_{ij} = \frac{\left(1/d_{ij}\right)^{1/(a-1)}}{\sum_{h=1}^{k}\left(1/d_{ih}\right)^{1/(a-1)}} \tag{8.10}$$

式（8.10）中，d_{ih} 为数据点 $\boldsymbol{b}_i$ 到聚类中心 $\boldsymbol{\alpha}_h$ 的欧式距离。

算法 8.3　FCM 聚类算法

输入　数据集 $B=\{\boldsymbol{b}_1,\boldsymbol{b}_2,\cdots,\boldsymbol{b}_n\}$；聚类数 k；加权指数 a；阈值 $\varepsilon(\varepsilon>0)$。

输出　隶属度矩阵 $\boldsymbol{U}=\left(u_{ij}\right)_{n\times k}$，迭代次数 T。

步骤 1　令 $t=1$，从数据集中随机选取 k 个样本作为初始聚类中心：$\{\boldsymbol{\alpha}_1^t,\boldsymbol{\alpha}_2^t,\cdots,\boldsymbol{\alpha}_k^t\}$。

步骤 2　根据式（8.10）计算隶属度矩阵：$\boldsymbol{U}^t=\left(u_{ij}^t\right)_{n\times k}$。

步骤 3　根据式（8.9）更新聚类中心：$\{\boldsymbol{\alpha}_1^{t+1},\boldsymbol{\alpha}_2^{t+1},\cdots,\boldsymbol{\alpha}_k^{t+1}\}$。

步骤 4　根据式（8.10）更新隶属度矩阵 $\boldsymbol{U}^{t+1}$。若 $\left\|\boldsymbol{U}^{t+1}-\boldsymbol{U}^t\right\|\leqslant\varepsilon$，进行步骤 5；否则转至步骤 3，令 $t=t+1$。

步骤 5　输出隶属度矩阵 $\boldsymbol{U}=\left(u_{ij}\right)_{n\times k}$，令 $T=t$。

在算法 8.3 中，ε 为判定隶属度迭代趋于稳定的阈值。除此之外，加权指数 a 也会对聚类结果产生影响。一些文献对 a 的取值进行了研究，认为取值范围应该在 $[1.1,5]$、$[1.25,1.75]$ 或者 $[1.5,2.5]$ 等（Pal and Bezdek，1995），也有部分研究者认为 a 取 2 最合适（Duda and Hart，1973）。本节实例中 a 取 2。

8.2.4　算例分析

例 8.1　本例数据同算例 5.1。

为了方便计算，将 20 个判断矩阵转化为向量形式表示：

$\boldsymbol{v}_1=(0.9,0.9,0.8,0.7,0.8,0.4)^{\mathrm{T}}$，$\boldsymbol{v}_2=(0.3,0.7,0.8,0.3,0.6,0.3)^{\mathrm{T}}$

$\boldsymbol{v}_3=(0.1,0.6,0.6,0.6,0.4,0.3)^{\mathrm{T}}$，$\boldsymbol{v}_4=(0.1,0.8,0.4,0.6,0.6,0.8)^{\mathrm{T}}$

$\boldsymbol{v}_5=(0.4,0.4,0.4,0.5,0.1,0.4)^{\mathrm{T}}$，$\boldsymbol{v}_6=(0.3,0.6,0.7,0.6,0.6,0.8)^{\mathrm{T}}$

$\boldsymbol{v}_7=(0.2,0.6,0.6,0.8,0.8,0.6)^{\mathrm{T}}$，$\boldsymbol{v}_8=(0.4,0.7,0.6,0.4,0.8,0.7)^{\mathrm{T}}$

$\boldsymbol{v}_9=(0.6,0.6,0.7,0.9,0.9,0.9)^{\mathrm{T}}$，$\boldsymbol{v}_{10}=(0.7,0.6,0.8,0.6,0.7,0.9)^{\mathrm{T}}$

$v_{11}=(0.4,0.4,0.6,0.3,0.4,0.7)^{\mathrm{T}}$，$v_{12}=(0.3,0.6,0.4,0.6,0.6,0.6)^{\mathrm{T}}$

$v_{13}=(0.6,0.2,0.3,0.4,0.3,0.4)^{\mathrm{T}}$，$v_{14}=(0.9,0.7,0.8,0.8,0.7,0.1)^{\mathrm{T}}$

$v_{15}=(0.7,0.4,0.5,0.1,0.2,0.4)^{\mathrm{T}}$，$v_{16}=(0.4,0.4,0.2,0.1,0.2,0.4)^{\mathrm{T}}$

$v_{17}=(0.4,0.4,0.1,0.5,0.4,0.7)^{\mathrm{T}}$，$v_{18}=(0.6,0.4,0.2,0.3,0.7,0.6)^{\mathrm{T}}$

$v_{19}=(0.6,0.2,0.3,0.4,0.3,0.4)^{\mathrm{T}}$，$v_{20}=(0.6,0.4,0.1,0.3,0.4,0.7)^{\mathrm{T}}$

1. 层次聚类

层次聚类树状图如图 8.1 所示，Y 轴为簇间距离，X 轴为 20 个数据点。

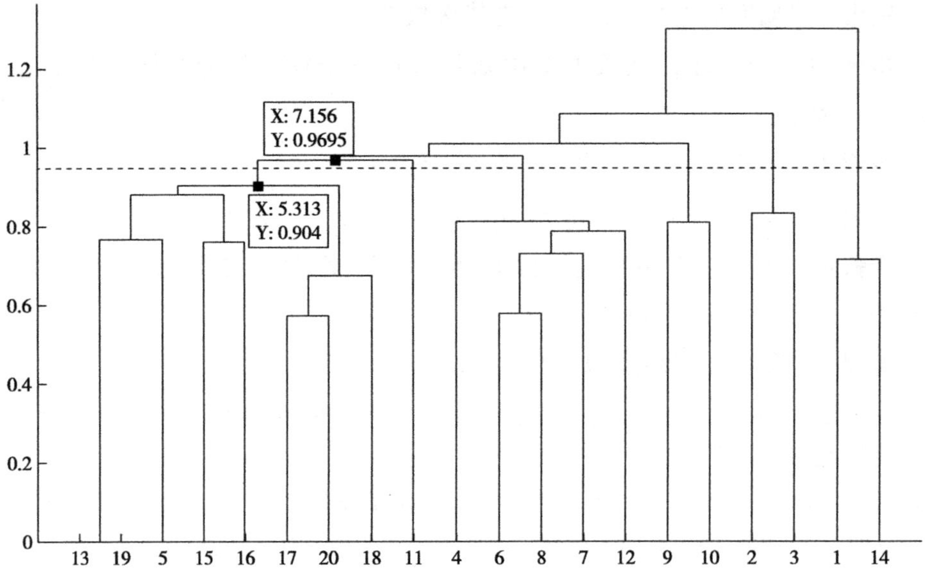

图 8.1 层次聚类结果

当距离划分阈值属于区间（0.904，0.9696）时，聚类数为 6。具体结果如下：

$$C_1=\{v_5,v_{13},v_{15},v_{16},v_{17},v_{18},v_{19},v_{20}\}$$

$$C_2=\{v_{11}\}$$

$$C_3=\{v_4,v_6,v_7,v_8,v_{12}\}$$

$$C_4=\{v_9,v_{10}\}$$

$$C_5=\{v_2,v_3\}$$

$$C_6=\{v_1,v_{14}\}$$

2. K-均值聚类

令 $k=6$，默认距离计算测度为欧式距离。聚类结果如下：

$$C_1=\{\boldsymbol{v}_5,\boldsymbol{v}_{11},\boldsymbol{v}_{13},\boldsymbol{v}_{15},\boldsymbol{v}_{16},\boldsymbol{v}_{19}\}$$
$$C_2=\{\boldsymbol{v}_{17},\boldsymbol{v}_{18},\boldsymbol{v}_{20}\}$$
$$C_3=\{\boldsymbol{v}_4,\boldsymbol{v}_6,\boldsymbol{v}_7,\boldsymbol{v}_8,\boldsymbol{v}_{12}\}$$
$$C_4=\{\boldsymbol{v}_9,\boldsymbol{v}_{10}\}$$
$$C_5=\{\boldsymbol{v}_2,\boldsymbol{v}_3\}$$
$$C_6=\{\boldsymbol{v}_1,\boldsymbol{v}_{14}\}$$

3. 模糊 C 均值聚类

令 $k=6$，默认距离计算测度为欧式距离。聚类结果如下：

$$C_1=\{\boldsymbol{v}_5,\boldsymbol{v}_{13},\boldsymbol{v}_{15},\boldsymbol{v}_{16},\boldsymbol{v}_{19}\}$$
$$C_2=\{\boldsymbol{v}_{17},\boldsymbol{v}_{18},\boldsymbol{v}_{20}\}$$
$$C_3=\{\boldsymbol{v}_3,\boldsymbol{v}_4,\boldsymbol{v}_6,\boldsymbol{v}_7,\boldsymbol{v}_8,\boldsymbol{v}_{12}\}$$
$$C_4=\{\boldsymbol{v}_9,\boldsymbol{v}_{10}\}$$
$$C_5=\{\boldsymbol{v}_2,\boldsymbol{v}_{11}\}$$
$$C_6=\{\boldsymbol{v}_1,\boldsymbol{v}_{14}\}$$

当聚类数设定为 6 时，层次聚类、K-均值聚类和 FCM 聚类结果较为相似，偏好差异较小的 $\boldsymbol{v}_1,\boldsymbol{v}_{14}$ 和 $\boldsymbol{v}_9,\boldsymbol{v}_{10}$ 在三种方法中都被分到一个类别中。层次聚类算法不需要提前设定聚类数，该算法对距离度量的选择不敏感。层次聚类方法还有一个优点，就是当底层数据具有层次结构时，可以恢复层次结构；而其他的聚类算法无法做到这一点。但层次聚类效率较低，时间复杂度较高。当数据分布较均匀且簇与簇之间区别明显时，K-均值聚类算法的效果较好。面对大规模数据集，K-均值聚类算法是相对可扩展的，并且具有较高的效率。但 K-均值算法不适用于发现非凸面形状的簇，或者大小差别很大的簇，而且它对于噪声和孤立点数据是敏感的。FCM 聚类算法本质上是一种局部搜索算法，容易陷入局部极小值。这一算法对于满足正态分布的数据聚类效果会很好，但算法对孤立点是敏感的。

8.3　基于可变聚类的大群体决策方法

在已有的大群体决策研究中，通常假定所得到的聚类小群体是不变的，即一旦生成了聚类，类别数和每一类的群体数都不发生改变。但是，由于个体意见会随着决策过程发生改变，以上的假定并不能很好地反映现实决策情形。不失一般性，本章假定个体的偏好形式是互补判断矩阵，在这一设定下，探讨聚类是动态改变下的大群体决策过程。最常用的聚类方法是K-均值聚类，本书引入此方法来对大群体进行聚类，得到若干小群体。

每一个小群体的意见用可能性分布判断矩阵（在有的文献中被称为概率分布判断矩阵）来表示。定义了分布式判断矩阵间的一种新的距离公式，根据此距离计算出个体的共识度。当群体的共识度不满足预定的共识水平时，采用局部修正策略来达成共识。该局部修正策略利用了四个识别规则及两个方向引导规则。所提出的基于动态聚类与共识的决策过程如图 8.2 所示。

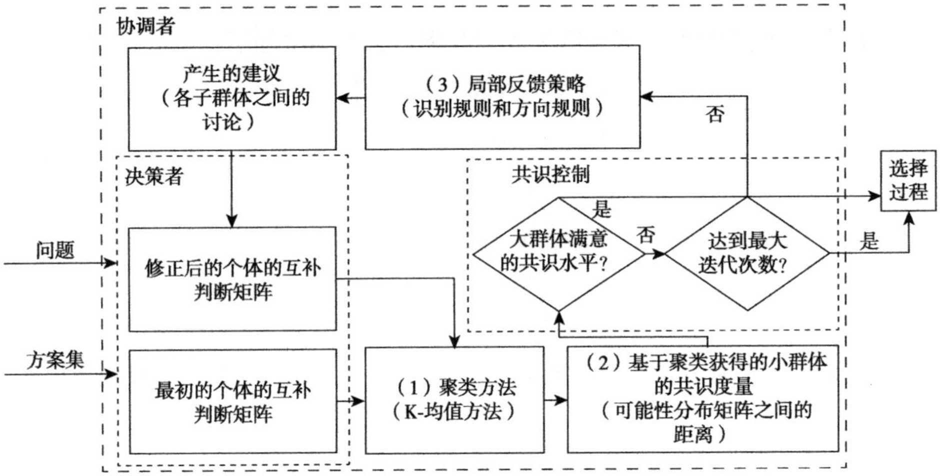

图 8.2　基于动态聚类与共识的决策过程

此决策过程相比于已有的研究具有如下特征：①反馈意见仍然针对大群体中的个体，而不是针对作为集体意见的每一个小群体。现有的研究反馈意见直接作用于小群体的集体意见上，实际上是把聚类后的每一个小群体看作了新的个体。②群体决策过程中，每一轮都重新进行聚类，从而能够呈现群体交互与共识的进化结果。已有研究固定了第一次聚类后的小群体，这样做事实上规避了大群体决策的动态特征。

8.3.1　聚类后的共识度量

由于K-均值聚类方法具有很强的鲁棒性，因此本节利用算法 8.2 对大群体进行聚类。

共识度被用来反映决策者偏好之间的一致性程度。令$\{C_1,C_2,\cdots,C_K\}$为应用聚类算法后的K个类别。类别C_t是$\{e_1^{C_t},e_2^{C_t},\cdots,e_{m_t}^{C_t}\}$的集合，其中$m_t$为决策者人数，$\sum_{t=1}^{K}m_t=m$，即整个大群体共有$m$个参与者。$\boldsymbol{B}_i^{C_t}$表示决策者$e_i^{C_t}$的互补判断矩阵，$w_i^{C_t}$为其权重。类别$C_t$的权重可根据下面公式获得

$$w_{C_t}=w_1^{C_t}+w_2^{C_t}+\cdots+w_{m_t}^{C_t} \tag{8.11}$$

若所有决策者的权重相同，则

$$w_{C_t}=\sum_{i=1}^{m_t}w_{t_i}=\frac{m_t}{m} \tag{8.12}$$

此时，类别C_t中的互补判断矩阵可以通过集结算子集结为一个新的矩阵。然而，一种更稳健的方法是使用带可能性分布的犹豫元素（possibility distribution based hesitant element，PDHE）来描述各个类别的偏好。为此，引入了基于可能性分布的互补判断矩阵。

令$X=\{x_1,x_2,..,x_n\}$为一个有限方案集。关于X的基于可能性分布的互补判断矩阵用矩阵$\boldsymbol{H}=\left(\mathrm{hp}_{ij}\right)_{n\times n}$表示，其中$\mathrm{hp}_{ij}=\left\{h_{ij}^l\left(p_{ij}^l\right)|\,l=1,2,...,\#\mathrm{hp}_{ij}\right\}$为一个带可能性分布的犹豫元素。另外，$\mathrm{hp}_{ij}$满足以下条件：

$$h_{ij}^l+h_{ji}^{\#\mathrm{hp}_{ij}-l+1}=1,\ h_{ii}=0.5 \tag{8.13}$$

$$p_{ij}^l=p_{ji}^{\#\mathrm{hp}_{ij}-l+1},\ h_{ij}^l\leqslant h_{ij}^{l+1},\ i,j=1,2,\cdots,n \tag{8.14}$$

其中，h_{ij}^l表示在h_{ij}里第l个可能值，p_{ij}^l表示h_{ij}^l的概率。

类别C_t的集结偏好可用相应的判断矩阵表示，即$\boldsymbol{H}_t=\left(\mathrm{hp}_{ij,t}\right)_{n\times n}$，其中

$$\mathrm{hp}_{ij,t}=\left\{h_{ij,t}^l\left(p_{ij,t}^l\right)|\,l=1,2,\cdots,\#\mathrm{hp}_{ij,t}^l\right\} \tag{8.15}$$

$h_{ij,t}^l$表示C_t中的决策者用来评估方案i关于方案j的偏好隶属度，$p_{ij,t}^l$表示$h_{ij,t}^l$的概率。通过计算在C_t中使用$h_{ij,t}^l$来评估方案对(x_i,x_j)的决策者的占比可得到$p_{ij,t}^l$。将每个C_t视为一个决策单元，提供的偏好形式为一个基于可能性分布的互补判断矩阵，即$\boldsymbol{H}_t$。这一过程总结如下。

算法 8.4　利用基于可能性分布的互补判断矩阵表示的小群体偏好

输入　K个类别$\{C_1,C_2,\cdots,C_K\}$，互补判断矩阵$\boldsymbol{B}_k=\left(b_{ij}^k\right)_{n\times n}$，$k=1,2,\cdots,m$。

输出　K个小群体偏好矩阵，$\boldsymbol{H}_1,\boldsymbol{H}_2,\cdots,\boldsymbol{H}_K$。

步骤 1　令$\{e_1^{C_t},e_2^{C_t},\cdots,e_{m_t}^{C_t}\}$为在类别$C_t$中的个体集合，$t=1,2,\cdots,K$。决策者$e_k^{C_t}$的偏好为$\boldsymbol{B}_k^{C_t}=\left(b_{ij}^{k,C_t}\right)_{n\times n}$，权重为$w_k^{C_t}$。

步骤 2 标准化类别 C_t 中所有个体的权重。个体 $e_k^{C_t}$ 的标准化权重为 $u_k^{C_t}$，可根据以下公式得到：

$$u_k^{C_t} = \frac{w_k^{C_t}}{\sum_{i=1}^{m_t} w_i^{C_t}} \tag{8.16}$$

步骤 3 计算类别 C_t 的偏好矩阵 $\boldsymbol{H}_t = \left(\mathrm{hp}_{ij,t}\right)_{n\times n}$，有

$$\mathrm{hp}_{ij,t} = \left\{h_{ij,t}^l\left(p_{ij,t}^l\right) | l = 1,2,\cdots,\#\mathrm{hp}_{ij,t}^l\right\} \tag{8.17}$$

其中，

$$p_{ij,t}^l = \sum_{k=1}^{m_t} u_k^{C_t} f_{k,C_t}^l \tag{8.18}$$

而 f_{k,C_t}^l 由下面的式子决定

$$f_{k,C_t}^l = \begin{cases} 1, & \text{若} h_{ij,t}^l = b_{ij}^{k,C_t} \\ 0, & \text{其他} \end{cases} \tag{8.19}$$

步骤 4 输出 $\boldsymbol{H}_1, \boldsymbol{H}_2, \cdots, \boldsymbol{H}_K$。

步骤 5 结束。

例 8.2 假设在类别 C_1 中有 6 名决策者 $\left\{e_1^{C_1}, e_2^{C_1}, \cdots, e_6^{C_1}\right\}$。以方案 x_1 对于方案 x_2 的偏好为例，6 名决策者给出的偏好分别为

$$b_{12}^{1,C_t} = 0.6,\ b_{12}^{2,C_t} = 0.7,\ b_{12}^{3,C_t} = 0.6,\ b_{12}^{4,C_t} = 0.8,\ b_{12}^{5,C_t} = 0.8,\ b_{12}^{6,C_t} = 0.8$$

假设 6 名决策者权重相同，则标准化后的权重为

$$u_1^{C_1} = u_2^{C_1} = u_3^{C_1} = u_4^{C_1} = u_5^{C_1} = u_6^{C_1} = 1/6$$

则 $\mathrm{hp}_{12,1} = \{0.6(1/3), 0.7(1/6), 0.8(1/2)\}$。

大群体的共识度基于 $\boldsymbol{H}_t\left(t = 1,2,\cdots,K\right)$ 计算。首先给出两个基于可能性分布的元素之间的距离。

假设 $\mathrm{hp}^{(1)} = \left\{h_l^{(1)}\left(p_l^{(1)}\right) | l = 1,2,\cdots,\#\mathrm{hp}_l^{(1)}\right\}$ 和 $\mathrm{hp}^{(2)} = \left\{h_l^{(2)}\left(p_l^{(2)}\right) | l = 1,2,\cdots,\#\mathrm{hp}_l^{(2)}\right\}$ 为两个基于可能性分布的决策偏好元素。令 $L_1 = \#\mathrm{hp}^{(1)}, L_2 = \#\mathrm{hp}^{(2)}$，$\mathrm{hp}^{(1)}$ 和 $\mathrm{hp}^{(2)}$ 之间的距离为

$$d\left(\mathrm{hp}^{(1)}, \mathrm{hp}^{(2)}\right) = \sum_{l_1=1}^{L_1}\sum_{l_2=1}^{L_2} p_{l_1}^{(1)} \times p_{l_2}^{(2)} \left|h_{l_1}^{(1)} - h_{l_2}^{(2)}\right| \tag{8.20}$$

其中，$0 \leqslant d\left(\mathrm{hp}^{(1)}, \mathrm{hp}^{(2)}\right) \leqslant 1$。

共识度的计算过程如下：

令 $\boldsymbol{H}_K = \left(\mathrm{hp}_{ij,k}\right)_{n\times n}$ 和 $\boldsymbol{H}_t = \left(\mathrm{hp}_{ij,t}\right)_{n\times n}$ 为类别 C_k 和 C_t 对应的两个偏好矩阵，其中

$\mathrm{hp}_{ij,k}=\{h_{ij,k}^{l_1}(p_{ij,k}^{l_1})\,|\,l_1=1,2,\cdots,L_{ij}^{k}\}$

$\mathrm{hp}_{ij,t}=\{h_{ij,t}^{l_2}(p_{ij,t}^{l_2})\,|\,l_2=1,2,\cdots,L_{ij}^{t}\}$

$L_{ij}^{k}=\#h_{ij,k}$ 和 $L_{ij}^{t}=\#h_{ij,t}$ 分别表示 $\mathrm{hp}_{ij,k}$ 和 $\mathrm{hp}_{ij,t}$ 能取到的值的个数。

每对类别 C_k 和 C_t ，$k<t,\ k,t\in\{1,2,\cdots,K\}$ 之间都有一个相似矩阵 $\mathbf{SM}_{kt}=\left(\mathrm{sm}_{ij}^{kt}\right)_{n\times n}$ ，

$$\mathrm{sm}_{ij}^{kt}=1-d(\mathrm{hp}_{ij,k},\mathrm{hp}_{ij,t})=1-\sum_{l_1=1}^{L_{ij,k}}\sum_{l_2=1}^{L_{ij,t}}p_{ij,k}^{l_1}\times p_{ij,t}^{l_2}|h_{ij,k}^{l_1}-h_{ij,t}^{l_2}| \tag{8.21}$$

通过集结与 (C_k,C_t) 相关联的所有相似性矩阵，可得到共识度矩阵 $\mathbf{CM}=\left(\mathrm{cm}_{ij}\right)_{n\times n}$ ，其中

$$\mathrm{cm}_{ij}=\sum_{k=1}^{K-1}\sum_{t=k+1}^{K}\omega_{kt}\mathrm{sm}_{ij}^{kt} \tag{8.22}$$

类别对 (C_k,C_t) 的标准化权重 ω_{kt} 计算如下：

$$\omega_{kt}=\frac{w_{C_k}w_{C_t}}{\sum_{k=1}^{K-1}\sum_{t=k+1}^{K}w_{C_k}w_{C_t}} \tag{8.23}$$

得到类别之间的共识矩阵 **CM** 后，大群体的共识水平从以下三个层次计算：

（1）偏好共识度。令 cp_{ij} 为备选方案之间的共识度，有

$$\mathrm{cp}_{ij}=\mathrm{cm}_{ij},\ i,j=1,2,\cdots,n,\ i\neq j \tag{8.24}$$

cp_{ij} 为群体在方案对 (x_i,x_j) 上的共识度。

（2）方案共识度。ca_i 表示每个方案 x_i 的共识度，有

$$\mathrm{ca}_i=\frac{\sum_{j=1,j\neq i}^{n}\mathrm{cp}_{ij}}{n-1},\ i=1,2,\cdots,n \tag{8.25}$$

ca_i 可以用来识别需要修改的方案。

（3）偏好矩阵共识度。偏好矩阵共识度即大群体共识指数（large-scale group consensus index，LGCI）由下式计算：

$$\mathrm{LGCI}=\frac{\sum_{i=1}^{n}\mathrm{ca}_i}{n} \tag{8.26}$$

LGCI 度量了大群体的综合共识水平，可用于控制共识达成过程。上式可进一步表示为

$$\mathrm{LGCI}=\frac{1}{n(n-1)}\sum_{i=1}^{n}\sum_{j=1,j\neq i}^{n}\mathrm{cp}_{ij}=\frac{1}{n(n-1)}\sum_{i=1}^{n}\sum_{j=1,j\neq i}^{n}\sum_{k=1}^{K-1}\sum_{t=k+1}^{K}\omega_{kt}\mathrm{sm}_{ij}^{kt} \tag{8.27}$$

cp_{ij} 和 ca_i 的值可以帮助设计一个好的反馈机制。

8.3.2 局部反馈机制

通过先前获得的共识度，协调者知道不同层面下的实际共识度。如果对当前的综合共识水平不满意，那么协调者会敦促群体进一步讨论他们的观点，使群体朝更高的共识水平迈进。本节设计了一个需要个体交互的、易于遵循的反馈机制。

假设 $\overline{\mathrm{LGCI}}$ 是提前设定的共识度阈值，当 $\mathrm{LGCI} \geqslant \overline{\mathrm{LGCI}}$ 时，共识过程结束，进入选择过程；否则共识过程进入下一轮讨论。本节提出了一种局部反馈机制，以帮助每个聚类群体中的决策者修改他们的偏好。该机制由四个识别规则和两个导向规则组成，用于检测哪些类别需要在基础层面（精确位置）改变其偏好，以及决策者的偏好需要在所识别的类别和位置上朝什么方向修改。

识别规则能够依次精确地得到需要修改偏好的备选方案、需要修改的偏好所在位置、类别和决策者。

（1）确定需要修改偏好的备选方案。令 ALT 表示被识别到需要修改的备选方案集，有：

$$\mathrm{ALT} = \{x_i \mid i = \arg\min_i \{\mathrm{ca}_i \mid \mathrm{ca}_i < \overline{\mathrm{LGCI}}, i = 1,2,\cdots,n\}\} \tag{8.28}$$

（2）确定需要修改的偏好所在位置。对任意一个备选方案 $x_i \in \mathrm{ALT}$，都可以筛选出一个 Pos_i 集，从而确定本轮中所有需要修改偏好的位置，

$$\mathrm{Pos}_i = \left\{(i,j) \mid x_i \in \mathrm{ALT} \wedge \mathrm{cp}_{ij} < \overline{\mathrm{LGCI}},\ i < j\right\} \tag{8.29}$$

（3）确定所选出位置的理想类别和非理想类别。对于每个 $(i,j) \in \mathrm{Pos}_i$，定义

$$\begin{aligned} \mathrm{CLU}_{ij}^{+} &= \{C_{k^+}(x_i,x_j) \mid k^+ = \arg\max_k \{\sum_{t=1,t\neq k}^{K} \mathrm{sm}_{ij}^{kt}\}\} \\ \mathrm{CLU}_{ij}^{-} &= \{C_{k^-}(x_i,x_j) \mid k^- = \arg\min_k \{\sum_{t=1,t\neq k}^{K} \mathrm{sm}_{ij}^{kt}\}\} \end{aligned} \tag{8.30}$$

（4）确定需要修改偏好的决策者。对于确定的每个非理想类别 $C_{k^-}(x_i,x_j)$，进一步识别共识水平最低的决策者。此时共识度衡量可以建立在已经确定的位置 (i,j) 上。

令 $C(k^-) = \# C_{k^-}(x_i,x_j)$ 表示类别 $C_{k^-}(x_i,x_j)$ 中决策者的人数，在类别 $C_{k^-}(x_i,x_j)$ 中的决策者集合表示为 $\{e_{k_1}, e_{k_2}, \cdots, e_{k_{C(k^-)}}\}$。决策者 e_{k_y} 的互补判断矩阵是 $\boldsymbol{B}_{k_y} = (b_{ij,k_y})_{n\times n}$。同理，类别 $C_{k^+}(x_i,x_j)$ 中的决策者集合表示为 $\{e_{t_1}, e_{t_2}, \cdots, e_{t_{C(k^+)}}\}$，其

中，$C(k^+)=\#C_{k^+}(x_i,x_j)$。

$C_{k^+}(x_i,x_j)$ 的偏好形式为 $\mathrm{hp}_{ij,k^+}=\{h^l_{ij,k^+}(p^l_{ij,k^+})\big| l=1,2,\cdots,\#\mathrm{hp}_{ij,k^+}\}$，$\mathrm{hp}_{ij,k^+}$ 的平均偏好为

$$\mathrm{Expect}(\mathrm{hp}_{ij,k^+})=\sum_{l=1}^{\#\mathrm{hp}_{ij,k^+}} h^l_{ij,k^+}p^l_{ij,k^+} \tag{8.31}$$

设置一个阈值 β，在 $C_{k^-}(x_i,x_j)$ 中需要修改关于 (x_i,x_j) 的偏好的决策者可根据下式得到：

$$\mathrm{EXPS}^-_{ij}=\{e_{k_y}\mid \left|b_{ij,k_y}-\mathrm{Expect}(\mathrm{hp}_{ij,k^+})\right|>\beta,k_y\in\{k_1,k_2,\cdots,k_{C(k^-)}\}\} \tag{8.32}$$

根据以上的识别规则，在 EXPS^-_{ij} 中的决策者需要重新提供关于 (x_i,x_j) 的偏好。

对 $e_{k_y}\in\mathrm{EXPS}^-_{ij}$，可应用下列两个导向规则：

（1）如果 $b_{ij,k_y}<\mathrm{Expect}(\mathrm{hp}_{ij,k^+})$，那么决策者 e_{k_y} 需要增加他们关于 (x_i,x_j) 的偏好。

（2）如果 $b_{ij,k_y}>\mathrm{Expect}(\mathrm{hp}_{ij,k^+})$，那么决策者 e_{k_y} 需要降低他们关于 (x_i,x_j) 的偏好。

根据互补原则，决策者关于 $\left(x_j,x_i\right)$ 的偏好会自动更新。

8.3.3 共识达成过程

以下算法总结大群体决策环境下的基于动态聚类与共识的决策过程。

算法 8.5 大群体中基于动态聚类与共识的决策过程

输入 个体偏好矩阵 $\boldsymbol{B}_k=(b^k_{ij})_{n\times n},k=1,2,\cdots,m$，预设的共识度阈值 $\overline{\mathrm{LGCI}}$，识别规则中的参数 β，最大迭代次数 Maxround。

输出 修正后的偏好矩阵 $\overline{\boldsymbol{B}_k}=(\bar{b}^k_{ij})_{n\times n},k=1,2,\cdots,m$，聚类结果，迭代次数。

步骤 1 令 $r=1,\boldsymbol{B}_{k,r}=(b^k_{ij,r})_{n\times n}=(b^k_{ij})_{n\times n},k=1,2,\cdots,m$。

步骤 2 应用某种聚类方法，如 K-均值聚类算法，对 $\boldsymbol{B}_{k,r},k=1,2,\cdots,m$ 进行聚类。假设得到 K_r 个类别 $\left\{C_1,C_2,\cdots,C_{k_r}\right\}$。

步骤 3 计算各类别偏好。根据算法 8.4，得到 K_r 个类别 $\left\{C_1,C_2,\cdots,C_{k_r}\right\}$ 对应的偏好矩阵。

步骤 4 根据前述的共识度计算方法计算共识度。令 LGCI_r 为当前迭代中的综

合共识水平。若 $\mathrm{LGCI}_r \geqslant \overline{\mathrm{LGCI}_r}$ 或者 $r \geqslant \mathrm{Maxround}$，转至步骤 6；否则进行下一步。

步骤 5 基于四个识别规则，识别出需要修改偏好的类别和决策者。把识别出的决策者集合表示为 $\mathrm{EXPS}_{ij,r}^{-}$。

步骤 6 引导 $\mathrm{EXPS}_{ij,r}^{-}$ 集合中的决策者修改偏好。具体修改规则参见前一小节。令 $r=r+1$，个体偏好矩阵经过修改后仍然记 $\boldsymbol{B}_{k,r}, k=1,2,\cdots,m$，转步骤 2。

步骤 7 输出 $\boldsymbol{B}_{k,r}, k=1,2,\cdots,m$，$r$。

步骤 8 结束。

8.3.4 算例分析

例 8.3 本算例演示数据同算例 5.1。实验结果如下：

利用所提模型来观察基于动态聚类结果的决策过程。初始的聚类情况在二维情形下的图形如图 8.3 所示。

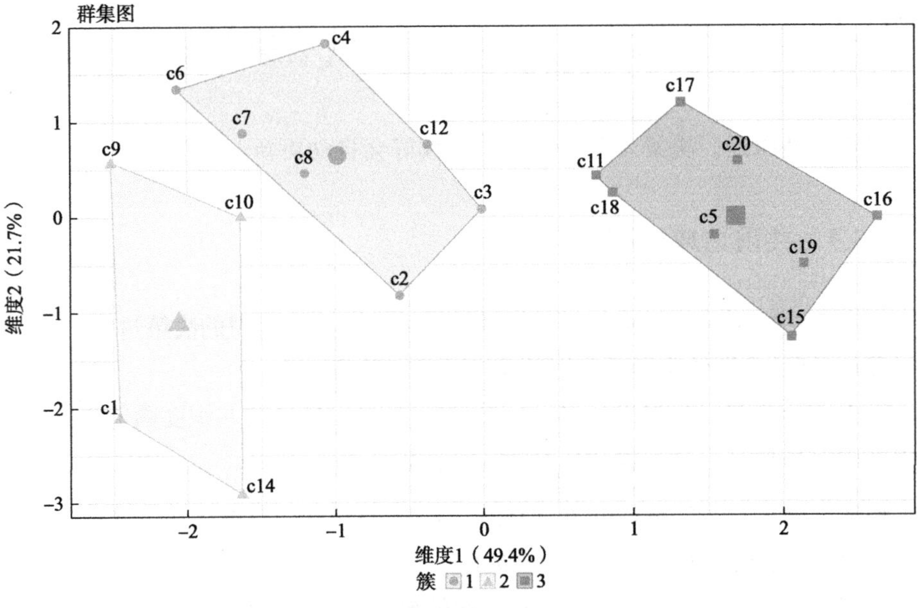

图 8.3 初始聚类

c13 跟 c19 相同

经过一轮共识修正后，得到图 8.4。

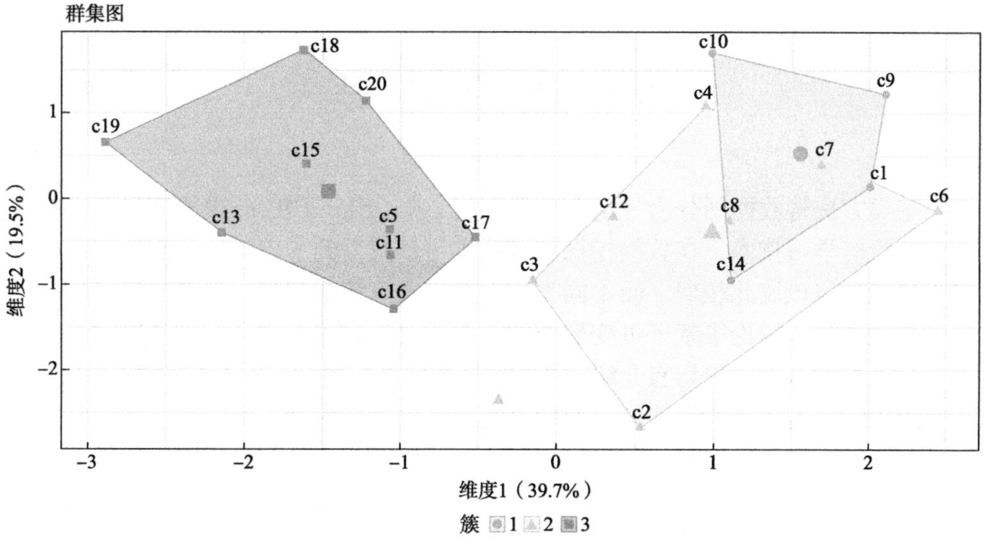

图 8.4　第一轮意见修改后的聚类

经过两轮修改，大群体的共识水平已经达到要求，此时产生的聚类如图 8.5 所示。

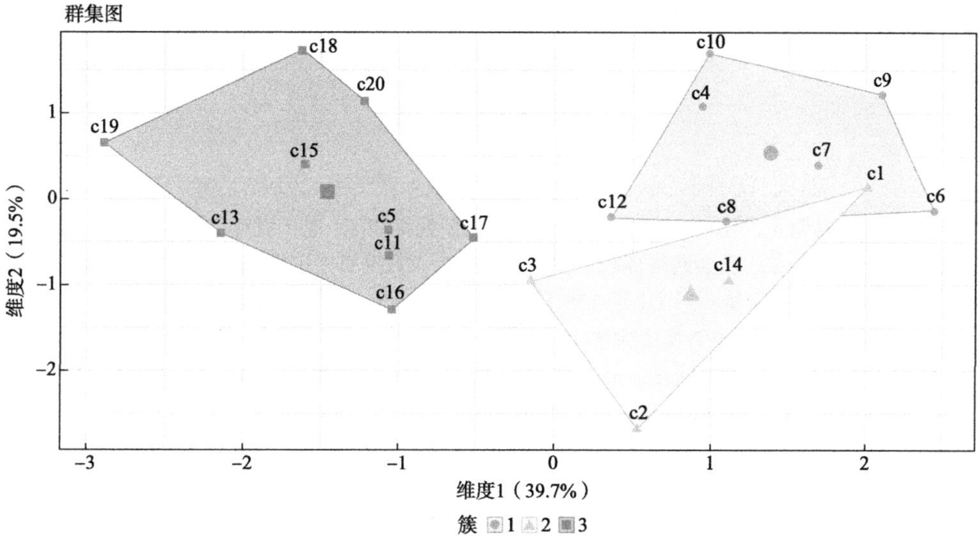

图 8.5　共识达成后的聚类情形

详细的计算过程参见 Wu 和 Xu（2018）。

8.4 本章小结

聚类方法将数据划分为一定数量的聚集（类、组、子集）。聚类问题是一种无监督的机器学习技术，在数据挖掘和机器学习领域得到了广泛的研究。同一个类别中的模式应该彼此相似，而不同类别中的模式应该不相似。本章总结了常见的几种聚类方法，讨论了基于可变聚类的大群体决策方法。比较流行的聚类算法在一般的机器学习书籍中均有介绍，也可以参见相关综述（章永来和周耀鉴，2019）。如何根据特定的决策信息选择适用的聚类方法仍然有待进一步研究。

随着社会网络技术的快速发展，社会网络分析成为大群体决策问题的一大热点。群体成员之间的社会网络关系，如信任或不信任关系、冲突矛盾关系等也可被用于群体聚类，感兴趣的读者可参考相关文献（Ding et al.，2019；Du et al.，2020；Li et al.，2021；徐选华和余紫昕，2022）。社会网络中的大群体偏好数据通常有总量大但价值密度低的特点，因此未来还需考虑数据价值对聚类结果的影响。另外，社会网络中的信任关系、冲突关系等不是一成不变的，未来还需考虑动态社会网络关系对聚类结果的影响。

参考文献

王千，王成，冯振元，等. 2012. K-means 聚类算法研究综述[J]. 电子设计工程，20（7）：21-24.

徐选华，余紫昕. 2022. 社会网络环境下基于公众行为大数据属性挖掘的大群体应急决策方法及应用[J]. 控制与决策，37（1）：175-184.

章永来，周耀鉴. 2019. 聚类算法综述[J]. 计算机应用，39（7）：1869-1882.

Backer E, Jain A. 1981. A clustering performance measure based on fuzzy set decomposition[J]. IEEE Transactions on Pattern Analysis and Machine Intelligence，3（1）：66-75.

Ding R X，Wang X Q，Shang K，et al. 2019. Social network analysis-based conflict relationship investigation and conflict degree-based consensus reaching process for large scale decision making using sparse representation[J]. Information Fusion，50：251-272.

Du Z J，Luo H Y，Lin X D，et al. 2020. A trust-similarity analysis-based clustering method for large-scale group decision-making under a social network[J]. Information Fusion，63：13-29.

Duda R，Hart P. 1973. Pattern Classification and Scene Analysis[M]. New York：Wiley.

Dunn J. 1973. A fuzzy relative of the ISODATA process and its use in detecting compact well-separated clusters[J]. Journal of Cybernetics，3（3）：32-57.

Everitt B，Dunn G. 2001. Applied Multivariate Data Analysis[M]. London：Arnold/Hodder Headline Group.

Li S L，Rodriguez M R，Wei C P. 2021. Managing manipulative and non-cooperative behaviors in large scale group decision making based on a WeChat-like interaction network[J]. Information Fusion，75：1-15.

Pal N，Bezdek J. 1995. On cluster validity for the fuzzy C-means model[J]. IEEE Transactions on Fuzzy Systems，3（3）：370-379.

Wu Z B，Xu J P. 2018. A consensus model for large-scale group decision making with hesitant fuzzy information and changeable clusters[J]. Information Fusion，41：217-231.

Xu R，Wunsch D. 2005. Survey of clustering algorithms[J]. IEEE Transactions on Neural Networks，16（3）：645-678.

第9章　不完全信息下的大群体决策方法

个体偏好中的判断矩阵由决策者通过对备选方案进行两两比较得出。由于问题的复杂性和人类思维的局限性，有时群决策过程中要求决策者在给定时间内对所有方案间的比较都给出判断并不可行。个体可能常常会因时间紧迫、信息冗余、信息不完全或个人知识结构与决策问题的偏差等因素给出有缺失的偏好信息，一般将这类偏好信息称为不完全偏好信息或残缺偏好信息。在获得的个体偏好信息是不完全的情形下，如何发展对应的决策方法是大群体决策中一个重要的研究方向。本章在个体给出的偏好信息是互补判断矩阵的情形下，研究基于个体一致性及群体共识性的决策方法。

9.1　残缺互补判断矩阵排序

在残缺互补判断矩阵的排序问题研究中，最常见的方法是先估计出矩阵中的缺失值，再通过完全判断矩阵得出备选方案排序（Herrera-Viedma et al.，2007）。本节将介绍两种残缺互补判断矩阵的经典排序方法。

当备选方案数量较少，且判断矩阵满足次序一致性时，方案排序也可以直接通过偏好传递性的性质观察得出。Xu 等（2014）通过建立残缺互补判断矩阵的邻接矩阵改进矩阵的次序一致性，然后通过连通图得出方案排序。吴伟等（2021）利用偏序关系矩阵的转换关系，给出了残缺互补判断矩阵次序一致性的检验定理，在不补全残缺信息的情况下改进次序一致性，得出方案排序。当备选方案数量较多时，直接观察的方法将变得烦琐且容易出错。此时，可通过行和归一化或最小方差法等方法直接计算排序向量，从而得出方案的排序。

9.1.1　行和归一化方法

完全互补判断矩阵 $\boldsymbol{P}=\left(p_{ij}\right)_{n\times n}$ 的加性基数一致性条件为

$$\left(p_{ij}-0.5\right)+\left(p_{jk}-0.5\right)=p_{ik}-0.5,\ \forall i,j,k=1,2,\cdots,n \tag{9.1}$$

给定一个完全互补判断矩阵 $\boldsymbol{P}=\left(p_{ij}\right)_{n\times n}$，其加性基数一致性水平计算方式如下：

$$\mathrm{CI}\left(\boldsymbol{P}\right)=1-\frac{4}{n\left(n-1\right)\left(n-2\right)}\sum_{i=1}^{n-2}\sum_{j=i+1}^{n-1}\sum_{k=j+1}^{n}\left|p_{ij}+p_{jk}-p_{ik}-0.5\right| \tag{9.2}$$

当 $\mathrm{CI}=1$ 时，$\boldsymbol{P}$ 为完全加性基数一致判断矩阵。令 $\overline{\mathrm{CI}}$ $\left(0\leqslant\overline{\mathrm{CI}}\leqslant 1\right)$ 为加性基数一致性水平阈值，当 $\mathrm{CI}\geqslant\overline{\mathrm{CI}}$ 时，称判断矩阵 $\boldsymbol{P}$ 有可接受的加性基数一致性水平。

给定完全互补判断矩阵 $\boldsymbol{P}=(p_{ij})_{n\times n}$，令 $\boldsymbol{w}=(w_1,\dots,w_n)^{\mathrm{T}}$ 为其备选方案的排序向量。采用行和归一化方法，下列等式可用于计算备选方案的排序向量：

$$w_i=\frac{\sum_{k=1}^{n}p_{ik}}{\sum_{i=1}^{n}\sum_{k=1}^{n}p_{ik}}=\frac{\sum_{k=1}^{n}p_{ik}}{n^2/2},\ i\in N \tag{9.3}$$

完全互补判断矩阵 $\boldsymbol{P}=(p_{ij})_{n\times n}$ 的乘性基数一致性条件为

$$p_{ij}p_{jk}p_{ki}=p_{ik}p_{kj}p_{ji} \tag{9.4}$$

当 $\boldsymbol{P}$ 为乘性基数一致性时，导出的排序向量 $\boldsymbol{w}=(w_1,\dots,w_n)^{\mathrm{T}}$ 需满足

$$p_{ij}p_{jk}p_{ki}=\frac{w_i}{w_i+w_j}\cdot\frac{w_j}{w_j+w_k}\cdot\frac{w_k}{w_k+w_i} \tag{9.5}$$

定义 9.1　（徐泽水，2004）假设互补判断矩阵 $\boldsymbol{P}=\left(p_{ij}\right)_{n\times n}$ 中部分偏好未知，且已知偏好满足 $p_{ij}+p_{ji}=1, p_{ii}=0.5, p_{ii}\geqslant 0$，则称 P 为残缺互补判断矩阵。

当 $\boldsymbol{P}=\left(p_{ij}\right)_{n\times n}$ 为残缺互补判断矩阵，$\boldsymbol{w}=\left(w_1,\dots,w_n\right)^{\mathrm{T}}$ 为其备选方案的排序向量时，若 $\boldsymbol{P}$ 中任意已知元素都满足下列等式

$$p_{ij}=\alpha\left(w_i-w_j\right)+0.5 \tag{9.6}$$

则该残缺互补判断矩阵 $\boldsymbol{P}$ 满足完全基数一致性。

当α取值为$n/2$时（许叶军和达庆利，2009）

$$p_{ij}=\frac{n}{2}\left(w_i-w_j\right)+0.5 \tag{9.7}$$

若p_{ij}未知，即$p_{ij}=x$时，可构造一个辅助矩阵$\boldsymbol{P}'=\left(p_{ij}^{'}\right)_{n\times n}$，

$$p_{ij}^{'}=\begin{cases}p_{ij}, & p_{ij}\neq x\\ \frac{n}{2}\left(w_i-w_j\right)+0.5, & p_{ij}=x\end{cases} \tag{9.8}$$

通过联立式（9.3）、式（9.7）及式（9.8），可求得$\boldsymbol{w}=\left(w_1,\cdots,w_n\right)^{\mathrm{T}}$，随后可根据排序向量估算判断矩阵中的缺失值。

9.1.2 最小方差方法

给定一个残缺互补判断矩阵$\boldsymbol{P}=\left(p_{ij}\right)_{n\times n}$，$\boldsymbol{w}=\left(w_1,\cdots,w_n\right)^{\mathrm{T}}$为其备选方案的排序向量，通过式（9.8）构造一个辅助矩阵$\boldsymbol{P}'=(p_{ij}')_{n\times n}$。辅助矩阵的排序向量被视为原矩阵的排序向量，因此也用$\boldsymbol{w}=(w_1,\ldots,w_n)^{\mathrm{T}}$表示$\boldsymbol{P}'$的排序向量。当$\boldsymbol{P}'$不满足完全基数一致性时，式（9.7）往往不成立。因此，引入偏差项f_{ij}，

$$f_{ij}=\left|p_{ij}^{'}-\frac{n}{2}\left(w_i-w_j\right)-0.5\right|,\ i,j\in N \tag{9.9}$$

构造偏差函数$F\left(\boldsymbol{w}\right)$，

$$F\left(\boldsymbol{w}\right)=\sum_{i=1}^{n}\sum_{j=1}^{n}\left[p_{ij}^{'}-\frac{n}{2}\left(w_i-w_j\right)-0.5\right]^2 \tag{9.10}$$

偏差越小，排序向量离真实偏好反应的权重越接近。因此，应使目标函数值尽可能小，即

$$\min\ F\left(\boldsymbol{w}\right)=\sum_{i=1}^{n}\sum_{j=1}^{n}\left[p_{ij}^{'}-\frac{n}{2}\left(w_i-w_j\right)-0.5\right]^2$$
$$\text{s.t.}\begin{cases}\sum_{j=1}^{n}w_j=1\\ w_j\geqslant 0,\ j\in N\end{cases} \tag{9.11}$$

由上式导出排序向量的方法称为最小方差法（least variance method，LVM）。

定理 9.1　（许叶军和达庆利，2009）给定残缺互补判断矩阵 $\boldsymbol{P}=\left(p_{ij}\right)_{n\times n}$，由 LVM 求得的排序向量 $\boldsymbol{w}=\left(w_1,\cdots,w_n\right)^{\mathrm{T}}$ 与使用行和归一化方法（当 $\alpha=n/2$）求得的排序向量相同，即都满足

$$w_i=\frac{\sum_{k=1}^{n}p_{ik}}{n^2/2},\ i\in N \tag{9.12}$$

上述 LVM 建立在互补判断矩阵的加性基数一致性上，也可利用判断矩阵的乘性基数一致性构造偏差函数计算排序向量。

$$F(\boldsymbol{w})=\min_{w}\sum_{i=1}^{n}\sum_{j=1}^{n}\left[p_{ij}^{'}-\frac{w_i}{w_i+w_j}\right]^2$$
$$\text{s.t.}\begin{cases}\sum_{j=1}^{n}w_j=1\\ w_j\geqslant 0,\ j\in N\end{cases} \tag{9.13}$$

9.1.3　算例分析

例 9.1　给定方案集 $\{x_1,x_2,x_3\}$ 上的残缺判断矩阵如下：

$$\boldsymbol{P}=\begin{bmatrix}0.5 & 0.4 & x\\ 0.6 & 0.5 & 0.7\\ x & 0.3 & 0.5\end{bmatrix}$$

根据式（9.8）构造如下辅助矩阵：

$$\boldsymbol{P}'=\begin{bmatrix}0.5 & 0.4 & \frac{3}{2}\left(w_1-w_3\right)+0.5\\ 0.6 & 0.5 & 0.7\\ \frac{3}{2}\left(w_3-w_1\right)+0.5 & 0.3 & 0.5\end{bmatrix}$$

利用行和归一化公式（9.5）可求得

$$\boldsymbol{w}=\left(0.333,0.4,0.2667\right)^{\mathrm{T}}$$

据此，$x_2\succ x_1\succ x_3$。

9.2 残缺互补判断矩阵下的决策理论

尽管研究者们针对含有缺失偏好的大群体问题提出了一些补全方法，但仍然有两个关键问题并未得到有效解决。一是在单个判断矩阵补全时，次序一致性和基数一致性没有得到较好的控制。常见的判断矩阵缺失值估计方法为利用基于基数一致性定义的方法。但这些方法如果不是确保修正后的判断矩阵达成了完全基数一致性，则补全后的判断矩阵仍然会存在次序不一致性的问题（Lee，2012）。然而，实际上，判断矩阵要达成完全基数一致可能需要改动决策者的大量原始偏好值（Lee，2012），这可能需要花费更多的成本。二是在共识达成过程中，个体和群体判断矩阵的次序一致性往往都被忽略。在已有研究中，更多关注的是判断矩阵的可接受基数一致性，而次序一致性往往被忽略（Xu，2005；Liang et al.，2017；Chu et al.，2020）。本节分别探讨单人决策和群决策下的偏好信息补全问题。

9.2.1 单人决策下的信息补全

本节提出基于互补判断矩阵加性一致性和次序一致性的优化模型，在估计缺失值的同时控制补全后的互补判断矩阵的两种一致性水平。

当完全互补判断矩阵 $\boldsymbol{P}=\left(p_{ij}\right)_{n\times n}$ 中的偏好值之间的关系都属于下列四种情况时，矩阵满足次序一致性：

$$\begin{cases} p_{ik}>0.5, p_{kj}>0.5 \Rightarrow p_{ij}>0.5 \\ p_{ik}=0.5, p_{kj}=0.5 \Rightarrow p_{ij}=0.5 \\ p_{ik}>0.5, p_{kj}=0.5 \Rightarrow p_{ij}>0.5 \\ p_{ik}=0.5, p_{kj}>0.5 \Rightarrow p_{ij}>0.5 \end{cases} \tag{9.14}$$

矩阵中每个 p_{ij} 的取值情况可分为三大类，分别为大于 0.5，等于 0.5 和小于 0.5。为了描述上述三种情况，引入两个 0-1 变量 u_{ij} 和 v_{ij}。

$$\begin{cases} p_{ik}>0.5 \Leftrightarrow u_{ij}=1, v_{ij}=0 \\ p_{ik}=0.5 \Leftrightarrow u_{ij}=0, v_{ij}=1 \\ p_{ik}<0.5 \Leftrightarrow u_{ij}=0, v_{ij}=0 \end{cases} \tag{9.15}$$

令 Z 为充分大的正整数，式（9.15）中三种情况可分别用下列不等式表示。

（1）$p_{ik} > 0.5 \Leftrightarrow u_{ij} = 1, v_{ij} = 0$：

$$\begin{cases} p_{ij} < 0.5 + Z \cdot u_{ij} \\ p_{ij} - 0.5 + Z \cdot \left(1 - u_{ij} + v_{ij}\right) > 0 \\ u_{ij} + v_{ij} \leqslant 1 \\ u_{ij}, v_{ij} \in \{0,1\},\ i, j = 1, 2, \cdots, n \end{cases} \tag{9.16}$$

（2）$p_{ik} = 0.5 \Leftrightarrow u_{ij} = 0, v_{ij} = 1$：

$$\begin{cases} p_{ij} - 0.5 + Z \cdot \left(1 + u_{ij} - v_{ij}\right) \geqslant 0 \\ p_{ij} - 0.5 - Z \cdot \left(1 + u_{ij} - v_{ij}\right) \leqslant 0 \\ 0.5 + Z \cdot \left(u_{ij} + v_{ij}\right) - p_{ij} > 0 \\ u_{ij} + v_{ij} \leqslant 1 \\ u_{ij}, v_{ij} \in \{0,1\},\ i, j = 1, 2, \cdots, n \end{cases} \tag{9.17}$$

（3）$p_{ik} < 0.5 \Leftrightarrow u_{ij} = 0, v_{ij} = 0$：

$$\begin{cases} 0.5 + Z \cdot \left(u_{ij} + v_{ij}\right) - p_{ij} > 0 \\ p_{ij} - 0.5 \cdot \left(u_{ij} + v_{ij}\right) \geqslant 0 \\ u_{ij} + v_{ij} \leqslant 1 \\ u_{ij}, v_{ij} \in \{0,1\},\ i, j = 1, 2, \cdots, n \end{cases} \tag{9.18}$$

综上，式（9.15）可用式（9.19）描述。

$$\begin{cases} p_{ij} < 0.5 + Z \cdot u_{ij} \\ p_{ij} - 0.5 + Z \cdot \left(1 - u_{ij} + v_{ij}\right) > 0 \\ p_{ij} - 0.5 + Z \cdot \left(1 + u_{ij} - v_{ij}\right) \geqslant 0 \\ p_{ij} - 0.5 - Z \cdot \left(1 + u_{ij} - v_{ij}\right) \leqslant 0 \\ 0.5 + Z \cdot \left(u_{ij} + v_{ij}\right) - p_{ij} > 0 \\ p_{ij} - 0.5 \cdot \left(u_{ij} + v_{ij}\right) \geqslant 0 \\ u_{ij} + v_{ij} \leqslant 1 \\ u_{ij}, v_{ij} \in \{0,1\},\ i, j = 1, 2, \cdots, n \end{cases} \tag{9.19}$$

基于式（9.19），式（9.14）中四种情况可分别用下列不等式描述。

（1）$p_{ik}>0.5, p_{kj}>0.5 \Rightarrow p_{ij}>0.5$：

$$p_{ij}-0.5+Z\cdot\left(2-u_{ik}-u_{kj}\right)>0 \tag{9.20}$$

（2）$p_{ik}=0.5, p_{kj}=0.5 \Rightarrow p_{ij}=0.5$：

$$\begin{cases} p_{ij}-0.5+Z\cdot\left(2-v_{ik}-v_{kj}\right)\geqslant 0 \\ p_{ij}-0.5-Z\cdot\left(2-v_{ik}-v_{kj}\right)\leqslant 0 \end{cases} \tag{9.21}$$

（3）$p_{ik}>0.5, p_{kj}=0.5 \Rightarrow p_{ij}>0.5$：

$$p_{ij}-0.5+Z\cdot\left(2-u_{ik}-v_{kj}\right)>0 \tag{9.22}$$

（4）$p_{ik}=0.5, p_{kj}>0.5 \Rightarrow p_{ij}>0.5$：

$$p_{ij}-0.5+Z\cdot\left(2-v_{ik}-u_{kj}\right)>0 \tag{9.23}$$

综合式（9.20）~式（9.23），式（9.14）可用式（9.24）描述。

$$\begin{cases} p_{ij}-0.5+Z\cdot\left(2-u_{ik}-u_{kj}\right)>0 \\ p_{ij}-0.5+Z\cdot\left(2-v_{ik}-v_{kj}\right)\geqslant 0 \\ p_{ij}-0.5-Z\cdot\left(2-v_{ik}-v_{kj}\right)\leqslant 0 \\ p_{ij}-0.5+Z\cdot\left(2-u_{ik}-v_{kj}\right)>0 \\ p_{ij}-0.5+Z\cdot\left(2-v_{ik}-u_{kj}\right)>0 \end{cases} \tag{9.24}$$

综上所述，结合式（9.19）和式（9.24）可作为控制单个互补判断矩阵次序一致性的约束条件。式（9.19）和式（9.24）在第 3 章的 3.2 节已经讨论过。

要建立的优化模型旨在保留更多初始偏好的基础上，控制新判断矩阵的加性基数一致性水平和次序一致性。令 $\boldsymbol{P}=\left(p_{ij}\right)_{n\times n}$ 为初始残缺互补判断矩阵，$\overline{\boldsymbol{P}}=\left(\overline{p}_{ij}\right)_{n\times n}$ 为补全后的完全互补判断矩阵。模型的补全效果将通过偏好修改量（AOC）和反向偏好数量（number of reversed elements，NOR）两个指标反映。由于原始残缺矩阵中缺失的偏好值无法与估计后的准确偏好值进行比较，因此，AOC 和 NOR 的计算只考虑初始残缺判断矩阵中的已知偏好。为了达到这一目的，引入初始残缺矩阵的辅助矩阵 $\boldsymbol{\Delta}=\left(\delta_{ij}\right)_{n\times n}$，其中

$$\delta_{ij}=\begin{cases} 1, & p_{ij}\text{已知} \\ 0, & p_{ij}\text{未知} \end{cases} \tag{9.25}$$

基于这一辅助矩阵，AOC 的计算方法如下

$$\mathrm{AOC}=d\left(\boldsymbol{P},\bar{\boldsymbol{P}}\right)=\sum_{i=1}^{n-1}\sum_{j=i+1}^{n}\delta_{ij}\cdot d\left(p_{ij},\bar{p}_{ij}\right) \tag{9.26}$$

其中，

$$d\left(p_{ij},\bar{p}_{ij}\right)=\begin{cases}\left|\bar{p}_{ij}-p_{ij}\right|, & p_{ij}\text{已知}\\ 0, & p_{ij}\text{未知}\end{cases} \tag{9.27}$$

NOR 计算方式如下：

$$\mathrm{NOR}=\sum_{i=1}^{n-1}\sum_{j=i+1}^{n}\delta_{ij}\cdot\sigma_{ij} \tag{9.28}$$

其中，

$$\sigma_{ij}=\begin{cases}1, & p_{ij}\text{已知，}p_{ij}>0.5\text{但}\bar{p}_{ij}<0.5\\ 1, & p_{ij}\text{已知，}p_{ij}<0.5\text{但}\bar{p}_{ij}>0.5\\ 1, & p_{ij}\text{已知，}p_{ij}=0.5\text{但}\bar{p}_{ij}\neq 0.5\\ 0, & \text{其他}\end{cases} \tag{9.29}$$

$\sigma_{ij}=1$意味着修改后的偏好与修改前的偏好相比已经反向。协调者需要给出修改建议并引导决策者接受修改意见。修改意见离初始偏好越接近，决策者接受程度越高。因此，模型的目标为在确保满足一致性的情况下，尽可能少地修改初始偏好并给出残缺偏好的估计值。令$M_P=\left\{\left(p_{ij}\right)_{n\times n}\middle|p_{ij}\geqslant 0,p_{ij}+p_{ji}=1\right\}$，模型框架如下：

$$\begin{aligned}&\min J_1=\alpha_1\cdot\mathrm{NOR}+\alpha_2\cdot\mathrm{AOC}\\ &\text{s.t.}\begin{cases}\bar{\boldsymbol{P}}\text{为次序一致}\\ \bar{\boldsymbol{P}}\text{为可接受加性基数一致}\\ \bar{\boldsymbol{P}}\in M_P\end{cases}\end{aligned} \tag{9.30}$$

其中，α_1和α_2为两个系数，目标表示引导决策者接受修改建议的成本，该模型被记为M_1。一般认为引导决策者修改偏好使其反向所付出的成本更高，即$\alpha_1\gg\alpha_2$。

模型M_1进一步展开如下：

$$\min J_2=\alpha_1\cdot\sum_{i=1}^{n}\sum_{j=1}^{n}\delta_{ij}\cdot\sigma_{ij}+\alpha_2\cdot\sum_{i=1}^{n}\sum_{j=1}^{n}\delta_{ij}\cdot f_{ij}$$

$$\text{s.t.}\begin{cases}d_{ij}=p_{ij}-\overline{p}_{ij} & (9.31\text{a})\\ d_{ij}\leqslant f_{ij} & (9.31\text{b})\\ -d_{ij}\leqslant f_{ij} & (9.31\text{c})\\ \overline{p}_{ij}<0.5+Z\cdot\overline{u}_{ij} & (9.31\text{d})\\ \overline{p}_{ij}-0.5+Z\cdot\left(1-\overline{u}_{ij}+\overline{v}_{ij}\right)>0 & (9.31\text{e})\\ \overline{p}_{ij}-0.5+Z\cdot\left(1+\overline{u}_{ij}-\overline{v}_{ij}\right)\geqslant 0 & (9.31\text{f})\\ \overline{p}_{ij}-0.5-Z\cdot\left(1+\overline{u}_{ij}-\overline{v}_{ij}\right)\leqslant 0 & (9.31\text{g})\\ 0.5+Z\cdot\left(\overline{u}_{ij}+\overline{v}_{ij}\right)-\overline{p}_{ij}>0 & (9.31\text{h})\\ \overline{p}_{ij}-0.5\cdot\left(\overline{u}_{ij}+\overline{v}_{ij}\right)\geqslant 0 & (9.31\text{i})\\ \overline{p}_{ij}-0.5+Z\cdot\left(2-\overline{u}_{ik}-\overline{u}_{kj}\right)>0 & (9.31\text{j})\\ \overline{p}_{ij}-0.5+Z\cdot\left(2-\overline{v}_{ik}-\overline{v}_{kj}\right)\geqslant 0 & (9.31\text{k})\\ \overline{p}_{ij}-0.5-Z\cdot\left(2-\overline{v}_{ik}-\overline{v}_{kj}\right)\leqslant 0 & (9.31\text{l})\\ \overline{p}_{ij}-0.5+Z\cdot\left(2-\overline{u}_{ik}-\overline{v}_{kj}\right)>0 & (9.31\text{m})\\ \overline{p}_{ij}-0.5+Z\cdot\left(2-\overline{v}_{ik}-\overline{u}_{kj}\right)>0 & (9.31\text{n})\\ \overline{u}_{ij}+\overline{v}_{ij}\leqslant 1 & (9.31\text{o})\\ b_{ijk}=\overline{p}_{ik}+\overline{p}_{kj}-\overline{p}_{ij}-0.5 & (9.31\text{p})\\ b_{ijk}\leqslant c_{ijk} & (9.31\text{q})\\ -b_{ijk}\leqslant c_{ijk} & (9.31\text{r})\\ \dfrac{4}{n(n-1)(n-2)}\sum_{i=1}^{n-2}\sum_{j=i+1}^{n-1}\sum_{k=j+1}^{n}c_{ijk}\leqslant 1-\overline{\text{CI}} & (9.31\text{s})\\ \overline{p}_{ij}+\overline{p}_{ji}=1 & (9.31\text{t})\\ \overline{u}_{ij}+\overline{v}_{ij}-(u'_{ij}+v'_{ij})\leqslant\sigma_{ij} & (9.31\text{u})\\ -\left(\overline{u}_{ij}+\overline{v}_{ij}\right)+u'_{ij}+v'_{ij}\leqslant\sigma_{ij} & (9.31\text{v})\\ \overline{p}_{ij}\geqslant 0,\sigma_{ij},\overline{u}_{ij},\overline{v}_{ij}\in\{0,1\},\ i,j=1,2,\cdots,n\end{cases}\tag{9.31}$$

u'_{ij} 和 v'_{ij} 为辅助变量，由初始的判断矩阵决定，具体可参见 Yuan 等（2023）。

证明 约束条件（9.31a）~（9.31c）确保 $f_{ij}=\left|d_{ij}\right|=\left|p_{ij}-\overline{p}_{ij}\right|$ 对任意 $i,j=1,\cdots,n$ 都成立。约束条件（9.31d）~（9.31o）确保新矩阵 $\overline{\boldsymbol{P}}$ 满足次序一致性。令 $c_{ijk}=\left|b_{ijk}\right|=\left|\overline{p}_{ik}+\overline{p}_{kj}-\overline{p}_{ij}-0.5\right|$，约束（9.31s）确保新矩阵 $\overline{\boldsymbol{P}}$ 满足可接受加性基数一致性。约

束条件（9.31u）~（9.31v）用于判断初始 p_{ij} 在新矩阵中的值 $\overline{p}_{ij}$ 方向是否一致。

记模型（9.31）为模型 M_2。M_2 可用于估计残缺互补判断矩阵中的缺失值，同时在修改量和修改方向最小的情况下确保新矩阵的次序一致性和可接受加性基数一致性水平。当 $\overline{\mathrm{CI}}=0$ 时，M_2 只控制判断矩阵的次序一致性。当 $\alpha_1=1,\alpha_2=0$ 时，模型 M_2 也可用于检验原始残缺互补判断矩阵是否满足次序一致性要求。若此时目标函数值 $J_2=0$，即 $\mathrm{NOR}=0$ 时，无须对初始偏好进行反向修改，即可满足次序一致性要求。

9.2.2　群体决策下的信息补全

模型 M_2 适用于单个决策者，在群决策中，还需考虑群体间的共识水平。

定义 9.2　令 $\{\boldsymbol{P}_1,\boldsymbol{P}_2,\cdots,\boldsymbol{P}_m\}$ 为 m 个决策者提供的完全互补判断矩阵，$\boldsymbol{P}_h=\left(p_{ij,h}\right)_{n\times n},h=1,2,\cdots,m$。假设各决策者在群体中的权重为 $\boldsymbol{c}=\left(c_1,c_2,\cdots,c_m\right)^{\mathrm{T}}$，采用加权算术平均（weighted arithmetic average，WAA）集结算子，记得到的群体判断矩阵为 $\boldsymbol{P}_g=(p_{ij,g})_{n\times n}$，则有

$$p_{ij,g}=\sum_{h=1}^{m}c_h\cdot p_{ij,h} \tag{9.32}$$

在互补判断矩阵情形中，当个体偏好满足基数一致性时，使用 WAA 算子得到群体偏好也满足基数一致性。但对次序一致性而言，情况却有所不同。例如，考虑如下两个互补判断矩阵

$$\boldsymbol{P}_1=\begin{pmatrix}0.5 & 0.8 & 0.6\\ 0.2 & 0.5 & 0.4\\ 0.4 & 0.6 & 0.5\end{pmatrix},\ \boldsymbol{P}_2=\begin{pmatrix}0.5 & 0.4 & 0.2\\ 0.6 & 0.5 & 0.8\\ 0.8 & 0.2 & 0.5\end{pmatrix}$$

显然，$\boldsymbol{P}_1$ 和 $\boldsymbol{P}_2$ 都是次序一致性判断矩阵。假设两个决策者的权重相同，均为 0.5，群体判断矩阵 $\boldsymbol{P}_g$ 为

$$\boldsymbol{P}_g=\begin{pmatrix}0.5 & 0.6 & 0.4\\ 0.4 & 0.5 & 0.6\\ 0.6 & 0.4 & 0.5\end{pmatrix}$$

在 $\boldsymbol{P}_g$ 中，$p_{12,g}=0.6>0.5,p_{23,g}=0.6>0.5$，然而 $p_{13,g}=0.4<0.5$。$\boldsymbol{P}_g$ 为次序不一致的判断矩阵。因此，在群决策中，为了使群决策结果更合理，还需控制群体判断矩阵的次序一致性。群体判断矩阵次序一致性的约束条件同式（9.15）和式（9.19）。

定义 9.3　令 $\{\boldsymbol{P}_1,\boldsymbol{P}_2,\cdots,\boldsymbol{P}_m\}$ 为 m 个决策者提供的完全互补判断矩阵，群体判

断矩阵为 $\boldsymbol{P}_g$，则第 h 个决策者提供的偏好在群体中的共识水平为

$$\mathrm{GCL}_h = 1 - \frac{1}{n(n-1)/2}\sum_{i=1}^{n-1}\sum_{j=i+1}^{n}\left|p_{ij,h} - p_{ij,g}\right|,\ h = 1,2,\cdots,m \tag{9.33}$$

群体的共识水平为

$$\mathrm{GCL} = \min_h \mathrm{GCL}_h \tag{9.34}$$

令 $\overline{\mathrm{GCL}}\ \left(0 \leqslant \overline{\mathrm{GCL}} \leqslant 1\right)$ 为共识水平的阈值，若 $\mathrm{GCL} \geqslant \overline{\mathrm{GCL}}$，则称群体达成共识。

设 $\overline{\boldsymbol{P}}_h = (\overline{p}_{ij,h})_{n\times n}$ 为 $\boldsymbol{P}_h$ 对应的修正后的互补判断矩阵。记修正后的群体判断矩阵为 $\overline{\boldsymbol{P}}_g = (\overline{p}_{ij,g})_{n\times n}$。在偏好表现形式为残缺互补判断矩阵的群决策问题中，估计缺失值，同时控制个体和群体偏好的次序一致性和加性基数一致性水平的优化模型如下：

$$\min J_3 = \alpha_1 \cdot \mathrm{NOR}_g + \alpha_2 \cdot \mathrm{AOC}_g$$

$$\text{s.t.}\begin{cases} \overline{\boldsymbol{P}}_h \text{次序一致} \\ \overline{\boldsymbol{P}}_h \text{加性基数一致性水平可接受} \\ \overline{\boldsymbol{P}}_h \text{共识水平可接受} \\ \overline{\boldsymbol{P}}_g \text{次序一致} \\ \overline{\boldsymbol{P}}_h \in M_P \end{cases} \tag{9.35}$$

记上述模型为模型 M_3。类似于模型 M_2 中的约束条件，$\overline{\boldsymbol{P}}_h$ 满足次序一致，$\overline{\boldsymbol{P}}_h$ 满足加性基数一致性水平可接受，$\overline{\boldsymbol{P}}_g$ 满足次序一致等条件均可得到。$\overline{\boldsymbol{P}}_h$ 达到可接受的共识水平则是指

$$1 - \frac{1}{n(n-1)/2}\sum_{i=1}^{n-1}\sum_{j=i+1}^{n}\left|\overline{p}_{ij,h} - \overline{p}_{ij,g}\right| \geqslant \overline{\mathrm{GCL}} \tag{9.36}$$

引入中间变量 y_{ijh} 和 β_{ijh}，通过下列等式变换可将式（9.36）中的绝对值替换成线性不等式

$$\begin{cases} \overline{p}_{ij,g} = \sum_{h=1}^{m} c_h \cdot \overline{p}_{ij,h} \\ y_{ijh} = \overline{p}_{ij,h} - \overline{p}_{ij,g} \\ y_{ijh} \leqslant \beta_{ij,h} \\ -y_{ijh} \leqslant \beta_{ij,h} \\ 1 - \dfrac{1}{n(n-1)/2}\sum_{i=1}^{n-1}\sum_{j=i+1}^{n}\beta_{ij,h} \geqslant \overline{\mathrm{GCI}} \end{cases} \tag{9.37}$$

$\overline{\mathrm{GCL}}$ 的预设值越大，模型对共识水平要求越高。当 $\overline{\mathrm{GCL}} = 0$ 时，模型 M_3 对群体共识没有要求，即模型将只针对个体判断矩阵的次序不一致和加性基数不一致做出修改。

9.2.3 算例分析

例 9.2　现有35个决策者 $E=\{e_1,e_2,\cdots,e_{35}\}$ 针对四个不同备选方案 $\{x_1,x_2,x_3,x_4\}$ 给出完全互补判断矩阵或残缺互补判断矩阵 $\{\boldsymbol{P}_1,\boldsymbol{P}_2,\cdots,\boldsymbol{P}_{35}\}$，初始矩阵见文献（Chu et al., 2020）。原来的 35 个判断矩阵中，有 14 个初始判断矩阵次序不一致，详见表 9.1。

表 9.1　次序不一致偏好

初始矩阵	次序不一致方案	初始矩阵	次序不一致方案
$\boldsymbol{P}_3$	x_1,x_2,x_4	$\boldsymbol{P}_{23}$	x_2,x_3,x_4
$\boldsymbol{P}_4$	x_1,x_3,x_4	$\boldsymbol{P}_{28}$	x_1,x_2,x_3
$\boldsymbol{P}_6$	x_1,x_3,x_4	$\boldsymbol{P}_{29}$	x_2,x_3,x_4
$\boldsymbol{P}_8$	x_2,x_3,x_4	$\boldsymbol{P}_{30}$	x_2,x_3,x_4
$\boldsymbol{P}_9$	x_1,x_2,x_4	$\boldsymbol{P}_{31}$	x_2,x_3,x_4
$\boldsymbol{P}_{13}$	x_2,x_3,x_4	$\boldsymbol{P}_{33}$	x_1,x_2,x_3
$\boldsymbol{P}_{19}$	x_1,x_3,x_4	$\boldsymbol{P}_{35}$	x_1,x_3,x_4

运用模型 M_3 解决此共识问题。令 $\overline{\mathrm{CI}}=0.95,\overline{\mathrm{GCI}}=0.85$。修正后的 35 个判断矩阵见表 9.2。$\bar{\boldsymbol{P}}_g$ 为修正后的个体判断矩阵集结得到的群体判断矩阵，则有

$$\bar{\boldsymbol{P}}_g=\begin{pmatrix}0.50 & 0.60 & 0.50 & 0.40\\ 0.40 & 0.50 & 0.40 & 0.35\\ 0.50 & 0.60 & 0.50 & 0.40\\ 0.60 & 0.65 & 0.60 & 0.50\end{pmatrix}$$

可得 $\mathrm{CI}(\bar{\boldsymbol{P}}_g)=0.98$。

在表 9.2 中，修改后的互补判断矩阵与初始的互补判断矩阵不同的元素用下画线标出，加黑的元素表示为了消除原始偏好中的次序不一致，原始偏好做了反向修改。可计算出总的修改量为 $\mathrm{AOC}_g=42.94$。表 9.1 中所列 14 个矩阵的上三角元素中均有一个元素被反向。

表 9.2　修正后的互补判断矩阵

序号	判断矩阵	序号	判断矩阵
1	$\begin{pmatrix}0.50 & 0.40 & \underline{0.24} & \underline{0.40}\\ 0.60 & 0.50 & \underline{0.34} & 0.60\\ \underline{0.76} & \underline{0.66} & 0.50 & \underline{0.61}\\ \underline{0.60} & 0.40 & \underline{0.39} & 0.50\end{pmatrix}$	3	$\begin{pmatrix}0.50 & 0.40 & 0.26 & \underline{0.40}\\ 0.60 & 0.50 & \underline{0.25} & \underline{\mathbf{0.50}}\\ 0.74 & \underline{0.75} & 0.50 & 0.60\\ \underline{0.60} & \underline{\mathbf{0.50}} & 0.40 & 0.50\end{pmatrix}$
2	$\begin{pmatrix}0.50 & \underline{0.32} & \underline{0.60} & 0.22\\ \underline{0.68} & 0.50 & 0.63 & 0.40\\ \underline{0.40} & 0.37 & 0.50 & 0.20\\ 0.78 & 0.60 & 0.80 & 0.50\end{pmatrix}$	4	$\begin{pmatrix}0.50 & \underline{0.60} & \underline{0.40} & 0.60\\ \underline{0.40} & 0.50 & \underline{0.34} & \underline{0.60}\\ \underline{0.60} & \underline{0.66} & 0.50 & \underline{\mathbf{0.65}}\\ 0.40 & \underline{0.40} & \underline{\mathbf{0.35}} & 0.50\end{pmatrix}$

续表

序号	判断矩阵	序号	判断矩阵
5	$\begin{pmatrix} 0.50 & \underline{0.60} & \underline{0.30} & 0.40 \\ \underline{0.40} & 0.50 & \underline{0.35} & \underline{0.40} \\ \underline{0.70} & \underline{0.65} & 0.50 & \underline{0.60} \\ 0.60 & \underline{0.60} & \underline{0.40} & 0.50 \end{pmatrix}$	15	$\begin{pmatrix} 0.50 & 0.30 & 0.40 & 0.25 \\ 0.70 & 0.50 & 0.60 & \underline{0.60} \\ 0.60 & 0.40 & 0.50 & \underline{0.35} \\ 0.75 & \underline{0.40} & \underline{0.65} & 0.50 \end{pmatrix}$
6	$\begin{pmatrix} 0.50 & 0.60 & \underline{0.40} & \underline{\mathbf{0.38}} \\ 0.40 & 0.50 & 0.40 & \underline{0.23} \\ \underline{0.60} & 0.60 & 0.50 & \underline{0.33} \\ \underline{\mathbf{0.62}} & \underline{0.77} & \underline{0.67} & 0.50 \end{pmatrix}$	16	$\begin{pmatrix} 0.50 & \underline{0.65} & 0.60 & \underline{0.40} \\ \underline{0.35} & 0.50 & \underline{0.60} & 0.40 \\ 0.40 & \underline{0.40} & 0.50 & \underline{0.30} \\ \underline{0.60} & 0.60 & \underline{0.70} & 0.50 \end{pmatrix}$
7	$\begin{pmatrix} 0.50 & 0.25 & 0.30 & \underline{0.35} \\ 0.75 & 0.50 & \underline{0.60} & 0.60 \\ \underline{0.70} & \underline{0.40} & 0.50 & \underline{0.65} \\ \underline{0.65} & 0.40 & \underline{0.35} & 0.50 \end{pmatrix}$	17	$\begin{pmatrix} 0.50 & 0.40 & \underline{0.37} & \underline{0.15} \\ 0.60 & 0.50 & \underline{0.62} & 0.40 \\ \underline{0.63} & \underline{0.38} & 0.50 & \underline{0.28} \\ \underline{0.85} & 0.60 & \underline{0.72} & 0.50 \end{pmatrix}$
8	$\begin{pmatrix} 0.50 & 0.60 & 0.60 & \underline{0.30} \\ 0.40 & 0.50 & 0.60 & \underline{0.20} \\ 0.40 & 0.40 & 0.50 & \underline{\mathbf{0.25}} \\ \underline{0.70} & \underline{0.80} & \underline{\mathbf{0.75}} & 0.50 \end{pmatrix}$	18	$\begin{pmatrix} 0.50 & 0.40 & \underline{0.32} & 0.40 \\ 0.60 & 0.50 & 0.37 & 0.60 \\ \underline{0.68} & 0.63 & 0.50 & \underline{0.73} \\ 0.60 & 0.40 & \underline{0.27} & 0.50 \end{pmatrix}$
9	$\begin{pmatrix} 0.50 & \underline{\mathbf{0.25}} & \underline{0.30} & 0.20 \\ \underline{\mathbf{0.75}} & 0.50 & 0.60 & \underline{0.60} \\ \underline{0.70} & 0.40 & 0.50 & \underline{0.40} \\ 0.80 & \underline{0.40} & \underline{0.60} & 0.50 \end{pmatrix}$	19	$\begin{pmatrix} 0.50 & 0.21 & \underline{\mathbf{0.40}} & \underline{0.35} \\ 0.79 & 0.50 & \underline{0.69} & 0.64 \\ \underline{\mathbf{0.60}} & \underline{0.31} & 0.50 & \underline{0.60} \\ \underline{0.65} & 0.36 & \underline{0.40} & 0.50 \end{pmatrix}$
10	$\begin{pmatrix} 0.50 & \underline{0.27} & 0.32 & \underline{0.37} \\ \underline{0.73} & 0.50 & 0.40 & \underline{0.60} \\ 0.68 & 0.60 & 0.50 & 0.60 \\ \underline{0.63} & \underline{0.40} & 0.40 & 0.50 \end{pmatrix}$	20	$\begin{pmatrix} 0.50 & 0.60 & \underline{0.35} & 0.40 \\ 0.40 & 0.50 & 0.30 & \underline{0.30} \\ \underline{0.65} & 0.70 & 0.50 & \underline{0.40} \\ 0.60 & \underline{0.70} & \underline{0.60} & 0.50 \end{pmatrix}$
11	$\begin{pmatrix} 0.50 & 0.34 & \underline{0.29} & 0.24 \\ 0.66 & 0.50 & 0.60 & 0.40 \\ \underline{0.71} & 0.40 & 0.50 & \underline{0.30} \\ 0.76 & 0.60 & \underline{0.70} & 0.50 \end{pmatrix}$	21	$\begin{pmatrix} 0.50 & 0.60 & 0.70 & 0.40 \\ 0.40 & 0.50 & \underline{0.65} & 0.40 \\ 0.30 & \underline{0.35} & 0.50 & 0.30 \\ 0.60 & 0.60 & 0.70 & 0.50 \end{pmatrix}$
12	$\begin{pmatrix} 0.50 & \underline{0.77} & 0.62 & \underline{0.60} \\ \underline{0.23} & 0.50 & 0.50 & \underline{0.33} \\ 0.38 & 0.50 & 0.50 & \underline{0.33} \\ \underline{0.40} & \underline{0.67} & \underline{0.67} & 0.50 \end{pmatrix}$	22	$\begin{pmatrix} 0.50 & 0.20 & \underline{0.25} & 0.29 \\ 0.80 & 0.50 & 0.60 & \underline{0.60} \\ \underline{0.75} & 0.40 & 0.50 & \underline{0.40} \\ 0.71 & \underline{0.40} & \underline{0.60} & 0.50 \end{pmatrix}$
13	$\begin{pmatrix} 0.50 & 0.70 & \underline{0.80} & 0.50 \\ 0.30 & 0.50 & \underline{0.60} & 0.30 \\ \underline{0.20} & \underline{0.40} & 0.50 & \underline{\mathbf{0.35}} \\ 0.50 & 0.70 & \underline{\mathbf{0.65}} & 0.50 \end{pmatrix}$	23	$\begin{pmatrix} 0.50 & 0.35 & \underline{0.60} & 0.30 \\ 0.65 & 0.50 & \underline{\mathbf{0.75}} & \underline{0.60} \\ \underline{0.40} & \underline{\mathbf{0.25}} & 0.50 & \underline{0.20} \\ 0.70 & \underline{0.40} & \underline{0.80} & 0.50 \end{pmatrix}$
14	$\begin{pmatrix} 0.50 & \underline{0.40} & \underline{0.75} & 0.40 \\ \underline{0.60} & 0.50 & 0.70 & 0.40 \\ \underline{0.25} & 0.30 & 0.50 & \underline{0.15} \\ 0.60 & 0.60 & \underline{0.85} & 0.50 \end{pmatrix}$	24	$\begin{pmatrix} 0.50 & \underline{0.60} & 0.40 & 0.60 \\ \underline{0.40} & 0.50 & 0.34 & \underline{0.60} \\ 0.60 & 0.66 & 0.50 & \underline{0.65} \\ 0.40 & \underline{0.40} & \underline{0.35} & 0.50 \end{pmatrix}$

续表

序号	判断矩阵	序号	判断矩阵
25	$\begin{pmatrix} 0.50 & \underline{0.77} & \underline{0.62} & \underline{0.60} \\ \underline{0.23} & 0.50 & \underline{0.35} & 0.40 \\ \underline{0.38} & \underline{0.65} & 0.50 & \underline{0.40} \\ \underline{0.40} & 0.60 & \underline{0.60} & 0.50 \end{pmatrix}$	31	$\begin{pmatrix} 0.50 & 0.30 & 0.50 & \underline{0.20} \\ 0.70 & 0.50 & 0.60 & 0.40 \\ 0.50 & 0.40 & 0.50 & \underline{\mathbf{0.35}} \\ \underline{0.80} & 0.60 & \underline{\mathbf{0.65}} & 0.50 \end{pmatrix}$
26	$\begin{pmatrix} 0.50 & 0.50 & 0.80 & \underline{0.75} \\ 0.50 & 0.50 & 0.73 & 0.60 \\ 0.20 & 0.27 & 0.50 & \underline{0.37} \\ \underline{0.25} & 0.40 & \underline{0.63} & 0.50 \end{pmatrix}$	32	$\begin{pmatrix} 0.50 & \underline{0.60} & \underline{0.40} & \underline{0.30} \\ \underline{0.40} & 0.50 & \underline{0.30} & 0.35 \\ \underline{0.60} & \underline{0.70} & 0.50 & \underline{0.40} \\ \underline{0.70} & 0.65 & \underline{0.60} & 0.50 \end{pmatrix}$
27	$\begin{pmatrix} 0.50 & \underline{0.60} & \underline{0.30} & \underline{0.40} \\ \underline{0.40} & 0.50 & \underline{0.35} & 0.40 \\ \underline{0.70} & \underline{0.65} & 0.50 & \underline{0.60} \\ \underline{0.60} & 0.60 & \underline{0.40} & 0.50 \end{pmatrix}$	33	$\begin{pmatrix} 0.50 & \underline{0.40} & \underline{0.75} & \underline{0.65} \\ \underline{0.60} & 0.50 & \underline{\mathbf{0.70}} & \underline{0.75} \\ \underline{0.25} & \underline{\mathbf{0.30}} & 0.50 & \underline{0.40} \\ \underline{0.35} & \underline{0.25} & \underline{0.60} & 0.50 \end{pmatrix}$
28	$\begin{pmatrix} 0.50 & \underline{0.62} & \underline{0.40} & 0.60 \\ \underline{0.38} & 0.50 & \underline{\mathbf{0.35}} & \underline{0.40} \\ \underline{0.60} & \underline{\mathbf{0.65}} & 0.50 & \underline{0.60} \\ 0.40 & \underline{0.60} & \underline{0.40} & 0.50 \end{pmatrix}$	34	$\begin{pmatrix} 0.50 & 0.50 & 0.31 & 0.60 \\ 0.50 & 0.50 & \underline{0.31} & 0.60 \\ 0.69 & \underline{0.69} & 0.50 & \underline{0.64} \\ 0.40 & 0.40 & \underline{0.36} & 0.50 \end{pmatrix}$
29	$\begin{pmatrix} 0.50 & 0.40 & \underline{0.65} & 0.60 \\ 0.60 & 0.50 & \underline{0.75} & \underline{\mathbf{0.70}} \\ \underline{0.35} & \underline{0.25} & 0.50 & \underline{0.60} \\ 0.40 & \underline{\mathbf{0.30}} & \underline{0.40} & 0.50 \end{pmatrix}$	35	$\begin{pmatrix} 0.50 & \underline{0.34} & \underline{\mathbf{0.34}} & \underline{0.40} \\ \underline{0.66} & 0.50 & 0.50 & \underline{0.71} \\ \underline{\mathbf{0.66}} & 0.50 & 0.50 & \underline{0.71} \\ \underline{0.60} & \underline{0.29} & \underline{0.29} & 0.50 \end{pmatrix}$
30	$\begin{pmatrix} 0.50 & 0.60 & 0.70 & 0.70 \\ 0.40 & 0.50 & \underline{0.60} & \underline{\mathbf{0.60}} \\ 0.30 & \underline{0.40} & 0.50 & \underline{0.65} \\ 0.30 & \underline{\mathbf{0.40}} & 0.35 & 0.50 \end{pmatrix}$		

9.3　本 章 小 结

本章介绍了不完全互补判断矩阵的补全与排序方法，提出了不完全信息下的群体共识模型。如果初始的个体偏好是信息完全的，则本章的这些模型将退化为前面一些章节讨论过的决策模型。

除互补判断矩阵的不完全信息处理外，学者们也对 AHP 互反判断矩阵（尔古打机等，2015；吴诗辉等，2018）、语言判断矩阵（程发新和程栋，2015）的不完全信息处理提出了对应的方法。尔古打机等（2015）提出用诱导偏差矩阵模型来求解 AHP 问题中的缺失数据，吴诗辉等（2018）利用图论中的连通图理论辅助 AHP 问题中的不完全信息补全。程发新和程栋（2015）提出一种基于相对熵的群排序方法。残缺判断信息处理的综述可参见 Ureña 等（2015）的文章。

参 考 文 献

程发新，程栋. 2015. 基于相对熵的残缺语言判断矩阵群排序方法[J]. 控制与决策，30（3）：479-484.

尔古打机，寇纲，杜义飞. 2015. 不完全信息下非常规突发事件应急决策缺失数据处理模型[J]. 系统工程理论与实践，35（3）：702-713.

吴诗辉，刘晓东，李正欣，等. 2018. 不完全信息下的 AHP 优化决策方法研究[J]. 运筹与管理，27（10）：38-48.

吴伟，王国辉，顾丹. 2021. 残缺互补判断矩阵次序一致性及排序方法[J]. 辽宁工程技术大学学报（自然科学版），40（3）：281-286.

徐泽水. 2004. 残缺互补判断矩阵[J]. 系统工程理论与实践，（6）：93-97，133.

许叶军，达庆利. 2009. 残缺互补判断矩阵排序方法[J]. 系统工程与电子技术，31（1）：95-99.

Chu J F，Wang Y M，Liu X W，et al. 2020. Social network community analysis based large-scale group decision making approach with incomplete fuzzy preference relations[J]. Information Fusion，60：98-120.

Fedrizzi M，Brunelli M. 2010. On the priority vector associated with a reciprocal relation and a pairwise comparison matrix[J]. Soft Computing，14（6）：639-645.

Herrera-Viedma E，Alonso S，Chiclana F，et al. 2007. A consensus model for group decision making with incomplete fuzzy preference relations[J]. IEEE Transactions on Fuzzy Systems，15（5）：863-877.

Lee L W. 2012. Group decision making with incomplete fuzzy preference relations based on the additive consistency and the order consistency[J]. Expert Systems with Applications，39（14）：11666-11676.

Liang Q，Liao X W，Liu J P. 2017. A social ties-based approach for group decision-making problems with incomplete additive preference relations[J]. Knowledge-Based Systems，119：68-86.

Ureña R，Chiclana F，Morente-Molinera J A，et al. 2015. Managing incomplete preference relations in decision making：a review and future trends[J]. Information Sciences，302（1）：14-32.

Xu Y J，Gupta J N D，Wang H M. 2014. The ordinal consistency of an incomplete reciprocal preference relation[J]. Fuzzy Sets and Systems，246：62-77.

Xu Z S. 2005. A procedure for decision making based on incomplete fuzzy preference relation[J]. Fuzzy Optimization and Decision Making，4（3）：175-189.

Yuan R，Wu Z B，Tu J C. 2023. Large-scale group decision-making with incomplete fuzzy preference relations：the perspective of ordinal consistency[J]. Fuzzy Sets and Systems，454：100-124.

第 10 章　舆情动力学基本模型

舆情动力学考虑一群一起行动的个人组成的群体，并假设每个人对某事物有自己的看法，目的是研究舆情演化的规律。一方面，舆情演化有助于促进社会和谐，在舆情演化的作用下，伟大英雄事迹、科学知识科普等有利于社会发展的正面新闻的影响力呈指数型增长。人们发表对这些事件的看法，既做到了舆论监督，也提高了公共事务的参与度。然而另一方面，负面舆情、突发事件也可能引发社会群众人心不安，因为互联网在加速消息传播的同时，也变成了谣言散播的温床。本章介绍舆情动力学的基本框架，介绍一些经典的舆情演化模型，并给出了相关新近研究中的一些拓展模型。

10.1　舆情演化过程

舆论是指群众在社会生活中对具体事件所持的观点态度的集合，是群众意识的综合表现（伍京华等，2021）。具体来说，舆论的主体是社会公众，客体是某社会话题，本体则是社会公众对此话题的倾向性的意见。大数据时代的来临加速了舆情的发展，舆情讨论时刻都在发生。无论是对正面还是负面的话题，群众从未停止表达自己的看法和态度，人们在被他人影响的同时也影响着他人。舆情动力学（opinion dynamics）以社交网络为载体，基于数学模型，按照时间顺序对群众的舆论发展进行观察，从舆论稳定情况、稳定时间等方面，分析舆情的形成和消亡。

最早，French Jr（1956）从人际关系的角度对群体之间的社会影响过程进行了解释。社会影响是指决策者因与他人的社会互动而调整其观点或改变其行为的过程（Moussaïd et al.，2013）。在紧密联系的社会中，通信技术的发展大大促进了决策者对社会信息的获取，社会影响在许多自组织现象中发挥着突出的作用，如文化市场中的羊群效应及流行病期间恐惧情绪的传播。

对舆情动力学模型建模的研究主要有两种方式：自宏观到微观的建模方式和

自微观到宏观的建模方式。这两种方式分别从不同角度考虑了舆情演化的过程。宏观模型主要使用概率和数理统计来分析群体观点的演变，包括 Ising 模型（Glauber，1963）、投票模型（voter model）（Clifford and Sudbury，1973；Holley and Liggett，1975）、多数规则模型（majority rule model）（Galam，2002；Krapivsky and Redner，2003）、Sznajd 模型（Sznajd-Weron and Sznajd，2000）。微观模型（或基于个体的模型）则从社会个体的角度，描述群体观点是如何演变的，如 DeGroot（DG）模型（DeGroot，1974）、Friedkin-Johnsen（FJ）模型（Friedkin and Johnsen，1990）及有界置信模型：Deffuant-Weisbuch（DW）模型（Weisbuch et al.，2002）和 Hegselmann-Krause（HK）模型（Hegselmann and Krause，2002）。宏观模型更适用于大型社交网络，而微观模型既可以描述小型群体，也可以描述大型群体，微观模型可以更有效地描述网络中个体的相互影响关系。除了以上为集体环境中的舆情动力学提供丰富理论信息的基于数学或物理概念的模型，也有借助社会心理学和经验实验对舆情演化进行探索的研究（Moussaïd et al.，2013）。

在大多数舆情动力学模型中，用t $(t=0,1,2,\cdots)$表示离散时间，$t=0$代表初始时刻。一般地，令$\boldsymbol{X}(t)=(x_1(t),x_2(t),\cdots,x_n(t))^{\mathrm{T}}$表示规模为$n$的群体在$t$时刻的意见向量，其中$x_i(t)$表示第$i$位决策者（也被称为决策个体或代理人）在$t$时刻的观点，称$\boldsymbol{X}(0)$为初始群体意见。若决策者的观点用有限的离散数值表达，则称该模型为离散型舆情动力学模型。离散型模型擅长模拟多值问题，但现实中人们的观点和态度有时并不是非黑即白那般绝对，连续型模型解决了这个问题，这类模型中人们的观点一般取某区间内的任意值。

离散时间下的舆情动力学模型的本质是用重复迭代的演算方式模拟人们的舆论演化过程，群体进行了一段时间的观点讨论和吸收后，若所有人的观点从t^*时刻开始不再发生变化，即当$t<t^*$时有$\boldsymbol{X}(t)\neq\boldsymbol{X}(t^*)$，且$t\geqslant t^*$时有$\boldsymbol{X}(t)=\boldsymbol{X}(t^*)$，则称模型达到稳定状态，且稳定群体意见为$\boldsymbol{X}(t^*)=\lim\limits_{t\to\infty}\boldsymbol{X}(t)$。相同的稳定意见构成一个意见簇，根据意见簇的数目，模型的舆情演化结果可分为以下几类。

（1）共识，如图 10.1（a）所示。若给定任意初始意见，都存在某常数c，使得群体中所有人的稳定意见都为该常数，即$\lim\limits_{t\to\infty}\boldsymbol{X}(t)=(c,c,\cdots,c)^{\mathrm{T}}$，则说明群体达成共识，且常数$c$为群体的共识意见。

（2）极化，如图 10.1（b）所示。若所有人的稳定意见分别集中在两个意见簇，则称群体形成意见极化。

（3）分裂，如图 10.1（c）所示。若模型的稳定意见表现为多个不同的数值，则称群体意见产生分裂。

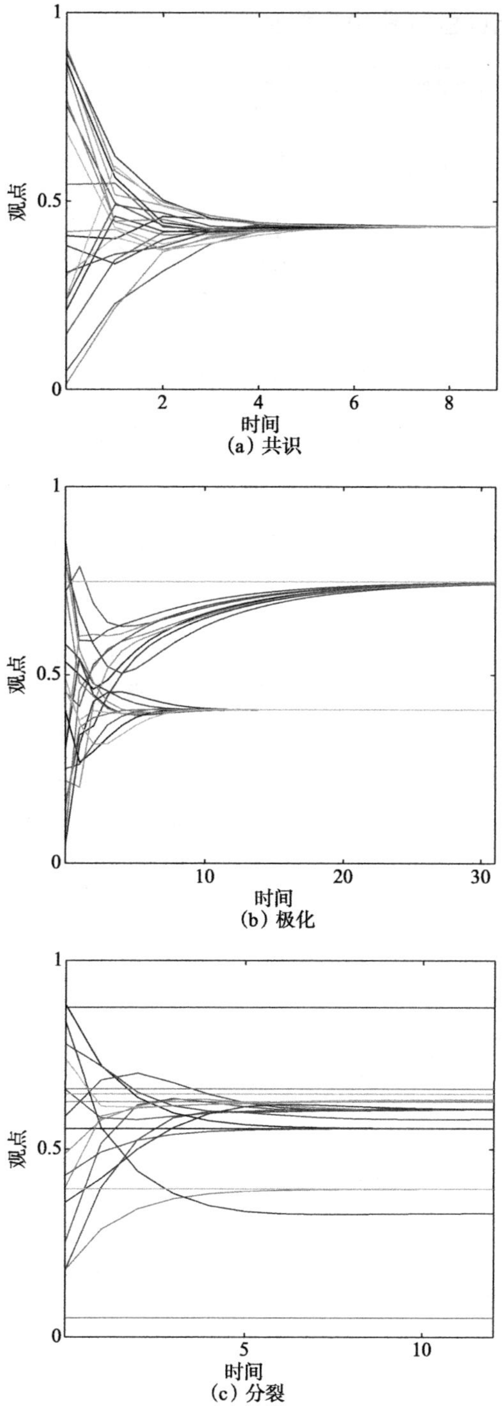

图 10.1　三种稳定意见分布情况

具体的舆情演化过程如图 10.2 所示。

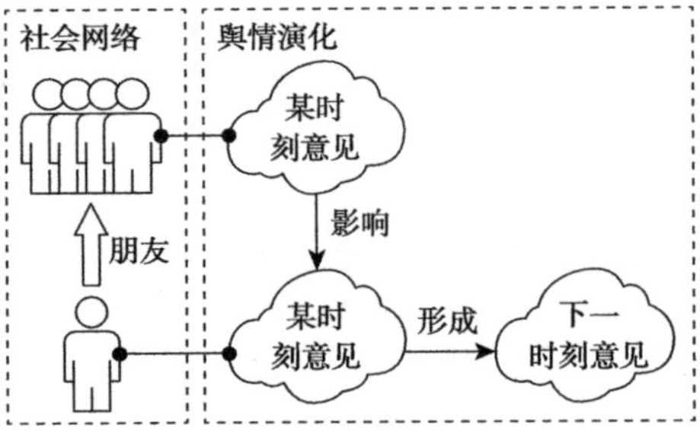

图 10.2　舆情演化过程

令 $\boldsymbol{W}(t)=(w_{ij}(t))_{n\times n}$ 表示 t 时刻的权重矩阵，其中 $w_{ij}(t)$ 代表 t 时刻决策者 i 赋予决策者 j 的权重。权重矩阵 $\boldsymbol{W}(t)$ 的所有元素非负，且每行之和都为 1，即 $w_{ij}(t)\geqslant 0$ 且 $\sum_{j=1}^{n}w_{ij}=1\quad(i=1,2,\cdots,n)$，这意味着权重矩阵在任意时刻都是行随机矩阵（row stochastic matrix）。

根据人们赋予他人的权重是否因意见而变化，连续型舆情演化模型可分为线性模型和非线性模型。线性模型的典型代表是 DG 模型及由其拓展而来的 FJ 模型。在线性模型中，固定的权重矩阵由固定矩阵 $\boldsymbol{W}$ 表示，因此可以利用线性分析方法对此类模型的性质进行研究。非线性模型的典型代表是包括 HK 模型和 DW 模型在内的有界置信模型。在非线性模型中，权重矩阵随人们的意见发生变化，而意见又随时间推进而更新，因此将权重矩阵表示为与时间有关的形式 $\boldsymbol{W}(t)$。有界置信模型有着不同于线性模型的性质和特点，Dittmer（2001）给出了有界置信模型的舆情共识形成分析。

10.2　经典舆情动力学模型

本节首先介绍社会网络相关的基础概念，然后对一些经典的舆情动力学模型进行详细的讲解。

10.2.1　社会网络

截至 2021 年 6 月，我国网民规模达到 10.11 亿，较 2020 年 12 月增长 2 175 万，互联网普及率达 71.6%。互联网，尤其是移动互联网，已成为人们讨论社会舆情的重要渠道。百度贴吧、新浪微博、豆瓣、抖音等社交平台是我国舆情传播的主要媒介，个人、自媒体和官方媒体等则是舆论爆发的主要源头。

$G(V,E)$ 表示一个有 n 个节点的无重边和无自连边的有向网络，其中 $V=\{v_1,v_2,\cdots,v_n\}$ 表示所有节点的集合，有序点对 (v_i,v_j) 之间的联系记作 e_{ij}，表示由 v_i 指向 v_j 的有向边，$E=\{e_{ij}\}$ $(i,j\in\{1,2,\cdots,n\},\ i\neq j)$ 是网络的有向边集合。被 v_i 指向的点组成了 v_i 的邻域，表示为 $N_i=\{v_j\mid e_{ij}\in E,v_j\in V\}$。

途径（walk）指有向图 $G(V,E)$ 中一个点边交替的有序序列 $v_{i_0}e_{i_0i_1}v_{i_1}e_{i_1i_2}v_{i_2}\cdots e_{i_{k-1}i_k}v_{i_k}$；若途径中没有重复边，则称之为迹（trial）；若迹中没有重复点，则称之为路径（path）。若 v_i 可由至少一条途径到达 v_j，则称节点 v_i 可达节点 v_j。

不考虑有向图 $G(V,E)$ 中边的方向，若图中任意两点之间至少有一条无向路径，则称该图为弱连通（weakly connected）图，否则称之为不连通（unconnected）图。有向图 $G(V,E)$ 弱连通时，考虑图中边的方向，若任意两点之间互相可达，则称该图为强连通（strongly connected）图；若任意两点之间只有一方可达另一方，则称之为单向连通（unilaterally connected）图。各类型有向图，如图 10.3 所示。

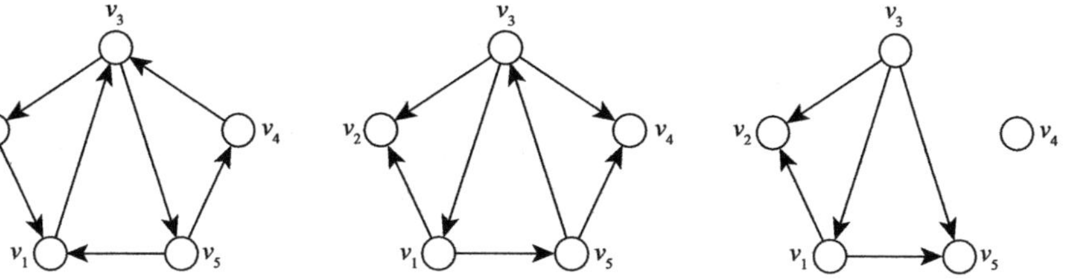

图 10.3 各类型有向图

给定有向图 $G(V,E)$，用 $\boldsymbol{A}=(a_{ij})_{n\times n}$ 表示其邻接矩阵，当且仅当 e_{ij} 存在时 $a_{ij}=1$，否则 $a_{ij}=0$ $(i,j\in\{1,2,\cdots,n\},\ i\neq j)$；由于网络无自连边，故 $a_{ii}=0$ $(i=1,2,\cdots,n)$。用 $\boldsymbol{B}=(b_{ij})_{n\times n}$ 表示图的可达矩阵，当且仅当 v_i 可达 v_j 时 $b_{ij}=1$，否则 $b_{ij}=0$ $(i,j\in\{1,2,\cdots,n\},\ i\neq j)$；由于每个点都可达自身，故 $b_{ii}=1$ $(i=1,2,\cdots,n)$。

近十几年来，社会网络被广泛应用到舆情演化中，与理论建模和模拟实验的发展密切相关。给定有向图 $G(V,E)$，则网络中的节点代表决策者，有向边代表人与人之间的不对等关系（e_{ij} 存在时 e_{ji} 不一定存在），节点的邻域即决策者的社交范围。被广泛使用的人工复杂网络包括 Erdős-Rényi（ER）随机网络（Erdős and Rényi，1960）、Watts-Strogatz（WS）小世界网络（Watts and Strogatz，1998）及 Barabási-Albert（BA）无标度网络（Barabási and Albert，1999）。

10.2.2 DeGroot 模型

在 DeGroot（DG）模型中，人们的信任集由自己及其邻域构成。给定含 n 个点的有向网络 $G(V,E)$，v_i 的信任集表示为

$$I_i = N_i \cup \{v_i\} \tag{10.1}$$

人们只给其信任集中的人赋予权重，则 v_i 赋予 v_j $(i,j=1,2,\cdots,n)$ 的权重如下：

$$w_{ij} = \begin{cases} \dfrac{1}{\mathrm{card}(I_i)}, & v_j \in I_i \\ 0, & v_j \notin I_i \end{cases} \tag{10.2}$$

其中，$\mathrm{card}(\cdot)$ 表示集合或向量的元素数目。

由于信任集是固定的，故权重矩阵 $\boldsymbol{W}$ 是固定的。对于 v_i，其观点演化可由式（10.3）表示：

$$x_i(t+1) = \sum_{j=1}^{n} w_{ij} x_j(t) \tag{10.3}$$

式（10.3）可简化为如下矩阵形式：

$$\boldsymbol{X}(t+1) = \boldsymbol{W} \cdot \boldsymbol{X}(t) \tag{10.4}$$

考虑图 10.3 所示的三个群体对是否购买某商品发表看法，决策者的观点值表示其购买该商品的意愿水平。令 $x_i(t) \in [0,1]$，其中 0 表示完全没有购买欲望，1 表示购买意愿十分强烈。假设群体的初始意见为

$$\boldsymbol{X}(0) = (0.14, 0.42, 0.92, 0.81, 0.96)^{\mathrm{T}}$$

由式（10.2）可得权重矩阵分别如下：

$$\boldsymbol{W}_a = \begin{pmatrix} 1/2 & 0 & 1/2 & 0 & 0 \\ 1/2 & 1/2 & 0 & 0 & 0 \\ 0 & 1/3 & 1/3 & 0 & 1/3 \\ 0 & 0 & 1/2 & 1/2 & 0 \\ 1/3 & 0 & 0 & 1/3 & 1/3 \end{pmatrix}, \quad \boldsymbol{W}_b = \begin{pmatrix} 1/3 & 1/3 & 0 & 0 & 1/3 \\ 0 & 1 & 0 & 0 & 0 \\ 1/4 & 1/4 & 1/4 & 1/4 & 0 \\ 0 & 0 & 0 & 1 & 0 \\ 0 & 0 & 1/3 & 1/3 & 1/3 \end{pmatrix}$$

$$\boldsymbol{W}_c = \begin{pmatrix} 1/3 & 1/3 & 0 & 0 & 1/3 \\ 0 & 1 & 0 & 0 & 0 \\ 1/4 & 1/4 & 1/4 & 0 & 1/4 \\ 0 & 0 & 0 & 1 & 0 \\ 0 & 0 & 0 & 0 & 1 \end{pmatrix}$$

图 10.4 展示了三个群体的稳定意见分布情况，由该图可以看出，网络的连通性对舆情讨论的结果有重大的影响。

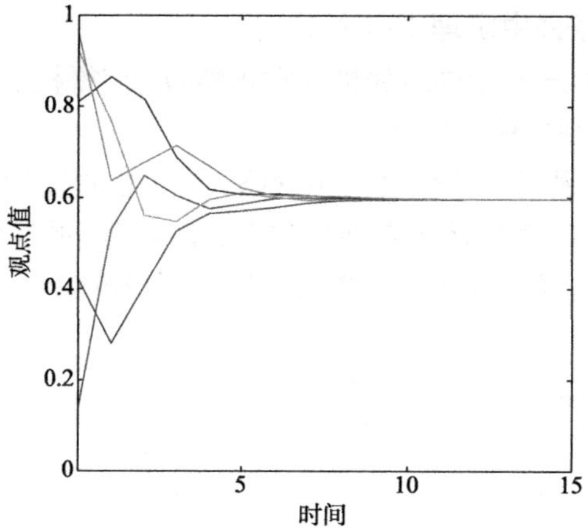

(a)

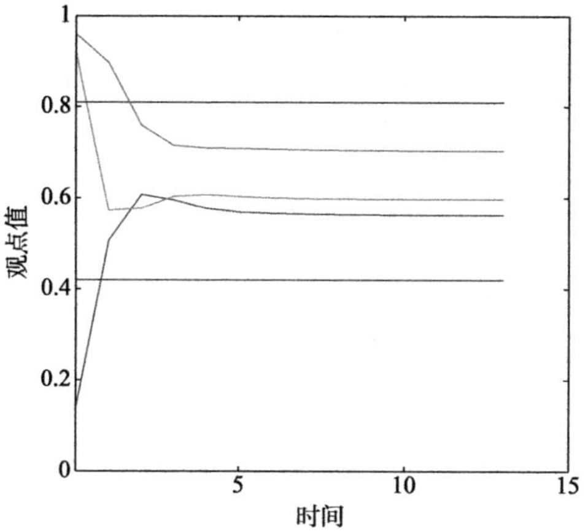

(b)

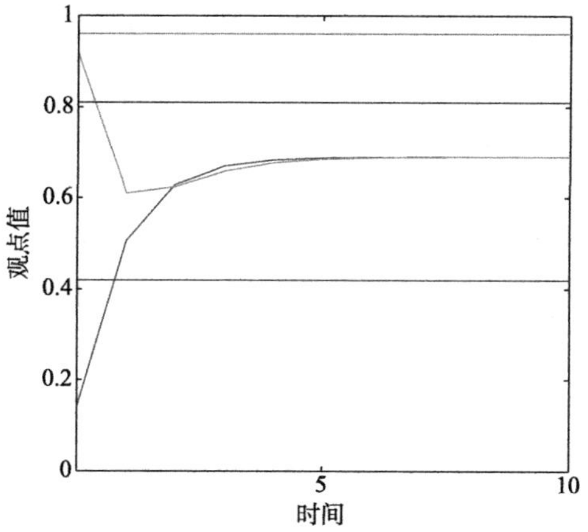

(c)

图 10.4　DG 模型舆情演化过程

DG 模型的共识条件由定理 10.1 给出。

定理 10.1 （DeGroot, 1974）如果存在正整数t_0使得权重矩阵的t_0次幂$\boldsymbol{W}^{t_0}$中至少一列全为正数，则群体可以达成共识。

关于共识的研究强调了社会网络中网络大 V 在共识形成过程中的重要地位（Dong et al., 2017）。若群体中存在反抗者，DG 模型的性质会发生显著改变。DG 模型一定程度上解释了现实生活中大多数人选择较中立的观点的现象。

10.2.3 Friedkin-Johnsen 模型

Friedkin-Johnsen（FJ）模型可看作 DG 模型的扩展，决策者的信任集及权重矩阵的确定方式与 DG 模型相同，但 FJ 模型假设决策者在舆情演化时总是以一定概率坚持其初始意见。

令$g_i \in [0,1]$表示决策者v_i对其初始意见$x_i(0)$的坚持程度，则决策者v_i以$1-g_i$的程度受到他人的影响，其观点演化可表示为

$$x_i(t+1) = (1-g_i)\sum_{j=1}^{n} w_{ij}x_j(t) + g_i x_i(0) \tag{10.5}$$

其中，w_{ij}由式（10.2）确定。

式（10.5）可简化为如下矩阵形式：

$$\boldsymbol{X}(t+1) = (\boldsymbol{I}-\boldsymbol{G})\cdot\boldsymbol{W}\cdot\boldsymbol{X}(t) + \boldsymbol{G}\cdot\boldsymbol{X}(0) \tag{10.6}$$

其中，$\boldsymbol{W}$表示权重矩阵；$\boldsymbol{G}$表示对角矩阵，主对角元素为每个决策者对自己的初始意见的坚持度；$\boldsymbol{I}$表示单位矩阵。

DG 模型（10.4）是 FJ 模型（10.6）中$\boldsymbol{G}$为零矩阵时的特例。

仍旧考虑图 10.3（a）（b）（c）所示的三个群体，决策者初始意见及群体的权重矩阵与上节 DG 模型中的相同。决策者对其初始意见的坚持程度统一设置为$g_i = 0.3\ (i=1,\cdots,5)$。图 10.5 展示了 FJ 模型的稳定意见情况。

Friedkin 和 Johnsen（1990）给出了 FJ 模型达到稳定状态及共识的条件。

定理 10.2 （Friedkin and Johnsen，1990）如果权重矩阵$\boldsymbol{W}$是不可约矩阵（irreducible matrix），则群体意见可以达到稳定状态，且稳定意见为

$$\lim_{t\to\infty}\boldsymbol{X}(t) = (\boldsymbol{I}-\boldsymbol{W}+\boldsymbol{G}\cdot\boldsymbol{W})^{-1}\cdot\boldsymbol{G}\cdot\boldsymbol{X}(0) \tag{10.7}$$

定理 10.3 （Friedkin and Johnsen，1990）当且仅当所有$g_i > 0$的决策者的初始意见都为c，即$x_i(0) = c\ (g_i > 0)$时，群体达成共识，且共识意见为c。

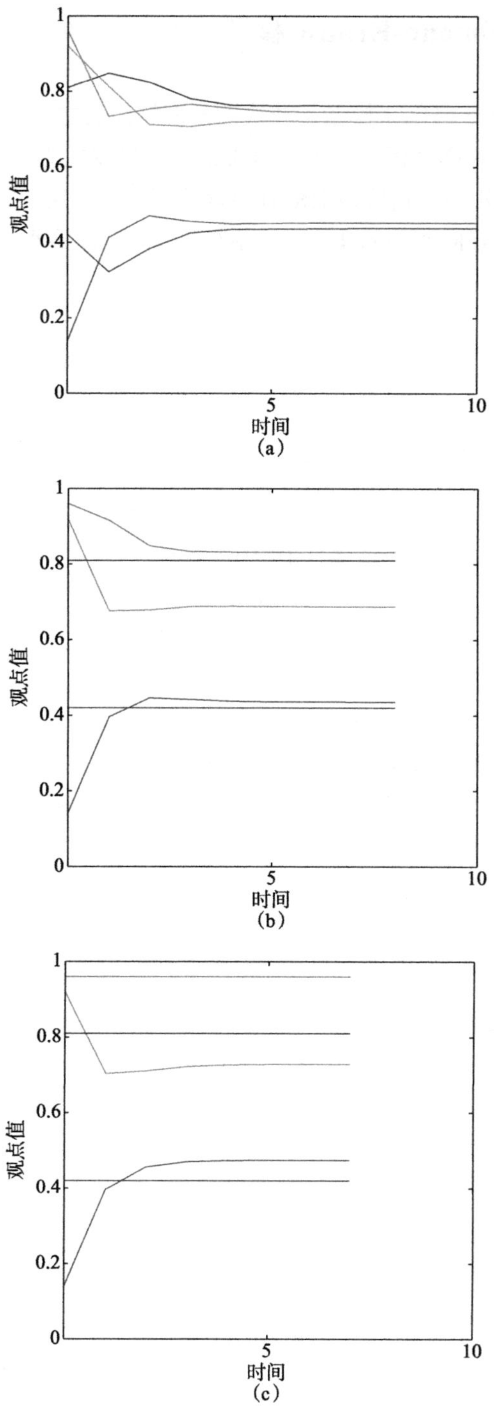

图 10.5　FJ 模型舆情演化过程

10.2.4 Hegselmann-Krause 模型

Hegselmann-Krause（HK）模型是非线性模型的代表之一，它最重要的假设就是决策者只相信与自己的意见相近的人。将决策者可接受的意见差值称为置信水平，若所有人的置信水平相同，则称该 HK 有界置信模型是同质的，否则它就是异质的。

给定含 n 个点的有向网络 $G(V,E)$，将决策者 v_i 的置信水平记作 ε_i，则 v_i 在 t 时刻的信任集可表示为

$$I_i(t)=\{v_j \mid \left|x_i(t)-x_j(t)\right| \leqslant \varepsilon_i\} \cup \{v_i\} \tag{10.8}$$

权重矩阵 $\boldsymbol{W}(t)$ 由式（10.9）确定：

$$w_{ij}=\begin{cases}\dfrac{1}{\operatorname{card}(I_i(t))}, & v_j \in I_i \\ 0, & v_j \notin I_i\end{cases} \tag{10.9}$$

决策者 v_i 的意见演化过程由式（10.10）表达：

$$x_i(t+1)=\sum_{j=1}^{n} w_{ij}(t)x_j(t) \tag{10.10}$$

式（10.10）可用如下矩阵形式表达：

$$\boldsymbol{X}(t+1)=\boldsymbol{W}(t)\cdot\boldsymbol{X}(t) \tag{10.11}$$

若将所有决策者按照其观点值大小进行升序排列，并重新编号，得到意见序列 $x_1(t)\leqslant x_2(t)\leqslant\cdots\leqslant x_n(t)$。所有人置信水平相同时，将该统一的置信水平记作 ε。如果任意一对相邻的决策者都互相信任，即 $x_{i+1}(t)-x_i(t)\leqslant\varepsilon\ (i=1,2,\cdots,n-1)$，则称意见序列 $x_1(t)\leqslant x_2(t)\leqslant\cdots\leqslant x_n(t)$ 为一条“信任链”。基于信任链，Dittmer（2001）给出了 HK 模型的共识条件。

定理 10.4 （Dittmer，2001）当且仅当某时刻的意见序列为信任链时，群体可以在有限时间内达成共识。

如果信任链在某处断开，即存在 $x_{i+1}(t)-x_i(t)>\varepsilon$，则称决策者 v_{i+1} 和 v_i 之间在 t 时刻产生分歧（split）。

定理 10.5 （Krause，2000）如果决策者 v_{i+1} 和 v_i 之间在 t 时刻产生分歧，则该分歧在 $t+1$ 时刻仍存在。

由定理 10.4 可知，信任链必定导致群体意见达到稳态；由定理 10.5 可知，若信任链断开，则会永久保持断开的状态，而断开的信任链可以重新分为若干新的、小的信任子链，这些信任子链又总是可以形成各自的共识，从而使群体的意见达到稳态。因此得到定理 10.6。

定理 10.6 （Dittmer，2001）有界置信模型可以在有限时间内达到稳定状态。

继续以图 10.3（a）（b）（c）所示的三个有向网络为例，不改变决策者的初始

意见。将群体的统一置信水平设置为 $\varepsilon \in \{0.1, 0.2, 0.3, 0.4, 0.5, 0.6\}$，得到不同置信水平下的稳定意见分布情况，如图 10.6~图 10.11 所示。

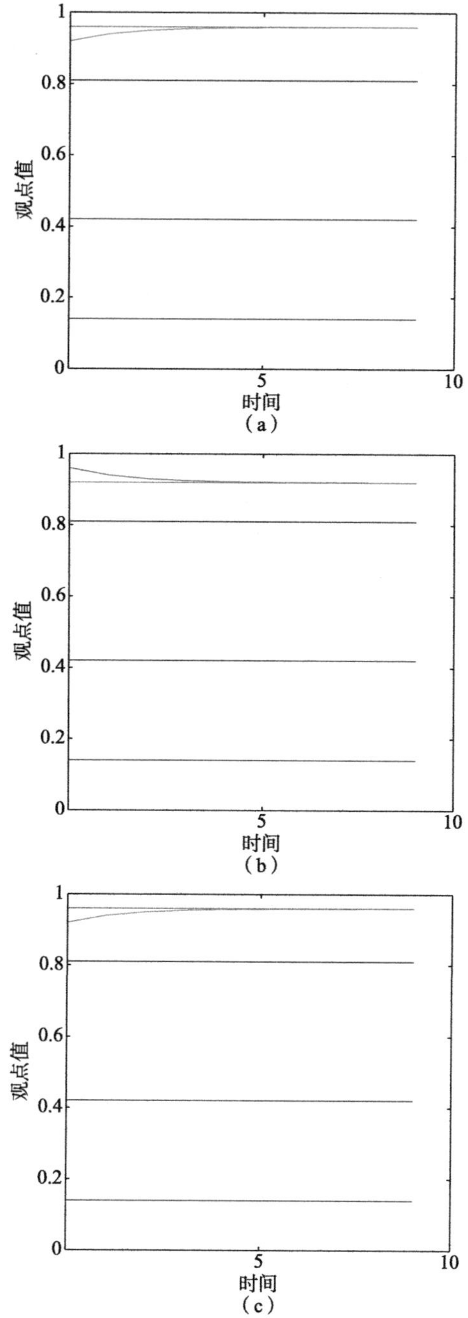

图 10.6　HK 模型舆情演化过程（$\varepsilon = 0.1$）

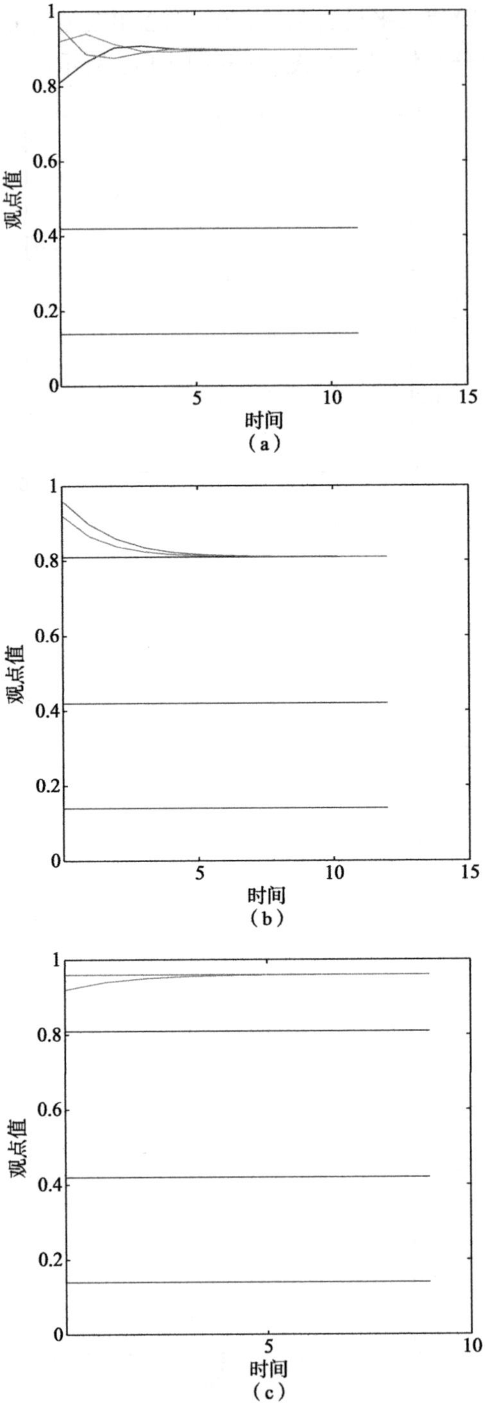

图 10.7 HK 模型舆情演化过程（ $\varepsilon=0.2$ ）

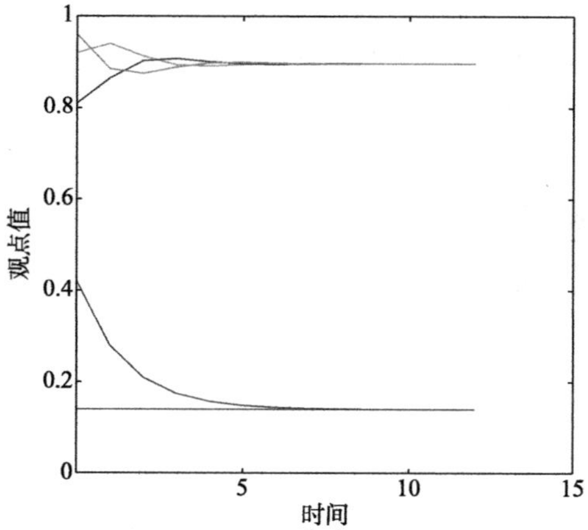

（a）

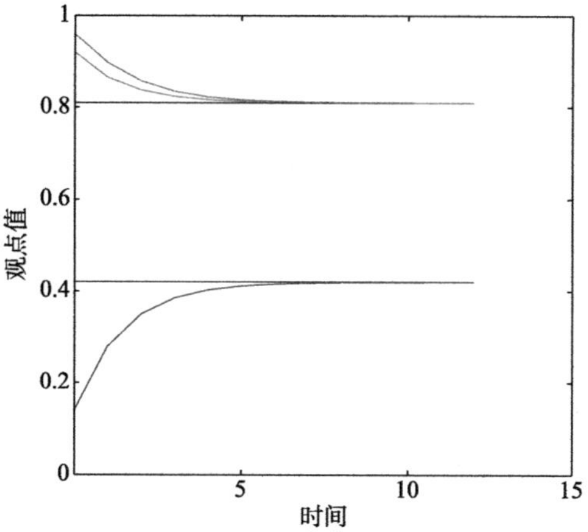

（b）

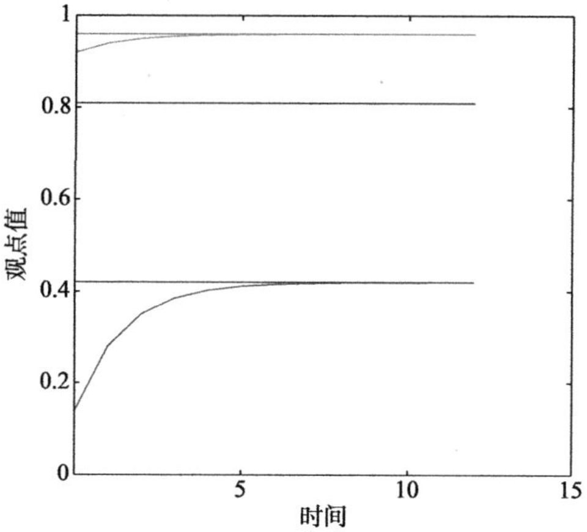

（c）

图 10.8　HK 模型舆情演化过程（ $\varepsilon = 0.3$ ）

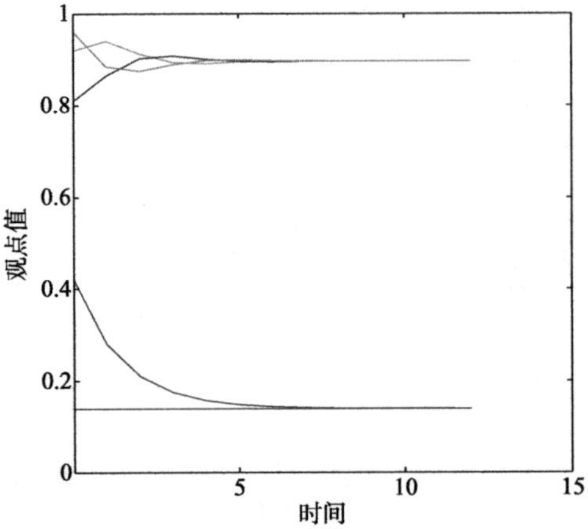

(a)

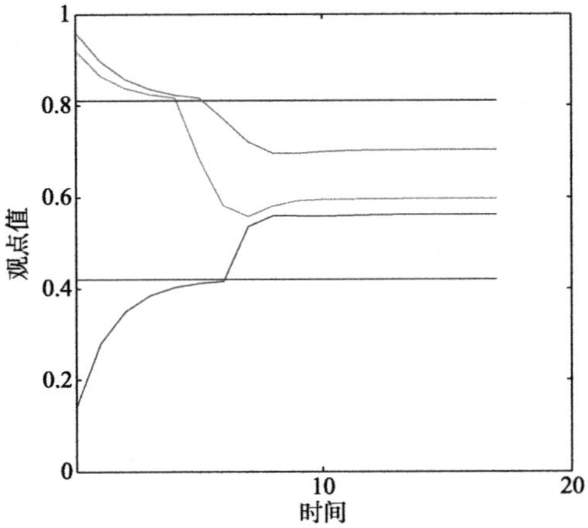

(b)

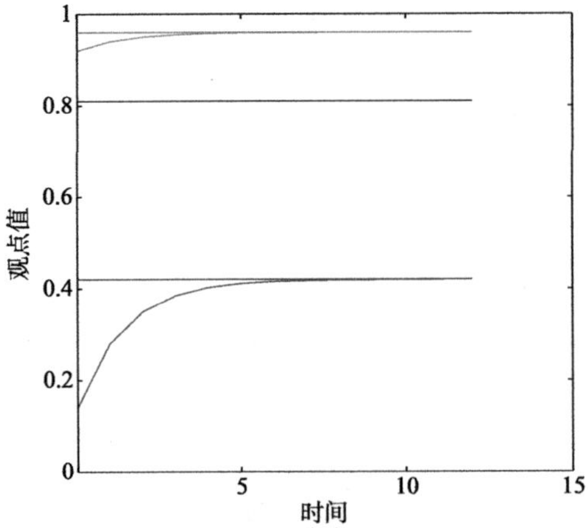

(c)

图 10.9 HK 模型舆情演化过程（$\varepsilon=0.4$）

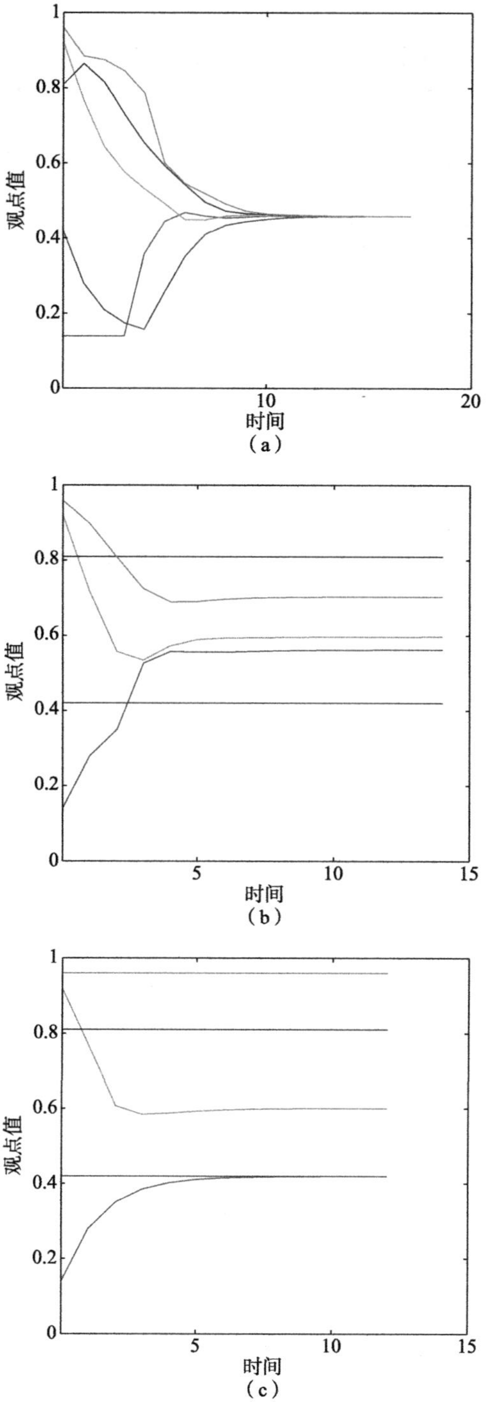

图 10.10 HK 模型舆情演化过程（ $\varepsilon=0.5$ ）

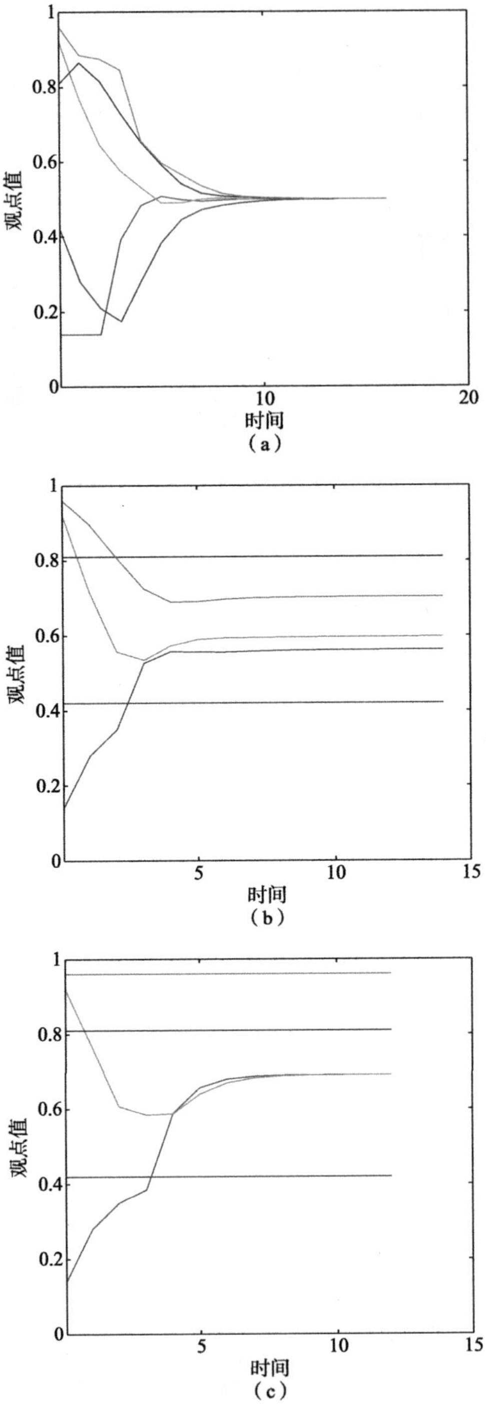

图 10.11 HK 模型舆情演化过程（ $\varepsilon=0.6$ ）

以上舆情演化过程图表明，决策者的置信水平对意见在稳定状态的分布有着非常重要的影响。较大的置信度将导致较少的群体意见分歧，当置信度足够大时，HK 模型在连通性较好的网络中将达成共识。

除了式（10.10）所用的算术平均数外，Hegselmann 和 Krause（2005）还分别采用了几何平均数、幂平均数和随机平均数，通过数学证明和仿真比较了这些不同的平均方法产生的不同舆情演化结果。一般来说，模型中的决策者数目有限，但 Blondel 等（2009）也讨论了决策者数目为无限时的 HK 模型的收敛性。

在 HK 模型的基础上，假设决策者的置信度随时间增长而减小，意味着决策者只对靠近自己观点速度足够快的邻居给予信任。这可以看作一个描述谈判过程的模型，在这个过程中，决策者希望他人在每一轮谈判中都能明显地接近自己的意见，以便继续进行谈判。该模型可用于解决社区检测（community detection）问题。

10.2.5　Deffuant-Weisbuch 模型

Deffuant-Weisbuch（DW）模型也是非线性的有界置信模型之一，决策者只接受其置信范围内的观点。HK 模型中，所有决策者同时更新意见，称之为同步（synchronous）交流。与 HK 模型不同，DW 模型采取不同步（asynchronous）的交流机制，每个时刻随机选择两位决策者，双方互相判断对方的意见是否位于自己的置信度内，若是的话就进行意见更新，否则仍保持自己的意见。二者的交流机制如图 10.12 所示，图中带竖虚线的实心圆表示进行意见更新的点，横线表示该点的置信范围，不带竖虚线的空心圆表示不进行意见更新的点。

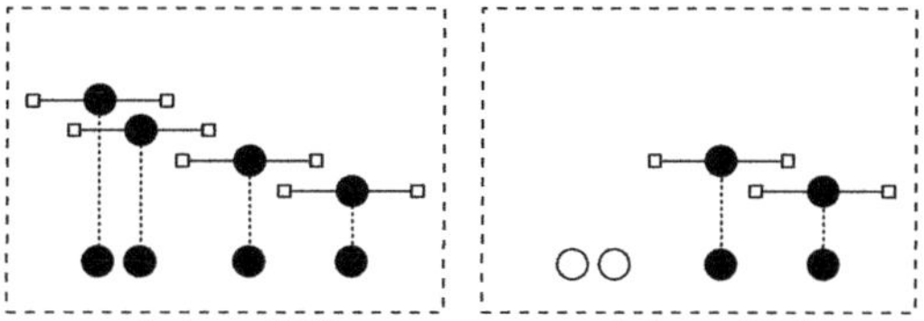

（a）HK模型　　（b）DW模型

图 10.12　HK 模型的同步交流和 DW 模型的不同步交流

不同步的交流机制使 DW 模型更适合小规模的群体交流，而群体同步更新的 HK 模型更适用于描述大规模群体的舆情讨论（Dong et al.，2018）。更多有关有界置信模型的研究请参见 Lorenz（2007）。

给定含 n 个点的有向网络 $G(V,E)$，仍将群体统一的置信度记作 ε。假设决策者 v_i 和 v_j 在 t 时刻被随机选中进行交流，二者的意见修改规则如下所示：

$$x_i(t+1)=\begin{cases}x_i(t)+\mu(x_j(t)-x_i(t)), & \left|x_j(t)-x_i(t)\right|<\varepsilon \\ x_i(t), & \left|x_j(t)-x_i(t)\right|\geqslant\varepsilon\end{cases} \quad (10.12)$$

$$x_j(t+1)=\begin{cases}x_j(t)+\mu(x_i(t)-x_j(t)), & \left|x_i(t)-x_j(t)\right|<\varepsilon \\ x_j(t), & \left|x_i(t)-x_j(t)\right|\geqslant\varepsilon\end{cases} \quad (10.13)$$

其中，μ为收敛参数，取值范围通常为 0 到 0.5。

以图 10.13（a）所示网络为例，不考虑边的方向。在无向网络环境下，令决策者的统一置信水平为 $\varepsilon\in\{0.1, 0.2, 0.3, 0.4, 0.5, 0.6\}$，收敛参数设置为 $\mu\in\{0.15, 0.25, 0.35\}$，得到图 10.13~图 10.15。

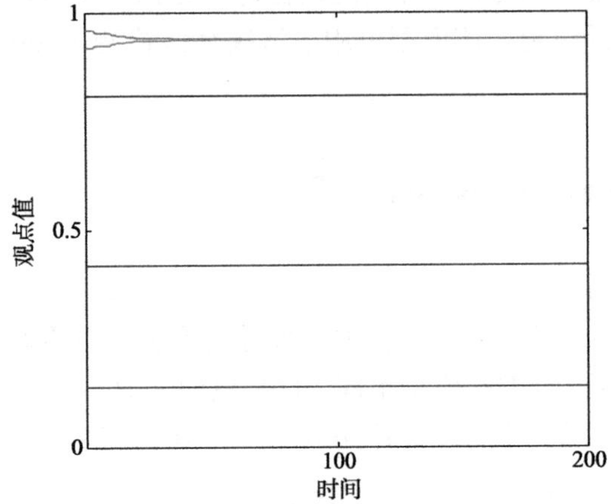

（a）$\varepsilon=0.1$

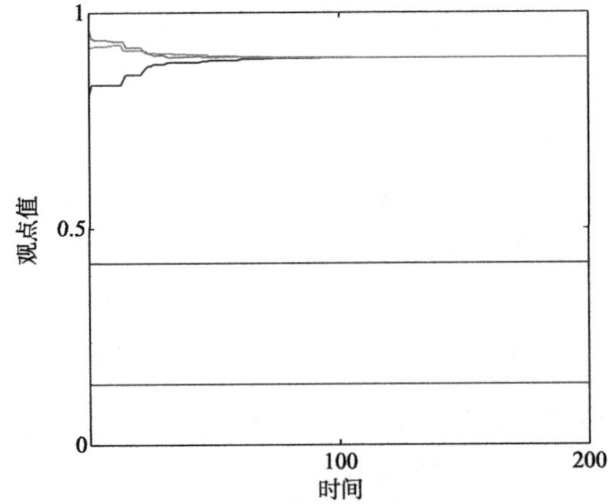

（b）$\varepsilon=0.2$

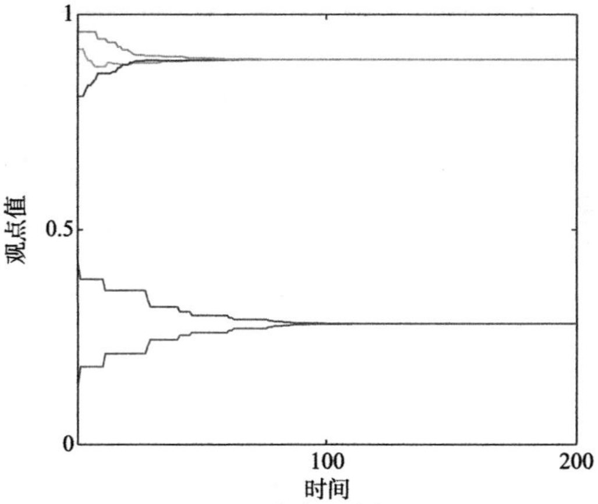

（c）$\varepsilon = 0.3$

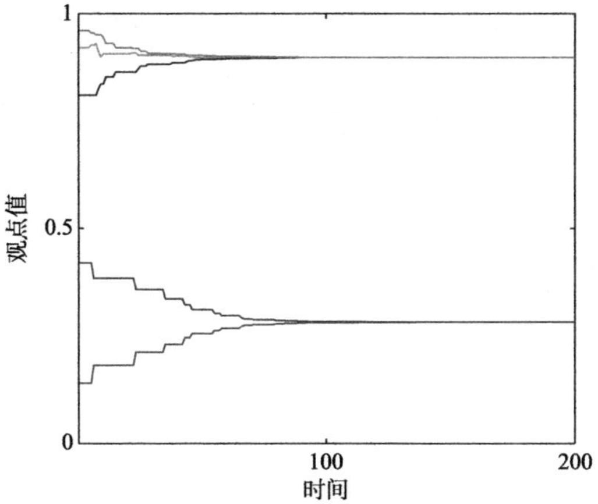

（d）$\varepsilon = 0.4$

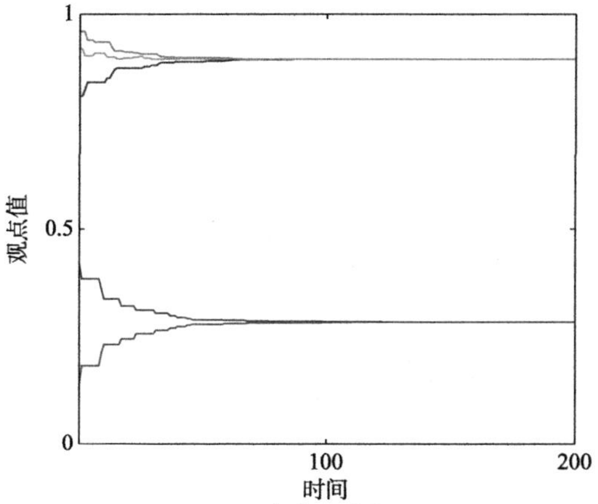

（e）$\varepsilon = 0.5$

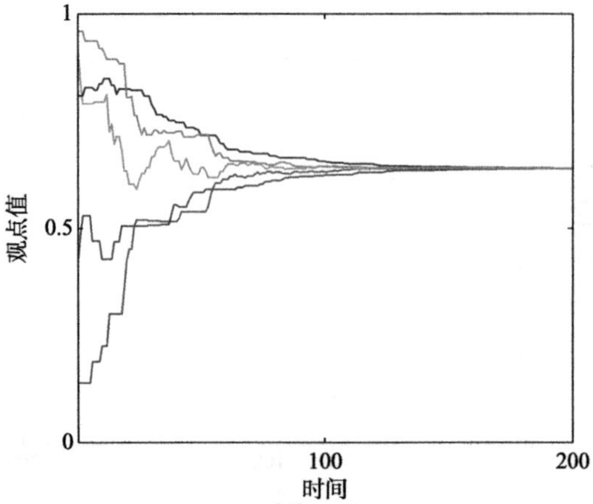

(f) $\varepsilon=0.6$

图 10.13　DW 模型舆情演化过程（ $\mu=0.15$ ）

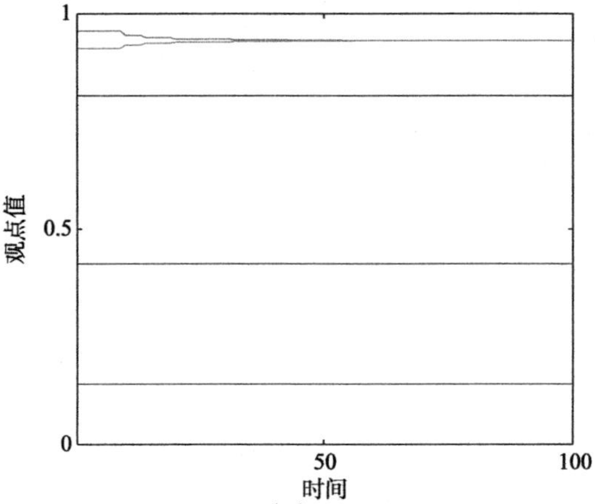

(a) $\varepsilon=0.1$

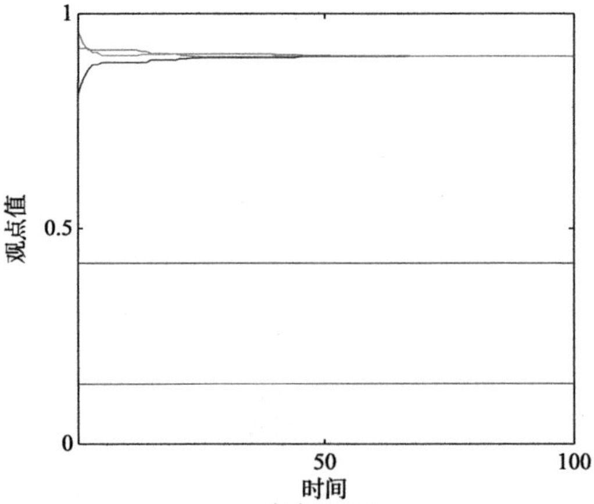

(b) $\varepsilon=0.2$

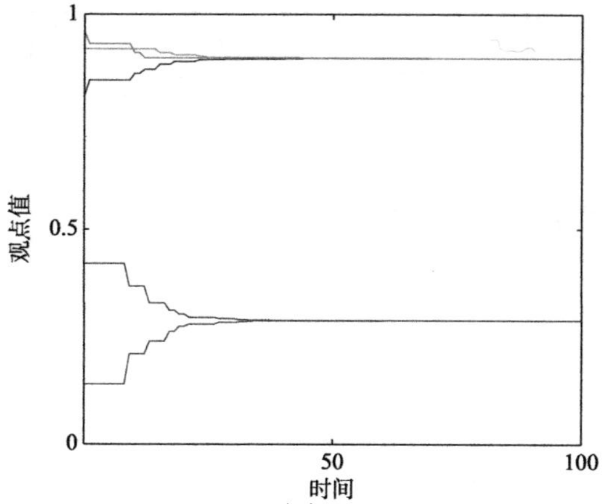

（c）$\varepsilon=0.3$

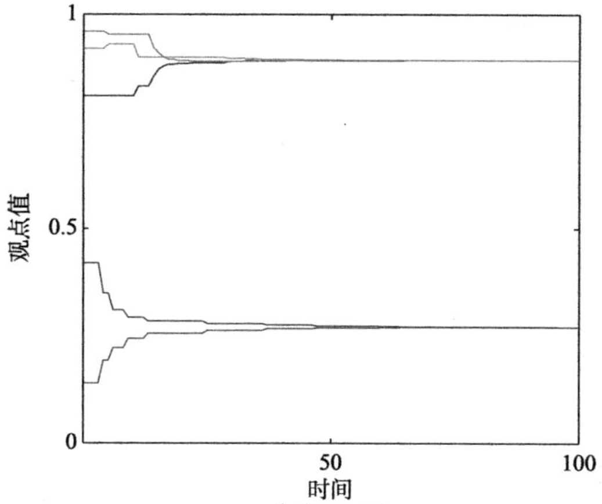

（d）$\varepsilon=0.4$

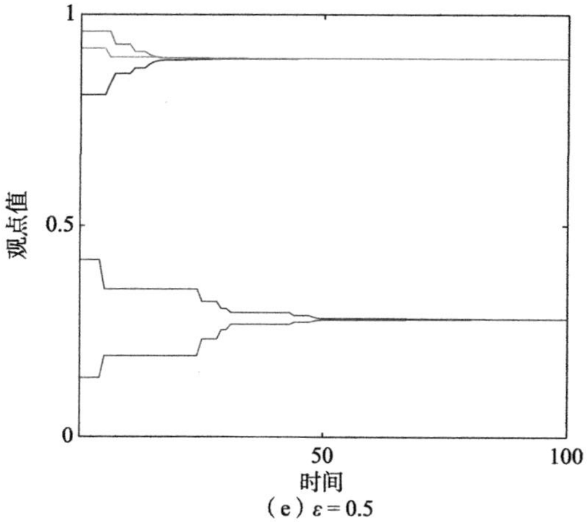

（e）$\varepsilon=0.5$

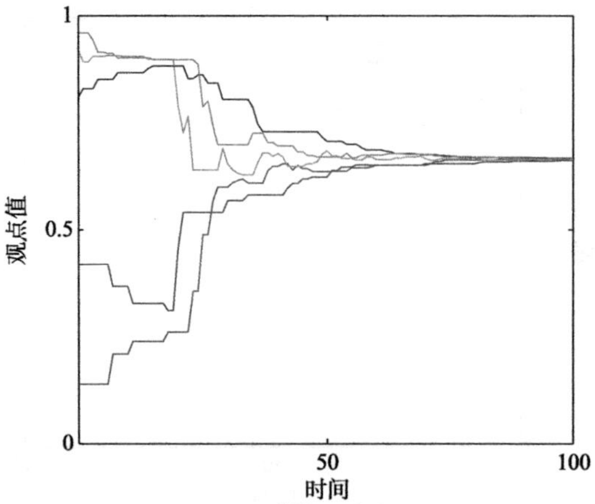

（f）$\varepsilon=0.6$

图 10.14　DW 模型舆情演化过程（ $\mu=0.25$ ）

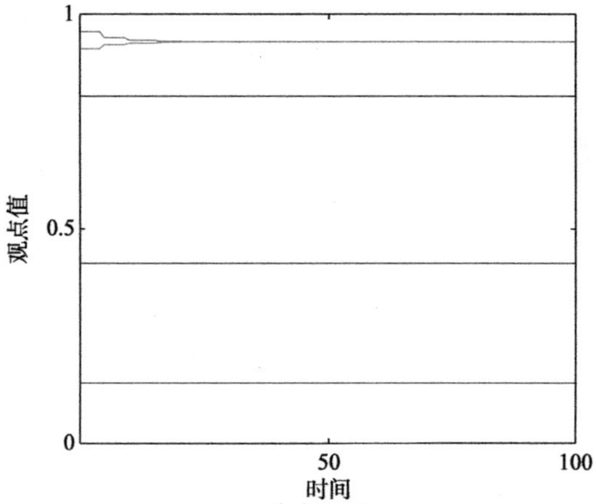

（a）$\varepsilon=0.1$

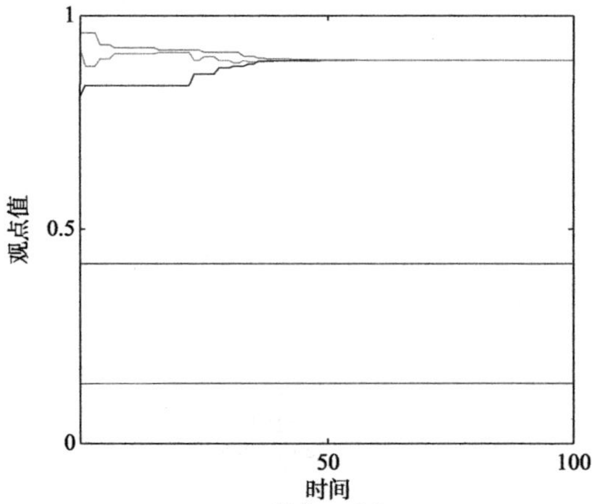

（b）$\varepsilon=0.2$

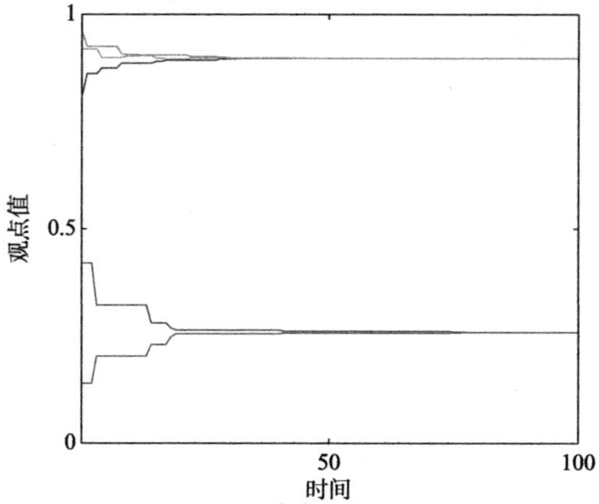

（c）$\varepsilon=0.3$

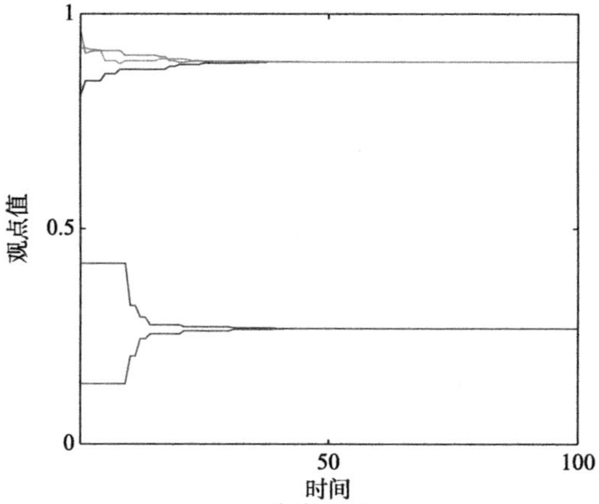

（d）$\varepsilon=0.4$

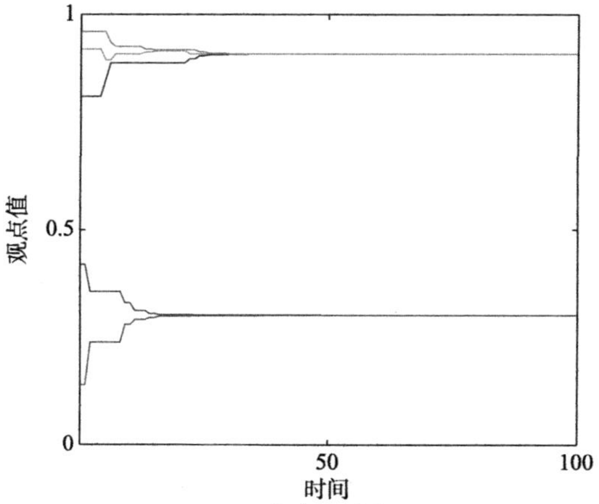

（e）$\varepsilon=0.5$

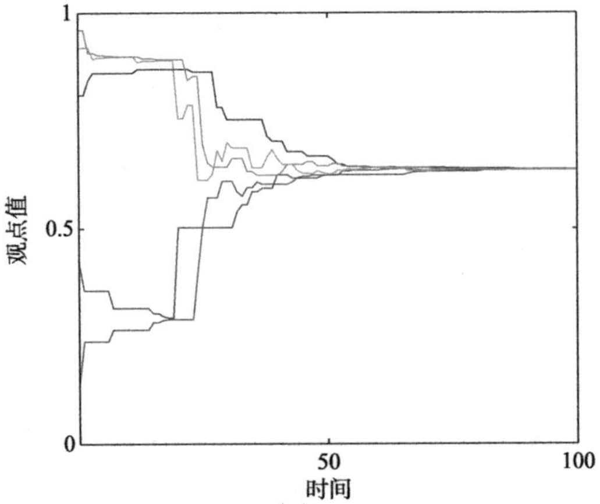

(f) $\varepsilon=0.6$

图 10.15 DW 模型舆情演化过程（ $\mu=0.35$ ）

从这些图可以看出，与 HK 模型相同，DW 模型的稳定意见簇的数目与置信度有着密切关系。在交流不同步的群体中，即使两位决策者在某时刻意见差异较大，但只要置信度足够大，他们仍能通过其他意见相似的决策者逐步联系在一起，最终形成统一的观点。当置信度 ε 逐渐减小，稳态意见则由共识状态转变为极化状态，最后变为分裂状态。另外，收敛参数 μ 控制了模型的收敛速度，直观体现为 μ 越大，相同条件下模型稳定下来所需的时间越短。

在实际应用方面，Quattrociocchi 等（2014）假设电视、报纸和社交软件等各平台的目的是最大化其用户数目，探索由它们构成的媒体网络对 DW 模型的影响。

10.2.6 多数规则模型

前面已经给出了几个经典的连续型舆情演化模型，接下来介绍一个利用离散数值研究舆情演化的模型——多数规则模型。

用二元数值表示决策者对一些公开的辩题，如讨论是否通过某提案的意见(或态度)。由于决策者会在办公室、家里等不同的地方进行意见讨论，而在不同地点进行讨论的群体的规模是不同的，因此考虑由地理限制造成的局部交流（local interactions）对舆情演化的影响（Galam，2002）。这一思想与 DW 模型类似，即假设只有部分决策者在部分时刻进行观点交流。

令 L 表示较大群体（larger group）的规模，则群体的规模最小为 1，最大为 L。令 ρ_k 表示规模为 k 的群体的概率，则有式（10.14）：

$$\sum_{k=1}^{L}\rho_k=1 \tag{10.14}$$

令 $P_+(t)$ 和 $P_-(t)$ 分别表示持支持和反对态度的决策者的比例，在没有人弃票的情况下有 $P_+(t)+P_-(t)=1$。决策者以其所在群体的多数票为基础，每个人都采纳多数人的意见。可通过 $P_+(t)$ 和 $P_-(t)$ 的变化来刻画两种观点的变化：

$$P_+(t+1)=\sum_{k=1}^{L}\rho_k\sum_{j=N[k/2+1]}^{k}\frac{k!}{(k-j)!\,j!}P_+(t)^j P_-(t)^{(k-j)} \tag{10.15}$$

$$P_-(t+1)=\sum_{k=1}^{L}\rho_k\sum_{j=N[k/2]}^{k}\frac{k!}{(k-j)!\,j!}P_-(t)^j P_+(t)^{(k-j)} \tag{10.16}$$

其中，$N[\cdot]$ 表示取括号内数字的整数部分。

Galam（2002）发现，即便初始时刻已有大多数人支持某提案，反复的随机规模的局部讨论却推动多数人沿着少数人持有的敌对观点方向逆转。在有限的时间步后，群体会达成反对意见共识，且达成共识所需时间与群体规模 n 有关，表示为 $\ln(n)$。以上发现说明该模型可用于刻画网络中的谣言传播，为解释舆论反转现象提供了理论基础。

10.3 其他舆情动力学模型

基于经典的舆情演化模型，学术界经过多年的探索与研究，提出了大量考虑其他因素的舆情动力学模型，并且这些新的模型也得到了广泛的应用，本节介绍考虑顽固个体、社会压力和知情者的拓展模型。

10.3.1 顽固个体

从 FJ 模型开始，对舆情演化中的顽固个体的研究成为一个热点。一般来说，将对自己的初始意见有一定坚持程度的决策者称为顽固个体。

在 HK 模型中令 $\alpha_i\in[0,1]$ 表示决策者 v_i 的顽固程度，$\alpha_i=0$ 说明决策者 v_i 完全随和，$\alpha_i=1$ 则说明决策者 v_i 永远不改变自己的意见。决策者的意见演化规则如下：

$$x_i(t+1)=\begin{cases}\alpha_i x_i(t)+(1-\alpha_i)\dfrac{\sum\limits_{j\in I_i(t)}x_j(t)}{\operatorname{card}(I_i(t))}, & I_i(t)\neq\varnothing\\ x_i(t), & I_i(t)=\varnothing\end{cases} \tag{10.17}$$

其中，$I_i(t)=\{v_j \mid |x_j(t)-x_i(t)|<\varepsilon_i, j\neq i\}$。

如果每位决策者都会因为其邻居的意见、自己的初始意见及对初始意见的坚持程度而产生意见更新的成本，那么从博弈的角度，决策者的意见更新可以近似看作对其他决策者行为的最佳响应（best-response），即最小化成本（Ghaderi and Srikant，2014）。称偏向自身初始意见的决策者为不完全顽固（partially stubborn）个体，而完全不改变观点的决策者为完全顽固（fully stubborn）个体。在此模型中，达到平衡状态的收敛速度由社会网络的结构（如图的直径和顽固个体所占比例），顽固个体的位置及顽固程度等多方面因素决定。另外，有顽固个体存在的有界置信模型在不同的条件下会产生共识、分歧或意见波动。

10.3.2 社会压力

若人们在舆情演化过程中被迫表达与群体一致的想法，则认为他们承受了群体压力。大部分研究将群体或邻域的均值意见作为群体的想法。在 HK 模型的环境下，令 s_i 表示决策者 v_i 感受到的社会压力，则基于式（10.10）有如下意见迭代模型：

$$x_i(t+1)=(1-s_i)\sum_{j=1}^{n}w_{ij}(t)x_j(t)+s_i x_{\text{avg}}(t) \tag{10.18}$$

其中，w_{ij} 由式（10.9）确定；$x_{\text{avg}}(t)$ 表示群体的算术平均意见。

定理 10.7 （Cheng and Yu，2019）如果所有人都承受了群体压力 s，则群体可以在有限时间内达成共识，且收敛时间的上界为 $\dfrac{n(1-\varepsilon)}{2s\varepsilon}+1$，其中 n 表示群体规模，ε 表示群体统一的置信水平。

证明 将 t 时刻群体最大和最小意见形成的极差记作 $\Delta x(t)=x_{\max}(t)-x_{\min}(t)$。如果初始时刻便有 $\Delta x(0)\leqslant\varepsilon$，即群体的初始意见是信任链，由定理 10.4 可知，群体可在下一步达成共识。但更普遍的情况是 $\Delta x(t)>\varepsilon\ (t\geqslant 0)$，即群体的意见极差大于统一的置信水平，则 $x_{\min}(t)<x_{\max}(t)-\varepsilon$，因此，

$$x_{\text{avg}}(t)=\frac{1}{n}\sum_{i=1}^{n}x_i(t)<\frac{nx_{\max}(t)-\varepsilon}{n} \tag{10.19}$$

对任意 $v_i\in V$，模型（10.18）可写作：

$$\begin{aligned}x_i(t+1)&=(1-s)\sum_{j=1}^{n}w_{ij}(t)x_j(t)+sx_{\text{avg}}(t)\\&<(1-s)x_{\max}(t)+s\frac{nx_{\max}(t)-\varepsilon}{n}\\&=x_{\max}(t)-\frac{s\varepsilon}{n}\end{aligned} \tag{10.20}$$

因此有

$$x_{\max}(t+1) < x_{\max}(t) - \frac{s\varepsilon}{n} \tag{10.21}$$

又因为 $x_{\max}(t) > x_{\min}(t) + \varepsilon$，类似可知：

$$x_{\min}(t+1) > x_{\min}(t) + \frac{s\varepsilon}{n} \tag{10.22}$$

由式（10.21）和式（10.22）有

$$\Delta x(t+1) < \Delta x(t) - \frac{2s\varepsilon}{n} \tag{10.23}$$

重复迭代式（10.23），且因为 $\Delta x(0) \leqslant 1$，可得式（10.24）：

$$\Delta x(t) < 1 - \frac{2s\varepsilon}{n} t \tag{10.24}$$

由式（10.24）可知，意见极差随时间增长而降低。当 $\Delta x(t) \leqslant \varepsilon$ 时，由定理 10.4 可知，群体可在下一步达成共识，故共识时间的上界为 $\dfrac{n(1-\varepsilon)}{2s\varepsilon}+1$。

然而，如果群体中只有部分人感受到压力，此时是否存在共识还与人们的置信水平有关。

假设社会网络中的意见偏差程度逐渐减少，则决策者会更倾向于听从社会的主流意见，这一概念被用于构建舆论两极分化模型。

10.3.3　知情者

知情代理人对应了网络上“水军”的角色，他们是指受雇或自愿的个人，在舆情演化过程中故意或无形地试图将公众舆论拉向预先设定的目标。随着互联网的发展，越来越多的人（或“机器人”）在社会网络中扮演着事先知情者的身份，研究此类个体对舆论演化的影响，有助于引导人们接受理想目标（如生态环保）或者阻止负面舆论（如极端主义）的传播。

例如，在投票选举等选择有限的场合，决策者虽然可以在内心用连续的数值来表达对各种方案的支持程度，但最终只能选择一个方案。与此同时，决策者能观察到他人的选择结果，却并不了解他人真实的内心想法。这样的舆情演化被称为连续意见离散行动（continuous opinion discrete action，CODA）模型（Martins，2008），这个模型最大的特点就是决策者不直接表达自己的内心想法，每个人都会观察别人的选择，然后做出自己的选择。Fan 和 Pedrycz（2016）在 CODA 模型和社会判断理论（social judgment theory）的基础上，考虑相似观点之间的同化和不同观点之间的排斥，决策者有三种可选择的行为：支持、中立和反对，分别用 +1 、0 和 −1 表示。令 $x_i(t)$ 和 $\bar{x}_i(t)$ 分别表示决策者 v_i 的内心想法和行动，二者的关系如下：

$$\overline{x}_i(t)=\begin{cases}+1, & x_i(t)>+h\\ 0, & -h<x_i(t)<+h\\ -1, & x_i(t)<-h\end{cases}\tag{10.25}$$

其中，h表示犹豫范围临界值。

普通决策者v_i随机观察一名邻居v_j的选择，若该邻居不中立，即$\overline{x}_j(t)\in\{-1,+1\}$，则决策者$v_i$的内心意见的演化规则如下：

$$x_i(t+1)=\begin{cases}x_i(t)+a(\overline{x}_j(t)-x_i(t)), & 0\leqslant\left|\overline{x}_j(t)-x_i(t)\right|\leqslant\varepsilon_R\\ x_i(t), & \varepsilon_R<\left|\overline{x}_j(t)-x_i(t)\right|\leqslant\tau_R\\ x_i(t)-\dfrac{r(\overline{x}_j(t)-x_i(t))}{2}(1-|x_i(t)|), & \tau_R<\left|\overline{x}_j(t)-x_i(t)\right|\leqslant 2\end{cases}\tag{10.26}$$

其中，$a\in[0,0.5]$，表示v_i被邻居同化的程度；$r\in[0,1]$，表示v_i对邻居的选择的排斥程度；ε_R和τ_R分别表示普通决策者的同化阈值和排斥阈值。

若普通决策者v_i观察的邻居v_j持中立观点，即$\overline{x}_j(t)=0$，则决策者v_i的内心意见的演化规则如下：

$$x_i(t+1)=\begin{cases}\lambda x_i(t), & \left|\overline{x}_j(t)-x_i(t)\right|\leqslant\rho_R\\ x_i(t), & \left|\overline{x}_j(t)-x_i(t)\right|>\rho_R\end{cases}\tag{10.27}$$

其中，λ表示意见衰减程度；ρ_R表示普通决策者的衰减阈值。

对于要推动舆论朝着既定目标发展的知情决策者v_i，观察到其不中立的邻居v_j的选择后，v_i的意见演化规则如下：

$$x_i(t+1)=\begin{cases}\max\{(1-\mu)[x_i(t)+a(\overline{x}_j(t)-x_i(t))+\mu x_T],0\}, & \left|\overline{x}_j(t)-x_i(t)\right|\leqslant\varepsilon_I\\ x_i(t), & \left|\overline{x}_j(t)-x_i(t)\right|>\varepsilon_I\end{cases}\tag{10.28}$$

其中，x_T表示既定的舆论目标；$\mu\in[0,1]$，表示既定舆论目标对知情决策者的影响程度；ε_I表示知情决策者的同化阈值。

如果v_i观察的邻居v_j保持中立，则v_i的意见演化规则如下：

$$x_i(t+1)=\begin{cases}(1-\mu)\lambda x_i(t)+\mu x_T, & \left|\overline{x}_j(t)-x_i(t)\right|\leqslant\rho_I\\ x_i(t), & \left|\overline{x}_j(t)-x_i(t)\right|>\rho_I\end{cases}\tag{10.29}$$

其中，ρ_I表示知情决策者的衰减阈值。

模拟结果显示，引入知情决策者会使大多数人偏向预设的舆论，这一结论与现实生活相符。普通决策者对知情决策者的选择的敏感性主要取决于普通决策者自身的特性，特别是同化阈值和衰减阈值。如果普通决策者的同化阈值足够大，所有的普通决策者都会在初始意见接近于零时加入知情决策者的行列。当人们对所考虑的问题知之甚少时，就会发生这种情况。另一个有趣的发现是，增加衰减阈值也可以促进支持者的发展，这意味着倾向于保持沉默或中立的普通决策者容易受到知情决策者的影响。

只有在利益问题上意见分布对称的社会中，知情代理人才能显著地将公众舆论转向预期。例如，知情代理人对改变社会的宗教或意识形态信仰是无效的；但是，对于有争议的问题，如政治问题、经济问题、社会问题等，利用知情代理人可以取得一些改变。

10.4　本 章 小 结

本章系统地介绍了舆情动力学的基本框架，随后介绍了一些经典的舆情演化模型并给出了基本的仿真结果。

基于经典的 DG 模型，Zhou 等（2020）假设决策者在意见演化过程中不仅只考虑与自己有直接关系的朋友，而且也给予其朋友的朋友一定的信任，进而提出适用于不同网络结构的舆情管控策略。受到反射性评价（reflected appraisals）假说的启发，Jia 等（2015）在 DG 模型的基础上，提出了 DeGroot-Friedkin（DF）模型，重点研究了群体在讨论一系列话题过程中，决策者的自我评价、社会权力和人际影响的演变，引起了众多讨论。该模型指出决策者的社会权力等级与他们在网络中的特征向量中心性（eigenvector centrality）是渐近相等的。另外也有学者在多维意见（Parsegov et al., 2017; Tian and Wang, 2018）和连续时间动力学（Ye et al., 2020）的背景下讨论 FJ 模型的舆情演化。Liang 等（2020）考虑时间约束和最小化修改量，提出了社会网络中 HK 模型的共识形成方法。在电子商务领域，HK 模型也有助于理解消费者的交流机制，并且为解释网络大 V 的影响力提供了一定的理论支撑（Zhao et al., 2018）。Tian 和 Wang（2018）从网络拓扑的角度提出了拥有顽固个体的 FJ 模型在单个话题上收敛的充要条件，还给出了该模型在一系列问题上达成共识和意见分歧的充要条件。

感兴趣的读者可以参考 Ureña 等（2019）及 Noorazar（2020）的综述研究。

参考文献

伍京华，陈虹羽，汪文生. 2021. 基于 Agent 的情感劝说的舆情交互及产生模型[J]. 计算机集成制造系统，27（1）：249-259.

Barabási A L，Albert R. 1999. Emergence of scaling in random networks[J]. Science，286（5439）：509-512.

Blondel V D，Hendrickx J M，Tsitsiklis J N. 2009. On Krause's multi-agent consensus model with state-dependent connectivity[J]. IEEE Transactions on Automatic Control，54（11）：2586-2597.

Cheng C，Yu C B. 2019. Opinion dynamics with bounded confidence and group pressure[J]. Physica A：Statistical Mechanics and its Applications，532，121900.

Clifford P，Sudbury A. 1973. A model for spatial conflict[J]. Biometrika，60（3）：581-588.

DeGroot M H. 1974. Reaching a consensus[J]. Journal of the American Statistical Association，69（345）：118-121.

Dittmer J C. 2001. Consensus formation under bounded confidence[J]. Nonlinear Analysis-Theory，Methods and Applications，47（7）：4615-4621.

Dong Y C，Ding Z G，Marinez L，et al. 2017. Managing consensus based on leadership in opinion dynamics[J]. Information Sciences，397：187-205.

Dong Y C，Zhan M，Kou G，et al. 2018. A survey on the fusion process in opinion dynamics[J]. Information Fusion，43：57-65.

Erdős P，Rényi A. 1960. On the evolution of random graphs[J]. Publications of the Mathematical Institute of the Hungarian Academy of Sciences，5：17-61.

Fan K Q，Pedrycz W. 2016. Opinion evolution influenced by informed agents[J]. Physica A：Statistical Mechanics and its Applications，462：431-441.

French Jr. J P R. 1956. A formal theory of social power[J]. Psychological Review，63（3）：181-194.

Friedkin N E，Johnsen E C. 1990. Social influence and opinions[J]. Journal of Mathematical Sociology，15（3/4）：193-206.

Galam S. 2002. Minority opinion spreading in random geometry[J]. European Physical Journal B，25（4）：403-406.

Ghaderi J，Srikant R. 2014. Opinion dynamics in social networks with stubborn agents：equilibrium and convergence rate[J]. Automatica，50（12）：3209-3215.

Glauber R J. 1963. Time-dependent statistics of the Ising model[J]. Journal of Mathematical Physics，4（2）：294-307.

Hegselmann R，Krause U. 2002. Opinion dynamics and bounded confidence models，analysis and simulation[J]. The Journal of Artificial Societies and Social Simulation，5（3）：2.

Hegselmann R，Krause U. 2005. Opinion dynamics driven by various ways of averaging[J]. Computational Economics，25（4）：381-405.

Holley R A，Liggett T M. 1975. Ergodic theorems for weakly interacting infinite systems and the voter model[J]. Annals of Probability，3（4）：643-663.

Jia P，MirTabatabaei A，Friedkin N E，et al. 2015. Opinion dynamics and the evolution of social power in influence networks[J]. SIAM Review，57（3）：367-397.

Krapivsky P，Redner S. 2003. Dynamics of majority rule in two-state interacting spin systems[J]. Physical Review Letters，90（23）：238701.

Krause U. 2000. A discrete nonlinear and non-autonomous model of consensus formation[C]. Communications in Difference Equations. Amsterdam：Gordon and Breach Science Publication：227-236.

Liang H M，Dong Y C，Ding Z G，et al. 2020. Consensus reaching with time constraints and minimum adjustments in group with bounded confidence effects[J]. IEEE Transactions on Fuzzy Systems，28（10）：2466-2479.

Lorenz J. 2007. Continuous opinion dynamics under bounded confidence：a survey[J]. International Journal of Modern Physics C，18（12）：1819-1838.

Martins A C R. 2008. Continuous opinions and discrete actions in opinion dynamics problems[J]. International Journal of Modern Physics C，19（4）：617-624.

Moussaïd M，Kämmer J E，Analytis P P，et al. 2013. Social influence and the collective dynamics of opinion formation[J]. PLoS ONE，8（11），e78433.

Noorazar H. 2020. Recent advances in opinion propagation dynamics：a 2020 survey[J]. European Physical Journal Plus，135（6），521.

Parsegov S E，Proskurnikov A V，Tempo R，et al. 2017. Novel multidimensional models of opinion dynamics in social networks[J]. IEEE Transactions on Automatic Control，62（5）：2270-2285.

Quattrociocchi W，Caldarelli G，Scala A. 2014. Opinion dynamics on interacting networks：media competition and social influence[J]. Scientific Reports，4，4938.

Sznajd-Weron K，Sznajd J. 2000. Opinion evolution in closed community[J]. International Journal of Modern Physics C，11（6）：1157-1165.

Tian Y，Wang L. 2018. Opinion dynamics in social networks with stubborn agents：an issue-based perspective[J]. Automatica，96：213-223.

Ureña R，Kou G，Dong Y C，et al. 2019. A review on trust propagation and opinion dynamics in social networks and group decision making frameworks[J]. Information Sciences，478：461-475.

Watts D J，Strogatz S H. 1998. Collective dynamics of small-world networks[J]. Nature，393（6684）：440-442 .

Weisbuch G，Deffuant G，Amblard F，et al. 2002. Meet，discuss and segregate![J]. Complexity，7（3）：55-63.

Ye M B，Trinh M H，Lim Y H，et al. 2020. Continuous-time opinion dynamics on multiple interdependent topics[J]. Automatica，115，108884.

Zhao Y Y，Kou G，Peng Y，et al. 2018. Understanding influence power of opinion leaders in e-commerce networks：an opinion dynamics theory perspective[J]. Information Sciences，426：131-147.

Zhou Q Y, Wu Z B, Altalhi A H, et al. 2020. A two-step communication opinion dynamics model with self-persistence and influence index for social networks based on the DeGroot model[J]. Information Sciences, 519: 363-381.

第 11 章　社会网络中的二阶交互舆情动力学模型

基于建立一个考虑人与人之间高阶互动的舆情动力学模型的想法，本章对经典 DG 模型进行改进，考虑在社会网络中进行二阶交互的 DG 模型。为了给舆论管理者提供参考，根据网络中是否存在名人把网络分为三种情形，提出对应的三种舆情管控策略。

11.1　信任及其传播

日常生活中，信任无处不在。信任往往以许多不同的形式表现出来，导致信任成为一个模糊的概念。Jøsang 等（2007）将信任定义为“不论结果如何，一方都愿意依赖某事或某人的程度”；Wierzbicki（2010）认为信任是存在于人与人之间的一种复杂而珍贵的关系。传统的信任表现包括人与人之间的友谊等主观条件，长时间的知识累积，以及个体的直觉等。下面以社会网络环境中的信任关系为例进行说明。

社会网络中一些决策者之间没有直接联系，因此也就不存在直接的信任关系，信任传播系统的目标是利用已知的信任值来估计某些决策者之间未知的信任值。假设决策者更倾向于信任来自可信决策者的建议或意见，则信任可以通过社会网络进行传播（Ureña et al.，2019）。Guha 等（2004）认为信任的传递具有如下性质：①对称性。如图 11.1（a）所示，若决策者 v_1 信任决策者 v_2，则可推断 v_2 也可能信任 v_1。②直接性。如图 11.1（b）所示，若决策者 v_1 信任决策者 v_2，而 v_2 又信任决策者 v_3，则可推断 v_1 也信任 v_3。③跟随性。如图 11.1（c）所示，若决策者 v_1 和 v_2 都信任 v_3，而决策者 v_2 除了信任 v_3 还信任 v_4，则 v_1 也有可能跟随 v_2 对 v_4 产生信任。④发散性。如图 11.1（d）所示，若决策者 v_1 信任决策者 v_2，且 v_2 和另一决策者 v_3

都信任 v_4，则 v_1 对 v_2 的信任可能会使得其对 v_3 也产生信任。现实生活中诸如图 11.1 所示的信任传递关系比比皆是，也正是由于各种类型的信任传递，才使得社会网络越来越复杂。

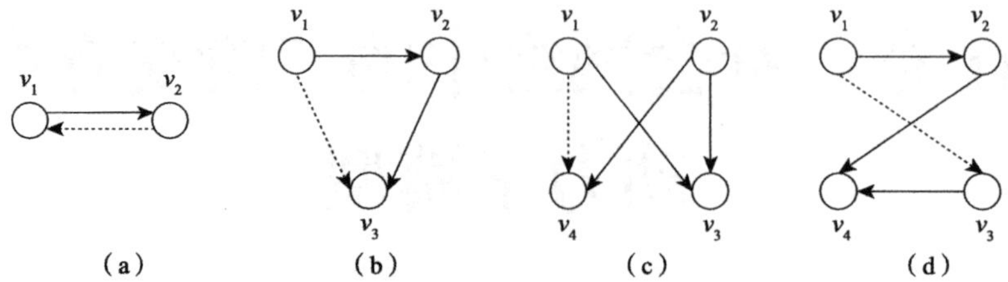

图 11.1 信任的传递性

实线表示信任关系，虚线表示信任传递关系

大多数现有的舆情演化模型没有考虑人与人之间的高阶信任关系，而是假设人们只和与自己有直接关系的朋友或邻居交流，忽略了与他们有间接关系的人的意见。在现实生活中，人们也经常与朋友的朋友建立联系，这种关系同样被认为是亲密关系（Christakis and Fowler，2009）。互联网的快速发展使得人们认识朋友的朋友并保持联系变得越来越容易。另外，大多数权重确定方法假定权重仅与个体的邻居数量有关，但是每个人对自己的意见都有着不同程度的坚持度，并且个体的社会影响力也不同。因此，如何计算基于个体影响力的权重显得尤为重要。

本章提出基于社交网络的二阶交互意见动态模型，个体可以和朋友的朋友进行意见交流。通过考虑个体的自我坚持度及节点的入度和出度，定义每个节点的影响指数，然后再通过影响指数来计算权重。针对连通的网络和不连通的网络结构，提出了不同的意见控制策略，从而引导意见演化至管理者的预期水平。

11.2 社会网络中的二阶交互 DG 模型建模

本节详细介绍社会网络中的二阶交互 DG 模型的建模过程。

11.2.1 二阶交互

用 $G(V,E)$ 表示一个有 n 个节点的无重边和自连边的有向网络，节点 v_i 的入度和出度分别表示为 $\deg_i^+$ 和 $\deg_i^-$。本章不要求节点的出度或入度必须大于 0。

大多数现有的舆情动力学模型只考虑最简单的一步交流，即人们只信任自己的朋友或邻居，而忽略了网络中其他人的观点。然而，在现实生活中，人们出于扩大朋友圈或寻求帮助等目的，时常会与其朋友的朋友打交道，因此一定程度上会受到他们的影响，这种二阶的社交关系也是十分重要的。二阶交互表示人们不仅信任自己的邻居，而且信任邻居的邻居；换言之，有二阶交互行为的人们会考虑与自己相隔更远的人的意见（Christakis and Fowler，2009）。将 v_i 新增的邻域表示为

$$N_i' = \{v_k \mid e_{ik} \in E, v_j \in N_i, v_k \in V\} - I_i \tag{11.1}$$

与原本的信任范围相比，有二阶交互行为的人们的信任范围扩大了。用 $\tilde{N}_i$ 和 $\tilde{I}_i$ 分别表示当 v_i 有二阶交互行为时的邻域和信任集：

$$\begin{aligned} \tilde{N}_i &= N_i \cup N_i' \\ \tilde{I}_i &= \tilde{N}_i \cup \{v_i\} \end{aligned} \tag{11.2}$$

在意见演化过程中，人们根据新的信任集中的人的观点，一步步迭代更新意见，直至达到稳定状态。

11.2.2　权重确定与舆情演化规则

传统 DG 模型中的权重确定方法说明人们对其信任集中的所有人一视同仁，权重被均匀分配给每个邻居。在现实决策中，人们往往对自己的意见有坚持的意愿，同时也会对不同人的意见展现出不同的接受程度，这点在需要做出重大决策时尤为明显。

首先，令 $\alpha_i \in [\alpha^L, \alpha^U] \subseteq (0,1)$ 表示 v_i 的自我坚持度，其中 $[\alpha^L, \alpha^U]$ 是关于 0.5 对称的区间。α_i 体现了 v_i 在意见演化过程中对本身观点的坚持程度，因此自我坚持度就代表了人们赋予自己的权重。若 v_i 的出度为 0，说明 v_i 仅信任自己，则 v_i 会始终保持其初始意见，即 v_i 赋予自身的权重为 1，那么权重矩阵的主对角元素可表示为

$$w_{ii} = \begin{cases} \alpha_i, & \deg_i^- > 0 \\ 1, & \deg_i^- = 0 \end{cases} \tag{11.3}$$

然后，v_i 赋予他人的权重由节点度和自我坚持度确定。节点度是衡量节点中心度的最简单、直接的方法，由于它只关注直接连接的节点，所以测量结果表现为局部中心度，局部中心度越高，说明该节点在局部区域越靠近中心（Scott，2012）。分别用 β_i^+ 和 β_i^- 表示 v_i 的入度和出度对应的局部中心度。

$$\beta_i^+ = \frac{\deg_i^+}{n-1}$$
$$\beta_i^- = \frac{\deg_i^-}{n-1} \tag{11.4}$$

一般来说，节点的入度中心度和出度中心度分别衡量了此人在社会中的名气值和活跃程度。

定义 11.1 给定有向图 $G(V,E)$，$v_i \in V$ 的影响指数表示为

$$\mathrm{INF}_i = \frac{\alpha_i + \beta_i^+ + \beta_i^-}{3} \tag{11.5}$$

影响指数是一个较为综合的指标，因为它既包括了主观因素（人们的自我坚持度），又考虑了客观因素（节点的局部中心度），为权重分配提供了较好的参考。

（1）当网络中不存在二阶交互行为时，v_i赋予$v_j\ (i \neq j)$的权重如下：

$$w_{ij} = \begin{cases} \dfrac{(1-\alpha_i)\cdot \mathrm{INF}_j}{\sum\limits_{v_k \in N_i} \mathrm{INF}_k}, & v_j \in N_i \\ 0, & v_j \notin N_i \end{cases} \tag{11.6}$$

此时由式（11.3）和式（11.6）重新确立的权重矩阵$\boldsymbol{W}$仍为行随机矩阵，因为对任意$v_i \in V$，式（11.7）成立：

$$\sum_{j=1}^{n} w_{ij} = w_{ii} + \sum_{v_j \in N_i} (1-w_{ii}) \frac{\mathrm{INF}_j}{\sum\limits_{v_k \in N_i} \mathrm{INF}_k} = 1 \tag{11.7}$$

（2）当网络中存在二阶交互行为时，假设$v_k \in N_i'$对v_i的影响会由于距离等被削弱，但对于那些处在多个邻居邻域内的二阶交互对象，他们对v_i的影响不会受距离影响。因此，在式（11.1）的基础上，对v_i的二阶交互对象做进一步分类：将在N_i'中且至少被v_i的两个邻居指向的点集记作N_{i_1}'，则N_i'中剩下的不满足条件的点集记作N_{i_2}'，因此有$N_i' = N_{i_1}' \cup N_{i_2}'$。

令$r \in [0,1]$表示人们的二阶沟通指数，它反映了v_i对$v_k \in N_i'$的信任程度。值得指出的是，沟通指数r的变化对网络的可达性没有影响，因为它不改变网络的结构，因此存在二阶交互行为的有向图的可达矩阵$\boldsymbol{B}$不变。

用$\tilde{\boldsymbol{W}} = (\tilde{w}_{ij})_{n\times n}$表示存在二阶交互行为的舆情演化模型的权重矩阵，则$v_i$赋予$v_j\ (i \neq j)$的权重如下：

$$\tilde{w}_{ij}=\begin{cases}(\mathrm{con}_i\cdot\mathrm{INF}_j-w_{ij})r+w_{ij}, & v_j\in N_i\\ \mathrm{con}_i\cdot\mathrm{INF}_j\cdot r, & v_j\in N'_{i_1}\\ \mathrm{con}_i\cdot\mathrm{INF}_j\cdot r/2, & v_j\in N'_{i_2}\\ 0, & \text{其他}\end{cases}\tag{11.8}$$

其中，w_{ij} 由式（11.6）确定；$\mathrm{con}_i=(1-\alpha_i)/\sum\mathrm{INF}(i)$，其中 $\sum\mathrm{INF}(i)$ 表示 v_i 的所有信任对象的影响指数之和，由式（11.9）确定：

$$\sum\mathrm{INF}(i)=\sum_{v_k\in N_i}\mathrm{INF}_k+\sum_{v_k\in N'_{i_1}}\mathrm{INF}_k+\sum_{v_k\in N'_{i_2}}\mathrm{INF}_k/2\tag{11.9}$$

此时由式（11.3）和式（11.8）确定的权重矩阵 $\tilde{\boldsymbol{W}}$ 仍为行随机矩阵，因为对任意 $v_i\in V$，满足

$$\begin{aligned}\sum_{j=1}^{n}\tilde{w}_{ij}&=\alpha_i+\mathrm{con}_i\cdot r\cdot\sum\mathrm{INF}(i)+(1-r)\sum_{v_k\in N_i}w_{ik}\\&=\alpha_i+\frac{\mathrm{con}_i\cdot(1-\alpha_i)\cdot r}{\mathrm{con}_i}+(1-r)(1-\alpha_i)\\&=\alpha_i+(1-\alpha_i)\\&=1\end{aligned}\tag{11.10}$$

为了阅读方便，下文将 $\tilde{\boldsymbol{W}}$ 记作 $\boldsymbol{W}$。

获得权重矩阵之后，社会网络中的二阶交互 DG 模型的舆情演化规则可由式（11.11）表示：

$$x_i(t+1)=\alpha_i x_i(t)+\sum_{j=1,j\neq i}^{n}w_{ij}x_j(t)\tag{11.11}$$

式（11.11）可简化为如下矩阵形式：

$$\boldsymbol{X}(t+1)=\boldsymbol{W}\cdot\boldsymbol{X}(t)\tag{11.12}$$

11.2.3　共识条件

引理 11.1　（Dong et al.，2017）设 k 为任意正整数，权重矩阵 $\boldsymbol{W}$ 满足 $\mathrm{sign}(\boldsymbol{W}^k)=\mathrm{sign}((\mathrm{sign}(\boldsymbol{W}))^k)$，其中 $\mathrm{sign}(x)=\begin{cases}1, & x>0\\ 0, & x=0\end{cases}$。

定理 11.1　给定包含 n 个点的有向网络 $G(V,E)$，则其可达矩阵 $\boldsymbol{B}$ 满足 $\boldsymbol{B}=\mathrm{sign}(\boldsymbol{W}^{n-1})$。

证明　可达矩阵 $\boldsymbol{B}$ 与邻接矩阵 $\boldsymbol{A}$ 满足 $\boldsymbol{B}=\mathrm{sign}((\boldsymbol{A}+\boldsymbol{I})^{n-1})$（Gibbons，1985），其中 $\boldsymbol{I}$ 表示 n 阶单位矩阵。因为 $\boldsymbol{A}+\boldsymbol{I}=\mathrm{sign}(\boldsymbol{W})$，所以 $\boldsymbol{B}=\mathrm{sign}((\mathrm{sign}(\boldsymbol{W}))^{n-1})$。根

据引理 11.1，得到 $\text{sign}((\text{sign}(\boldsymbol{W}))^{n-1})=\text{sign}(\boldsymbol{W}^{n-1})$，因此 $\boldsymbol{B}=\text{sign}(\boldsymbol{W}^{n-1})$。

定理 11.1 说明了与舆情演化密切相关的权重矩阵和依赖于网络结构的可达矩阵之间的关系。

定义 11.2 给定包含 n 个点的有向网络，若所有点都可达 v_i，则称 v_i 为名人，否则称 v_i 为普通人。

定义 11.2 提出的“名人”与 Dong 等（2017）提出的“leader”本质上是相同的。

令 $V_{(c)}=\{v_i \mid b_{ji}=1, j=1,2,\cdots,n\}$ 表示有向网络 $G(V,E)$ 的名人集合，则 $V_{(a)}=V-V_{(c)}$ 为普通人集合。

定理 11.2 有向网络 $G(V,E)$ 中存在至少一位名人是群体达成共识的充分条件。

证明 假设 $v_i \in V_{(c)}$，则网络中所有点都存在至少一条路径可到达 v_i，因此可达矩阵 $\boldsymbol{B}$ 的第 i 列的元素全为 1。由定理 11.1 可知 $\boldsymbol{B}=\text{sign}(\boldsymbol{W}^{n-1})$，故权重矩阵的 $n-1$ 次幂，即 $\boldsymbol{W}^{n-1}$ 的第 i 列的元素全为 1。又因为引理 11.1，当 $\boldsymbol{W}^{n-1}$ 的第 i 列的元素全为 1，群体可以达成共识。

考虑一种极端的特殊情况：网络中所有人都不访问别人，即所有点都为孤立点。若所有人的初始意见都相同，那么在初始时刻就已经形成了共识。此时网络中不存在名人，但是也能达成群体共识。

定理 11.2 说明了群体达成共识所需的条件，当该条件被满足，即网络中存在至少一位名人时，最后得到的共识观点只与所有名人的初始意见有关（Friedkin and Johnsen，1990）。

11.3 舆情调整与控制策略

本节介绍了对群体的控制方法，使得稳定意见可以达到舆论管理者的预期水平。定理 11.2 给出的共识条件对社会网络结构有着较高的要求，现实网络中经常出现没有能被所有人可达的名人的情况，但是局部区域内的名人总是存在的。本节提出了一个子网络识别算法，用于将整个社会网络划分为一些小的子网络，并保证每个子网络中都存在名人。接着，若存在子网络已达到舆论管理者的预期水平，提出一个网络连边算法，利用已满足条件的子网络来调整其他子网络的意见；若所有子网络的稳定意见都令舆论管理者不满意，利用一个优化模型来进行意见调整。最后，给出三种针对不同情况的意见调整策略。

用ψ表示群体的最小舆论值，假设舆论管理者希望群体的舆论水平不低于ϕ，即$\psi \geqslant \phi$。

11.3.1　社会网络结构划分

由于共识意见只与名人的初始意见有关，因此通过调整名人的初始意见就能达到舆论控制的目的。然而，如前所述，网络中不总是存在名人，故此时考虑将网络划分为一些允许存在交叉的子网络。给定不存在名人的有向网络$G(V,E)$，即$V_{(c)}=\varnothing$。假设$G(V,E)$共有l个子网络，其中第k个表示为$G_k(V_k,E_k)$，则$G_k \subseteq G$，$\bigcup_{k=1}^{l} V_k = V$且$\bigcup_{k=1}^{l} E_k = E$。下面给出属于子网络的区域名人的定义。

定义 11.3　给定有向子网络$G_k(V_k,E_k) \subseteq G(V,E)$，若$v_i \in V_k$能且仅能被$G_k(V_k,E_k)$中的所有点可达，则称$v_i$为仅属于$G_k(V_k,E_k)$的区域名人。

令$V_{(c),k}$和$V_{(a),k}$分别表示$G_k(V_k,E_k)$ $(k=1,2,\cdots,l)$中的区域名人集和区域普通人集合。定义 11.3 说明区域名人具有专一性，即$\bigcap_{k=1}^{l} V_{(c),k}=\varnothing$；但对普通人来说，不存在这一限制。

子网络划分的具体过程见算法 11.1。

算法 11.1　子网络划分算法

输入　有n个点的有向网络$G(V,E)$及其可达矩阵$\boldsymbol{B}$。

输出　所有子网络$G_k(V_k,E_k)$，以及相应的区域名人集$V_{(c),k}$ $(k=1,2,\cdots,l)$。

步骤 1　初始化$k=1$。令$\boldsymbol{cs}=\{cs_1,cs_2,\cdots,cs_n\}$表示可达矩阵$\boldsymbol{B}$的列和构成的集合，其中$cs_j=\sum_{i=1}^{n} b_{ij}$ $(j=1,2,\cdots,n)$。

步骤 2　确定子网络$G_k(V_k,E_k)$的区域名人集。找出当前列和所构成集合$\boldsymbol{cs}$中最大的元素（若有多个相同最大值，则选择其中的第一个），该元素对应的点被最多人可达，因此认为该点及被该点可达的点是G_k的区域名人，则$V_{(c),k}=\{v_i\} \cup \{v_m \mid b_{im}=1\}$，其中$v_i$由式（11.13）确定：

$$i=\arg\max_j (cs_j) \tag{11.13}$$

步骤 3　确定子网络$G_k(V_k,E_k)$的区域普通人集合。将$V-V_{(c),k}$中所有可达区域名人的点视作G_k区域内的普通人，则$V_{(a),k}=\{v_m \mid b_{mu}=1,\ v_m \in (V-V_{(c),k}),\ v_u \in V_{(c),k}\}$。

步骤 4　子网络$G_k(V_k,E_k)$的构建方式如下：

$$\begin{aligned} V_k &= V_{(c),k} \cup V_{(a),k} \\ E_k &= \{e_{ij} \mid v_y, v_z \in V_k, e_{yz} \in E\} \end{aligned} \tag{11.14}$$

步骤 5 令 $\boldsymbol{cs} = \boldsymbol{cs} - \{cs_j \mid v_j \in V_k\}$。

步骤 6 若 $\mathrm{card}(\boldsymbol{cs}) = 0$，说明已经完成网络划分，令 $l = k$，输出结果；否则还要继续划分，令 $k = k + 1$，返回步骤 2。

步骤 7 结束。

上述网络划分算法对有名人存在的强连通网络和单向连通网络也同样适用，输出结果为与原网络相同的网络。

若所有子网络都没有重合的部分，即 $\bigcap_{k=1}^{l} V_k = \varnothing$ 且 $\bigcap_{k=1}^{l} E_k = \varnothing$，则可将所有子网络视为若干个独立的有向网络。算法 11.1 保证了每个子网络都有其区域名人，因此根据定理 11.2，每个子网络都有其区域共识。此时，子网络的数目与整个群体意见分裂的数目相等。由于上述的网络划分算法不要求普通人只能属于一个子网络，因此，若子网络之间出现重合现象，则重合的部分一定只能是普通点，即 $\bigcap_{k=1}^{l} V_k \subseteq \bigcup_{k=1}^{l} V_{(a),k}$。

11.3.2 子网络处理

获得网络划分的结果后，则每个子网络的最小舆论值也自然得知。令 $\boldsymbol{\varPsi} = \{\psi_1, \psi_2, \cdots, \psi_l\}$ 表示由各子网络的最小舆论值构成的集合。

（1）若存在 $\psi_k \in \boldsymbol{\varPsi}$ 满足 $\psi_k \geqslant \phi$，则根据如下算法在子网络之间添加新的有向边。

算法 11.2 子网络添边算法

输入 有 n 个点的有向网络 $G(V,E)$，所有子网络 $G_k(V_k, E_k)$ 及其区域名人集 $V_{(c),k}(k = 1,2,\cdots,l)$，子网络最小舆论值集合 $\boldsymbol{\varPsi} = \{\psi_1, \psi_2, \cdots, \psi_l\}$，舆论管理者的预期舆论水平为 ϕ。

输出 新添加的有向边集合和改变后的有向网络 $G(V,E)$。

步骤 1 将满足舆论管理者预期舆论水平的子网络集合表示为 $G_{\mathrm{qua}} = \{G_k \mid G_k \in G, \psi_k \geqslant \phi\}$，它们的最小舆论值组成的数组记作 $\varPsi_{\mathrm{qua}}$；则不满足舆论管理者预期舆论水平的子网络集合表示为 $G_{\mathrm{unqua}} = G - G_{\mathrm{qua}}$。

步骤 2 将 $\varPsi_{\mathrm{qua}}$ 中最低的最小舆论值对应的子网络记作 G_i，即

$$i = \underset{G_j \in \varPsi_{\mathrm{qua}}}{\arg\min}(\psi_j) \qquad (11.15)$$

若有多个相同的最低值，则选取第一个出现的子网络为 G_i。与其他满足预期水平子网络相比，G_i 与不满足预期水平子网络的最小舆论值的差距最小，因此选取 G_i 作为不满足预期水平的子网络的接近对象。

步骤 3　随机选择 $v_m \in V_{(c),i}$ 成为不满足预期水平的子网络的区域名人的连边对象，为了最小化连边成本，每个不满足预期水平的子网络 $V_k \in V_{\text{unqua}}$ 仅随机选择一名区域名人 $v_j \in V_{(c),k}$ 访问 v_m，即在原有网络中新增有向边 e_{jm}。

步骤 4　输出新添加的有向边集合和改变后的有向网络 $G(V,E)$。

步骤 5　结束。

算法 11.2 的思想是利用与不满足预期水平子网络的最小舆论值差距最小的已满足预期水平子网络，新增从每个不满足预期水平子网络的区域名人指向选定的已满足预期水平子网络的区域名人的有向边，因此新增有向边的数目与不满足预期水平子网络的数目相等。

（2）若所有 $\psi_k \in \boldsymbol{\Psi}$ 都不满足 $\psi_k \geqslant \phi$，提出一个简单的优化模型来改变人们的初始意见，用来得到令舆论管理者满意的稳定意见。设初始意见由 $\boldsymbol{X}(0)=(x_1(0), x_2(0),\cdots,x_n(0))^{\mathrm{T}}$ 变为 $\bar{\boldsymbol{X}}(0)=(\bar{x}_1(0),x_2(0),\cdots,x_n(0))^{\mathrm{T}}$ 后得到的稳定意见满足要求，为了最小化初始意见的改变量，有如下优化模型：

$$\min \ |\boldsymbol{X}(0)-\hat{\boldsymbol{X}}(0)| \\ \text{s.t.}\begin{cases}\lim\limits_{t\to\infty}\boldsymbol{W}^t\cdot\hat{\boldsymbol{X}}(0)\geqslant\boldsymbol{\Phi} \\ \boldsymbol{X}(0)\leqslant\hat{\boldsymbol{X}}(0)\leqslant\mathbf{1}\end{cases} \tag{11.16}$$

模型（11.16）仅会改变网络中名人或区域名人的初始意见，因为只有他们的初始意见与群体的稳定意见有关。

11.3.3　舆情管控策略

当群体的稳定意见不满足预期舆情水平时，网络可能出现以下三种情况：

情况 1　网络中存在名人，但是群体稳定意见不满足预期舆情水平；

情况 2　网络中不存在名人，并且所有子网络的最小意见值都不满足预期舆情水平；

情况 3　网络中不存在名人，虽然群体的稳定意见不满足预期舆情水平，但存在至少一个子网络的最小意见值满足预期舆情水平。

针对上述三种不同情况，基于算法 11.1、算法 11.2 和优化模型（11.16）提出以下三种意见管控策略：

策略 1　仅利用优化模型（11.16）修改人们的初始意见；

策略 2　利用算法 11.1 划分网络，然后用优化模型（11.16）修改人们的初始意见；

策略 3　利用算法 11.1 划分网络，然后利用算法 11.2 调整网络结构。

完整的舆情管控流程如图 11.2 所示。

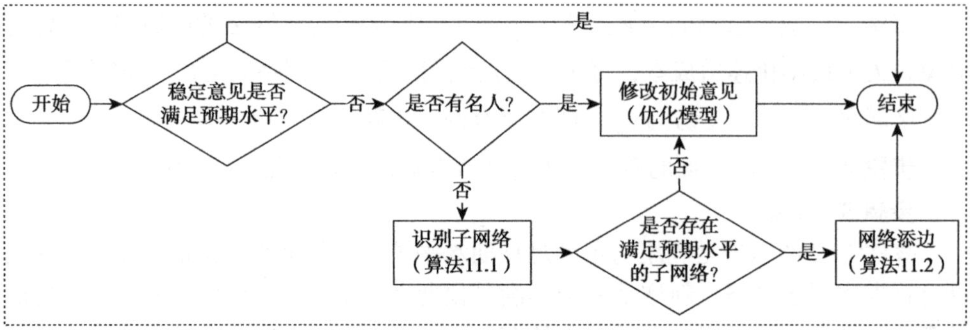

图 11.2　舆情管控流程

三个策略的具体信息如表 11.1 所示。

表 11.1　舆情管控策略

策略编号	针对情况	具体方法	修改对象
1	网络中存在名人，但是群体稳定意见不满足预期舆情水平	优化模型	名人的初始观点
2	网络中不存在名人，并且所有子网络的最小舆情值都不满足预期舆情水平	算法 11.1 和优化模型	区域名人的初始观点
3	网络中不存在名人，虽然群体的稳定意见不满足预期舆情水平，但存在至少一个子网络的最小舆情值满足预期舆情水平	算法 11.1 和算法 11.2	网络结构

11.3.4　比较与分析

从基础模型、舆情控制方法及关键技术等方面将社会网络中的二阶交互 DG 模型与一些已有的研究进行对比分析。

Dong 等（2017）和 Wongkaew 等（2015）的目标是达成群体共识，而本章二阶交互模型的主要目的是研究如何基于三种策略控制群体的稳态意见。

在基础模型方面，Chen 等（2016）研究了基于 HK 模型和公众权威的舆情控制；Wongkaew 等（2015）则探究了基于连续时间下的 HK 模型的舆情控制。尽管 Dong 等（2017）和本章的研究都是基于经典的 DG 模型，但本章的模型改变了权重的确定方式，并且考虑了二阶交互情形。

在舆情控制方面，本章模型和一些已有研究都使用了网络中的一些特殊节点来达到控制舆情发展的目的。例如，Chen 等（2016）认为具有较高社会地位或专业知识的人能够控制群众意见。Masuda（2015）认为，投票模型中那些固执的选民从不改变他们的观点，因此他们是舆论控制者。Wongkaew 等（2015）认为，意见控制是通过那些有着极高自尊的人来实现的。Dong 等（2017）和本章研究都试图通过控制社交网络中被所有人可达的人来控制舆论，但是 Dong 等（2017）假设每个人都至少信任除自己之外的一个人，本章在构建模型时没有这个限制。

权值确定方法和意见控制策略是本章舆情演化模型的关键，本章提出了一种不同于 Dong 等（2017）的适用于各种类型网络的子网识别算法。与文献 Dong 等（2017）中最小化新增边的优化模型不同，本章的优化模型是为了最小化初始意见修改量。

11.4　算例分析

例 11.1　为了验证三种意见管控策略的有效性，给出如图 11.3 所示的三个有向网络。设置预期舆情水平 $\phi=0.8$，二阶沟通指数 $r=0.5$，人们自我坚持度的下界和上界为 $\alpha^L=0.2$ 和 $\alpha^U=0.8$，人们的初始意见和自我坚持度分别为

$$\boldsymbol{X}(0)=(0.14,0.42,0.92,0.81,0.96)^{\mathrm{T}}$$

$$\boldsymbol{\alpha}=(0.60,0.60,0.46,0.56,0.37)^{\mathrm{T}}$$

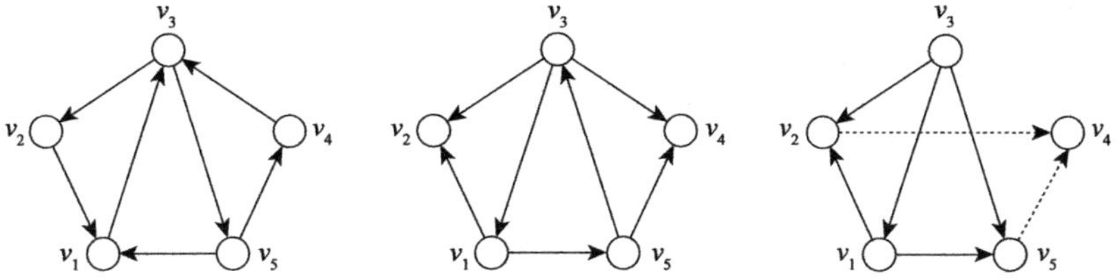

（a）强连通图　　（b）单向连通图　　（c）不连通图

图 11.3　有向图

情况 1　如图 11.3（a）所示，强连通网络中所有人都为名人，权重矩阵为

$$\boldsymbol{W}=\begin{pmatrix} 0.60 & 0.04 & 0.31 & 0 & 0.05 \\ 0.33 & 0.60 & 0.07 & 0 & 0 \\ 0.09 & 0.21 & 0.46 & 0.03 & 0.21 \\ 0 & 0.05 & 0.34 & 0.56 & 0.05 \\ 0.29 & 0 & 0.12 & 0.22 & 0.37 \end{pmatrix}$$

群体的稳定意见为

$$\boldsymbol{X}(18)=(0.57,0.57,0.57,0.57,0.57)^{\mathrm{T}}$$

虽然群体达成了共识，但群体最小舆论值 $\psi=0.57<\phi$，此时 ψ 不满足预期条件。利用情况 1 对应的策略 1 对舆论进行管控，根据优化模型（11.16）得到如下修改后的初始意见：

$$\hat{\boldsymbol{X}}(0)=(\mathbf{0.86},0.42,0.92,0.81,0.96)^{\mathrm{T}}$$

其中，被修改的位置用粗体表示。虽然图 11.3（a）中所有人都为名人，但是只有 v_1的初始意见被修改，从 0.14 被提高至 0.86，说明v_1的初始意见过低是导致原本群体最小舆论值不符合要求的原因。

利用修改后的意见重新进行意见演化，得到修改后的群体最小意见值为 $\hat{\psi}=0.80=\phi$，此时舆论管理者的要求得以满足。

策略 1 通过修改原网络中名人的初始意见达到舆论管控目的。

情况 2 图 11.3（b）展示了一个单向连通网络，其权重矩阵为

$$\boldsymbol{W}=\begin{pmatrix}0.60 & 0.16 & 0.04 & 0.03 & 0.17\\0 & 1.00 & 0 & 0 & 0\\0.19 & 0.16 & 0.46 & 0.15 & 0.04\\0 & 0 & 0 & 1.00 & 0\\0.06 & 0.05 & 0.30 & 0.22 & 0.37\end{pmatrix}$$

群体的稳定意见为

$$\boldsymbol{X}(18)=(0.57,0.42,0.60,0.81,0.66)^{\mathrm{T}}$$

由于群体最小舆论值$\psi=0.42<\phi$，且原网络中不存在名人，因此首先利用算法 11.1 对原网络进行划分，得到以下子网络，

$$G_1(V_1,E_1):\ V_1=\{v_1,v_2,v_3,v_5\},\ V_{(c),1}=\{v_2\}$$

$$G_2(V_2,E_2):\ V_2=\{v_1,v_3,v_4,v_5\},\ V_{(c),2}=\{v_4\}$$

子网络最小舆论值集合为$\boldsymbol{\Psi}=\{0.42,0.56\}$，此时两个子网络都不满足预期舆论水平，因此采取与情况 2 对应的策略 2 进行舆论调整。根据优化模型（11.16）得到如下修改后的初始意见：

$$\hat{\boldsymbol{X}}(0)=(0.14,\mathbf{0.80},0.92,0.81,0.96)^{\mathrm{T}}$$

其中，被修改的位置用粗体表示。此时属于子网络$G_1(V_1,E_1)$的区域名人v_2的初始意见由 0.42 被调整至 0.80。利用修改后的意见重新进行意见演化，得到新的最小群体意见为$\hat{\psi}=0.80=\phi$，此时达到要求。

策略 2 通过修改子网络的区域名人的初始意见达到管控群体观点的目的。

情况 3 考虑如图 11.3（c）实线部分所示的不连通网络，其权重矩阵为

$$\boldsymbol{W}=\begin{pmatrix}0.60 & 0.22 & 0 & 0 & 0.18\\0 & 1.00 & 0 & 0 & 0\\0.22 & 0.18 & 0.46 & 0 & 0.14\\0 & 0 & 0 & 1.00 & 0\\0 & 0 & 0 & 0 & 1.00\end{pmatrix}$$

群体的稳定意见为

$$\boldsymbol{X}(18)=(0.66,0.42,0.66,0.81,0.95)^{\mathrm{T}}$$

群体最小舆论值 $\psi=0.42<\phi$，且原网络中不存在名人，因此首先利用算法 11.1 对原网络进行划分，得到以下子网络：

$$G_1(V_1,E_1):\ V_1=\{v_1,v_2,v_3\},\ V_{(c),1}=\{v_2\}$$

$$G_2(V_2,E_2):\ V_2=\{v_1,v_3,v_5\},\ V_{(c),2}=\{v_5\}$$

$$G_3(V_3,E_3):\ V_3=\{v_4\},\ V_{(c),3}=\{v_4\}$$

子网络最小舆论值集合为 $\boldsymbol{\Psi}=\{0.42,0.66,0.81\}$，子网络 $G_3(V_3,E_3)$ 已满足预期舆论水平，因此采取与情况 3 对应的策略 3 进行舆论调整。根据算法 11.2，满足预期舆论水平子网络集合及最小舆论值数组分别为 $G_{qua}=\{G_3\}$ 和 $\Psi_{\text{qua}}=0.81$。由于只有一个子网络满足条件，因此 $G_i=G_3$。又因为 $G_1(V_1,E_1)$ 和 $G_2(V_2,E_2)$ 各自只有唯一的区域名人 v_2 和 v_5，因此新增的有向边为 e_{24} 和 e_{54}，在图 11.3（c）中用虚线表示。此时，v_4 由只属于 G_3 的区域名人变为修改后的社会网络 G 里唯一的名人。

经过算法 11.2 的调整，网络结构发生变化，新的权重矩阵为

$$\boldsymbol{W}=\begin{pmatrix} 0.60 & \mathbf{0.19} & 0 & \mathbf{0.06} & \mathbf{0.15} \\ 0 & \mathbf{0.60} & 0 & \mathbf{0.40} & 0 \\ \mathbf{0.17} & \mathbf{0.17} & 0.46 & \mathbf{0.06} & \mathbf{0.14} \\ 0 & 0 & 0 & 1.00 & 0 \\ 0 & 0 & 0 & \mathbf{0.63} & \mathbf{0.37} \end{pmatrix}.$$

其中，粗体表示被修改的元素。利用新的权重矩阵进行意见演化，得到群体最小舆论值为 $\hat{\psi}=0.81>\phi$，结果满足要求。

策略 3 通过改变网络结构来使群体观点满足要求。

11.5　仿真模拟实验

为了更好地解释人们的自我坚持度范围和沟通指数 r 对舆情演化系统和舆情管控策略选择的影响，本节在人工复杂网络上进行了随机模拟实验，并对结果进行了分析。

在众多人工网络中，本节选择了由 Paul Erdős 和 Alfréd Rényi 提出的 ER 随机网（Erdős and Rényi，1960）。ER 随机网中每对点之间存在边的概率为 $p\in(0,1)$，因此类似地，假设每对不同点之间存在一条有向边的概率为 p。

实验参数设置如下：网络规模为 $n=100$，舆论管理者预期舆情水平为 $\phi=0.8$，从区间 $(0,1)$ 中随机生成人们的初始意见。本节的实验结果是 500 次独立重复的模

拟结果的平均值。

首先，为了确定有向边连接概率 p 对网络连通性的影响，进行如下实验：将有向边连接概率 p 设置为从 0.01 到 0.09 的均匀间隔的 17 个不同值，然后计算四种网络连通类型在 500 次实验中出现的频率，实验结果如图 11.4 所示。从图中可以看出，随着边连接概率 p 增大，网络逐渐由不连通向强连通转变，而弱连通和单向连通作为中间形态，它们的频率都先增大后降低。因为当连边概率 p 很小时，网络中存在许多孤立点，因此不连通图和弱连通图出现的概率相对较高；随着连边概率 p 变大，点与点之间的边逐渐变多，直到 p 足够大时，强连通图出现的概率十分接近 1。从图 11.4 还可以发现，$p = 0.05$ 是网络连通性转变的阈值，即 $p < 0.05$ 时网络大部分不连通或弱连通，但 $p \geqslant 0.05$ 时网络大部分单向连通或强连通。这一现象验证了 Erdős 和 Rényi 的"对于有 n 个点的 ER 随机图，使得网络变得连通的连边概率阈值为 $p^* = \ln(n)/n$" 这一结论。由于模拟实验使用的 ER 随机网络含有 100 个点，因此连边概率的阈值 $p \approx 0.05$。

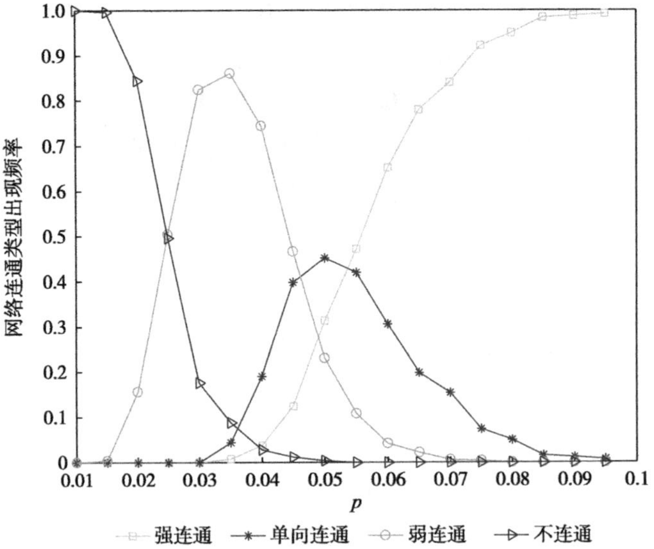

图 11.4　网络连通类型概率

将人们自我坚持度的范围宽度记作

$$\mathrm{WOS} = \alpha^U - \alpha^L \tag{11.17}$$

图 11.5 展示了在不同网络连通性下人们自我坚持度的范围宽度 WOS 与各种策略选择之间的关系。一方面，从图中可以看出，当网络连通性确定时，选择何种策略来控制舆情与人们自我坚持度的范围宽度没有太大关系，说明舆情管控策略具有较好的稳定性。舆情管理者只要知晓网络结构，就能较为准确地判断哪种

情况出现的概率更高，从而也就知道应该采取何种管控策略，提高了舆论管理的效率。另一方面，当网络连通性较差时，选择策略 2 的概率总比选择策略 3 的概率高，说明虽然网络可以被划分为一些不同的子网络，但是满足预期要求的子网络总是较少，故导致选择策略 3 的机会相比选择策略 2 来说更小。然而随着网络连通性的增强，策略 1 被选择用于控制舆情的概率大幅上升，策略 2 和策略 3 被选择的概率都在下降，这是因为是否选择策略 1 取决于网络中是否有名人，而名人存在的概率随网络连通性增强而变大。

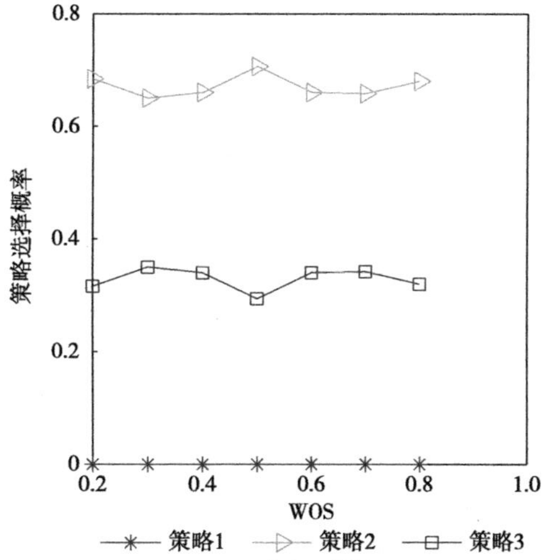

（a）p=0.02

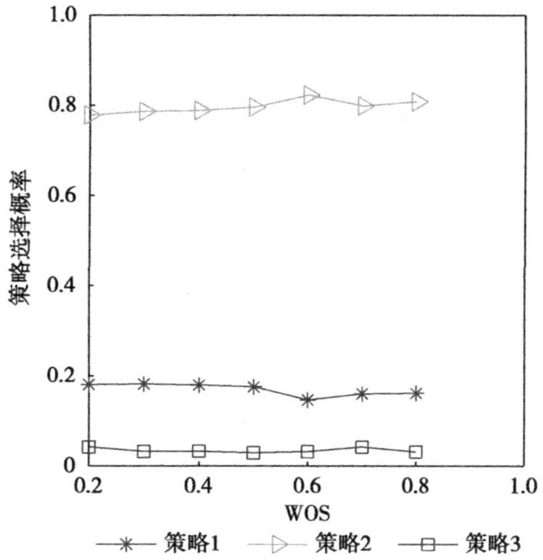

（b）p=0.035

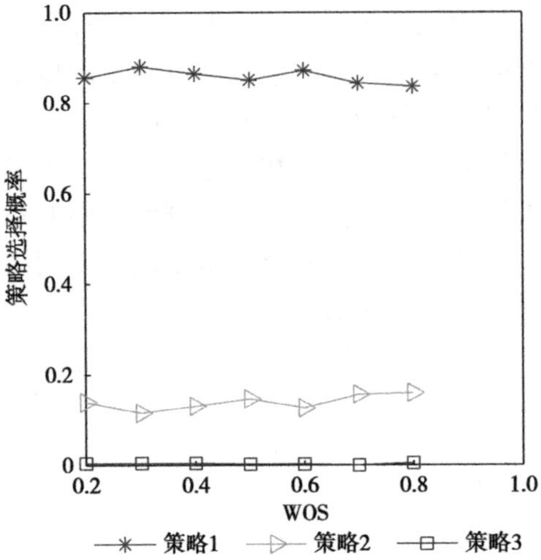

（c）p=0.05

图 11.5　三种策略的选择概率

将舆情演化过程中的观点变化最大量记作

$$\mathrm{MOC}=\max_{i,t}\left(\left|x_i(t+1)-x_i(t)\right|\right) \tag{11.18}$$

图 11.6 给出了观点变化最大量MOC随连边概率p和沟通指数r的变化而发生的变化。当网络中不存在二阶交互行为（$r=0$）时，连边概率p越大，观点变化最大量MOC越小；当网络中存在二阶交互行为（$r>0$）时，连边概率p增大使得网络变得越来越连通，这意味着人们碰见与自己的观点相差甚远的可能性提高，因此MOC也变大了。不同连边概率下，观点变化最大量MOC随沟通指数r变化而变化的趋势大致类似，都是当$0\leqslant r\leqslant 0.2$时变大，随后略微下降，但几乎不发生变化。以上结果说明二阶交互行为扩大了人们的交际范围，使人们可以接触到更多不同的观点；另外，$r=0.2$是在本节模拟条件下的沟通指数临界值，人们的观点变化最大量MOC在沟通指数$r=0.2$时达到最高点。

最后，图 11.7 展示了在连通性不同的网络中，采用各个策略调整后的舆论稳定时间t^*随沟通指数r的变化。由于$p=0.02$时不出现情况 1，所以图 11.7 的第一个子图中没有它的稳定时间。从图 11.7 可以知道，策略 3 的稳定时间对沟通指数r最敏感，其他两个策略的稳定时间的变化幅度不是很大。对策略 3 来说，不论网络连通性如何，当$0\leqslant r\leqslant 0.2$时，其稳定时间快速降低；当$0.2\leqslant r\leqslant 0.8$时，策略 3 所需的稳定时间保持最低值，变化微小；当$0.8\leqslant r\leqslant 1$时，稳定时间又急速增大，最后上涨至略低于起始位置的点。再结合图 11.5 来看，人们的观点变化最大

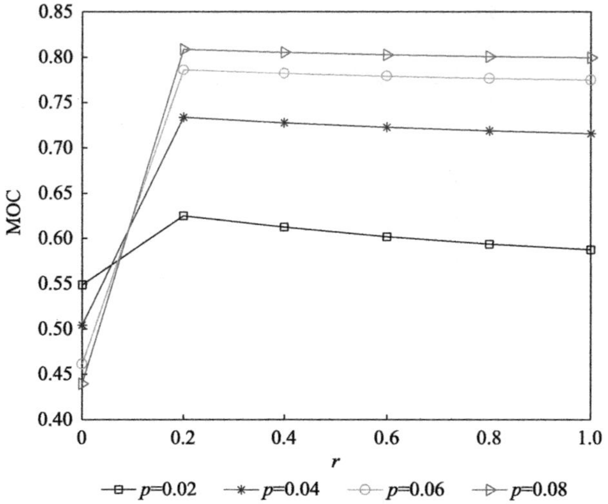

图 11.6 观点变化最大量

量在 $0.2 \leqslant r \leqslant 1$ 时几乎保持不变，策略 3 所需的稳定时间在 $0.2 \leqslant r \leqslant 0.8$ 时最小且几乎保持不变。因此，舆论管理者可以考虑将人们的二阶沟通指数设定在 $[0.2,0.8]$，因为位于这一区间内的沟通指数不仅能促进群体的整体交流，又可能使舆情演化过程较快地产生结果，同时，即使沟通指数在这个范围内变化，也不会对策略选择、观点变化最大量、稳定时间有较大的影响。

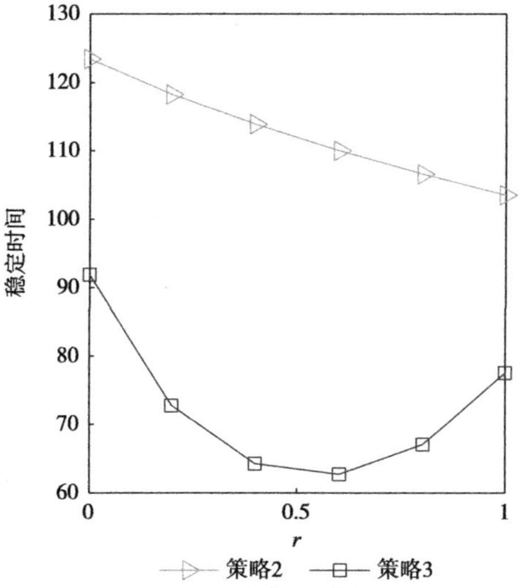

（a）p=0.02

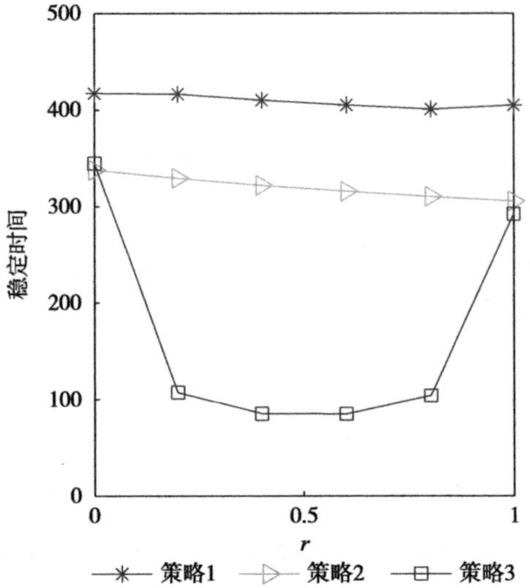

（b）p=0.035

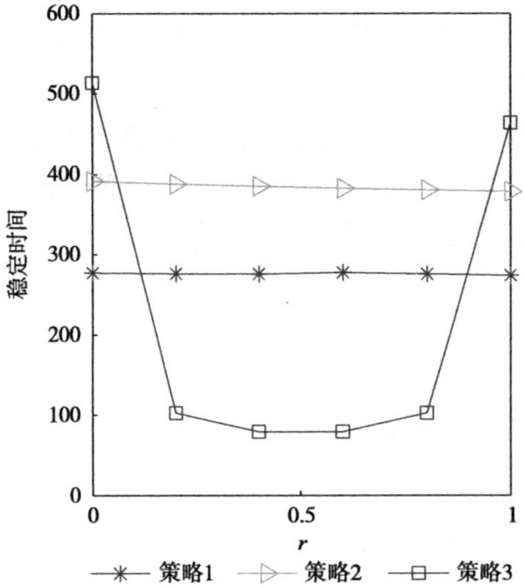

（c）p=0.05

图 11.7　稳定时间

11.6　本 章 小 结

本章提出社会网络中的二阶交互 DG 模型，利用自我坚持度计算人们的影响指数，进而确定权重矩阵。然后提出了网络划分算法、网络添边算法及最小化意见修改量的优化模型。通过对网络结构的分析，提出了三种意见控制策略，借助名人将群体舆论引导到期望的状态。最后通过随机模拟实验来直观地说明沟通指数和网络连通性对舆论发展、干预和策略选择的影响。本章的大部分内容来自文献 Zhou 等（2020）。

舆情控制作为研究舆情的重要目的，引起了众多学者的关注。Qian 等（2011）和 Liu 等（2014）都是通过社会网络中某些节点来实现整体的舆论控制，前者将利用的节点称作“桥梁”，后者利用的是那些对于改变对立观点拥有强烈欲望的节点。Wongkaew 等（2015）关注的是与 HK 模型中领导者动态相关的控制机制。Chen 等（2016）强调了公共权威对于舆论控制的重要性。Masuda（2015）提出了一个优化策略，以最大限度地扩大一个政党在政治选举中的影响力。在大数据和互联网的背景下，田婧倩和刘晓星（2021）结合控制理论建立了用于确定利用新媒体进行社会舆情传播的有效性的理论模型。

已有学者研究了舆情演化中的社会影响和个体的自我坚持对舆论演化的影响。Jia 等（2015）基于 DF 模型研究了个体的社会权力、自我坚持程度及个体间人际关系对舆情演化的影响，引发了许多关于个体的自我坚持的 DF 模型的研究（Ye et al.，2018；Chen et al.，2019）。此外，Ding 等（2019）讨论了 DG 模型中节点度和个体的自我坚持程度对共识收敛速度的影响。在区分个体的角色方面，Zhao 等（2016）将原 HK 模型扩展为考虑环境噪声的领导者-追随者模型，进而分析领导者和环境噪声对追随者最终意见的影响。Dong 等（2017）使用 DG 模型对共识形成过程中的领导者进行了讨论。周沁悦和吴志彬（2023）基于 DG 模型，将社会群体分为权威者、服从者、反抗者和独立者，对此类社会网络的舆情演化进行了仿真模拟。Tian 和 Wang（2018）受 FJ 模型的启发，研究了顽固者的作用，并提出了达成共识的条件。

参 考 文 献

田婧倩，刘晓星. 2021. 舆情传播、风险感知与投资者行为——基于系统模糊控制的视角[J]. 系统工程理论与实践，41（12）：3147-3162.

周沁悦，吴志彬. 2023. 社交网络下考虑决策者角色差异的舆情演化模型[J]. 控制与决策，38（1）：257-264.

Albi G，Pareschi L，Zanella M. 2014. Boltzmann-type control of opinion consensus through leaders[J]. Philosophical Transactions of the Royal Society A：Mathematical，Physical and Engineering Sciences，372，20140138 .

Chen G，Duan X M，Friedkin N E，et al. 2019. Social power dynamics over switching and stochastic influence networks[J]. IEEE Transactions on Automatic Control，64（2）：582-597 .

Chen X，Xiong X，Zhang M H，et al. 2016. Public authority control strategy for opinion evolution in social networks[J]. Chaos，26（8）：083105.

Christakis N A，Fowler J H. 2009. Connected：The Surprising Power of Our Social Networks and How They Shape Our Lives[M]. NewYork：Little，Brown Spark.

Ding Z G，Chen X，Dong Y C，et al. 2019. Consensus reaching in social network DeGroot model：the roles of the self-confidence and node degree[J]. Information Sciences，486：62-72.

Dong Y C，Ding Z G，Marinez L，et al. 2017. Managing consensus based on leadership in opinion dynamics[J]. Information Sciences，397：187-205.

Erdős P，Rényi A. 1960. On the evolution of random graphs[J]. Publications of the Mathematical Institute of the Hungarian Academy of Sciences，5：17-61.

Friedkin N E，Johnsen E C. 1990. Social influence and opinions[J]. Journal of Mathematical Sociology，15（3/4）：193-206.

Gibbons A. 1985. Algorithmic Graph Theory[M]. Cambridge：Cambridge University Press.

Guha R，Kumar R，Raghavan P，et al. 2004. Propagation of trust and distrust[C]. Proceedings of the Thirteenth International Conference on World Wide Web：403-412.

Jia P，MirTabatabaei A，Friedkin N E，et al. 2015. Opinion dynamics and the evolution of social power in influence networks[J]. SIAM Review，57（3）：367-397.

Jøsang A，Ismail R，Boyd C. 2007. A survey of trust and reputation systems for online service provision[J]. Decision Support System，43：618-644.

Liu Z H，Ma J F，Zeng Y，et al. 2014. On the control of opinion dynamics in social networks[J]. Physica A：Statistical Mechanics and its Applications，409：183-198 .

Masuda N. 2015. Opinion control in complex networks[J]. New Journal of Physics，17（3）：033031.

Qian C，Cao J D，Lu J Q，et al. 2011. Adaptive bridge control strategy for opinion evolution on social networks[J]. Chaos，21：025116 .

Scott J. 2012. Social Network Analysis[M]. Washington：Sage Publications Ltd.

Tian Y，Wang L. 2018. Opinion dynamics in social networks with stubborn agents：an issue-based perspective[J]. Automatica，96：213-223.

Ureña R，Kou G，Dong Y C，et al. 2019. A review on trust propagation and opinion dynamics in social networks and group decision making frameworks[J]. Information Sciences，478：461-475.

Wierzbicki A. 2010. Trust and Fairness in Open，Distributed Systems[M]. Heidelberg，Berlin：Springer.

Wongkaew S，Caponigro M，Borzi A. 2015. On the control through leadership of the Hegselmann-Krause opinion formation model[J]. Mathematical Models and Methods in Applied Sciences，25（3）：565-585.

Ye M B，Liu J，Anderson B D O，et al. 2018. Evolution of social power in social networks with dynamic topology[J]. IEEE Transactions on Automatic Control，63（11）：3793-3808.

Zhao Y Y，Zhang L B，Tang M F，et al. 2016. Bounded confidence opinion dynamics with opinion leaders and environmental noises[J]. Computers & Operations Research，74：205-213.

Zhou Q Y，Wu Z B，Altalhi A H，et al. 2020. A two-step communication opinion dynamics model with self-persistence and influence index for social networks based on the DeGroot model[J]. Information Sciences，519：363-381.

第 12 章　动态网络中的混合舆情动力学模型

本章介绍两种混合舆情演化模型：基于意见相似性的混合舆情演化模型（opinion similarity mixed opinion dynamics model，OSM model）和基于结构相似性的混合舆情演化模型（structural similarity mixed opinion dynamics model，SSM model），二者有着相同的观点演化规则和不同的网络重连边机制。

12.1　舆情演化规则

已有的舆情动力学模型通常基于单一的规则进行意见演化，一方面，DG 模型假设人们完全接受所有邻居的观点；另一方面，HK 模型假设人们只信任与自己观点足够接近的人。人们长期处于根据自我意识进行信息选择的环境中，久而久之会形成思想禁锢与偏见，不利于社会多元发展。在现实生活中，人们对与自己亲密程度不同的人，显示出不同的信任关系，这就要求舆情演化模型中个体的信任机制具有包容性。另外，DG 模型和 HK 模型这两种最经典的演化模型均假设网络结构是不变的，即个体意见在发展，但是个体之间的连接却始终不变。更符合实际情况的是，个体会在演化意见的同时摆脱一些关系并寻找新的联系。

本章提出动态社会网络下的混合意见模型。此类模型克服了 DG 模型中个体无条件接纳其邻居意见，而忽略意见差异性的不足；也避免了 HK 模型中个体仅和与其意见相近的人进行交流，进而可能造成的“信息茧”现象。此外，本章还提出了基于意见相似性和结构相似性的网络重连边机制。

本章的模型基于以下两个假设：

（1）给定有向网络 $G(V,E)$ 中的点 v_i 和 v_j $(i \neq j)$，从 v_i 的角度来说，若不存在由

v_i指向v_j的边，即$e_{ij} \notin E$，则v_i认为自己与v_j没有联系，或从第三者角度看，v_i与v_j没有联系；若仅存在由v_i指向v_j的边，即$e_{ij} \in E$且$e_{ji} \notin E$，则v_i认为自己与v_j有弱联系；若v_i和v_j之间互相连接，即$e_{ij} \in E$且$e_{ji} \in E$，则v_i认为自己与v_j有强联系。假设v_i对与自己有强联系和弱联系的人分别采用 DG 模型和 HK 模型的通信模式。例如，人们由于环境熏陶，更倾向于接受家人的观点，这与 DG 模型相对应；但在面对只有单方面联系的朋友时，人们更容易被与自己观点相似的人说服，这与 HK 模型相对应。

（2）假设人们会对自己与他人的联系感到满意与不满意：强联系总是令人满意的，但在弱联系中，只有当弱联系对象的观点在自己的置信度内时，与其的弱联系才令人满意，否则人们会认为自己的出访资源被浪费了——因为在 HK 模型中，一旦在某时刻形成了意见分歧，该分歧便会永远存在（Hegselmann and Krause，2002），即就算此后的时间里一直访问该弱联系对象，也永远不会在观点演化时考虑其意见。因此本章的模型中允许人们舍弃令人不满意的弱联系，同时尝试寻找新的访问对象，如此循环往复，则会形成一个比静态网络更符合现实世界的动态社会网络。

给定一个含n个点的动态有向网络$G(t)(V, E(t))$，其边集随时间变化。邻接矩阵表示为$\boldsymbol{A}(t) = (a_{ij}(t))_{n\times n}$。根据前文的假设，对于$v_i \in V$，可在$t$时刻将其他的点$v_j \in V\ (i \neq j)$分类至以下几个集合。

（1）强联系集：可与v_i互相访问的点集，

$$SR_i(t) = \{v_j \mid a_{ij}(t) = 1,\ a_{ji}(t) = 1\} \tag{12.1}$$

其中，所有点都是令v_i满意的访问对象。

（2）弱联系集：被v_i访问但不访问v_i的点集，

$$WR_i(t) = \{v_j \mid a_{ij}(t) = 1,\ a_{ji}(t) = 0\} \tag{12.2}$$

对于$v_j \in WR_i(t)$，若$x_j(t)$在v_i的可接受范围内，则v_j是令v_i满意的访问对象。将令v_i满意的弱联系对象集记作

$$SWR_i(t) = \{v_j \mid v_j \in WR_i(t),\ |x_i(t) - x_j(t)| \leqslant \varepsilon_i\} \tag{12.3}$$

（3）无联系集：不被v_i访问的点集，

$$K_i(t) = \{v_j \mid a_{ij}(t) = 0\} \tag{12.4}$$

无联系集也被称为陌生人集。

决策者v_i的信任集由其强联系集及其弱联系集中与v_i意见值差不多的部分组成；决策者v_i的不满意集是指其弱联系集中与v_i的意见相差甚远的部分。因此，v_i在t时刻的信任集和不满意集分别表示为

$$I_i(t) = SR_i(t) \cup SWR_i(t) \tag{12.5}$$

$$J_i(t) = WR_i(t) - SWR_i(t) \tag{12.6}$$

将有不满意联系的点集记作

$$V_{\text{un}}(t)=\{v_i \mid J_i(t)\neq\varnothing\} \tag{12.7}$$

仍然将v_i的自我坚持度记作$\alpha_i\in(0,1)$，则人们赋予自己的权重如下：

$$w_{ii}(t)=\begin{cases}\alpha_i, & I_i(t)\neq\varnothing\\ 1, & I_i(t)=\varnothing\end{cases} \tag{12.8}$$

决策者v_i赋予v_j的权重由式（12.9）确定：

$$w_{ij}(t)=\begin{cases}\dfrac{1-\alpha_i}{\text{card}(I_i(t))}, & v_j(t)\in I_i(t)\\ 0, & \text{其他}\end{cases} \tag{12.9}$$

则v_i的舆论演化规则如下所示：

$$x_i(t+1)=\sum_{j=1}^{n}w_{ij}(t)x_j(t) \tag{12.10}$$

式（12.10）用更简洁的矩阵形式表达如下：

$$\boldsymbol{X}(t+1)=\boldsymbol{W}(t)\cdot\boldsymbol{X}(t) \tag{12.11}$$

值得指出的是，模型（12.11）与传统的DG模型和HK模型存在如下关系。

（1）若所有人与其邻居都有强联系，则模型（12.11）退化为传统的DG模型。这种情况下，人们的弱联系集为空集，即$WR_i(t)=\varnothing\quad(t=0,1,2,\cdots)$，因此人们的不满意集也始终为空集，即$SWR_i(t)=\varnothing\quad(t=0,1,2,\cdots)$，故此时的社会网络不会发生改变。根据式（12.5）有$I_i(t)=SR_i(t)\quad(t=0,1,2,\cdots)$，说明人们的信任集与强联系集相等。DG模型中人们将所有的邻居都视作强联系对象，故此时模型（12.11）已退化为传统的DG模型。

（2）若所有人与其邻居都只有弱联系，则模型（12.11）退化为传统的HK模型。这种情况下，人们的强联系集为空集，即$SR_i(t)=\varnothing\ (t=0,1,2,\cdots)$，则根据式（12.5）有$I_i(t)=SWR_i(t)\ (t=0,1,2,\cdots)$，说明此时混合舆情演化模型中人们的信任集与令人们满意的弱联系集相等，即与传统HK模型中人们的信任集相等，此时模型（12.11）退化为传统的HK模型。

12.2 动态网络更新规则

本节提出了两种网络重连边算法，它们与演化规则（12.11）组合分别形成了基于意见相似性的混合舆情演化模型（OSM模型）和基于网络个体相似性的混合舆情演化模型（SSM模型）。另外，如果舆论更新规则（12.11）没有与网络更新算法组合，则称之为静态网络下的混合舆情演化模型（SM模型）。

若网络中所有点在某时刻都对自己与当前邻居的关系感到满意，那么社会网络就不再发生变化，因为人们不会再自主地断开已有的连接并寻找新的邻居，因此，当$V_{\mathrm{un}}(t)\neq\varnothing$时，利用以下两个网络重连边算法来改变人们的邻域。

在基于意见相似性的混合舆情演化模型（OSM 模型）中，受到 HK 模型的启发，采用意见间的距离作为意见相似性的测度：意见间的距离越大，意见相似性越小。对于$v_i\in V_{\mathrm{un}}(t)$，假设$v_i$首先在其无联系集$K_i(t)$中随机选取一个点作为新的访问对象，然后$v_i$在其不满意集$J_i(t)$中选取与自己意见距离最远的点，断开与该点的联系。但是在实际生活中，人们的无联系集$K_i(t)$往往较为庞大，要在短时间内了解所有陌生人的观点似乎是不现实的，因此引入选择率$\lambda\in(0,1)$。假设v_i随机选择了$\mathrm{round}(\mathrm{card}(K_i(t))*\lambda)$个陌生人之后，平台会直接将他们的意见值呈递给$v_i$，其中$\mathrm{round}(\cdot)$是向上取整函数。

12.2.1　基于意见相似性的网络更新算法

接下来给出 OSM 模型中从$t-1$到t $(t\geqslant 1)$时刻的网络更新算法。

算法 12.1　OSM 模型的网络更新算法

输入　意见向量$\boldsymbol{X}(t)$，选择率λ，有向网络$G(t-1)(V,E(t-1))$，存在不满意联系的点集$V_{\mathrm{un}}(t-1)$，以及其中所有点的不满意集$J_i(t-1)$和陌生人集$K_i(t-1)$，其中$v_i\in V_{\mathrm{un}}(t-1)$。

输出　新有向网络$G(t)(V,E(t))$。

步骤 1　对于$v_i\in V_{\mathrm{un}}(t-1)$，在其不满意集$J_i(t-1)$中找到与其意见相似性最小的点$v_y$，并将他们的意见距离记作：

$$dif_1=\left|x_i(t)-x_y(t)\right|=\max_{v_j\in J_i(t-1)}\left|x_i(t)-x_j(t)\right| \tag{12.12}$$

若有多个相同的意见相似性最小值，则选取第一个出现的点为v_y。

步骤 2　若v_i的陌生人集$K_i(t-1)$不为空，则v_i在$K_i(t-1)$中随机选择$\mathrm{round}(\mathrm{card}(K_i(t))*\lambda)$个陌生人，记作集合$\dot{K}_i(t-1)$。然后$v_i$在新的无联系集$\dot{K}_i(t-1)$中找出与自己意见相似性最大的人$v_z$，并将他们的意见距离记作：

$$dif_2=\left|x_i(t)-x_z(t)\right|=\min_{v_j\in\dot{K}_i(t-1)}\left|x_i(t)-x_j(t)\right| \tag{12.13}$$

若有多个相同的意见相似性最大值，则选取第一个出现的点为v_z。

若v_i的陌生人集$K_i(t-1)$为空，说明v_i已访问了网络中的所有人，跳至步骤 5。

步骤 3　若$dif_1>dif_2$，说明v_z相比v_y来说拥有更靠近v_i的观点，则进入下一步；否则说明v_z并不比v_y更靠近v_i的观点，因此不对网络做改变，跳至步骤 6。

步骤 4　将边e_{iz}添加至网络中。

步骤 5 将边 e_{iy} 从网络中删去。

步骤 6 令 $V_{\text{un}}(t-1)=V_{\text{un}}(t-1)-\{v_i\}$。

步骤 7 若 $V_{\text{un}}(t-1)=\varnothing$，说明已经对所有存在不满意关系的点进行了调整，进入下一步，否则跳回步骤 1。

步骤 8 输出新网络 $G(t)(V,E(t))$。

步骤 9 结束。

12.2.2 基于个体相似性的网络更新算法

在基于个体相似性的混合舆情演化模型（SM 模型）中，提出另一种网络更新算法。在这个模型中，$v_i\in V_{\text{un}}(t)$ 不再访问其不满意集当中与自己个体相似性最低的点，同时关注其无联系集当中与自己个体相似性最高的点。

文献耦合数指的是两篇文章引用的相同的文章的数目，在引文分析中，文献耦合数经常被用于建立文献间的相似关系（Newman，2010）。受到文献耦合的启发，将两个点的共同访问对象的数目作为类似于文献耦合数的测度来衡量两点之间的个体相似性，该数目越大，它们的个体相似性越高。

给定有向网络 $G(t)(V,E(t))$ 的邻接矩阵 $\boldsymbol{A}(t)$，则其个体相似性矩阵 $\boldsymbol{D}(t)=(d_{ij}(t))_{n\times n}$ 由式（12.14）确定：

$$\boldsymbol{D}(t)=\boldsymbol{A}(t)\boldsymbol{A}(t)^{\mathrm{T}} \tag{12.14}$$

个体相似性矩阵 $\boldsymbol{D}(t)$ 是对称矩阵，其主对角元素 $d_{ii}(t)\ (i=1,2,\cdots,n)$ 表示 v_i 独自访问的点的数目，即 v_i 的出度；其非主对角元素 $d_{ij}(t)\ (i,j=1,2,\cdots,n,\ i\neq j)$ 表示 v_i 和 v_j 共同访问的点的数目，即二者的个体相似性。例如，两个用户在微博、推特等社交媒体上关注的相同的账户越多，说明这两个用户的兴趣越相似。

接下来给出 SSM 模型中从 $t-1$ 到 $t\ (t\geqslant 1)$ 时刻的网络更新算法。

算法 12.2 SSM 模型的网络更新算法

输入 个体相似性矩阵 $\boldsymbol{D}(t-1)$，选择率 λ，有向网络 $G(t-1)(V,E(t-1))$，存在不满意联系的点集 $V_{\text{un}}(t-1)$，以及其中所有点的不满意集 $J_i(t-1)$ 和陌生人集 $K_i(t-1)$，其中 $v_i\in V_{\text{un}}(t-1)$。

输出 新有向网络 $G(t)(V,E(t))$。

步骤 1 对于 $v_i\in V_{\text{un}}(t-1)$，在其不满意集 $J_i(t-1)$ 中找到与其个体相似性最小的点 v_y，他们的个体相似性记作：

$$d_{iy}=\min_{v_j\in J_i(t-1)} d_{ij} \tag{12.15}$$

其中，$d_{ij}=|x_i(t-1)-x_j(t-1)|$。

若有多个相同的意见相似性最小值，则选取第一个出现的点为 v_y。

步骤 2　若 v_i 的陌生人集 $K_i(t-1)$ 不为空，则 v_i 在 $K_i(t-1)$ 中随机选择 $\text{round}(\text{card}(K_i(t))*\lambda)$ 个陌生人，记作集合 $\dot{K}_i(t-1)$。然后 v_i 在新的无联系集 $\dot{K}_i(t-1)$ 中找出与自己个体相似性最大的人 v_z，他们的个体相似性记作：

$$d_{iz} = \max_{v_j \in \dot{K}_i(t-1)} d_{ij} \tag{12.16}$$

若有多个相同的意见相似性最大值，则选取第一个出现的点为 v_z。

若 v_i 的陌生人集 $K_i(t-1)$ 为空，说明 v_i 已访问了网络中的所有人，跳至步骤 4。

步骤 3　将边 e_{iz} 添加至网络中。

步骤 4　将边 e_{iy} 从网络中删去。

步骤 5　令 $V_{\text{un}}(t-1) = V_{\text{un}}(t-1) - \{v_i\}$。

步骤 6　若 $V_{\text{un}}(t-1) = \varnothing$，说明已经对所有存在不满意关系的点进行了调整，进入下一步，否则跳回步骤 1。

步骤 7　输出新网络 $G(t)(V, E(t))$。

步骤 8　结束。

两种动态网络下的混合舆情演化模型从 $t-1$ 到 t $(t \geqslant 1)$ 时刻的整体运作机制如图 12.1 所示。

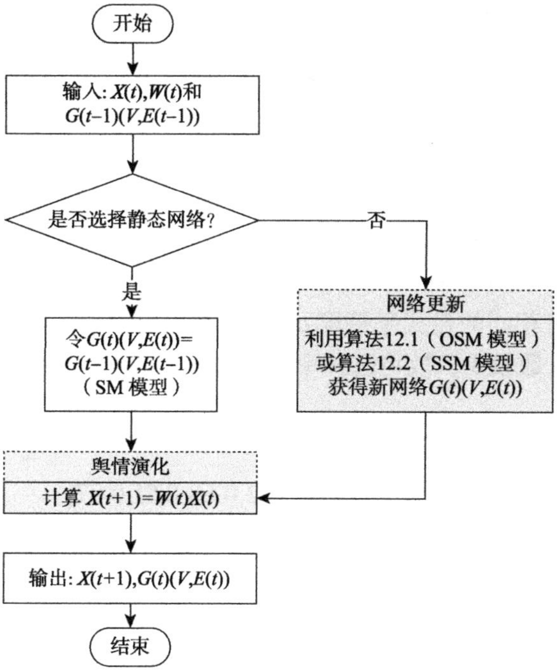

图 12.1　动态网络下的混合舆情演化模型运作机制

总的来说，本节的三个模型如下所示。

（1）静态网络中混合舆情演化模型（SM 模型），舆情演化规则遵循式（12.11），网络结构始终不改变；

（2）动态网络中基于意见相似性的混合舆情演化模型（OSM 模型），舆情演化规则遵循式（12.11），网络更新机制为算法 12.1；

（3）动态网络中基于结构相似性的混合舆情演化模型（SSM 模型），舆情演化规则遵循式（12.11），网络更新机制为算法 12.2。

其中 OSM 模型所用的算法 12.1 利用传统的意见间距离作为意见相似性测度，而 SSM 模型所用的算法 12.2 利用网络结构特征作为个体相似性测度。

12.3 算例分析

算例网络及修改后网络，如图 12.2 所示。

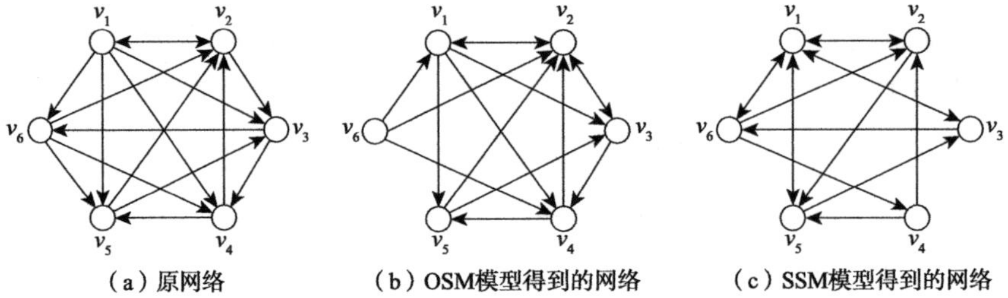

图 12.2 算例网络及修改后网络

例 12.1 为了更清楚地说明模型（12.11）、算法 12.1 和算法 12.2，接下来详细展示图 12.2（a）所示的社交网络在 $t=0$ 和 $t=1$ 时的舆情演化过程。

假设群体拥有相同的自我坚持度 $\alpha_i=0.3$ 和置信水平 $\varepsilon_i=0.175\ (i=1,\cdots,6)$。由于此例中的节点数较少，故将选择率设置为较大的值，令 $\lambda=0.5$。

$t=0$ 时：

人们的初始意见被设置为

$$\boldsymbol{X}(0)=(0.31,0.72,0.42,0.68,0.51,0.87)^{\mathrm{T}}$$

根据式（12.4）、式（12.5）和式（12.6），群体在 $t=0$ 时刻的信任集、不满意集和无联系集如表 12.1 所示。

表 12.1　算例中各点信任集、不满意集和无联系集

点集	v_1	v_2	v_3	v_4	v_5	v_6
$I_i(0)$	$\{v_2,v_3\}$	$\{v_1\}$	$\varnothing$	$\{v_2,v_3\}$	$\{v_3\}$	$\{v_2\}$
$J_i(0)$	$\{v_4,v_5,v_6\}$	$\{v_3\}$	$\{v_4,v_6\}$	$\varnothing$	$\{v_2\}$	$\{v_4,v_5\}$
$K_i(0)$	$\varnothing$	$\{v_4,v_5,v_6\}$	$\{v_1,v_2,v_3\}$	$\{v_1,v_3,v_6\}$	$\{v_1,v_4,v_6\}$	$\{v_1,v_3\}$

根据式（12.8）和式（12.9），初始权重矩阵如下：

$$\boldsymbol{W}(0)=\begin{pmatrix} 0.30 & 0.35 & 0.35 & 0 & 0 & 0 \\ 0.70 & 0.30 & 0 & 0 & 0 & 0 \\ 0 & 0 & 1.00 & 0 & 0 & 0 \\ 0 & 0.35 & 0 & 0.30 & 0.35 & 0 \\ 0 & 0 & 0.70 & 0 & 0.30 & 0 \\ 0 & 0.70 & 0 & 0 & 0 & 0.30 \end{pmatrix}$$

根据式（12.11），得到$t=1$时的意见向量

$$\boldsymbol{X}(1)=(0.492,0.433,0.420,0.635,0.447,0.765)^{\mathrm{T}}$$

$t=1$时：

由表 12.1 可知，$V_{\mathrm{un}}(0)=\{v_1,v_2,v_3,v_5,v_6\}$。

（1）在 OSM 模型中，算法 12.1 被用于更新网络，用$v_6\in V_{\mathrm{un}}(0)$对算法 12.1 进行演示。

步骤 1　对于$v_6\in V_{\mathrm{un}}(0)$，其不满意集$J_6(0)$中与$v_6$意见相似性最小的点是$v_5$，它们的意见距离为

$$dif_1=|x_6(1)-x_5(1)|=\max_{v_j\in J_6(0)}|x_6(t)-x_j(t)|=0.318$$

若有多个相同的意见相似性最小值，则选取第一个出现的点为v_y。

步骤 2　v_6的陌生人集$K_6(0)$不为空，则v_6在$K_6(0)$中随机选择$\mathrm{round}(2\times 0.5)=1$个陌生人，记作集合$\dot{K}_6(0)$。假设$v_1$被随机选择，即$\dot{K}_6(0)=\{v_1\}$，因此有

$$dif_2=|x_6(t)-x_1(t)|=\min_{v_j\in\dot{K}_i(t-1)}|x_6(t)-x_j(t)|=0.273$$

步骤 3　因为$dif_1>dif_2$，故进入下一步。

步骤 4　将边e_{61}添加至网络中。

步骤 5　将边e_{65}从网络中删去。

步骤 6　令$V_{\mathrm{un}}(0)=V_{\mathrm{un}}(0)-\{v_i\}=\{v_1,v_2,v_3,v_5\}$。

步骤 7　因为$V_{\mathrm{un}}(0)\neq\varnothing$，跳回步骤 1。

对$V_{\mathrm{un}}(0)$中剩下的点也逐个进行相同操作后，得到如图 12.2（b）所示的新网络，$V_{\mathrm{un}}(0)$中各个点的关系变化情况如表 12.2 所示。

表 12.2　OSM 模型对网络的改变情况

起始点	v_1	v_2	v_3	v_5	v_6
删除边	e_{16}	无	e_{36}	无	e_{65}
新增边	无	无	e_{32}	无	e_{61}

（2）在 SSM 模型中，算法 12.2 被用于更新网络。此时的网络个体相似性矩阵为

$$\boldsymbol{D}(0)=\begin{pmatrix} 5 & 1 & 2 & 2 & 2 & 3 \\ 1 & 2 & 0 & 0 & 1 & 0 \\ 2 & 0 & 2 & 0 & 0 & 1 \\ 2 & 0 & 0 & 2 & 1 & 2 \\ 2 & 1 & 0 & 1 & 2 & 1 \\ 3 & 0 & 1 & 2 & 1 & 3 \end{pmatrix}$$

用 $v_5 \in V_{\text{un}}(0)$ 对算法 12.2 进行演示。

步骤 1　对于 $v_5 \in V_{\text{un}}(0)$，其不满意集 $J_5(0)$ 中与其个体相似性最小的点是 v_2，它们的个体相似性记作

$$d_{52} = \min_{v_j \in J_5(0)} d_{5j} = 1$$

步骤 2　v_5 的陌生人集 $K_5(0)$ 不为空，则 v_5 在 $K_5(0)$ 中随机选择 $\text{round}(3\times 0.5)=2$ 个陌生人，记作集合 $\dot{K}_5(0)$。假设 v_1 和 v_4 被随机选择，即 $\dot{K}_5(0)=\{v_1,v_4\}$，其中与 v_5 个体相似性最大的人是 v_1，即

$$d_{51} = \max_{v_j \in \dot{K}_5(0)} d_{5j} = 2$$

步骤 3　将边 e_{51} 添加至网络中。

步骤 4　将边 e_{52} 从网络中删去。

步骤 5　令 $V_{\text{un}}(0)=V_{\text{un}}(0)-\{v_i\}=\{v_1,v_2,v_3,v_6\}$。

步骤 6　因为 $V_{\text{un}}(t-1)\neq\varnothing$，跳回步骤 1。

对 $V_{\text{un}}(0)$ 中剩下的点也逐个进行相同操作后，得到如图 12.2（c）所示的新网络，$V_{\text{un}}(0)$ 中各个点的关系变化情况如表 12.3 所示。

表 12.3　SSM 模型对网络的改变情况

起始点	v_1	v_2	v_3	v_5	v_6
删除边	e_{14}	e_{23}	e_{34}	e_{52}	e_{65}
新增边	无	e_{25}	e_{31}	e_{51}	e_{61}

例 12.1 清楚地展示了基于意见相似性和基于个体相似性的两个模型的不同与

相同之处。图 12.2（b）和（c）直观地说明由于算法的差异，两个模型会产生不同的新网络。

12.4　仿真模拟实验

在本节中，利用人工网络（ER 随机网络）对混合舆情模型进行模拟实验，观察并比较两种混合舆情模型在动态网络和静态网络中的表现。由于 HK 模型根据人们的置信水平是否统一而分为同质 HK 模型和异质 HK 模型，本节的模拟实验也考虑同质和异质的混合舆情模型。

本节的实验参数设置如下：从区间 (0,1) 中随机生成人们的初始意见；在同质的混合舆情模型中，群众拥有统一的自我坚持度 $\alpha_i = 0.3$ 和置信水平 $\varepsilon_i = 0.175$；在异质的混合舆情模型中，从区间 (0,1) 中随机生成群众的置信水平和自我坚持度。人们的选择率设置为 $\lambda = 0.3$。

模型的表现用以下几个指标进行衡量。

（1）意见簇数目（number of cluster，NOC）。为了方便，取真实稳定意见的小数点后两位作为人们的稳定意见结果，相同的稳定意见被归在同一个意见簇中。意见簇数目越小，说明群体的意见分歧越少。当群体的意见簇数目为 1 时，称群体达成共识。

（2）最大意见簇人数比例（population proportion in the largest cluster，PPLC）。这个指标是规模最大的意见簇的人数占群体总人数的比例，它衡量了最受人们支持的观点的规模大小。最大意见簇人数比例越高，说明群体中有越多人持有相同观点。当群体达成共识时，最大意见簇人数比例为 1。

（3）变化边的比例（proportion of changed edges，PCE）。这个指标是稳定意见对应的网络不同于原始网络的边占原始网络所有边的比例，它体现了在动态网络环境中，网络更新算法对原始网络的改变程度。

（4）弱联系比例（proportion of weak relations，PWR）。弱联系比例就是网络中单向的有向边占所有边的比例。

以上四个指标中，前两个指标的大小反映了模型的意见演化情况，后两个展现了网络的变化特征。

另外，在以下的模拟实验中，静态网络中的混合舆情演化模型（SM 模型）被当作基准模型，用来与其他两个动态网络中的混合舆情演化模型（OSM 模型和 SSM 模型）进行比较。

本节的实验结果是 500 次独立重复模拟结果的平均值。

ER 随机网的连通性由其连边概率 p 决定，p 越大则图的连通性越强，且 $p^* = \ln(n)/n$ 是节点规模为 n 的网络的连边概率阈值。为了观察网络规模的大小对舆情演化的影响，在三种规模的 ER 随机网上进行相同的实验，设置网络规模 $n \in \{100,500,1000\}$。对于每种规模的网络，分别取四个不同的连边概率，使得网络具有不同的连通性。三种规模下的连边概率取值如表 12.4 所示。

表 12.4 不同网络规模下的连边概率取值

网络规模	阈值	取值 1	取值 2	取值 3	取值 4
100	0.0461	0.02	0.04	0.06	0.08
500	0.0124	0.005	0.01	0.02	0.025
1000	0.0069	0.002	0.0045	0.007	0.008

图 12.3 展示了随着网络连通性的增强，稳定意见簇数目（NOC）的变化趋势，其中图 12.3（a）和图 12.3（b）分别是群体置信水平统一和不统一的结果。总的来说，意见簇数目会因为 ER 随机网络连边概率的升高而减少，这说明在较连通的网络中，群体产生的分歧会更少。虽然在不同的网络规模里意见簇数目值不尽相同，但是意见簇数目的变化趋势是相同的。与静态网络中的模型相比，动态网络中的模型得到的意见簇数目减少了许多，这意味着动态网络机制有利于减少群体的意见分歧。最后，人们置信水平与自我坚持度是否统一对结果也有较大影响。对比图 12.3（a）和图 12.3（b）可以看出，OSM 模型和 SSM 模型在置信水平异质的情况下 NOC 值比在置信水平同质情况下要大。这说明当群体拥有各自的置信水平和自我坚持度时，要想群体的不同意见簇更少，应该令人们根据个体相似性来自主调整网络结构。

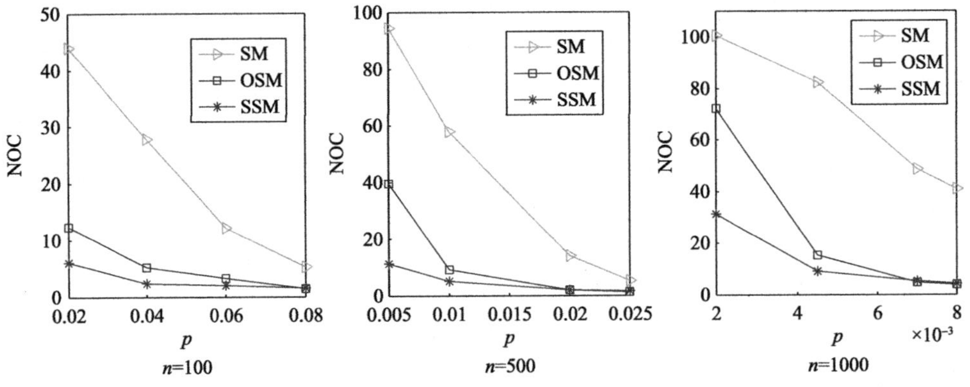

（a）同质情况

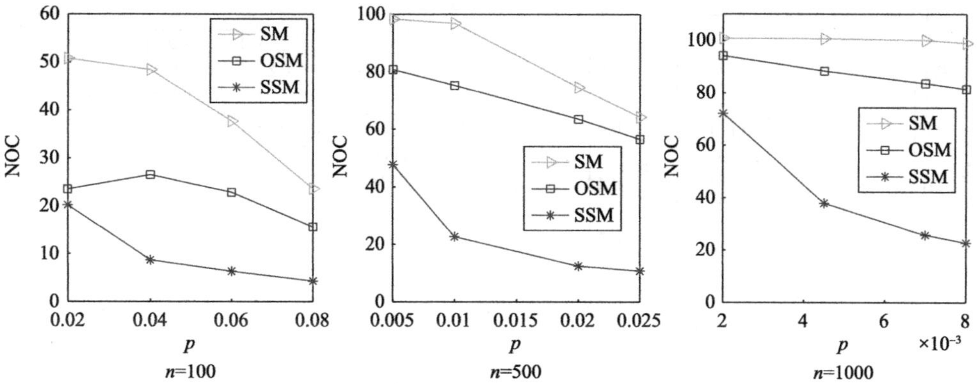

（b）异质情况

图 12.3　意见簇数目

同质和异质情形的最大意见簇人数比例（PPLC）随着网络连边概率的变化分别如图 12.4（a）和图 12.4（b）所示。随着网络连边概率的增大，最大意见簇人数比例升高，这说明在连通性较好的网络中更容易形成集中的意见。对比这三个模型的表现，SSM 模型产生的最大意见簇人数比例总是大于 OSM 模型和 SM 模型，说明它聚集群体观点的效果优于 OSM 模型和 SM 模型。另外，从图 12.4（b）可以看出，当群体置信水平不统一时，网络规模对最大意见簇人数比例有一定的影响。但无论网络规模如何，OSM 模型的结果是最稳定的，即 PPLC 不会随着连边概率 p 的改变而发生较大变化。从图 12.3（b）已知，OSM 模型产生的意见簇数目比 SM 模型的少，但图 12.4（b）显示 OSM 模型的最大意见簇人数比例与 SM 模型的相差无几，这说明 OSM 模型更适合用于使舆情演化结果较平均地分布在几个不同的意见簇，而 SSM 模型更适合用于产生有较多支持者的主流意见。

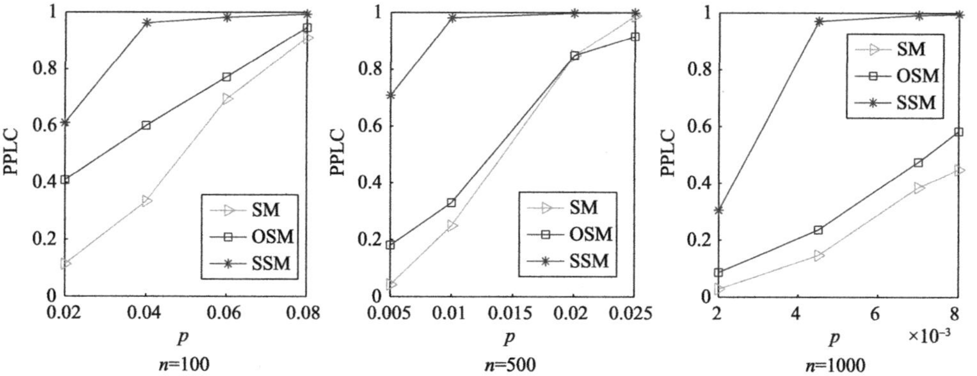

（a）同质情况

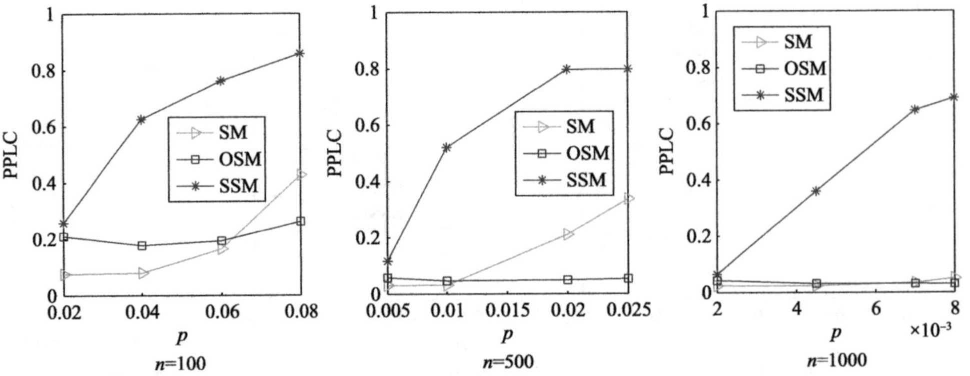

（b）异质情况

图 12.4　最大意见簇人数占比

图 12.5 给出了变化边的比例（PCE）在不同连边概率下的变化情况。不同网络规模中的 PCE 变化趋势相似，随着网络连通性增强，网络变化边比例都呈下降趋势。因为 SSM 模型中的 PCE 值改变量总是大于 OSM 模型中的 PCE 值改变量，说明网络连通性对基于个体相似性的混合模型的影响更大。另外，连边概率固定时，不同的置信水平环境中的网络变化边比例会更高，这说明网络重连边在异质情形下发生得更频繁。

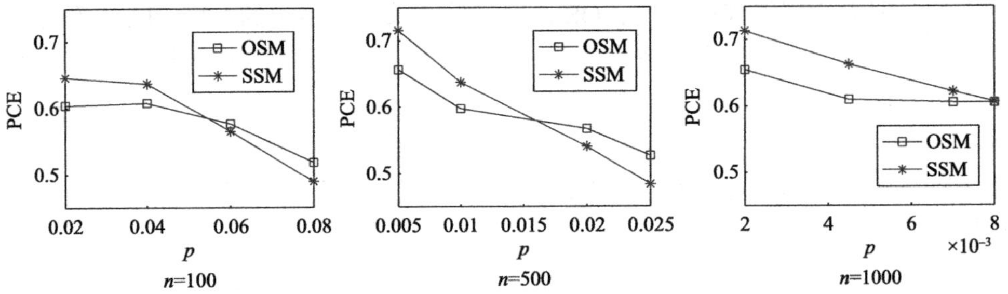

（a）同质情况

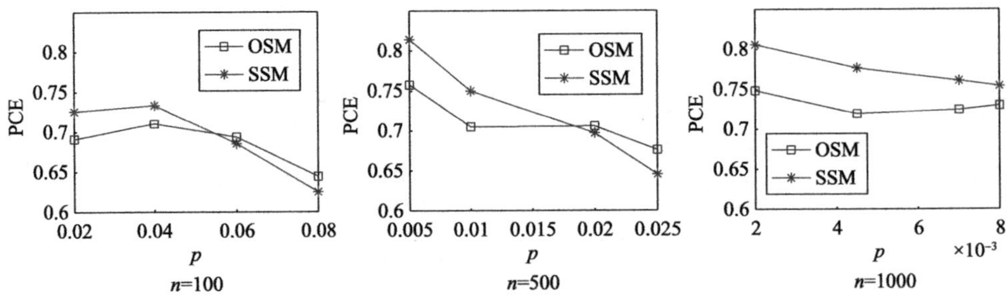

（b）异质情况

图 12.5　变化边的比例

图 12.6 展示了不同模型在连通性不同的网络中的弱联系比例（PWR），其中静态网络环境中的 SM 模型不改变网络结构，因此将其弱联系比例值作为基准值。从图中可以看出，动态网络环境中的 OSM 模型和 SSM 模型的弱联系比例总是低于基准值，这个现象说明网络更新算法有效地改变了原本的网络结构，降低了弱联系的数目。

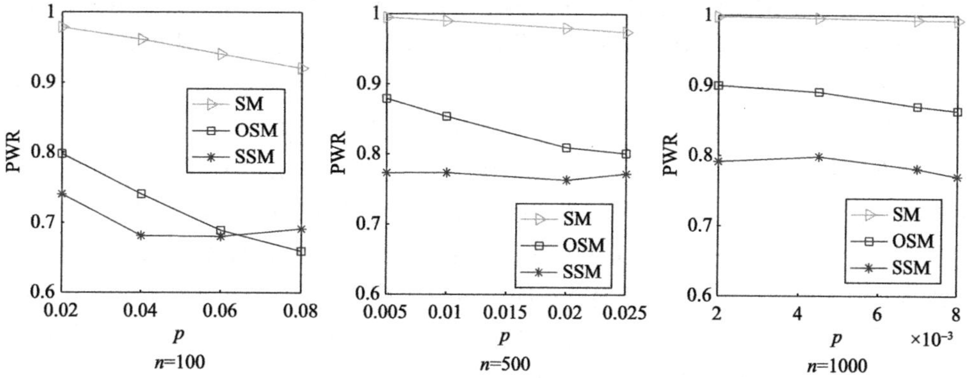

（a）同质情况

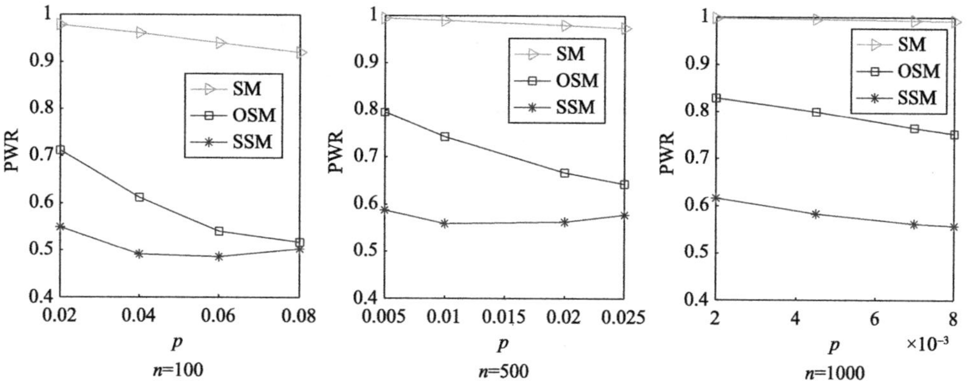

（b）异质情况

图 12.6　弱联系比例

12.5　本 章 小 结

本章介绍了动态网络环境中的基于经典 DG 模型和 HK 模型的混合舆情演化模型，假设人们在观点演化过程中根据意见相似性和个体结构相似性调整与他人的联系。同时在人工复杂网络上进行了模拟实验。当群体讨论某个主题时，应该赋予他们在过程中根据自己主观的意见或客观的网络结构来自行调整与他人的关系的权力，这样会有利于管理者更好地把控群众意见。关于本章模型的更详细的模拟及在真实数据上的验证结果可参见 Wu 等（2023）。

由于舆论演化通常在社会网络中进行，近年来大量与舆情演化有关的研究都以社会网络为载体。Dong 等（2017）提出了社会网络 DG 模型（social network DeGroot model，SNDG model），并强调了网络大 V 在共识达成中的作用。之后，Ding 等（2019）研究了 SNDG 模型中节点度和个体的自信心水平对共识意见和共识收敛速度的影响。Dong 等（2021）进一步研究了社会网络数值区间舆情演化模型，他们的模型考虑了不同数值区间意见和不同的不确定性容忍度。

社会网络 HK 模型（social network HKmodel，SNHK model）近年来也取得了很多进展。Liang 等（2020）在考虑时间限制和最小调整量的条件下，提出了一种达成共识的方法。Dong 等（2019）将欺骗性互动和异质性信任引入 HK 模型，并发现欺骗性互动和异质性信任显著影响了意见的演化。Li 等（2020）基于带有认知失调的 SNHK 模型展示了丰富有趣的模拟结果。HK 模型的变体也是学者们十分感兴趣的领域，如，Morărescu 和 Girard（2011）假设 HK 模型中人们的置信度随时间衰减，将所提模型应用于社区检测并取得了较好的效果。此外，还有其他考虑特殊情形的 HK 模型，如人们的权重随时间而变化（Chazelle and Wang，2016），人们考虑所有邻居的意见（Li et al.，2017），以及人们表达与其真实想法不一致的意见（Hou et al.，2021）等情形下的 HK 模型。

参 考 文 献

Chazelle B，Wang C. 2016. Inertial Hegselmann-Krause systems[J]. IEEE Transactions on Automatic Control，62（8）：3905-3913.

Ding Z G，Chen X，Dong Y C，et al. 2019. Consensus reaching in social network DeGroot model：the roles of the self-confidence and node degree[J]. Information Sciences，486：62-72.

Dong Y C，Ding Z G，Marinez L，et al. 2017. Managing consensus based on leadership in opinion dynamics[J]. Information Sciences，397：187-205.

Dong Y C，Fan Y X，Liang H M，et al. 2019. Preference evolution with deceptive interactions and heterogeneous trust in bounded confidence model：a simulation analysis[J]. Knowledge-Based Systems，175：87-95.

Dong Y C，Zhan M，Ding Z G，et al. 2021. Numerical interval opinion dynamics in social network：stable state and consensus[J]. IEEE Transactions on Fuzzy Systems，29（3）：584-598.

Hegselmann R，Krause U. 2002. Opinion dynamics and bounded confidence models，analysis and simulation[J]. The Journal of Artificial Societies and Social Simulation，5（3）：2.

Hou J，Li W S，Jiang M Y. 2021. Opinion dynamics in modified expressed and private model with bounded confidence[J]. Physica A：Statistical Mechanics and its Applications，574：125968.

Li D D，Han D，Ma J，et al. 2017. Opinion dynamics in activity-driven networks[J]. Europhysics Letters，120（2），28002.

Li K，Liang H M，Kou G，et al. 2020. Opinion dynamics model based on the cognitive dissonance：an agent-based simulation[J]. Information Fusion，56：1-14.

Liang H M，Dong Y C，Ding Z G，et al. 2020. Consensus reaching with time constraints and minimum adjustments in group with bounded confidence effects[J]. IEEE Transactions on Fuzzy Systems，28（10）：2466-2479.

Morărescu I C，Girard A. 2011. Opinion dynamics with decaying confidence：application to community detection in graphs[J]. IEEE Transactions on Automatic Control，56（8）：1862-1873.

Newman M E J. 2010. Networks：An Introduction[M]. Oxford：Oxford University Press.

Wu Z B，Zhou Q Y，Dong Y C，et al. 2023. Mixed opinion dynamics based on DeGroot model and Hegselmann-Krause model in social networks[J]. IEEE Transactions on Systems，Man，and Cybernetics：Systems，53（1）：296-308.

